KB050788

재미한인 1세와 2세의
삶과 인종갈등

상업소수민족에서 주류소수민족으로의 변화

이 저서는 2016년도 대한민국 교육부와 한국학중앙연구원(한국학진흥사업단)의
해외한인연구사업의 지원을 받아 수행된 연구임(AKS-2016-SRK-1230005)

재미한인 1세와 2세의
삶과 인종갈등

상업소수민족에서 주류소수민족으로의 변화

이정덕 · 박계영 지음

學古房

5

제4부   결론

제13장 한국인에서 아시아계 미국인으로   304

제14장 동화同化에서 분절적 편입으로   316

　미국사회에서 백인과 흑인의 인종 관계를 미국에서 가장 중요한 사회관계로 설명해왔다. 그러나 미국에서 1965년 이민 문호가 개방되면서 점차 라티노(히스패닉)와 아시안(아시아계 미국인)의 인구 비중이 급격하게 증가되면서 백인과 흑인의 인종 관계로 미국사회를 설명하기 어렵게 되었다. 아시아계는 백인도 아니고 흑인도 아닌 인종으로 제3의 인종으로 규정되었고, 라티노는 인종적으로는 백인이거나 혼혈인 경우가 많지만, 중남미 이민자로서 그리고 스페인어를 쓴다는 공통점 때문에 기존의 백인(Whites, 유럽계)과 구분되는 집단으로 인식되는 경우가 많고 정치적 경제적 사회적 차이가 매우 커서 별도의 유사 인종처럼 취급되고 있다. 미국의 인종 체제에서 아시아계나 라티노는 지리적 명칭으로부터 나온 단어이지만 인종적 용어로도 사용되고 있다. 그래서 흑인들도 아프리카계 미국인이라는 용어를 사용하려는 경우가 많아지고 있다. 하지만 유럽계 백인들은 유럽계 미국인이라는 용어를 사용하지 않는다. 유럽계 출신 이민자라는 함의가 커지면 아프리카계나 아시아계나 라티노(라틴아메리카 출신)와 마찬가지로 모두 외부에서 온 동등한 이민자 출신이라는 함의가 커져 백인 자체가 미국의 주인이라는 명분이 약화되기 때문이다.

　라티노와 아시아계가 급격하게 증가함에 따라 미국사회관계를 설명할 때 백인과 흑인의 2분법적인 논의가 아닌, 아시아계와 라티노를 포

9

함한 다인종적 고려하여야 해서, 분석이 더욱 복잡해지고 있다. 특히 라티노의 인구가 급증하고 아시아계의 인구도 빠르게 늘어나고 있고 백인의 인구 비중은 크게 줄어들고 있어 1980년대 이후 미국사회를 다인종 관계로 설명하는 것이 주된 흐름으로 부각되었다. 이 과정에서 한인들은 백인도 흑인도 아닌 아시아계로 규정되었고 이에 따라 한인들이 한국에서는 같은 집단으로 생각하지 않았던 동남아나 인도나 중동에서의 이민자들과 같은 아시아계 인종 집단으로 간주되는 상황에서 미국사회에 편입되고 적응해왔다.

한인의 미국이민은 1903년 하와이로의 이주로 시작하였지만, 이민자 수가 미미하여 특히 미국 본토에 거주하는 한인이 매우 적어 한인의 존재 자체도 미국사회에서 잘 인식되지 못하고 있었다. 1965년 미국의 이민 문호가 개방되면서 한국에서 매년 3만 명 정도가 미국으로 이민을 가게 되었다. 이에 따라 미국 본토에 거주하는 한인들이 급속하게 증가하면서 1980년대에 이르러 미국사회에서 한인이라는 민족이 존재한다는 사실이 미국인들에게 인식되기 시작하였다. 이 과정에서 한인들이 주로 자영업자로 인식되었고 또한 흑인 동네에서의 한흑갈등이 자주 보도되면서 흑인 동네에서 상업에 종사하는 소수민족으로 인식되었다. 또한 새롭게 미국에 이민을 온 낯선 집단이라는 인식이 있었고, 열심히 일하고 교육열이 높아 성공적으로 미국사회에 적응하고 있다면서 흑인이나 히스패닉과 대비되는 모범 소수민족의 하나로 인식되는 경향이 널리 나타나고 있다.

이민 초기 과정에서 영어를 잘 못하는 한인들은 백인과 함께 근무하는 직장보다는 흑인 지역이나 다인종 지역의 빈민촌(게토)에서의 자영업을 통하여 빠르게 미국사회에 적응할 수 있었다. 특히 위험하지만 적은 비용으로 가게를 열 수 있었던 흑인 동네로의 적극적인 진출로 1980년대 대도시의 흑인 동네에서 순식간에 한인이 주도적인 상인집단으로 성장하게 되었다. 그러나 흑인 동네에서의 흑인주민과 한인상인의 관계는 여러 가지 갈등, 살인, 폭동으로 이어지는 경우가 있어 미국언론과 사회의 커다란 관심을 끌게 되었다. 흑인주민과 한인상인의 사건과 사고들이 미국의 언론에 빈번하게 보도되었다. 언론이 한인과 흑인 사이의 심각한 갈등을 두 집단 사이의 인종 갈등으로 단편적으로 보도하면서 이러한 갈등을 흑인과 한인의 문제로부터 나타났다고 이해하는 상황이 나타났다. 학자들도 이러한 한흑갈등을 인종 갈등으로 해석하는 경향이 주로 나타나고 있다. 미국의 자본주의가 인종을 매개로 작동하는 맥락에서 나타나는 갈등으로 해석하는 흐름도 나타났다.

한인상인들이 흑인 동네에서 가끔 살인을 당하고 또는 흑인들이 상점에서 현금을 강탈하거나 물건을 훔쳐 가는 경우도 자주 나타나고 또한 한인 상점을 약탈하고 방화하는 경우도 나타나 흑인들이 주로 문제라는 설명하는 경우도 있다. 또한 한인상인들이 물건을 훔쳐간다고 가끔 총을 쏴서 흑인이 죽거나 또는 흑인을 구타하는 경우도 있고 또한 흑인 고객들을 차별하고 무시하며 상품을 비싸게 팔며 흑인 동네에서 돈만 벌어가고 흑인 동네에 기여를 하지 않아 주로 한인의 인종차별로 한흑갈등이 나타난다는 식으로 설명하는 경우도 있다. 흑인들이 지속적으로 차별 당하며 미국사회에 대한 불만이 쌓여 있는데 새로 이민을 온 한인들도 흑인들을 차별하며 돈만 벌어가니 더 쉽게 한인상인들에게 불만을 폭발한다는 것이다.

한흑갈등을 가장 상징적으로 보여주는 것이 뉴욕에서는 1990년 브루클린의 흑인 거주지에서의 한인상인에 대한 장기간의 흑인시위 그리고 로스앤젤레스에서는 1992년에 나타난 로스앤젤레스의 코리아타운의 방화와 약탈이다. 로스앤젤레스 흑인 빈민촌인 사우스센트럴에서 흑인 로드니 킹을 무자비하게 구타한 경찰들을 법원이 무죄방면하자 대규모 폭동으로 비화되었고 이는 미국 역사상 최대 도시 폭동이 되었다. 이 사건 1년 전에 한 한인상인이 흑인 소녀를 총으로 쏴서 죽인 사건이 있었다. 그래서 한흑 사이에 긴장이 있었다. 4.29폭동은 한인 상점의 방화와 약탈로 이어져 한인상인들은 극심한 피해를 입었다. 4.29폭동으로 한인 상점 2,000여 개가 넘게 불타거나 피해를 입어 재산피해액은 4억 달러를 넘는 것으로 추정된다. 4.29폭동은 한흑갈등을 상징하는 대표적인 사건으로 언론에서 보도되었다.

물론 4.29폭동에서는 라티노도 폭동에 많이 참여하였고, 흑인을 구타한 백인 경찰을 방면한 백인의 인종차별에 대한 흑인들이 불만을 표출된 것이기 때문에, 다양한 인종이 얽힌 미국의 다인종 갈등을 보여주는 사건이다. 뉴욕 등의 대도시에서 19세기에도 흑인과 백인 이민자의 갈등이 폭동으로 비화되는 경우가 자주 있었고, 20세기에도 흑인 빈민촌에서 백인 상인(이탈리아계 등 주로 이민자들)과 유태인 상인(유태인들은 20세기 전반기까지 백인이라기보다는 차별받는 소수민족으로 간주되었고 백인들로부터 여러 가지 인종차별을 당하며 살았다)을 대상으로 하는 폭동과 방화와 약탈이 반복적으로 일어났다는 점을 고려하면, 흑인 빈민촌에서의 한인상인을 대상으로 하는 시위, 보이콧, 폭동은 한흑갈등을 넘어서 미국에서 지속되는 흑인 빈민촌에서의 인종차별에 항의하면서 외부 상인에 대한 시위와 폭동으로 연결되는 미국사회 인종차별체제의 한 표현으로 이해되어야 한다. 특히 20세기 내내 흑인빈민촌에서 흑인들의 백인상인이나 유태상인과의 갈등과 폭동이 지속적으로 나타났다. 이러한 상황을 고려하면 흑인거주민과 한인상인의 갈등은 미국의 역사적 맥락에서 나타난 것이다. 미국에서는 대도시에 왜 흑인빈민촌이 대거 형성되었으며, 이곳에서는 흑인이 아니라 외부인종이 상업을 주도하게 되었으며, 이게 미국의 인종차별과 어떻게 연계되어 자주 폭동으로까지 비화되는지의 맥락에서 검토되어야 한다.

1980년대 말에서 1990년대 초반 극심하게 나타났던 한흑갈등은 이후 계속 완화되고 있으며 이제 한흑갈등은 드물게 나타나 미국인들의 주요 관심사에서 멀어지고 있다. 그 이유는 한인상인들이 미국인종관계에 대한 이해가 높아지고 흑인주민과의 갈등을 피하기 위한 노력을 많이 하였기 때문이다. 그러나 이보다 더 근본적인 이유는 한인상인들이 점차 나이가 들어 은퇴하면서 흑인빈민촌에서의 한인상인이 급격하게 줄어들었기 때문이다. 이는 한인 2세들이 부모나 1세의 자영업을 이어받지 않는 경우가 많기 때문에 나타난 현상이다. 한인 2세들이 미국에서 교육받아 미국의 주류직장에 취직할 수 있게 되자 2세들은 장시간 노동을 해야 하는 자영업을 회피하게 되었다. 또한 위험한 지역은 더욱 피하게 되었다. 이에 따라 한인의 자영업 비중이 급격하게 감소하였고 따라서 흑인빈민촌에서의 한인자영업도 크게 줄어들어 흑인주민과의 갈등을 일으키는 상황도 크게 줄어들고 있다.

이러한 변화는 유태계상인에서나 이탈리아계상인에서도 나타났던 적이 있다. 이는 한인이 1970년대 흑인빈민촌의 상점을 저렴하게 임대하여 빠르게 자영업자로 진출했던 상황과도 관련되어 있다. 전국적으로 흑인지역에서 벌어진 1960년대의 폭동으로 백인상인이나 유태인상인이 흑인빈민촌에서 대거 철수하였는데 이는 흑인의 폭동뿐만 아니라 이들의 2세들이 높은 교육을 받아 주류직장에 진출할 수 있게 되었고 또한 이들의 2세들이 위험한 지역에서의 자영업을 회피하게 되어 물려줄 사람이 없어 흑인빈민촌에서 백인상인이나 유태상인이 줄어든 측면도 있다. 마침 미국으로 이민을 온, 영어도 잘못하는 한인들이 돈을 벌기 위한 수단으로 폭동으로 빈 점포들을 위험하지만 저렴하게 인수하여 자영업을 시작하였고 또한 많은 유태상인들은 자녀들이 자신의 자영업을 이어받지 않자 은퇴하면서 가게를 싸게 한인들에게 넘겨주는 경우가 많았다. 이를 통해 한인은 아주 빠른 속도로 자영업에 진출하게 되어 미국에서 가장 자영업 비중이 높은 소수민족이 되었다.

그 당시의 유태상인들의 자녀들도 매우 높은 학력을 취득하여 주류 직장에 취직하였던 것처럼 현재의 한인 2세들도 높은 학력을 취득하여 주류직장에 취직하고 있기 때문에 한인들도 가게를 다른 집단에게 넘겨주는 경우가 일반적으로 나타나고 있다. 물론 백인상인이나 유태상인의 2세가 처한 인종적 관계나 환경이 한인 2세가 처한 인종적 환경과 다르기 때문에 한인 2세가 어떤 분야로 진출하고 어떠한 직장으로 취업하고 어떠한 역할을 수행하는가에 있어서는 백인이민자나 유태인 자녀들과 차이가 있지만 한인 2세들도 주류직장에 진출하여 자영업 종사자가 점차 줄어들고 있다는 측면에서는 서로 유사한 측면이 있다. 백인상인이나 유태상인의 2세와 마찬가지로 한인2세들도 화이트칼라나 전문직에 종사하면서 한인들이 점차 빈민촌 상업에서 손을 떼고 있다. 대신 미국 주류사회에서 주로 백인에 의해 나타나는 차별을 극복하기 위해, 민권운동, 선거참여운동, 선거출마가 대폭 늘어나고 있다. 한인이 1세에서는 자영업에 2세에서는 주류직장으로 진출하여 한인의 성격자체가 크게 바뀌고 있다는 명제는 이미 민병갑 교수(Min and Kim-Lu 2014)가 제시한 바 있다.

또한 흑인들이 LA와 뉴욕 빈민촌에서 점차 줄어들고, 새로운 이민자, 특히 중남미와 카리브해 출신 이민자들이 급격하게 늘어나면서, 빈민촌에서 거주민의 구성이 변해왔다. 라티노들은 흑인들과 비교하여 미국에서 수백 년간 노예나 인종차별로 피해를 본 역사적 경험이 없거나 적다. 흑인은 미국에서 미국을 건설한 주체의 하나이지만 노예해방 이후에도 지속적으로 차별받아 계속 가난하게 살고 있어 아주 강한 피해의식을 가지고 있다. 따라서 이민역사가 짧은 백인이나 유태인이나 아시아 이민자들이 자신의 지역에서 자신들을 차별하고 단기간에 자신들보다 부유해지는 것을 보고, 이러한 현상이 흑인에 대한

14

인종차별 때문에 나타나는 것으로 생각하게 된다. 하지만, 라티노와 카리브해 출신 이민자들은 미국 역사의 주체라거나 오랜 기간 차별받았다는 생각이 적어 상대적으로 자신들의 지역에 있는 상인들을 인종차별의 역사에 의해 나타난 것으로 보기 어려웠고 따라서 외부상인에 대한 불만도 흑인들보다 적은 편이다. 또한 한인상인들도 한흑갈등 이후 흑인주민과의 관계를 개선하기 위해 적극적으로 노력해오고, 대도시 빈민촌에서 한인상인에 대한 집단적이고 공격적인 시위는 크게 감소하였다. 또한 미국체계를 더 이해하게 되어, 어떻게 대응할지에 대한 이해가 늘어났고, 한인단체와 인물들의 체계적 대응력이 커졌고, 정치적 지원을 받을 수 있도록 정치적 관계를 확대하기 위한 노력을 계속 하면서, 갈등이나 차별에 대응하는 능력도 더욱 개선되고 있다.

한인 1.5세나 2세들의 사회진출은 이러한 한인사회의 맥락을 근본적으로 바꾸고 있다. 유치원이나 초등학교를 다니면서 타인종들로부터 "Button Eyes," "Chinky Eyes," "Banana," 또는 "Ching Chong"이라고 놀림을 당하는 경우도 많고 미국에서 태어났어도 "Where are you from?"에서와 같이 계속 이방인 취급을 당한다.[1] 또한 집안의 한국문화와 바깥에서의 미국문화 사이에서 많은 혼란을 경험하며 정체성에 대하여 많은 고민과 불안을 경험하게 된다. 하지만 자녀를 자신의 확장으로 생각하는 부모의 적극적인 지원과 훈육으로 2세들은 상

---

1) "Button Eye"나 "Chinky Eyes"는 찢어진 눈이라는 뜻으로 동아시아계를 비하하는 말로 사용되며, "Banana"은 겉은 황인인데 속은 백인처럼 되었다는 뜻이다. "Ching Chong"은 중국인들의 대화를 흉내 내며 비하하는 용어로 중국계뿐만 아니라 얼굴이 비슷한 동아시아계를 비하하는 말로 사용되고 있다. "Where are you from?"은 "어느 나라에서 왔냐"라는 질문으로 외국에서 온 이민자나 관광객들에게 주로 던지는 질문으로 미국에서 태어난 사람들에게는 잘 사용하지 않는다. 따라서 아시아계에 이런 질문을 하면 너는 이방인이라는 함의를 가지고 있다.

대적으로 좋은 교육을 받고 좋은 대학을 졸업하여 주류직장에 특히 전문직에 취직하는 경우가 많다. 하지만 주류사회에 진출하더라도 계속 이방인 취급을 당하는 경우가 많고 차별을 경험하는 경우도 많다.

LA 4.29폭동과정에서 경찰이나 주방위군이 코리아타운을 방치하는데에서 경험했듯이 그리고 주류직장이나 주류사회로의 진출 과정에서 인종차별을 경험하면서 갈수록 백인들의 인종차별이 한인들의 중요한 의제로 부각되고 있다. 따라서 백인지배체제에서의 배제나 인종차별을 한인사회의 당면과제로 보고 주류사회에서 보다 적극적으로 한인사회의 영향력을 확대하기 위한 노력이 배가되고 있다. 가장 핵심적인 것은 시민단체를 구성하여 한인사회의 역량을 강화하고 다양한 차별에 맞서는 것이고 또한 시 정부나 국가의 선출직에 진출하여 영향력을 확대하는 것이다. 따라서 이 책의 후반부에서는 2세들의 진출로 한인사회의 성격이 변화하고, 다양한 시민단체를 조직하여 활동하고 정치계로 진출하는 과정을 살펴보고자 한다.

이 책은 한인사회에서 1세대가 상업으로 진출하여 한인이 상업민족화되면서 핵심과제가 한흑갈등과 이의 해결이었다면 2세대가 급증하면서 상업에서 철수하고 주류직장으로의 진출이 늘면서 한인의 핵심과제가 주류사회에서의 인종차별을 극복하는 것으로 이를 위하여 인종차별을 다루는 시민단체가 크게 활성화되고 정치로의 진출에 적극 노력하게 되는 측면을 보여주는 것이다. 즉, 1세대의 상업민족화와 한흑갈등에서 2세대의 주류직장으로의 진출과 주류사회에서의 인종차별 극복이라는 한인사회의 성격 변화를 보여주고자 한다.

특히 이러한 과정에서 가장 중요한 것으로 생각되는 한인 1세의 미국사회로의 이민과 자영업을 통한 편입과정, 흑인동네로의 진출과 갈등, 미국에서 교육받은 1.5세 2세들의 미국주류사회에로의 진출과 인종차별 극복노력을 미국의 인종적 사회적 맥락에서 구체적으로 살펴보고자 한다. 이를 통해 한인들의 자영업 진출과 이에 따른 한흑갈등은 단순히 한인과 흑인의 갈등이 아니라 미국사회에서 이미 나타났던 이민 과정에서의 다른 인종/민족들이 자영업에 진출했을 때 나타났던 현상과 비슷한 측면이 있음을 보여주고자 한다. 또한 백인이나 유태인 이민자 2세에서도 나타났듯이 미국에서 교육받은 2세가 되면 이제 자영업보다 주류사회로 진출하여 점차 해당 민족이 자영업에서 철수하는 현상이 한인들에서도 나타나는 것임을 보여주고자 한다. 또한 주류 진출 과정에서의 인종차별 극복 노력이 이어서 강화되는 것도 미국식 이민자 편입과정의 하나임을 보여주고자 했다. 따라서 한인의 이민을 통한 미국사회에의 편입은 한인의 독특한 측면도 있지만 자영업으로 진출했던 다른 민족들과 유사한 과정임을 이해하고자 한다.

이 책의 1, 2부에서는 영어가 부족한 한인 1세들이 미국사회에서 빠르게 돈을 벌기 위해 자영업에 집중했으며 또한 어떻게 흑인빈민촌에 진출하게 되었는지 그리고 이것이 미국의 맥락에서 어떻게 한흑갈등으로 나타나게 되었는가를 다룬다. 즉 한인 이민자들이 어떻게 자영업에 집중적으로 종사하는 방식으로 미국사회에 편입되었는지 그리고 그 과정에서 어떠한 관계와 갈등이 어떻게 나타났는지를 다룬다. 물론 흑인동네가 아닌 곳에서 자영업을 하고 또는 공장이나 회사에 취직하여 편입되는 한인들도 있지만 과반 이상이 자영업을 통해 미국사회에 편입되었으므로 이를 집중적으로 다루고자 한다.

3부에서는 미국문화와 언어에 익숙한 한인 1.5세와 2세가 증가하면서 나타나는 사회관계와 활동을 다루고 있다. 한인사회에서 자영업의 비율이 계속 줄어들고 있고, 보다 많은 사람들이 주류직장에 진출하면서 한인사회에 많은 변화가 나타나고 있다. 미국에서 어렸을 때부터 교육받은 1.5세와 2세들은 스스로를 미국사회의 일원으로 인식하면서 한국계 그리고 아시아계 미국인으로서의 권익을 쟁취하기 위해 어떻게 미국식 민권운동과 정치로 진출하고 활동하게 되는지를 보여주고 자 한다. 1.5세와 2세가 자영업을 벗어나 주류사회로 진출하면서 재미 한인의 가장 커다란 당면과제는 한흑관계가 아니라 주류사회에서 차별을 받지 않는 것이다. 따라서 주류사회에서의 차별을 극복하는 것이 갈수록 더욱 중요한 한인사회의 과제가 되고 있다. 이를 위하여 1.5세와 2세들은 더욱 적극적으로 시민단체를 조직하고 차별에 맞서 행동을 하며 또한 더욱 적극적으로 정치로 진출하고 있는 측면을 다루고 자 한다. 이러한 변화를 한인들이 가장 많이 거주하는 LA와 뉴욕을 중심으로 다루고자 한다.

한인 1세에서 2세로의 변화는 미국에서 한인이라는 소수민족으로서의 전반적인 인식, 생존방식, 민족관계, 전략, 활동의 변화를 수반한다. 또한 1세들은 한국에서 성장하여 한국인으로서의 정체성과 문화가 강한 상태에서 미국에서 생존을 도모하고 자녀교육에 집중하였다면, 2세는 미국에서 태어나고 미국에서 학교를 다녔으며 미국의 언어와 문화에 익숙하여 이를 바탕으로 미국사회로의 진출과 신분 상승을 도모하고 있다. 한인 1세와 2세는 미국 속에서 생존하기 위한 맥락과 환경이 다를 뿐만 아니라, 문화적 존재로서의 자아 인식과 이를 기반으로 한 미국사회와 인종관계에 대한 상상력과 해결책이 다르다. 1992년 LA에서 한인에게 엄청난 피해를 입혔던 4.29폭동은 재미한인들에게 미국 속에서 인종문제를 해결해 나가야 한다는 자각을 크게 강화시켰다. 미국의 문화와 언어에 익숙한 1.5세와 2세들에게 미국인으로서, 아시아계 미국인으로서, 미국에서 이러한 문제를 해결하나가야 한다는 자각을 강화시켰다.

영어와 미국문화에 보다 익숙해지면서 1.5세와 2세를 중심으로 미국에서 보다 평등하고 안정적인 뿌리를 내리기 위해 미국의 권력과 시민사회에서의 불평등과 차별을 개선하고 한인의 권익을 옹호하고 한인의 지위를 강화하려는 더욱 다양한 노력이 전개되고 있다. 한국이 아니라 미국을 모국으로 인식하는 한인 1.5세와 2세의 입장에서 미국의 다민족 관계를 개선하고 권력과 시민사회에서 유리한 위치를 차지하여 차별당하지 않고 미국의 정당한 일원으로 인정받고 그렇게 진출할 수 있는 것이 중요하다. 예를 들어 1.5세와 2세들이 2008년 대통령 후보인 힐러리 클린턴이 LA 코리아타운에 와서 후원회모임을 하도록 한 것도 그러한 노력의 일환이다. LA 코리아타운이 4개의 시의원 지역구로 분산되어 있어 한인의 정치력을 결집하기 어려워 이를 개선하기 위한 캠페인을 계속 벌이는 것도 미국인으로서 미국사회에서의 정당한 정치력, 발언권을 확보하려는 노력의 일환이다. 또한 다른 아시아계와 협동을 하거나 때로는 갈등을 일으키면서도 인종적 문제나 일반 선거에서는 다른 아시아계를 지원하는 것도 미국사회에서의 정치력을 제고하기 위한 노력이다. 이러한 과정은 동시에 한인들이 스스로를 아시아계 미국인으로 인식하는 측면이 강화되고 있음을 보여주는 것이다.

이 책은 이러한 1세의 2세로의 변화과정에서 어떻게 재미한인사회의 성격이 바뀌는지를 장별로 다음과 같이 살펴볼 것이다. 머리말은 이 책의 의도와 내용을 설명하는 부분이다. 1장은 한인의 미국으로의 이민 과정을 설명하고 있다. 1965년 미국이 이민문호를 개방하면서 미국사회에 한인이민자가 늘어나는 과정과 변화의 내용을 설명하고 있다. 2장은 한인이 미국사회에 정착하면서 자영업에 집중하는 과정을 설명하고 있다. 이는 미국사회의 이민자의 맥락에서 이루어지는 것이어서 이를 연결하여 설명하고자 하였다. 3장은 유태인들이 19세기 말과 20세기 미국사회로 이민을 와서 편입되면서 상업적 민족으로 작동하는 과정을 설명하고 있다. 한인들의 상업 진출이 이전의 이민자 또는 소수민족의 상업진출과 유사한 점이 있다는 것을 보여주기 위하여 작성하였다. 4장은 한인상인의 흑인빈민촌으로의 진출을 설명하고 있다. 5장과 6장은 LA와 뉴욕에서 나타나는 한인상인과 흑인들과의 갈등을 다루고 있다. 1부와 2부는 저자들이 그동안 계속 연구해왔던 부분이라 저자들의 글(이정덕 1994; K. Park 1994, 1997, 2019; Yi 1993)을 바탕으로 최근 자료를 추가하여 정리하였다. 7장은 2세들이 주류사회로 진출하면서 한인들의 자영업종사자가 줄어들고, 한인들이 은퇴하면서 흑인동네 가게를 팔고 나오고, 흑인과의 관계를 개선하기 위한 많은 노력을 하면서, 한흑갈등이 줄어드는 부분을 보여주고자 했다. 이는 한인사회의 당면과제에서 한흑갈등이라는 의제가 점점 사라지는 과정이기도 하다.

3부에서는 1.5세와 2세의 주류사회로의 진출에 따라 미국에서 한인을 둘러싼 사회적 관계의 성격이 달라지고 있고 이에 따라 한인의 당면과제도 주류사회로의 진출과 시민단체나 정치진출을 통한 한인의 영향력을 확대하는 것임을 보여주고자 했다. 8장에서는 1.5세와 2세의 등장으로 직업의 변화와 소득변화가 어떻게 나타나는지를 설명하고자 했다. 9장에서는 2세가 주류 경제로 진출함에 따라 1세와는 달리 백인과의 인종관계와 인종차별이 부각되며 이러한 인종관계와 차별이 어떠한 내용을 가지고 있는가를 설명하고 있다. 10장에서는 인종차별을 극복하고 한인의 영향력을 확대하기 위한 시민단체들을 살펴보고 있고, 11장에서는 한인이 영향력을 강화하기 위한 정치적 진출을 다루고 있다. 12장에서는 그러한 사례로 한인이 주도하는 시정부가 나타난 뉴저지의 팰리세이드파크의 사례를 다루고 있다. 매우 작은 도시의 사례이지만 한인사회가 지향하는 방향을 잘 보여준다고 생각하여 포함시켰다. 10, 11, 12장은 이정덕(2020)을 바탕으로 최근자료를 추가하였다.

4부는 전체적인 논의를 제시하고 있다. 13장에서는 위와 같은 변화

가 함의하는 바를 제시하고자 했다. 한국적 정체성을 가진 1세에서 2
세로 넘어오면서 2세 한인들이 아시아계 미국인으로서의 의식을 가지
고 미국사회의 맥락에서 활동하는 과정과 의미를 제시하고자 했다. 14
장은 이러한 한인의 미국사회로의 편입을 미국의 인종차별적인 맥락
에서 이론화한 것이다. 13, 14장은 이정덕(2020; 2021)의 글을 수정한 것
이다.

제 1 부

미국으로의 이민과
상업민족화

미국은 백인이민자들이 인디언 원주민들을 정복하며 세운 국가이다. 국가를 건설하는 과정이 계속 이민을 받아들이는 과정이었고 현재에도 세계에서 가장 많은 이민을 받아들이고 있는 국가이다. 초기에는 원주민의 땅을 정복한 백인은 원주민을 오지로 쫓아내거나 죽이면서 영토를 확장해갔고 흑인을 노예로 수입하여 활용하였다. 백인들은 미국에 도착하면 시민권을 주는 방식으로 백인이 중심이 되는 국가를 만들었다.

　미국은 1965년부터 이민 문호를 개방하여 아시아, 남미, 아프리카 등 다양한 지역으로부터 이민자를 적극 받아들이기 시작하였다. 대부분 미국보다 못사는 나라에서 경제적 기회를 위해 적극적으로 미국으로 이민을 오고자 하였다. 특히 미국의 영향권에 있던 나라들에서 더 많은 이민을 왔다. 1965년 이민 문호를 개방하면서 아시아와 남미에서의 이민자가 급증하였고 한인이민자들도 이러한 맥락에서 미국으로 이민을 왔다.

　따라서 한인들이 미국사회에 어떻게 편입되고 정착하는가를 살펴보기 위해서는 이러한 이민의 맥락과 인종의 맥락을 살펴보아야 한다.

제1장 한인의 이민 과정과 정착

미국은 원래 인디언이 살던 곳이지만 이를 백인들이 정복하여 개척하고 확대한 나라이다. 계속 서부로 확대하면서 많은 땅을 확보하여 보다 많은 이민을 받아들였다. 남부에서는 점차 목화무역이 확대되면서 흑인노예를 수입하였다. 1800년대 유럽에서의 빈곤을 벗어나기 위해 또는 자유를 찾아 미국으로 이주하게 되었다. 1860년대 미국대륙의 동서횡단 철도를 부설하면서 중국노동자들이 투입되었고 1800년대 말부터 하와이 사탕수수농장에 일본인과 한국인이 노동자로 투입되었다. 1902년 한국노동자들이 하와이로 사탕수수 일꾼으로 이주하게 되었다. 이때까지 백인은 미국에 도착하면 미국 시민이 될 수 있었고 아시아나 다른 지역의 이민은 여러 가지 이유로 규제하고 있었다. 하지만 미국은 1924년부터 백인에게는 쿼터를 부여하고 나머지 이민은 금지하였다. 1950년 이후 전쟁고아, 주한 미군의 배우자나 친척 등은 미국으로 이민을 올 수 있었다(Barringer and Cho 1989). 하와이에서 샌프란시스코와 LA로 넘어와 캘리포니아에 거주하는 사람들이 생겨났고 극히 적은 수이지만 뉴욕으로 이주하는 사람들도 있었다. 하지만 이들은 숫자가 너무 적어 아직 한인사회가 형성되었다고 볼 수 있는 정도는 아니었다.

제2차세계대전 이후 경제가 빠르게 발전하면서 노동력의 필요가 높아지자 미국은 1965년 새로운 이민법을 제정하여 숙련노동자와 친족의 이민을 국가별로 쿼터를 배정하여 허용하였다. 한국은 1945년 미군정이 통치하면서 친미세력이 정권을 장악하고 사회의 엘리트로 성장하였고 또한 미국에서 계속 원조 받아 친미적인 분위기가 있었다. 또한 엘리트가 되기 위하여 미국으로 유학을 가는 경우도 계속 늘었다. 미국이 한국에 수출 우대를 제공하여 1960년대에는 가발을 비롯한 경공업 제품의 미국에 대한 수출이 빠르게 증가하고 있어, 미국에 대한 선호도가 크게 올라간 상태가 지속되었다. 또한 미국은 세계 최고의 부자나라로 이민이 본격적으로 시작한 1965년 미국의 소득은 한국의 소득의 37배가 될 정도여서 미국을 최고 부자의 나라, 최고로 자유를 보장하는 나라, 가장 발전한 나라로 생각하는 경향이 매우 강하였다.

미국으로의 이민: 1965년부터 초기의 이민

한국은 미국이 이민 문호를 개방하기 전부터 외국으로의 이민과 진출을 적극 장려하였다. 1961년 군사쿠테타로 정권을 장악한 박정희정부는 경제개발계획을 세워 경제발전을 적극 추진하였는데 공장을 건설하기 위한 기술과 기계를 도입하기 위하여 외화가 필요하였다. 또한 한국 내의 인구가 많다고 생각하였고 일자리도 부족하다고 생각하였기 때문에 2자녀만 낳기 위한 산아제한운동도 펼쳤고 또한 1962년 해외이민법을 통과시켜 해외이민을 장려하였다. 그래서 남미로의 농업이민을 적극 장려하였고 또한 서독, 베트남, 태국, 말레이시아, 우간다, 중동 등지와 정부가 노동력 공급 계약을 맺어 한국인들을 내보는 데 적극적으로 노력하였다(I. Kim 1981: 53-57).

이러한 맥락에서 미국의 이민이 개방되자 한국인의 미국으로의 이민자 수가 1965년(2,165명)부터 계속 증가하여 1971년에는 14,297명에 이르렀고 1976년부터는 1991년까지는 거의 해마다 3만 명이 넘는 한국인들이 미국으로 이민을 왔다. 미국에 경제적으로 정치적으로 의존하는 발전이 빠르게 진행되면서 한국에서는 미국에 대한 선호도가 아주 높았고 영어가 높은 가치를 부여받았으며 미국의 대학원 학위는 한국에서 상층계급으로 진입하는 통로가 되었다. 그래서 많은 중상층 계급이 미국으로의 이민을 희망하는 상황이었다. 한국에서 높은 학력을 지닌 사람들도 미국으로의 이민을 적극 지원하였다. 대체로 대학 졸업자들이 대거 이민을 원하였고 미국으로의 이민자의 학력이 매우 높았다. 한국이 친미적인 상황에 있었기 때문에 주로 미국으로 이민이 집중하는 상황이 나타났다.

더욱 중요한 이유는 1965년에서 1980년 사이 소득격차가 매우 커서 미국에 가서 1년을 벌면 한국에서 10년 이상 번 돈을 모을 수 있었기 때문이다. 미국에 가서 돈을 벌고 한국으로 돌아오려고 이민을 간 사람들도 많았고 계속 부자나라 미국에서 살아야겠다고 간 사람들도 많다. 한국의 1인당 소득이 1965년에는 미국의 37분의 1, 1970년에는 20분의 1, 1980년에는 8분의 1에 불과하였다. 1960-80년대에 미국으로 이민 가면 한국의 10~30배의 소득을 올릴 수 있기 때문에 미국으로 이민 가고자 하는 사람이 아주 많았다. 당시 미국의 수요가 상당히 컸던 의사와 간호사와 같은 의료전문직에서도 미국에서 한국의 10배 이상을 벌 수 있었기 때문에 미국으로의 이민이 크게 나타났다. 특히 당시 서독으로 간호사가 송출되고 있어 간호학과를 대폭 늘려 졸업자가 크게 늘어났으나 서독에서의 수요가 점차 줄어들자 이들은 미국이나 중동 등으로 진출하기 시작했다.

한국의 1인당 소득은 1960년 79달러, 1965년 105달러, 1970년 254달러, 1975년 602달러, 1980년 1,645달러, 1985년 2,309달러, 1990년 6,146

달러, 1995년 11,432달러, 2000년 10,841달러이다(2016년 한국은행 통계자료 국민계정). 미국은 1965년 3,827달러, 1970년 5,064달러, 1975년 7,585달러, 1980년 12,249달러, 1985년 17.697달러, 1990년 23,200달러, 1995년 27,752달러, 2000년 34,758달러로[1] 성장하였다. 미국의 이민이 개방된 1965년에는 미국의 1인당 소득이 한국의 37배에 달했으나 미국으로의 이민이 2만 명 이하로 내려간 1992년에는 3배 정도로 내려갔고 2010년도부터는 2배 정도로 내려갔다. 환율 문제 등이 있어 각종 통계마다 GDP가 조금씩 다르게 나오지만, 지속적으로 미국과의 소득 격차가 줄어드는 방향으로 한국경제가 발전해왔다. 소득이 10배 정도 차이가 나면 그 나라로 이민을 가고자 하는 경향이 매우 크게 나타나지만, 소득 격차가 줄어들면 그러한 경향이 감소한다.

또한 한국에서는 1980년대까지 북한이 더 강한 군사력을 가지고 있다고 생각하여 6.25 전쟁 중 북한에서 남한으로 내려온 많은 사람이 북한이 남한을 침공할 경우 자신들이 먼저 희생자가 될 것이라는 불안감이 있어 특히 북한출신들이 더욱 적극적으로 이민을 가고자 하였다. 이들은 기독교도인 경우가 많아 더욱 공산주의를 싫어했으며 또한 미국이 기독교 국가이어서 이를 선호하였다. 1980년까지도 북한이 남한(한국)보다 1인당 소득도 높았고 북한의 군사력이 남한의 군사력보다 훨씬 강한 것으로 받아들여지고 있었다(이공순 1992). 또한 남한에서 1970년대와 80년대 한국이 아주 강력한 독재 체제여서 한국에서 투쟁하는 사람들도 많았지만, 일부는 말을 잘못하면 감옥을 가는 한국에서 벗어나 자유로운 민주국가인 미국으로 이민을 가고자 하는 경우도 있었다(K. Park 1997, 2장; Yi 1993, 3장).

---

[1] https://fred.stlouisfed.org/series/PCAGDPUSA646NWDB

표 1.1 ∥ 연도별 한인 이민자 수의 변화

연도	이민자 수	연도	이민자 수	연도	이민자 수	연도	이민자 수
1965	2,165	1980	32,320	1995	16,047	2010	22,022
1966	2,492	1981	32,663	1996	18,185	2011	22,824
1967	3,956	1982	31,724	1997	14,239	2012	20,846
1968	3,811	1983	33,339	1998	14,268	2013	23,166
1969	6,045	1984	33,042	1999	12,840	2014	20,423
1970	9,314	1985	35,253	2000	15,830	2015	17,138
1971	14,297	1986	35,776	2001	20,742	2016	21,801
1972	18,876	1987	35,849	2002	21,021	2017	19,194
1973	22,930	1988	34,703	2003	12,512	2018	17,676
1974	28,028	1989	34,222	2004	19,766	2019	18,479
1975	28,362	1990	32,301	2005	26,562	2020	16,244
1976	30,803	1991	26,518	2006	24,386	2021	12,351
1977	30,917	1992	19,359	2007	22,405		
1978	29,288	1993	18,026	2008	26,666		
1979	29,248	1994	16,011	2009	25,859		

출처: Min, P. G. 2013: 8에 미국센서스 자료 추가.
원천자료: Immigration and Naturalization Service, The 1965-1978 Annual Reports and the 1979-2001 Statistical Yearbooks; Office of Immigration Statistics, 2002-2021 Yearbooks of Immigration Statistics.

　　초기 이민자의 미국 적응에도 한국과 미국의 무역 관계가 중요한 역할을 하였다. 미국에서 특히 흑인들 사이에 가발이 유행하였기 때문에 1960년대부터 한국에서 여자들의 머리를 구해 가발로 만들어 미국에 수출하는 산업이 빠르게 성장하였다. 액세서리 등의 경공업 제품의 수출도 증가하였다. 이에 따라 1970~80년대 미국으로의 가발 수출을 주도하였고 미국에 거주하던 한인들이 한인들의 네트워크를 이용해 가발 도매상에서 소매상 그리고 행상에 이르기까지 주도하게 되었다. 많은 이윤을 남기고 팔 수 있어서 많은 한인이 초기에 흑인동네를 돌아다니며 가발을 소매나 도매로 팔게 되었고 또한 흑인동네가 어느 정도 익숙해지면 가발상점을 열게 되었다. 한국에서 수출된 여성 가발이 많은 이윤을 남겨주는 상품으로 뉴욕시의 초기 한인들의 정착에 기여하였다(I. Kim 1981).

1965년 이후 한국인의 미국으로의 이민은 크게 세 부류로 나눌 수 있다. 첫 번째 집단은 1965년 이민법 제정 이후에 도착한 이들이며, 두 번째 집단은 1976년 이민법 개정 이후에 온 이들이며, 세 번째 집단은 2000년 이후 유학생들이 취업하여 신분 변경을 하는 경우이다. 이 세 집단은 이민자의 성격이나 그 상황이 상당히 다르다.

1965년 새롭게 제정된 이민법(PL 89-206)은 국가별로는 연간 2만 명의 쿼터를 배정하였다. 미국 시민권자의 직계 가족은 이러한 쿼터와 별도로 초청이민이 가능하였다. 따라서 미국에서 필요로 하는 직종과 미국 시민권자나 영주권자들의 친족들이 미국으로 이민을 올 수 있었다. 직종에 따라 주어지는 쿼터는 제3순위 범주(전문직, 과학자, 공연 이외의 부문에서 예외적인 능력을 가진 예술가)와 제6순위 범주(미국에서 공급이 부족한 직업군에 속하는 숙련 및 비숙련 노동자)에 각각 전체 쿼터의 10%를 배정되었다. 나머지는 미국 시민권자 및 영주권자와의 가족에 배정되었다. 이들은 해당 직종이 미국인들의 취업에 지장이 없다는 것이 입증되어야 영주권을 받을 수 있었다.

1965년 이민 급증의 초기 단계에 이민을 온 한인들에는 그 당시 미국에서 공급이 부족하던 의료전문가(의사, 치과의사, 약사, 간호사)가 많았고 과학자나 엔지니어 등도 미국으로 이민을 오게 되었다. 1977년까지 13,000명의 의료인이 미국으로 이민을 온 것으로 추산된다(I. Kim 1981: 148). 특히 국가에서 적극적으로 간호사를 배출하여 서독과 중동으로 진출시켜 외화를 벌고자 하였기 때문에 간호사를 많이 배출하였고 이들 중 이왕이면 영어를 하고 한국과 친근한 미국으로 가고자 하는 경우가 많아 간호사들이 미국으로 많이 이민을 왔다. 이들을 따라온 한인 남편들이 영어가 부족해 미국에서 직장을 제대로 잡을 수가 없자 그래도 돈을 어느 정도 벌 수 있는 자영업에 진출하여 한인들이 대거 자영업에 진출하는 계기가 되었다.

표 1.2 ┃ 미국의 한인 수의 변화

연도	한인 수	연도	한인 수
1910	462	1990	798,849
1920	1,224	2000	1,076,872
1930	1,860	2010	1,423,784
1940	1,711	2015	1,816,567
1970	69,130	2020	1,962,184
1980	354,593		

출처: 미국 인구통계국(Census Bureau) 인구센서스 자료(하와이는 1959년 미국의 주로 편입되어 하와이 거주자는 이때부터 미국인 통계에 포함됨)

새로운 이민법의 개정으로 아시아에서 오는 이민자가 증가하자 이민자에서 아시아계가 차지하는 비중이 1961~65년 7.6%에서 1969~73년 27.4%로 그리고 1970년대에는 전체의 34%, 1980에는 40%, 1988년대에는 47%로 증가하였다(Min 1995: 12). 1965년 이후 처음에는 유럽에서 미국으로 이민을 많이 왔으나 유럽의 경제가 빠르게 성장하면서 점차 줄어들었고, 1975년이 지나면서 아시아계 이민이 크게 증가한다(Hurh and Kim 1980: 49). 이에 따라 미국에서 아시아계의 인구와 비중이 점차 증가하고 있어 아시아계의 정치적 진출에도 도움을 주고 있고 아시아계의 발언권도 강화되고 있다. 아시아계의 인구는 1960년 98만 명에서 1980년 350만 명, 2000년 1,190만 명, 2019년 2,240만 명으로 증가하여 미국 인구의 7%를 차지하게 되었고 2040년에는 3,480만 명, 2060년에는 4,620만 명으로 증가할 것으로 예측된다.[2]

---

2) https://www.pewresearch.org/short-reads/2021/04/29/key-facts-about-asian-americans/

그러나 미국 의회에서 1976년에 전문직 이민을 제한하는 이민 및 국적법의 개정안이 통과되었다. 이에 따라 3순위였던 간호사, 의사, 치과 의사들의 순위가 6순위로 밀려나 전문직의 이민이 감소하기 시작하였다(I. Kim 1981:30). 전문직을 통한 이민이 크게 어려워지자 1972년 한인에서 직업 이민자의 비율은 45.1%였지만(I. Kim 1981: 31), 1980년 이후부터 전체 이민자에서 직업 이민자 비율은 3.9%로 감소하였다(Bouvier and Gardner 1986: 17). 1976년 이민법이 개정되면서 직업 이민 범주를 사용한 이민은 줄었고, 시민권자와 영주권자의 가족으로 이민을 오는 사람이 크게 늘었다. 1978년에 한국 정부가 이민자들의 외화 반출 한도를 1,000달러로 상향하였다. 1979년에 3,000달러로, 1980년대 이후에는 가족 당 십만 달러로, 1990년에는 이십만 달러로 증가시켰다. 이에 따라 1980년대 이후에는 한국에서 달러를 가져와 미국에서 바로 가게를 여는 경우가 나타났다. 하지만 앞에서 제시한 바와 같이 한국의 국민소득이 빠르게 성장하면서 미국 1인당 국민소득이 한국의 1인당 국민소득의 1965년 37배, 1970년 20배, 1980년 8배, 1990년 4배, 2000년 3.3배, 2010년 2.2배, 2019년 2배로 줄어들었다. 1960, 70년대에 미국으로 이민 가면 한국의 10~30배의 소득을 올릴 수 있기 때문에 미국으로 이민 가고자 하는 사람이 아주 많았지만, 1990년대 한국의 소득이 상승하면서 미국으로의 이민 열망이 크게 줄어들고 있다.

미국으로의 이민: 2000년 이후

한국은 1997년 IMF외환위기를 겪었지만 빠르게 경제가 회복하였고 IT, 전자, 자동차, 조선, 화학 등의 수출이 빠르게 성장하면서 소득도 비교적 빠르게 올라갔다. 이에 따라 한국의 국민소득이 상승하면서 2010년대 이후에는 미국의 2분의 1에 도달하였다. 미국이 물가가 높은 것을 감안하면 특히 한국 중산층의 생활수준도 미국의 생활수준에 가까워지고 있기 때문에 미국에서의 생활에 대한 선망도 크게 감소하였다. 미국이 한국과 수준 차이가 크다고 생각하게 만들었던 선진국, 자유, 풍요의 미국 이미지는 점차 약화되었다. 이에 따라 1965년 이후 어떻게든 미국으로 이민을 가려는 사람이 많았다면, 2000년대 이후에는 미국으로의 이민을 고려할 때 얼마나 좋은 직장을 구할 수 있는지 등의 현실적인 이점을 보다 꼼꼼하게 점검하고 이민을 결정하는 경향이 커지고 있다. 미국에서 한국으로의 역이민자도 점차 늘어나기 시작하였다.

또한 이민자의 성격도 변하여 미국으로 유학을 갔던 사람들이 미국에서 취직하여 미국의 취업비자나 영주권을 취득하는 사람이 크게 늘어나기 시작하였다. 1990년대부터 한국의 유학생 수가 크게 증가하면서 졸업 후 미국에 취업하는 경우가 점점 늘었으며 특히 1997년 IMF 이후 그러한 경향이 더욱 증가하였다. 유학생들에게 있어서 한국과의 비행기 교통도 매우 편리해지고 영어와 한국어에도 익숙하여 어느 곳이나 유리한 곳을 선택하여 살 수 있다고 생각하는 경향이 높아졌고 한국과 미국의 취업을 비교하여 더 유리한 쪽에 취업하여 미국에 남는 경우가 크게 늘어나고 있다. IMF나 2008년 경제위기 같은 경우 실직을 하여 세계 어디에서든 직장을 구하겠다고 생각하여, 또는 한국에서 직장을 구하기 어려운 상황에 처한 젊은 층이 미국에서 직장을 구하여 미국으로 이민을 가는 현상이 늘어나고 있다. 특히 갈수록 미국으로 유학을 간 학생들이 졸업 후 미국에 남는 경우가 많아지고 있다.

또한 미국에서 영주권으로 살았던 사람들이 한국으로의 귀환을 생각하며 시민권을 따지 않고 거주하는 경우가 많았으나 점차 이들도 미국에서 시민권을 획득하여 평생 미국에서 살며 미국에서 투표권을 행사하고 미국의 복지 등 미국시민으로서의 권리를 가지고자 하는 사람들이 늘어났다.

1991년에는 이민자수가 2만 6,518명으로 1992년에는 1만 9,359명으로 2003년에는 1만 2,512명까지 감소했다가 다시 증가하여 2005년 이후에는 연 2만 명에서 2만 5,000명 사이를 유지하고 있다. 학생비자로 미국을 방문하는 사람은 1965년 1,720명에 불과하였으나 1985년 1만 8,889명으로 2003년 10만 3,895명 2017년 17만 2,532명에 달하였다가 2013년 13만 5,839명으로 점차 줄어드는 경향이 있다. 취업비자는 1965년 92명에 불과하였으나 2000년 이후 해마다 1만 명 정도를 유지하고 있다(미주중앙일보, 2015.7.21). 연대별로 구분하면 1950년대 이전까지 83명, 50년대 4,845명, 60년대 2만 7,048명, 70년대 24만 1,192명, 80년대 32만 2,708, 90년대 17만 9,770명, 2000년대 20만 9,758명, 2010년대 20만 1,059명, 2020년에는 1만 6,024명이 미국으로 이민을 왔다 (Yearbooks of Immigration Statistics, 2020: 8-11, 2021: 14).

표 1.3 ┃ 2000년대 이후 한국과 미국의 개인 GDP 변화　　　　　(단위 : 달러)

연도	한국	미국
2000	12,257	36,330
2005	19,403	44,123
2010	23,087	48,651
2015	28,732	56,763
2020	31,721	63,531

출처: 한국 https://www.macrotrends.net/countries/KOR/south-korea/gdp-per-capita
　　　미국 https://www.macrotrends.net/countries/USA/united-states/gdp-gross-domestic-product

미국으로 유학을 떠나 대학이나 대학원을 졸업하고 미국에 남는 숫자가 2000년대 이후에 크게 증가하였다. 예를 들어 2009년 한국이민자

수가 25,859명이었는데 그중 20,805명이 미국에서 신분을 변경하여 이민자가 되었다. 이들 대부분은 유학생에서 미국에 취업하며 신분을 이민자로 변경한 것이다. 한국이민자의 80%가 신분 변동으로 이루어진 것이어서, 다른 국가 출신 이민자들의 신분 변동(평균 59%)보다 훨씬 높은 비율을 보여주고 있다(Min 2011: 215-216). 연도마다 이들 이민자 수에 변화가 있지만 2000년대 이후 한인 이민자 중에 유학생들이 신분 변동을 한 경우가 가장 많다. 즉, 이민자의 주류가 유학생 출신이 되었다.

이는 1990년대부터 한국에서의 미국으로의 유학이 급증하였고 대학이나 대학원을 졸업하고 상대적으로 일반이민자들보다 좋은 직장을 구할 수 있기 때문에 미국에 남기로 결정한 것이다. 예를 들어 뉴욕 맨해튼에 취직한 K는 미국에서 초등학교부터 유학을 가서 대학을 졸업했는데, 한국보다 미국이 더 익숙한 곳이어서 대학졸업 후 맨해튼의 회계 기업에 취직하여 미국에 남게 되었다. K에 따르면 한국에 취업하더라도 미국직장보다 더 높은 임금을 받기는 어렵고 또한 자신은 초등학교부터 미국에서 교육받아 한국기업문화에 적응하기도 어렵기 때문에 미국에 남기로 결정하는 데 아무런 문제가 없었다고 한다. 자신과 같이 미국기업에 취업하고자 하는 한국유학생들이 많지만 대부분 미국기업에 제대로 취직하지 못해 귀국하는 경우가 많다고 한다. 미국 기업이 외국인을 뽑으려면 먼저 미국인을 뽑으려 노력했는데, 없어서 어쩔 수 없이 외국인을 뽑는다는 것을 이민국에 보여주어야 해서 미국인을 먼저 뽑으려고 노력한다고 한다.

또한 이들은 이미 미국에서 유학을 하며 어느 정도 미국에 적응한 고학력자들이 한인사회에 더 많아졌음을 보여준다. 가족 초청을 통한 이민은 지속되고 있지만 이제 미국이민의 주류는 유학생 고학력자가 신분을 변동하여 이민자가 되는 것이다. 이러한 변화는 한인커뮤니티의 성격에도 커다란 영향을 미쳤다. 이들은 미국에서 자라서 교육받은 2세들과 함께 한인의 교육 수준이 미국의 민족들에게 가장 높은 수준에 도달하는데 기여하였다. 미국 인구조사국 American Community Survey Data에 나타난 2021년 자료에 따르면 25세 이상에서 한인들의 대학졸업 이상이 60.4%, 대학원 이상 졸업은 24%에 이르고 있어, 25세 이상에서 미국인들의 대학 졸업이 37.9%, 대학원 이상 졸업은 14.3%로 한인이 미국 평균보다 매우 높은 교육 수준을 지니고 있다.[3] 한인 2세나 유학생 출신들은 영어에 능숙하고 미국문화에도 능숙하여 가족 이민자들에 비하여 미국기업들에 보다 쉽게 취직하며 또한 주류사회에의 적응도 매우 빠르게 이루어진다. 미국에서도 좋은 학벌이 좋은 직장에 취직하는 데 유리하게 작용하기 때문에, 좋은 대학이나 대학원을 졸업한 이민 2세나 유학생들이 많아진다는 것은 그만큼 한인들의 미국주류사회에의 진출에 도움을 주고 있다.

2000년대 이전에는 자녀교육을 위해 가족 전체가 이민 가는 것을 선택하는 경우가 많았지만, 2000년대 이후에는 가족 전체가 이민 가는 것보다 해당 학생을 유학 보내는 경우가 많다. 또는 어머니만 미국으로 자녀를 따라와서 기러기 가족으로 지내는 경우도 많다. 미국으로 자녀를 유학 보내는 가족의 경우 한국에서 부모가 전문직이거나 부유한 경우가 많다. 미국으로 유학을 보내면 나중에 한국으로 귀국하여서도 보다 나은 지위로 올라갈 수 있다고 생각하며 또한 세계 수준의 교육을 받고 인맥을 쌓아 세계적으로 활동하는 데 도움을 얻을 수 있다고 생각하여, 초등학교에서부터 또는 외국으로 유학을 갈 수 있는 고등학교로 한국에서 진학시키고, 대학은 미국으로 보내는 경우도 많

---

3) https://data.census.gov/table?q=korean+education&t=023:Employment&g=010X
X00US

아졌다. 한국의 여러 자사고나 외국어고나 국제고나 국제학교가 미국 유학을 위한 교육을 시키는 경우가 많다. 또한 한국의 대학 경우에도 영어권 대학과의 교환학생으로 또는 영어프로그램을 통한 대학 교육으로 미국으로의 대학원 유학을 보다 쉽게 갈 수 있도록 하는 대학이 많아져 2000년대 이전과 비교하여 미국으로의 유학이 훨씬 쉬워졌다.

2000년대 이후의 이러한 상황은 1965년 이후 노동이민을 와서 가족을 불러오는 방식의 이민이 주로 이루어졌던 상황과 대비된다. 과거의 이민과정에서는 노동이나 자영업 직원이나 자영업으로 시작하여 미국 사회에 편입되는 방식이 많이 나타났으나, 이제 신분 변동을 통한 이민이 급증하면서 미국 주류기업에 취직한 채로 영주권을 받는 경우가 많아졌다.

시민권 취득자도 1990년대부터 2008년까지 매년 2만 명을 넘었으나 그 이후 1만 명대를 유지하고 있다(미주한국일보 2016.4.15.). 2012년 1만 3,790명, 2013년 1만 5,786명, 2014년 1만 3,587명, 2015년 1만 4,230명, 2016년 1만 4,347명, 2017년 1만 4,647명, 2018년 1만 6,040명, 2019년 1만 6,299명, 2020년 1만 1,350명, 2021년 1만 4,996명이 미국 시민권을 취득하였다(Yearbooks of Immigration Statistics, 2021: 54).

표 1.4 ▎ 한인 시민권 취득자수

연도	취득자수	연도	취득자수
1965	1,022	2005	19,223
1977	10,372	2010	11,170
1986	18,419	2015	14,230
1996	27,969	2020	11,350
2000	23,858	2021	14,996

출처 : 미주중앙일보, 2015년 7월 21일; DC미주한국일보, 2016년 4월 15일; 2010-2021 Yearbooks of Immigration Statistics

미국의 한인사회 형성

미국의 인구센서스에서 한인이 처음 개별적인 민족 집단으로 분류되기 시작한 것은 1970년이다. 이전에 한국인들은 인구센서스에서 기타 아시아인으로 분류되었다. 1970년 통계에 따르면 70,598명의 한인이 당시 미국에 살고 있었다. 1980년에는 357,393명의 한인이 집계되며, 전체 아시아계 미국인의 10.3%를 차지하였다. 미국 인구센서스(표 1.2 참조)에서 따르면 미국의 한인 시민권자나 영주권자가 1990년 798,849명, 2000년, 1,076,872명, 2010년 1,423,784명, 2015년 1,816,567명, 2020년 1,972,184명으로 계속 증가하고 있지만 증가율이 점차 축소되고 있다.

한국에서 미국으로 이민을 가는 한인 이민자들은 해마다 20~34% 정도가 LA나 인근에 정착하고, 15~18%가 정도가 뉴욕시 부근(뉴저지 포함)에 정착하고 있다. 초기에는 하와이에, 70~80년대에는 일리노이(시카고)에 정착하는 경우가 많았으나 점차 감소하고 이제 상대적으로 경제가 더 좋은 워싱턴 DC 인근이나 텍사스와 조지아의 대도시권으로의 이주자가 늘어나고 있다(미주 중앙일보, 2015.7.21.). 1980년 인구센서스에 따르면 당시 캘리포니아에 103,000명의 한인이, 뉴욕에는 33,000명이 거주하고 있었다. 1990년 인구센서스에는 캘리포니아에는 259,941명, 뉴욕에는 95,648명이 살고 있다. 2010년에는 캘리포니아에 505,225명, 뉴욕에는 153,609명, 뉴저지에 100,334명, 텍사스에 85,332명, 버지니아에 82,006명, 워싱턴주에 80,049명이 살고 있다.[4] 이들의 거주지는 대체로 몇 곳에 집중되는 경향이 있다. 시내에 한인상가와 한인거주자가 많이 나타나는 지역이 있고 또한 교외에서도 몇몇 지역

---

4) http://www.asiamattersforamerica.org/southkorea/data/koreanamericanpopulation

에 집중적으로 모여 거주하는 경향이 나타나고 있다. 2020년도 미국 인구센서스 자료에 따르면 캘리포니아주에 약 55만 8천 명, 뉴욕권에 25만 명(뉴욕주 14만 1천 명, 뉴저지주 11만 3천 명), 워싱턴DC권에 15만 명(버지니아주 9만 4천 명, 메릴랜드주 6만 명), 텍사스주에는 11만 5천 명 등이 분포하고 있어 LA권과 NY권에 가장 많이 거주하고 있다.

그러나 미국에서 공식적으로 조사하는 센서스의 한인 인구수는 외교통산부나 해당 지역 한인회에서 추산하는 한인 숫자보다 적다. 언어적, 문화적 장벽에 따른 어려움에 더하여, 한인들은 아침 일찍부터 저녁 늦게까지 일하는 경우가 많아서 조사원이 방문할 때 집에 있지 않은 경우가 흔하기 때문에 시민권자나 영주권자도 계산되지 못하는 경우가 있다. 또한 각 대도시권의 한인회는 이들뿐만 아니라 불법체류자, 주재원, 유학생, 장기 거주 방문객 등도 한인의 수에 포함시켜 추산하기 때문에 센서스에 제시된 인구의 두 배 정도를 해당 대도시권의 한인 숫자로 제시하는 경우가 많다. 현재 로스앤젤레스 대도시권에는 4~50만 명, 뉴욕대도시권에 2~30만 명이 산다고 주장되고 있다.

2017년의 외교부 〈재외공관별 한인 인구현황〉에 따르면 2016년 12월 31일 기준 미국에 한인 시민권자 145.6만 명, 영주권자 41.6만 명, 일반체류자 54.6만 명, 유학생 7.3만 명이 거주하여 미국에 총 249만 2천 명이 거주한다. 여기에 미국정부가 추산하는 한인불법체류자 20만 명을 합하면 270만 명 정도 된다. 외교부 〈2021 재외동포현황〉자료에 따르면 2020년 말 263만 3,777명이 미국에 거주하고 있다. 시민권자 152.9만 명, 영주권자 43.4만 명, 일반체류자 62.6만 명, 유학생 4.3만 명, 여기에 불법체류자를 합하면 290만 명 정도 이를 것으로 추산된다. 불법체류자를 포함하면 보통 현재 뉴욕대도시권에는 약 30만 명, 남부캘리포니아에는 50만 명 정도의 한인이 거주하는 것으로 말해지고 있다. 2020년도 미국 인구센서스 결과에 따르면 혼혈 포함 196만

명으로 미국에서 태어난 한인이 102만 명, 미국 외 출생자가 94만 명
으로 미국에서 출생한 한인 2세가 1세보다 많다.

표 1.5 ┃ 미국 한인의 연령대별 분포

연령	비율
17세 이하	24.5%
18-24세	8.5%
25-34세	14.4%
45-54세	14.2%
55-64세	10.6%
65-74세	7.3%
75세 이상	5.6%

출처 : 미국 2020 인구센서스 자료

LA 코리아타운의 형성

1905년 남가주대학 인근 제퍼슨대로에 한인장로교회가 설립되었고
(김백영 2018: 251), 1930년대에 소수의 한인이 로스앤젤레스에 거주하
였는데 제퍼슨대로와 버몬트가와 웨스턴가 구간에 거주하였다(Park &
Kim 2008: 128). 1965년 이민법 개정으로 한인의 이민이 증가하면서
1965년 와츠폭동 이후 인근 부동산가격이 내려간 상황에서 흑인들이
덜 거주하고 다인종들이 거주하는 올림픽대로를 넘어 후버가와 크렌
쇼대로로 한인거주구역이 확장되었다. 이곳이 나중에 코리아타운이
되었는데 당시에는 근로자층이나 중산층 백인들, 그리고 약간의 흑인
들이 거주하였다(Park & Kim 2008). 1971년에 서독광부 출신의 이희덕
씨가 올림픽마켓을 올림픽대로와 하바드가에서 개업하면서 한인들이
이곳으로 몰려들자 한인상점들도 이곳으로 몰려들었다. 1970년대에

한인들을 위한 가게들이 계속 증가하면서 한인들의 중심지가 되었다. 1970년에 약 1만 명이던 한인 인구가 1975년 약 6만 명으로 늘어났고 1,400여 개의 한인 상점이 들어섰다(김백영 2018: 252). 70년대 말 한인 상가들은 대부분 올림픽대로와 8가 사이에 집중되었다. 이곳으로 한인들이 집중하면서 이곳에서 100여 개의 한인단체와 직능단체들이 설립되었고 각종 한인언론과 방송이 설립되면서 1980년경에는 코리아타운 지역이 남캘리포니아 전체 한인의 중심지가 되었었다. 한인이 급증하면서 1980년 월셔중간지구를 LA시청은 '코리아타운'으로 지정하였고 1982년에 거리에 'Koreatown'이라는 간판을 설치하였다. 1990년대까지 코리아타운은 점점 확장되어 베벌리 - 버몬트 - 피코 - 웨스턴가를 잇는 구역에서, 멜로즈 - 알바라도 - 피코 - 페어팍스까지로 2배정도 넓어졌다. 도심 쪽인 동쪽으로부터 라티노의 진입이 늘어 코리아타운이 점차 서진하고 있다(김백영 2018: 246).

코리아타운은 원래 백인서민층 주거지였다. 1930년대부터 일본인, 유태인, 라티노들이 진입하여 다인종거주지가 되었다. 1965년 이민법 개정 이후 한인들이 이곳으로 몰려오자 또한 1965년 와츠폭동의 영향으로 이곳에 거주했던 백인이나 유태인들은 더 안전한 서쪽이나 북쪽으로 이주하였다. 한인은 저렴한 LA 코리아타운에 집중적으로 거주하면서 코리아타운뿐만 아니라 사우스센트럴 등의 흑인지역을 비롯하여 점차 교외지역과 백인지역으로 자영업을 확대하였고 다양한 직종에도 진출하기 시작하였다.

1980, 90년대 한인들이 자영업을 통해 어느 정도의 재산을 축적하자 자녀교육을 위해 코리아타운을 떠나 대거 중산층 거주지인 교외지역으로 이주하기 시작하였다. 라팔마, 세리토스, 플러톤, 토렌스, 크레센타/글렌데일, 하시엔다 하이츠, 로랜하이츠, 다이아몬드 바, 가디나, 랜스, 그리고 오렌지카운티 등으로 이주하였다(Park & Kim 2008:

129-131). 이들 지역은 대체로 학군이 좋은 지역들이다.

1992년 4.29폭동으로 코리아타운이 대거 불에 타면서 코리아타운이 좀 더 북쪽인 월셔대로로 이전하였고 대규모 자본이 투자되어 월셔대로에 대형빌딩이 코리아타운 안쪽에 고급아파트가 크게 늘어나기 시작하였다. 고층빌딩과 고급아파트가 증가하면서 LA의 핫플레이스가 되었다. 일부 한인들이 회귀하였고 교외에 거주하는 한인들도 한인 관련 활동이나 쇼핑이나 식사나 유흥을 위해 코리아타운을 방문하게 되어 코리아타운이 계속 남가주 한인의 중심지 역할을 하고 있다. 하지만 라티노가 대거 이주해 들어오면서 주민들은 라티노로 교체되는 현상이 나타나고 있다. 그럼에도 한인 이민 초기에서부터 지금까지 코리아타운은 한인의 중심지 역할을 하고 있어서 한인의 '마음의 고향'과도 같은 역할을 하고 있다(김백영 2018: 258).

뉴욕 한인사회의 형성

1960년대 이전부터 일부 한국 유학생들이 퀸즈 서니사이드에 정착하기 시작하였는데, 이는 7번 전철을 활용하여 쉽게 맨해튼에 갈 수 있었기 때문이다. 엘름허스트 시립병원 건너편에는 두 채의 큰 아파트 건물이 있었는데, 여기에 1971년부터 소수의 한국인 간호사와 그 가족들이 거주하기 시작했다.[5] 1980년대 한인 이민이 급증하면서 뉴욕에

---

5) 엘름허스트라는 이름은 1890년 부동산 중개인에 의해 붙여졌다. 플러싱과 마찬가지로, 엘름허스트도 1989년에 뉴욕시로 편입되었다. 이곳에 독일, 아일랜드, 스웨덴 출신의 이민자들이 19세기에 급증하였다. 1970년에 거주자 중 70%가 백인, 23%가 라티노, 3%가 흑인, 4%가 기타로 나타났다. 1980년대에 아시아계가 빠르게 증가하기 시작했고 이곳에서 아시아계는 엘름허스트에 집중적으로 거주

서도 한인이 급증하자 이들은 기존에 한인이 거주하던 퀸즈의 서니사이드와 엘름허스트에 모여들었다. 또한 이곳의 주요 상가인 브로드웨이에 한인 사업체가 크게 늘어났다. 이 지역 상권을 대표하는 중부 퀸즈 한인회에 따르면, 1985년 당시 엘름허스트와 주변의 잭슨 하이츠, 우드사이드, 서니사이드 주변에는 250개의 한인 상점이 자리잡고 있었다. 1986년 엘름허스트 지역에 총 912개의 상점이 있었는데 그중 한인업체가 105개였다. 이는 200개의 상점을 운영하는 백인을 제외하고, 소수민족 중에서는 많은 수를 차지하였다(Yuan 1986). 이후로도 엘름허스트에서 한인 자영업체의 숫자와 종류는 지속적으로 증가하였다. 엘름허스트의 사업체 소유주들은 지역의 다민족적 성격에 부응하기 위해 2개의 언어를 사용하는 사람을 주로 고용하였다. 또한 엘름허스트 지역에서는 한인들의 사회적, 정치적, 종교적 단체들이 늘어났다(K. Park 1997: 2장).[6]

1970년대 보다 저렴한 월세가 가능한 퀸즈 플러싱(7번 전철의 종점)에도 한인들이 거주하기 시작하였는데 이곳에 1980년대 한인들이 급증하면서 플러싱에 정착하는 한인들이 크게 증가하였다. 1980, 90년대 뉴욕시에서 대부분의 한인들이 전철 7호선을 따라서 살고 있는데, 서니사이드와 우드사이드에서부터 시작해서 엘름허스트, 잭슨하이츠, 코

하였다(K. Park 1997: 2장).

6) 1989년에 엘름허스트에 자리 잡은 사업체의 종류는 다음과 같다. 슈퍼마켓, 식품점, 청과상, 수산물상, 제과점, 식당, 문구점, 기념품점, 사탕 가게, 잡화점, 의류상, 보석상, 비디오 대여점, 신발 가게, 세탁소, 구두 수선점, 미용실, 부동산 중개소, 운전 학원, 어학원, 보험 대리소, 여행사, 체스 가게(chess parlor), 이사업체, 자동차 수리점, 간판가게, 건설회사, 경비회사, 냉동회사, 공예품 상점, 병원 및 진료소, 치과, 회계 사무실, 변호사 사무실, 약국, 한약방, 침술원, 점술원, 봉제 공장, 볼링장, 마사지샵, 술집. 이처럼 매우 다양한 사업체들이 한인들에 의해 운영되고 있다(K. Park 1997: 2장).

로나를 거쳐 플러싱까지 퍼져 있었다. 이 중에서 한인들이 가장 많이 모여 살고 있는 지역은 플러싱이다. 이에 따라 7번 전철 종점인 플러싱이 빠르게 한인 중심의 지역으로 성장하였다. 한인들이 급증하면서 이곳에도 한인들의 가게도 크게 증가하였다. 식당, 노래방, 술집, 학원, 청과상, 잡화상, 서점, 은행, 옷가게, 미장원 등 한인을 대상으로 하는 가게들이 집중하면서 뉴욕권 한인들의 소비중심지로 성장하였다. 또한 뉴욕 전 지역으로의 교통이 편리하여 이곳에 정착하면서 브루클린이나 할렘과 같은 다양한 가난한 동네에서도 자영업을 시작하는 사람이 크게 늘어났으며 또한 뉴욕권 전체에서 청과상이나 세탁소를 시작하는 사람들의 거주도 크게 늘어났다. 점차 뉴욕한인들의 단체나 협회들도 플러싱에 자리 잡게 되었고 한인들의 소득이 늘어나면서 점점 더 안전한 인근 동쪽의 부유지역이나 가까운 롱아일랜드로 주거지를 확대하게 되었다.

지금까지도 플러싱은 뉴역권에서 한인이 가장 많이 거주하는 지역으로 유지되고 있지만 2000년대 중국계 이민이 크게 급증하고 한인이민자들은 롱아일랜드나 뉴저지 등으로 빠져나가면서 현재는 중국계가 주도하는 지역으로 변하였다. 7번 전철을 따라 엘름허스트까지 한인들이 많아 거주하였지만, 돈을 벌게 되면서 자녀교육에 유리한 롱아일랜드나 뉴저지 등의 교외지역으로 이주하면서 7번 전철선에 따른 한인들의 집중도 조금씩 줄어들고 있다. 교외로 나가면 집값은 더 비싸고 출퇴근도 힘들어지지만, 교육을 중요시하기 때문에 어떻게든 학군이 좋은 지역으로 이사 나가려고 한다. 자녀교육을 위한 학군이 좋은 교외로 이주하는 LA 한인들이나 다른 대도시에서도 나타났던 일이다.

초기 한인이민자들 중에 한인들의 자영업 진출이 주도적인 현상으로 나타나면서 이들에게 도매상으로 상품을 공급하는 도매상 구역이 맨해튼 32번가 부근의 브로드웨이에 형성되었다. 뉴욕시에서 1960년 대 여러 번의 폭동이 나타났기 때문에 상가들이 제대로 회복되지 못한 상태로 1970년대로 이어졌는데, 따라서 문을 닫은 상가들을 매우 저렴한 월세로 얻을 수 있었다. 맨해튼 32번가의 브로드웨이 지역도 아직 비어있는 상가가 많아서 월세가 매우 저렴한 상가지역이었다. 일부 한인상인들이 뉴욕 전역에서 지하철이 편리한 이곳에 상가를 얻어서 도매상을 시작하면서 뉴욕 전역의 한인상인들에게 상품을 공급할 수 있게 되었다. 한인상인들이 크게 늘어나면서 이곳에서도 한인 도매상이 빠르게 급증하여 1970년대 이후 이곳에 한인들이 주도하는 상가가 형성되었고 또한 다양한 소매상, 식당들도 들어오면서 32번가에는 한인타운이 형성되었다. 이에 따라 한인협회나 다양한 조직들도 이 부근에서 공간을 마련해 활동하면서 뉴욕에서 플러싱과 함께 한인이 모이고 한인단체들이 존재하는 한인의 중심지로 부상하게 되었다. 이에 따라 이곳을 중심으로 주변의 아파트나 콘도에 한인들의 거주가 또한 늘어나고 있다. 또한 32번가는 맨해튼의 중심에 위치하기 때문에 한인이 아닌 미국인들이 한국과 관련된 식사나 상품이나 문화를 소비하려면 방문하는 장소가 되어 관광지나 한류의 소비지로서도 성장하게 되었다.

한인들이 점차 늘어나면서 자영업을 하는 지역도 뉴욕에서도 뉴욕메트로폴리탄 전역으로 확산되었고 또한 앞에서 언급한 바와 같이 1980년대부터 자녀들의 교육을 위해 근교로 이주하는 한인 크게 늘면서 한인의 거주지도 뉴욕메트로폴리탄 전역으로 확산되었다. 특히 뉴욕시의 동쪽인 롱아일랜드나 뉴욕시의 서쪽인 뉴저지 특히 버겐카운티로의 이주가 많아졌다. 모두 뉴욕시에 붙어있고 뉴욕시로의 교통이 편리한 지역이다. 특히 맨해튼에서 허드슨강을 건너면 바로 있는 뉴저지의 근교도시에서 한인 비중이 크게 늘어나고 있다. 교육이 우수한 카운티로 알려진 버겐카운티의 각 도시들에서는 한인 비중이 상당히 높아졌다. 한인 거주자가 많아지면서 이 지역에서도 팰리세이드파크와 같은 지역을 중심으로 한인상가가 크게 증가하였다. 한인인구가 크게 증가하면서 한인들의 조직화와 정치참여도 크게 늘어나고 있다.

특히 뉴욕시의 부근에서 한인 비중이 높은 도시들은 뉴저지 버겐카운티에 몰려 있다. 이들은 카운티 내의 자치도시로서 점차 한인의 인구 비중이 높아지고 있어 한인들의 선출직으로의 진출이나 정치참여가 다른 지역보다 활발하게 이루어지고 있고, 공무원이나 경찰 등으로의 진출도 늘고 시정부에서의 역할도 더욱 커지고 있으며, 지역의 시민 활동에서도 중요한 영향을 미치고 있다.[7] 뉴욕권에서 한인들의 인구 비중이 높은 자치시들을 살펴보면 다음과 같다.

표 1.6 ┃ 한인인구 비중이 높은 뉴욕권 자치도시들

	자치타운명	카운티	주	한인인구비율
1	Palisades Park	Bergen County	New Jersey	51.5%
2	Leonia	Bergen County	New Jersey	26.5%
3	Ridgefield	Bergen County	New Jersey	25.7%
4	Fort Lee	Bergen County	New Jersey	23.5%
5	Closter	Bergen County	New Jersey	21.2%
6	Englewood Cliffs	Bergen County	New Jersey	20.3%
7	Norwood	Bergen County	New Jersey	20.1%
8	Edgewater	Bergen County	New Jersey	19.6%
9	Cresskill	Bergen County	New Jersey	17.8%
10	Demarest	Bergen County	New Jersey	17.3%

7) https://en.wikipedia.org/wiki/List_of_U.S._cities_with_significant_Korean-American_populations

제2장 초기 한인의 상업민족화

1장에서 설명한 바와 같이 1970년대 후반부터 LA와 뉴욕에서 빠르게 한인타운이 형성되기 시작하였다. LA에서는 흑인빈민촌과 부유한 백인 동네 사이에 끼어 있는 코리아타운에 한글 간판을 단 상점들이 나타났다. 이 당시 코리아타운의 동쪽으로 시청까지는 다민족 서민주거지였고, 시청 동쪽은 라티노들의 거주지였고, 코리아타운의 남부에는 흑인들의 거주지가 이어져 있었다. 현재는 코리아타운의 동쪽으로 라티노들이 주로 거주하고 코리아타운 남쪽도 흑인들이 크게 감소하고 라티노들이 주로 거주하고 있다(Puldo 2006: 16).[1] 뉴욕시에서는 할

---

1) 1970년대 LA시에 인종이 어떻게 분포되었는가는 Puldo(2006: 16)의 지도를 참조할 것. 1970년 LA인구는 백인 73.7%, 히스패닉 14.6%, 흑인 8.1%로 히스패닉이 많았지만(Puldo 2006: 42), 정치적으로는 흑인이 히스패닉보다 강력했다. LA에서는 1973년 처음으로 소수인종인 흑인시장이 당선되었으며 1993년까지 재임하면서 LA시정에 강력한 영향을 미쳤으며 이 기간 동안 흑인 정치인들이 강력한 영향력을 행사하였다. 뉴욕에서는 1980년 미국 인구센서스에 따르면 백인이 44.9%, 흑인이 29.3%, 라티노가 23.4%, 아시아계가 5.3%로 뉴욕시정치에 있어서 백인과 유태인의 영향이 컸으나 점차 소수인종의 발언권이 강해지고 있었다. 1990년에 이르러서 처음으로 소수인종(흑인) 후보가 시장으로 당선되면서 소수인종에 대한 대우(예를 들어 경찰의 소수인종에 대한 대우나 시정부의 소수인종과 관련된 일 처리 등에서)도 많이 개선되었다.

렘과 브롱스와 브루클린에 흑인들이 많이 거주하고 있었고 퀸즈는 다인종 서민들이 거주하는 지역과 백인들이 거주하는 지역이었다. 1970년대부터 LA 코리아타운과 뉴욕시 퀸즈에 거주하기 시작하면서 한인 상점도 나타났고 또한 LA의 코리안 타운의 남쪽인 사우스센트럴이나 뉴욕시의 할렘이나 브루클린 등 흑인빈민촌에서 한인상인들이 빠르게 증가하기 시작하였다.

초기 한인 이민자들은 미국인들과는 다른 방식으로 편입되었다. 한인들은 상대적으로 적은 수만이 주류직장의 임금 노동자나 봉급생활자가 될 수 있었다. 이민 초기에는 대부분의 한인들이 자영업에 집중적으로 종사하였다. 이 장에서는 초기 한인이민자들에게 자영업 활동이 얼마나 중요했는지를 주로 다룰 것이다. 먼저, 한인 이민자들이 어떻게, 그리고 왜 자영업 활동을 시작하게 되는지를 살펴볼 것이다. 다음으로, 한인 초기 이민자들이 자영업에 집중하게 된 것은 미국의 인종 관계와 자본주의의 맥락과 밀접하게 관련되어 있어 이러한 맥락을 설명하고자 한다. 세 번째로는 이민자들의 사업 경영상의 특징을 쉽게 이해할 수 있도록 몇몇 대표적인 자영업에 대한 민족지적 서술을 하고자 한다.

한인 인구가 어느 정도 늘어난 초기 한인 이민자들은 압도적으로 자영업에 종사하였다. 특히 소매업과 서비스 산업에 집중하였다. 1980년대 미국 내 전체 노동 인구에서 자가 고용은 7%에 불과하지만(U.S. Bureau of the Census 1983), 1973년 로스앤젤레스에서 이루어진 조사에서는 한인가구의 25%가 자영업에 종사하는 것으로 나타났다(Bonacich, Light, and Wong 1976). 또한 뉴욕 도시권과 애틀랜타에서 행해진 이후의 조사에서는 34%의 한인가구가 자영업에 종사하고 있는 것으로 나타났다(I. Kim 1981; P. Min 1988). 민병갑 교수의 1988년 전화조사에 따르면 뉴욕에서는 결혼한 여자의 48%, 남편은 61%가 자영업에 종사

한다고 대답하였고, 1986년 로스앤젤레스와 오렌지카운티 조사에서
는 여자 35.8%, 남편 53.0%가 자영업자라고 대답했다(P. Min 1996: 48).
1980년대 자영업 소유주와 한인 자영업에서 일한 사람 수를 합하면
한인가구의 70~80%가 자영업에 종사하고 있는 것으로 추산된다. 평생
뉴욕에서 한인상인들을 지원하고 관련 문제들을 해결하는 활동을 해
온 김성수는 다음과 같이 말하고 있다. 뉴욕에서 "총 9,500개의 한인
사업에 종사하고 있는 사람들의 총수를 추산한다면, 뉴욕에 살고 있는
한인의 최소 70%는 고용주이든, 고용이든 혹은 가족 구성원으로서든
간에 자영업에 종사한다고 할 수 있다(S.S. Kim 1986: 66)."

표 2.1 ▍ 한인의 취업비중, LA와 뉴욕에서의 한인 자영업과 한인 자영업 근로자 비중

	LA	뉴욕
자영업	47.5%	56.0%
한인업체에 취업	27.6%	29.7%
타민족 업체에 취업	24.9%	14.3%

※ LA는 1986년, 뉴욕은 1988년 조사결과(Min 1996: 48)

아래 표가 보여주듯이 2000년 센서스 자료에 따르면 한인의 자영업
비중이 24%로 나타났는데 일부는 센서스 조사에 응하지 않고 일부가
센서스 조사에 제대로 응답하지 않는 경향이 있었기 때문에 실제는
이보다 높았다. 예를 들어 부부가 가게를 운영하면 아내는 자영업은
운영한다고 보고하지 않는 경우가 많다. 세금 등과 관련된 문제로 정
부 조사에 제대로 응답하지 않는 경향도 나타난다. 자영업자에 고용된
한인까지 감안하면 한인 취업자의 3분의2 이상이 상업과 관련된 분야
에서 일을 한 것으로 보인다. 아래 표에서 보듯이 공적 통계에서도 모
든 인종과 민족 중에서 가장 압도적으로 높은 자영업 비중을 보여주
었다.

표 2.2 ┃ 2000년 인구자료에 따른 미국 자영업 인종/민족별 비중　　　　　(단위 : %)

인종/민족	자영업 비중 %	인종/민족	자영업 비중 %
백인	12.8	중국계	10.8
흑인	5.0	필립핀계	5.2
해스패닉/라티노	8.1	일본계	12.1
원주민(인디언)	8.4	한국계	24.0
아시아계	11.0	대만계	15.4
인도계	11.0	베트남계	10.7

출처: 2000 Census Public Use Microdata Samples (PUMS)
　　　http://www.asian-nation.org/small-business.shtml#sthash.CQpC0a2L.dpbs

　한인들이 모든 업종에서 비슷하게 진출한 것이 아니라 한인이 장시간 집약 노동으로 다른 민족들에 비해 경쟁우위에 있는 영역에 집중적으로 진출하는 경향이 있었고 또한 한인네트워크가 작동하여 특정 분야에 일정한 수의 한인이 성공하면 이 네트워크를 통하여 해당 분야에 한인들이 집중적으로 진출하는 경향을 보여주었다.[2] 따라서 다른 인종들과 진출하는 사업 분야가 다르고 또한 한인들도 도시에 따라서 또한 초기 한인이민자가 어느 사업도 진출하였느냐에 따라 진출한 사업 분야가 도시마다 조금씩 다르게 나타난다. 그러다 보니 한인 언론들이 업종을 분류하는 방식도 도시마다 조금씩 다르게 나타나고 도시마다의 업종도 어느 도시에서는 통계로 잡히는데 어느 도시에서는 해당 업종을 별로 인식하지 못하는 경향이 나타난다. 예를 들어 LA

---

　2) 미국에서 이민자들이 이렇게 특정 직종에 집중하는 경향이 많이 나타난다. 민족네트워크가 작동하여 특정 민족이 특정 영역으로 진출하여 해당 민족의 그 분야에의 진입이 계속 증가하는 경우가 빈번하게 나타난다. 자영업의 경우에 더 강하게 그러한 경향이 나타난다. 민족적 네트워크를 통하여 해당 분야에서 서로 도움을 주고받으면서 주도하게 되는 경우가 자주 나타난다. 뉴욕에서 한인들이 그러한 방식으로 청과상, 세탁소, 네일사업으로의 진출이 크게 늘어, 한때 해당사업을 주도하였고, 인도인들이 신문판매대를 주도하고, 유태인들이 각종 도매업을 주도하였다.

에서는 주유소와 술가게에도 많이 진출하였지만, 뉴욕 한인들은 이 분야에 아주 소수만 진출하여 한인업종으로도 인식하지 않는 경향이 나타났다. 뉴욕에서 한인부동산업자와 보험중개인이 있고 한인식당이 있고 미국인들을 대상으로 하는 샐러드 바 등을 열었으나 많지 않다고 생각하여 한인통계를 만들 때 이들을 별도로 분류하지 않는 경향이 있었다. NY에서는 아주 중요한 한인 업종으로 분류되었던 네일가게가 LA에서는 네일가게를 하는 한인이 있기는 하지만 그 숫자가 많지 않아 네일가게를 별도로 분류하는 통계를 만들지 않는다.

표 2.3 ▌ 1990년대 LA와 뉴욕의 한인 업체 수

업종	LA(1994년 8월 조사)	뉴욕(1991년 12월 조사)
청과상		1,800
잡화 + 술	3,500	1,850
청과 + 잡화 + 술		2,950
생선가게		720
액세서리 + 금은방		350
아시아한국수입품도매	600	500
아시아한국수입품소매	3,500	2,200
세탁소	2,000	1,500
네일살롱		1,400
봉제	700	350
주유소	600	
건설	400	
페인팅	1,000	
한국식당	300	
미국 패스트 푸드	550	
부동산 관련	600	
보험 관련	350	
기타	14,660	5,030
추산 총 사업체수	30,000	15,000

출처: (Min 1996: 54). 뉴욕의 잡화 + 술, 청과 + 잡화 + 술에는 중복이 있음. 한인 리더들에 질문하여 추산한 수치임.

한흑갈등이 가장 심하게 나타났던 1980년대와 1990년대 미국의 한인 사업체 수는 크게 늘어났다. 1990년 한인 수가 798,849명(1장 표 1.2)이었는데 1992년 한인의 사업체 수가 미전역에 10만 5천 개 정도로 보고되었다. 물론 보고되지 않은 사업체가 있기 때문에 이보다 많았을 것이다. 1980년대, 1990년대 한인이 새로운 이민으로 매년 2~3만 명이 증가하였는데 한인이 소유한 업체 수도 해마다 6천 개 정도씩 증가하고 있다. 이러한 통계는 한인이민자들이 대부분 자영업으로 흡수되고 있고 빠르게 독립하여 자신의 상점을 여는 경향이 있음을 보여준다. 이민이 증가하면서 한인이 소유한 업체 수도 1982년 3.2만 개에서 1997년 13.6만 개로 급격하게 증가하였고, 업체당 매출도 1982년 8만 4천 달러에서 1997년 33만 9천 달러로 빠르게 증가하였고, 직원을 채용하는 경우 채용자 수가 1982년 3.1명에서 1997년 6.7명으로 크게 증가하였다. 총매출은 1982년 26.8억 달러에서 1997년 459.4억 달러로 15년 동안 무려 17배나 증가하였다(Noland 2003). 1980년대를 거치면서 한인상인들이 뉴욕, LA, 시카고 등과 같은 미국 대도시에서 가장 빠르게 증가하면서 가장 눈에 띄는 상업소수민족이 되었고, 따라서 어떻게 한인상인들이 이렇게 빠르게 증가하고 상업에서 성공하였는지를 미스터리로 생각하는 경향이 흑인빈민촌 거주자들뿐만 아니라 주류 언론이나 백인들에게서도 널리 나타났다.

이에 따라 당시의 한인들의 자영업 집중 경향은 미국에서도 널리 인식되었으며, 미국의 뉴스나 대중문화에서 한인들은 주로 상인들로 묘사되었다. 예를 들어 유명한 흑인영화감독 스파이크 리는 1989년 "똑바로 살아라 Do the Right Thing"이라는 영화에서 흑인동네에서 한인상인과 흑인들과의 갈등과 폭동을 다루었는데, 이 영화는 아카데미상 후보에도 올랐으며 미국사회의 단면을 사실적으로 묘사한 뛰어난 영화라는 평가를 받았다. 뉴욕타임즈, 월스트리트저널, LA타임즈

등의 다양한 언론매체들이 한인의 높은 자영업 집중을 자주 다뤘다. 한인들은 장시간 노동을 하며 억척같이 돈을 버는 이민자들로 묘사되었다. 또한 한인이 들어오면 가게가 장시간 문을 열며 다양한 상품을 갖춰 판매하게 되어 가게가 깨끗하게 정돈되고 거리가 활성화되어 주민들에게 도움이 된다고 생각하였다. 실제 한인상인의 노동시간은 매우 길어 청과상의 경우 1주일에 100시간 넘게 일하는 경우가 많다.

영(Young 1983: 60)은 한인 청과상 상인의 하루 일과를 제시하였는데, 사람에 따라 더 일찍 헌츠포인트 도매 상가에 가기도 한다. 일찍 가면 먼저 고를 수 있어 더 좋은 상품을 살 수 있다. 상인에 따라 더 늦게 문을 닫기도 하고 24시간 문을 여는 경우도 있다. 생선가게도 도매상을 가야 해서 아침 일찍부터 일을 하지만 보통 저녁에 청과상보다 일찍 문을 닫으며, 세탁소는 아침 일찍 문을 열며, 액세서리 상인 등은 아침에 더 늦게 열고 저녁이 되면 문을 닫는 경향을 보여준다.

퀸즈의 한 지역 신문에서는 독자 투고란에 한 주민이 한인들에게 이탈리아 식품점을 인수하라고 권유하는 내용이 실렸다. 여기서 한인 이민자들은 망한 가게를 살리는 부지런한 사람으로 상상되고 있었다. "이 가게가 문을 닫는 이유는 누구나 알 수 있는 것처럼, 더 이상 자녀들이 자신들의 부모처럼 오랜 시간 일하려 하지 않기 때문이다. 한인 커뮤니티에 이 이야기를 전하고 싶다. 제발, 제발 좀 우드사이드에 이탈리안 델리를 열어 주시오! 나는 그렇게 긴 시간 일하기 싫지만, 당신들은 할 수 있지 않소(K. Park 1997: chap.2)."

한인을 대상으로 발행되는 한글신문이나 방송들도 자영업에 대한 뉴스들을 전면에 배치하고 관련 내용이 보도의 주를 이루고 있었고 자영업 관련 뉴스들이 한인언론매체에서 가장 중요하게 보도되고 있다. 하지만 이러한 자영업 집중의 사회적 맥락은 언론에서 보도되지 않는 경향이 있다. 2012년 센서스 자료에 따르면 한인들의 자영업 비중이 가장 높지만, 실제 자영업자 수는 미국에서 한인보다 인구수가 많은 인도계와 중국계와 베트남계가 더 많다. 한인이 아시아계에서도 소수에 불과하지만, 한인 자체의 자영업 비중이 가장 높고, 또한 한흑 갈등이 자주 미국 언론에 등장하다 보니, 한인이 가장 대표적으로 상업에 집중하는 민족으로 인식되었다.[3]

한인의 자영업 진출

미국으로 이주하기 전에, 한국인들은 미국에 대한 선입견을 이미 가지고 있었다. 이들은 미국사회가 작동하는 방식에 대해 꿈과 환상을 가졌다. 1970, 80년대 한국인 이민자들은 미국이 자유롭고 평등한 사회로 모든 사람이 서로 친절하며, 깨끗하고 안전한 나라라는 식의 장밋빛 환상을 가지고 있었다. 또한 노동의 가치가 높아서 미국에 가면 노동으로도 많은 돈을 벌 수 있는 나라라고 생각하였다. 이는 물론 당시의 한국과 비교하여 나타난 생각이다.

성공에 대한 한인 이민자들의 관점은 미국과 한국을 비교하는 방식에서도 드러난다. 생선가게 주인 정모 씨(남)는 다음과 같이 이야기한다. "나는 아주 적당한 때 미국에 오는 결정을 잘 내렸다. 한국에서 나는 갑작스레 파산하게 되었는데, 이게 자존심에 큰 상처를 줬다. 사실 이건 한국의 불안정한 경제 때문이었다. 바람이 살짝만 불어도 잔

---

3) The Census Bureau's Survey of Business Owners: Asian-Owned Firms: 2012 (relea sed in Dec. 2015)에 따르면 아시아계가 약 190만개의 자영업을 운영하여 6,994억 달러의 매출을 올리고 360만 명을 고용하여 1,105억 달러를 임금으로 지불하고 있다. 점포 하나당 평균 36.5만 달러의 매출을 올리며 1.9명을 고용하고 1인당 보통 연 3만 달러를 임금으로 지불하고 있다.

가지는 흔들릴 수밖에 없는 거 아닌가. 한국에서는 누구나 아는 거지만, 빽이나 연줄 같은 것들이 사람의 일생 내내 영향을 준다. 뒷배경이 없이는 파산하거나 하면 다시 일어서기가 어렵다. 하지만 여기 미국에서는, 부자이든 가난하든 간에 별 차이가 없다. 여기서 제일 중요한 건 얼마나 열심히 일하는 가이고, 그에 따라 어느 정도까지는 보수를 받을 수 있다"(H. Lim 1982: 105).

미국에서는 누구나 노력하면 성공할 수 있는 기회가 보장되는데, 한국은 그렇지 못하다는 것이다. 한국에서는 뒷배경이 없으면 일하기도 성공하기도 돈을 벌기도 어렵고, 또한 불안정해서 어떻게 변할지 알수 없다는 것이다. 물론 미국에서도 빽이나 연줄이 별로 작용하지 않기 때문에 누구나 노력하면 성공할 수 있다는 것이다.

또한 한인이 적극적으로 자영업에 종사하려는 이유는 영어를 못하는 사람치고 가장 많은 돈을 벌 수 있기 때문이다. 장시간 노동을 해야 하고 불안한 점도 있지만 사업을 어느 정도 하면 최소한 연 5만 달러는 벌 수 있고, 어느 정도 잘 하면 대체로 10만 달러를 벌 수 있다. 1980년대 말 5만 달러이면 대학졸업자의 평균임금보다 높은 것이다. 10만 달러이면 전문직 종사자가 벌 수 있는 금액이다. 영어도 못하고 미국 학위도 없는데 10만 달러를 벌면 소득으로 미국에서도 상층에 속한다. 그만큼 안정적인 생활을 할 수 있고 자녀의 교육을 적극적으로 지원할 수 있다. 필자가 할렘의 조사과정에서 한인상인들은 일한 만큼 벌 수 있고 또한 어느 정도 하면 10만 달러는 보통 벌 수 있다고 하였다. 이러한 액수는 물론 세무서에 신고한 소득 액수와 다르다. 이렇게 세금보고를 제대로 하지 않기 때문에 보통 통계에 나오는 한인들의 평균소득보다 실질소득이 도 높다고 보아야 한다.

한인들이 자영업에 집중하게 된 것은 미국사회에서 흑인빈민촌에서의 자영업을 회피하는 경향이 있고 1960년대 미국도시들에서의 폭동으로 흑인빈민촌에서 자영업을 하던 백인들 특히 유태인들이 대거 은퇴하거나 흑인빈민촌을 떠난 것과도 관련이 있다. 또한 미국으로 이주한 한인들이 인도, 필리핀, 카리브해 주변에서 이민 온 사람들과 달리 영어를 제대로 하지 못해서 관공서나 회사 등에 취직하기가 어려웠던 상황과도 관련되어 있다. 인도, 필리핀, 카리브해 이민자처럼 영어 사용 능력이 있는 사람들은 이민 초기에도 공적 기관이나 사설 기관, 회사 등에 취직을 할 수 있었다. 또한 이들 집단에 속하는 이민 자영업자들은 한인 이민자들과는 다르게 자신들의 민족 내부에서 사업을 벌이는 경향이 있었다. 그러나 당시 한인들은 영어를 제대로 하지 못해 미국의 공공기관이나 회사에 취직하기 어려웠다. 따라서 다른 민족들보다 영어가 덜 필요한 자영업을 선호하였다. 또한 한인의 수가 아직 적어 민족공동체 내부에서 충분한 사업 기회를 가질 수 없어 적극적으로 적은 자본으로 가게를 열 수 있는 값싼 지역을 찾았다.

미국의 도시에서 한인들이 하는 사업의 종류는 사실 영어를 잘 못하는 다른 이민자들이 종사한 사업이나 직종과 크게 다를 바 없다. 미국에서 이민자들은 1800년대부터 이미 노동집약적인 행상 매대, 편의점, 봉제공장 등에 집중하여 왔다(Light and Bonacich 1988: 8). 영어를 잘 못하는 한인이 이민을 왔을 때 마침 1960년대 폭동의 여파로 빈민촌의 많은 상점이 파괴되어 있거나 문을 닫고 있어서 아주 저렴하게 인수할 수 있었다. 이러한 가게를 인수하기 이전에 한인들은 한국에서 수입한 가발을 팔러 흑인동네를 광범위하게 돌아다니며 행상을 하여 흑인동네의 사정에 익숙한 사람이 상당히 나타났고 이들은 손쉽게 흑인빈민촌에서 1960년대 폭동으로 폐쇄된 상가를 아주 저렴하게 임대하여 사업을 시작하였고 이들이 흑인빈민촌에서 돈을 버는 것을 본 새로운 이민자들도 적극적으로 흑인빈민촌으로 진출하였다.

즉, 1960년대 미국 전역의 도시에서 나타난 폭동으로 백인이나 유태인 상인들이 많이 떠나 상가가 피폐화되거나 문을 닫은 상점들이 많아 이를 값싸게 인수하여 자본이 거의 없는 상태에서도 자영업에 적극 진출할 수 있어서 미국에 도착하자마자 또는 1~2년 내로 흑인지역에 가게를 여는 것이 흔한 일이 되었다. 남아서 계속 상점을 운영하던 상점들보다 훨씬 장기간 일을 하거나 좀 더 좋은 다양한 물건을 구매해서 팔면서 기존의 흑인이나 백인이 운영하는 상점들과 비교하여 경쟁력을 확보할 수 있었다. 가게에서의 장시간 노동과 값싼 가족노동을 통해 강력한 경쟁력을 가지게 되었다. 그러나 도시빈민촌에 상가를 연다는 것은 미국처럼 총기가 많은 빈민촌에서는 매우 위험한 일이어서 한인들이 목숨을 걸고 빈민촌상가에 진출한 것이었다. 미국에서 성공하고자 위험을 감수하는 경향이 한인에서는 매우 광범위하게 나타나, 여기저기 비어있는 흑인상가지역으로 매우 저렴한 비용으로 빠르게 진출할 수 있었다. 그래서 1970, 80년대 미국의 대도시나 인근의 빈민촌 지역에 매우 빠르게 한인상인들이 급증하면서, 한인들은 상업에 종사하는 민족으로 미국주류사회에 인식되었다.

한인 자영업자들은 LA 사우스센트럴이나 뉴욕의 브루클린이나 할렘과 같은 흑인 동네는 물론 LA의 코리아타운이나 뉴욕의 퀸즈와 같이 다민족이 혼재된 지역에서, 그리고 이러한 곳에서 자본을 축적한 일부 한인들은 도매상 또는 백인 동네로 사업을 계속 확장하게 되었다. LA 사우스센트럴이나 뉴욕의 브루클린이나 할렘과 같이 저소득층 흑인동네에서 사업을 시작하는 한인들은 주로 사업을 막 시작하는 사람들이었다. 1970년대에 문을 닫은 가게를 월세 300달러로도 가게를 인수하고 상품을 진열하여 바로 상점을 열 수 있었기 때문이다. 몇 천 달러에도 가게를 연 사람들이 많았다. 하지만 필요한 초기자본은 흑인상가가 조금씩 활성화되고 빈 상점이 줄어들면서 계속 상승하게 되어 1980년대 이후에는 보통 15,000달러 이상이 필요한 것으로 말해졌다.

적은 자본으로 흑인동네에서 상점을 열어 자본을 축적하게 되면 일부 한인상인들은 치안이 안전하거나 상가가 크게 활성화되어 있는, 하지만 보다 커다란 비용이 드는, 백인지역이나 도시번화가의 상가로 진출하게 된다.

초기 자본의 형성

미국에서 1980년대 한인들이 아주 빠른 속도로 자영업을 확대해가자 어떻게 이렇게 빠르게 성공할 수 있는지에 대한 궁금증을 자아냈다. 일부 흑인운동가들로부터 백인이 지배하는 시스템이 흑인을 밑바닥에서 벗어나지 못하게 하기 위하여 흑인은 배척하면서 한인을 지원해주기 때문이라는 의견이 제시되었고 이러한 음모론에 많은 흑인은 동조하였다. 즉, 은행이나 정부의 소상공업 지원이 흑인들은 배제하고 한인들에게 집중적으로 이루어진다는 것이었다. 따라서 이민을 온지도 몇 년도 되지 않았는데 벌써 가게를 사서 운영하고 흑인동네에서 돈을 벌어간다는 것이었다. 흑인들에게는 불가능한 일이 어떻게 가능하냐는 의문을 배경으로 흑인들에게 이러한 생각이 상당히 퍼졌다. 물론 일부 흑인들이나 흑인상인들은 한인들은 너무 공격적으로 열심히 일하기 때문에 이기기가 힘든 집단이며 흑인도 이를 배워서 적극적으로 자영업에 진출하여야 한다고 주장하였다.

물론 백인지배의 음모론은 한인의 성공과정을 알지 못하기 때문에 나타난 설명이다. 기본적으로 1970년대 흑인동네에 빈 가게들이 너무 많았기 때문에 가게의 월세가 아주 쌌다. 그럼에도 백인상인들이나 유태인상인들이 철수한 이유는 위험하다고 생각하였기 때문이다. 흑인들이나 라티노들이 상업에 대한 경험도 부족하고 또한 자신의 이웃이나 친척으로부터 자영업을 배울 수 있는 기회가 없었기 때문에 가게를 열 생각을 하지 못하고 있었다.

이에 비해 미국으로 이민을 온 한인들은 사람들을 몇 명 만나면 한인사회의 상황을 이해하게 되고 자신도 어떻게든 돈을 모아 자영업을 시작하겠다는 꿈을 가지게 된다. 물론 한국에서부터 그러한 상황을 알고 온 사람들도 많다. 영어를 못해 영어가 부족해도 가능한 행상이나 자영업에 초기 한인이민들이 많이 뛰어들었고 돈을 잘 버는 모습을 보여주자 계속 오고 있던 한인이민자들도 이들 자영업에서 일하면서 자신의 상점을 열 수 있는 기회를 모색하게 되었다. 어느 정도 자금을 모으면 바로 상점을 열어 운영할 생각을 하였지만, 자금이 충분히 모으는 데는 시간이 걸리기 때문에 적은 자본을 모은 상태에서 가장 저렴하게 상가를 운영할 수 있는 곳을 찾게 되어 위험을 무릅쓰고 저렴한 비용으로 가능한 흑인동네의 상점을 여는 경향이 나타난 것이다. 아주 위험한 지역에서는 이민 온 지 1~2년 만에 모은 돈으로도 상점을 열 수 있었다. 돈을 모으기 위해 직원이나 종업원으로 일하면서 최대한 절약하고 어떻게든 돈을 쓰지 않고 모으는 모습을 보여주었다.

또한 이 당시에 아직 신용이 충분히 쌓이지 않았기 때문에 은행에서 돈을 대출받기가 어려웠기 때문에 계를 들어서 순번대로 돈을 모아주는 체계를 이용하였다. 자신의 돈이 충분히 축적되지 않았어도 계에서 다른 사람의 돈까지 모아서 받기 때문에, 물론 순번대로 돈을 불입해 이를 나중에 갚아야 했지만, 쉽게 목돈을 마련하여 상점을 열 수 있었다. 상점을 열어 번 돈으로 순번대로 돈을 불입하면 그것으로 끝나게 된다. 일찍 탈수록 이자를 더하여 더 많은 돈을 불입하여야 했지만 일단 상점을 열면 충분히 그 정도 이상으로 벌 수 있어서 한인들에 있어서 계를 통한 목돈마련은 이민 초기에 널리 유행하였다. 한인들이 어느 정도 정착한 다음부터는 그리고 한인계열의 은행이 많이 생겨

대출이 이전보다 쉬워졌기 때문에 계에 대한 관심은 점차 줄어들었다.

초기 한인들의 자영업은 대체로 위험한 지역에 시작하였다. 다른 민족/인종들이 회피하여 저렴한 임대료로 적은 돈을 가지고 사업을 시작할 수 있는 위험한 빈민지역에서 많이 시작하였다. 1970년대까지도 한국에서의 낮은 소득으로의 생활에 익숙해 미국에서도 친척의 집이나 저렴한 하숙집에서 최소의 비용으로 지낼 수 있는 곳에서 지낸다. 부부가 종업원이나 봉제업 등에 나가며 최대한 돈을 저축한다. 이 당시에는 대부분의 한인이 빠르게 가게를 인수하여 열고자 하는 마음상태를 가지고 있었다. 그게 가장 빠르게 한인의 상황에서 돈을 모을 수 있는 길이라는 공감대가 널리 퍼져 있었다. 모자라는 돈은 계를 통해서 또는 친척이나 친구에게 빌려서 보충한다. 앞에서 언급한 바와 같이 1970년대 초 위험한 빈민촌 상가에서는 폐쇄되어 있던 상가를 월 300달러로 임대하기도 해 수백 달러만 가지고 용감하게 상점을 여는 사람들도 있었다. 그렇지만 상품을 구매하여야 하고 어느 정도의 관리 자금이 필요하기 때문에 몇천 달러는 필요하다. 한인들이 급속하게 저렴한 흑인동네의 상가에서 상점을 열게 되자 점차 상가의 임대료가 상승하여 지역에 따라 다르지만, 최소 15,000달러는 필요한 것으로 인식되었다. 2010년대에는 이전과 마찬가지로 지역과 장소에 따라 다르지만, 최소 5만 달러에서 10만 달러를 필요로 한다. 2000년대 초반부터 미국으로의 전체 이민자 수가 크게 늘어났고 이전보다 갈수록 경쟁이 심해지고 있기 때문에 사업을 통해 성공할 수 있는 가능성도 점차 줄어들고 있다.

적은 자본으로 빨리 상점을 인수하여 여는 것이 대부분의 1970, 80년 한인 이민자의 목표였다. 1970, 80년대에는 다른 상인들이 흑인빈민촌에서 위험을 무릅쓰려고 하지 않았기 때문에 상점의 임대료도 쌌고 또한 상점이 적어 장사도 잘되는 편이어서 열심히 일을 하면 대부분 돈을 벌 수 있었다. 하지만, 갈수록 상인의 진출이 많아져 임대료도 올라갔고 경쟁도 치열해져 1970, 80년대에 비하여 성공하기가 갈수록 어려워지고 있다. 이러한 자영업은 가족노동이 모두 동원되어 최대한 지출을 줄이고 장시간 노동을 통하여 좋은 상품을 상대적으로 저렴하게 공급하는 것이 성공확률을 높이는 것이기 때문에 한국에서부터 장시간의 강한 노동강도를 해낼 수 있는 자세와 끈끈한 가족협동이 경쟁에서 이기는 데 커다란 도움이 되었다. 하지만 갈수록 자녀들은 학교를 졸업하고 독립을 하게 되고 본인과 부부도 나이가 들면서 장기간의 집약적 노동을 하는 경향이 감소하면서 한인 자영업의 경쟁력이 점차 약화되고 있다.

또한 한인들이 초기에 자본을 모으는 데 커다란 기여 했던 계와 같은 비공식적 금융체계가 갈수록 축소되고 공식적인 은행으로 대체되고 있다. 1980년대부터 한인은행들이 늘어나면서 공식적인 대출을 받거나 정부의 금융지원을 받는 경우가 크게 늘어났다. 한미은행이 예를 들어 1988년부터 미정부를 대신하여 소상공국의 대부를 한인상인들에게 제공하였는데 많은 한인들이 이를 사용하였다. 로스앤젤레스의 3분의 1정도 되는 소상공국대부가 이러한 은행을 통해서 한인상인에게 제공되었다(Ahn et al. 2009). 이후 계의 역할이 크게 감소하여 현재는 계가 한인의 자본축적에 별다른 기여를 하고 있지 못하다.

이렇게 자본을 최대한 절약하며 모으는 동안 한인들은 한인 상점에서 일하면서 상점 운영에 필요한 상품구매, 상품관리, 판매에 대한 과정을 충분히 익히려고 노력하게 된다. 자신이 직접 주인이 되어 상점을 운영하여야 한다고 생각하면 종업원일 때도 주인이 시각으로 모든 것을 점검하고 꼼꼼하게 이해하려고 노력하게 된다. 또는 자신이 진출하고자 하는 업종의 상인을 통해 많은 것을 배우게 된다. 어느 정도 자금이 모이면 바로 상점을 인수하여 운영할 자세를 가지게 된다.

한인은 자영업에서 어떻게 성공했나?

일단 상점을 열면 한인들은 공격적으로 장시간 일을 했다. 어떻게든 성공해야 한다고 생각하고 또한 이미 한국에서 장시간 강도 높은 노동에 익숙해있기 때문에 상대적으로 미국인들보다 유리한 점이 있다. 특히 최대한 비용을 아끼고 매출을 늘리는 것이 관건이었기 때문에 최대한 저렴하고 잘 팔리는 물건을 도매상으로부터 확보하여야 했다. 한인들이 다른 인종의 상인들보다 청과도매시장이나 생선도매시장에 일찍 나타나는 경향을 보여주었다. 또한 적극적으로 보다 저렴하게 수입한 동아시아 상품들을 한인 네트워크를 도매상으로부터 구매하는 경향을 보여주었다. 즉, 동아시아의 수출과 한인도매상이라는 네트워크도 상당한 기여를 하였다. 한인도매상으로부터 구매하면 그만큼 정보도 더 얻을 수 있고 물건값에 대한 협상도 할 수 있게 된다.

또한 이들을 보다 나은 상품으로 만들기 위해 야채를 가다듬거나 생선을 가다듬는데 다른 상인들보다 훨씬 많은 노력을 한다. 미국사람에게는 노동의 대가가 낮은 편으로 보이지만 한국에서 이민 온 지 얼마 안 되었고 한국에서의 노동 대가를 고려하면 강도 높은 노동을 해도 한국보다 높은 대가를 얻을 수 있다고 생각하기 때문에 높은 노동 강도로 계속 일을 할 수 있었다. 수많은 상인 중에 한인상인들 또는 한인가게의 종업원들의 노동 강도가 가장 강한 것으로 평가된다. 이러한 강도 높은 노동으로 상품을 보다 가치 있게 보이도록 포장하거나 만들 수 있다. 따라서 한인들이 상점을 여는 경우 옆에 있는 다른 인종의 경쟁상점은 경쟁력을 잃는 경우가 많이 나타났다. 특히 청과상이나 세탁소나 생선가게처럼 자신의 노동력을 많이 사용하는 업종에서 한인의 경쟁력은 압도적이었다. 더 오랜 시간 문을 열고 더 좋은 상품으로 포장하여 그리고 필요하면 더 싼 가격으로 공급하였다. 대부분의 한인이 이러한 방식으로 사업을 하였기 때문에 노동이 많이 필요한 업종에서는 한인들이 대부분 압도적인 경쟁력을 가졌다.

본인 스스로도 장시간 강도 높게 일을 했을 뿐만 아니라 종업원도 장기간 강도 높게 일을 시켰다. 필자(이정덕)가 뉴욕의 한인 샐러드바에서 아르바이트를 했을 때 라티노종업원은 불법체류자여서 최저 임금도 받지 못했는데 강도 높게 일을 시켰고 그 종업원은 항시 '피곤해'라는 말을 달고 살았다. 이는 가족노동에도 해당한다. 가족들이 가능한 한 최대한 동원하여 일을 할 뿐만 아니라 많은 경우 무료로 일을 한다. 물론 상점을 가족비지니스로 인식하고 이를 통해 번 돈은 가족을 위해 쓴다는 생각을 공유하고 있기 때문에 가능한 일이었지만, 이렇게 가족들이 적극적으로 부모의 자영업을 돕는 경우는 많지 않다. 이러한 경향은 특히 미국에 어떻게든 적응하고 빨리 돈을 벌어 안정해지고 싶어 하는 생각이 강한 이민자들에게서 많이 나타나는 현상이다. 따라서 자영업을 부부가 같이 나가서 일을 하는 경우가 많다. 가게의 일을 분담하여 부부가 하면 그만큼 외부 인력을 고용할 필요성이 줄어들고 따라서 가족의 수입이 늘어난다. Light and Bonacich(1988: 165)는 미국 전반에서는 물론 특히 LA에서 한인이 소유한 상점의 평균 수입이 미국 내 전체 상점의 평균 수입에 미치지 못하는 점을 지적하고 있다. 하지만 소득보고문제가 있어 이러한 정보는 믿기 힘들다. 어쨌든 한인 상점에서 일하는 노동자들이 받는 임금은 여타 다른 상점의 노동자들이 받는 임금의 48%밖에 되지 않았다. 이러한 저임금과 장시간 노동이 한인상인의 성공의 가장 중요한 기반의 하나였다.

가난한 동네에서 많은 사람에게 물건을 팔아서 이윤을 남겨야 하므로 대체로 고객 하나하나에 신경을 쓰기 어렵다. 빨리 알아서 골라서 돈을 지불하고 상품을 가져가기를 바라는 방식으로 고객을 응대하는 경향이 크다. 물론 자주 와서 단골이 된 사람에게는 웃으며 간단한 대화도 나누겠지만 대부분은 적은 돈으로 물건을 사가는 형편이라 고객에 대해 충분히 신경을 쓰지는 않는다. 동네의 일에 적극 참여하거나 사람들과의 관계를 돈독하게 하려는 노력은 하지 않는다. 따라서 동네의 형편이나 흑인들의 형편을 제대로 모르는 경우가 많다. 흑인동네에서 사업을 하지만 섬처럼 고립되어있는 상태로 비즈니스를 하는 셈이 된다.

지역에 대한 정보나 감독 당국에 대한 정보나 비즈니스에 대한 정보는 대체로 한인상인들끼리의 만남을 통하여 얻는 경우가 많다. 그래서 한인상인들이 어느 정도 생기면 상인연합회가 구성된다. 상인연합회를 통하여 간부들이 다양한 접촉을 하고 정보를 수집하고 퍼트리며 외부인들이나 당국과 협상을 하는 창구로서 활동하게 된다. 이러한 상인연합회는 보다 큰 상인단체나 시단위의 한인단체로 연결되어 서로의 네트워크를 통하여 외부적인 문제들을 논의하고 해결한다. 따라서 개별 한인상인의 문제라 하더라도 그 함의가 크면 개별상인의 문제가 아니라 한인전체의 문제로 간주되어 한인사회 전체가 나서서 도와주고 행동에 나서고 해결하게 된다. 따라서 개별상인들의 특성뿐만 아니라 협회나 단체 그리고 한인사회전체의 적극적인 활동도 한인상인들의 성공과 관련된다고 볼 수 있다. 초기 한인들에서 자영업이 가장 많은 직업이고 따라서 자영업과 관련된 문제들이 한인사회의 전체문제로 부각되어 한인사회 전체가 나서서 해결하려 노력하는 경우가 많다. 예를 들어 한인상인에 대한 살인범죄나 당국의 위생 점검이나 흑인의 보이콧이나 백인도매상과의 갈등 등은 한인사회에 아주 중요한 의제로 등장하고 한인과 한인사회 전체가 관심을 가지고 해결하려고 노력한다.

그렇다고 하더라도 상당수의 한인들이 제대로 성공하지 못하고 상점을 접는다. 장시간 노동을 하고 가족노동을 활용하더라도 이웃에 더 강력한 경쟁력을 지닌 상점이 있으면 실패하는 한인 상점도 생긴다. 매년 약 20~25%의 한인상인들이 상점을 닫는다고 말해지지만, 상점을 닫는다고 실패한 것으로 보기는 어렵다. 손해를 보지 않더라도 문을 닫고 업종을 바꾸거나 다른 곳으로 이전하는 경우도 있고 또는 개인 사정으로 문을 닫는 경우도 많다. 1990년 할렘에서 조사를 하면서 한인상인들의 이야기를 들어보면 흑인동네에서 적자가 나서 문을 닫는 한인상인의 경우는 매우 드물다고 한다. 사건이나 개인적인 사정으로 문을 닫는 경우가 대부분이지만 극히 일부이지만 강력한 경쟁자가 나타나 문을 닫는 경우는 있다. 흑인동네에서도 극히 일부이지만 한인끼리의 경쟁이 매우 치열한 경우가 있다.

이러한 상황에서 한인이 미국사회에 이민을 오면서 영어가 부족한 상태에서 구할 수 있는 최선의 직종으로 간주하고 자영업에 집중하게 된 것이다. 자발적으로 자영업에 집중했다고 보기보다는 미국의 사회 구조에서 학력이 높은 노동강도가 높은 집단의 이민자가 취할 수 있는 다른 방향이 별로 없었기 때문에 자영업 집중이 나타난 것으로 볼 수 있다. 영어에 익숙한 2세들은 자영업에 들어오지 않는 상황을 보면 전적으로 자발적으로 자영업에 진입했다기보다는 주어진 상황에서 낫기 때문에 선택한 것으로 보는 것이 더 타당하다. 이는 집단마다 다르지만, 유태상인들에게서도 나타나는 현상이다. 2세들이 주류사회로 진출하면서 자영업을 포기하고 점차 철수하는 상황이 나타난다.

김일수(I. Kim 1981: 111)에 따르면 유태인 등으로부터 점포를 이어받았지만, 유태상인의 2세 혹은 3세들은 주류 직업으로 편입되어 부모가 운영하던 사업을 맡지 않았다는 경향과 유사하다. 따라서 여기에서 상업민족화는 그 민족이 상업적 특성을 지녀서 상업을 주도했다는 의미에서의 상업민족화가 아니라 일시적으로 자신에 유리한 기회인 상업에 집중하였다가 해체되는 매우 일시적인 의미로 사용하는 것이다. 물론 유태상인들이나 기업가들은 지금도 미국에서 중요한 역할을 수행하고 있어 계속 상업, 금융, 기업의 이미지가 강하게 가지고 있지만, 한인들은 유태인들보다는 더욱 상업에서 멀어지고 있다. 이민자들이 분절적으로 미국사회에 편입되면서 한인들이 한인들에게 보다 유리한 영역으로 진입하였다. 따라서 한인이 유태상인을 승계하였다는 것은 일시적인 상황으로 그치는 것이다.

자영업으로의 진출4)

1989년 뉴욕시의 1,500여 개의 청과상 중에서 1,400여 개를 한인들이 운영했다(한인소매업협회 추산, 미주중앙일보 1989.1.22.). 또 세탁소의 경우에는 한인들이 전체 3,000여 개의 세탁소 중에서 2,000여 개를 운영했다. 1987년에 수산물상과 봉제공장은 각각 500~600여 개 정도가 있었다. 1980년대부터 진출하기 시작한 네일가게에서는 2010년 한인의 뉴욕시 네일가게가 1,300개가 넘어 뉴욕시 네일가게의 70%를 넘게 차지하였으나 그 이후 점차 축소되어 현재는 한인 소유의 비율이 50% 이하로 떨어졌다. 중국계와 히스패닉계의 진출이 크게 늘어 경쟁이 격화되고, 시정부의 화학물질이나 위생 등과 관련된 검사가 까다로워지면서 한인들은 점차 철수하고 있다(뉴욕 한국일보, 2017.11.4.). 각 업종에 따라 진출의 시기도 다르고 철수의 시기도 다르지만, 전반적으로 이민 1세가 주류 직장을 얻기 힘들어 자영업에서 노동자로 일을 하면서 일을 배워 해당 업종의 사업을 직접 시작하게 되는 경우가 많다. 따라서 한인들이 선호하는 업종이 생기면 그쪽으로 급속하게 한인들의 자영

---

4) 이 부분은 Park, K.(1997)의 3장을 축약한 것이다. 이 장에서는 전체적으로 이글을 참조하였다.

업이 확산되는 경향을 보여주나 경쟁이 격화되어 한인보다 더 큰 장점을 발휘하는 다른 민족이 점차 세를 확대하면서 한인이 철수하거나, 또는 2세의 진출이 거의 없어 점차 해당 업종에서의 세가 약화되는 경우가 여러 업종에서 나타나고 있다.

뉴욕타임즈(1989.10.9.)에 따르면, "한인들이 운영하는 청과상이 15년 전부터(1970년대 후반) 여기저기 생겨나기 시작했다. 이들은 때마침 찾아왔다. [폭동 등으로] 먼저 온 이민자들이 청과상에서 손을 떼기 시작하면서… 독신자들은 두려움에 떨기 시작했다. 그 때 마치 …, 한인들이 도착했고, 어디 나무랄 데 없는 상점을 곳곳에 열기 시작했다." 한인 이민자들이 뉴욕시에서 청과상에 뛰어들기 시작한 것은 1971년부터였다(I. Kim 1981: 112). 매일 새벽 청과도매시장에 가서 청과를 확보하고 보기 좋게 또는 먹기 좋게 다듬어서 판매한다. 한인상인들은 매일 신선한 청과를 확보하고 이들 깨끗하고 먹기 좋게 다듬어서 다른 민족들의 청과상에 대한 비교우위를 확보하였을 뿐만 아니라 상점을 20시간 가까이 열면서 보다 많은 고객이 늦은 시간에도 청과를 살 수 있도록 하였다. 청과상에서는 청과뿐만 아니라 각종 먹거리 상품을 팔기 때문에 장시간 열수록 더 많은 매출을 올릴 수 있었다. 뉴욕의 한인 청과상은 한인들이 적은 자본으로도 자영업에서 성공을 할 수 있다는 것을 보여준다. 값싼 가게를 구해서 장시간 부지런하게 일해서 다른 가게보다 나은 상품을 더 오랜 시간 판매를 하며 이익을 확대하는 과정이다. 이 가게에서 일하는 한인 이민 초보자는 1~2년 사업이 운영되는 과정을 자세히 배워서 다양한 방법으로(계, 친척이나 친구에게 빚을 내거나, 자신이 일하던 자영업주의 도움을 받아) 자본을 마련하여 바로 자신의 가게를 차리면서 짧은 시간에 청과상을 주도하게 되었다.

표 2.4 ┃ 미국전역의 한인 업체수의 변화

	1982	1987	1992	1997
총업체수	31,769	69,304	104,918	135,571
매출	26.8억 달러	76.8억 달러	161.7억 달러	459.4억 달러
점포당 매출	8.4만 달러	11.0만 달러	15.4만 달러	33.9만 달러
직원 고용한 업체 수	7,893	21,657	자료 없음	50,076
직원 수	24,663	70,530	자료 없음	333,649
채용업체당 직원 수	3.1명	3.3명	자료 없음	6.7명
직원 고용한 업체 매출	17.4억 달러	55.0억 달러	자료 없음	407.4억 달러

출처: US Small Business Administration (2001, table A.4) (Noland 2003: 67에서 재인용). 점포당 매출과 채용업체당 직원 수는 계산하여 추가함.

한인 청과상을 자세하게 조사한 Young(1983: 60)은 한인 청과상의 일과를 다음과 같이 정리하였다.

- 새벽 4시~6시: 브롱스의 헌츠 포인트 시장에서 물건 구입
- 아침 6시 30분~8시 30분: 당일 판매 준비(청소, 다듬기, 상품 진열 및 정리)
- 아침 8시 30분~저녁 8시: 판매, 청소, 재고 정리

엘름허스트에 있는 그랜드애비뉴에 청과상을 운영하는 서 씨의 하루일과를 보면 다음과 같다. 새벽 1시나 2시쯤에 서모 씨는 시장에 물건을 사러 간다. 가게에서 사 온 청과물을 다듬고 포장한다. 과일이나 채소는 시선을 잘 끌 수 있도록 진열하여 아침 8시부터 가게 문을 연다. 그는 부인이 점심을 차려놓고, 교대하러 올 때까지 일한다. 서모 씨는 집에 가서 점심을 먹고, 오후 5시나 6시까지 잠을 좀 잔다. 사람이 적게 오는 한가한 시간에 잠을 자고 밤에는 청과를 구입하여 다듬어 보기 좋은 상품으로 만들어 놓는다. 새벽처럼 도매시장에 가는 이

유는 일찍 갈수록 더 좋은 상품을 구매할 수 있기 때문이다. 그럼에도 불구하고 부부가 가게를 운영하고 다른 사람을 고용하지 않는다. 인건비를 절약하여 더 많은 돈을 벌기 위해서다. 자신의 노동시간을 늘리면 그만큼 자신의 소득으로 돌아오기 때문이다. 하지만 하루 종일 일하는 것은 너무 피곤하기 때문에 나이가 들고 돈을 충분히 벌면 종업원을 고용하는 경향이 나타난다.

청과상을 운영하는 많은 사람은 이전에 다른 청과상에서 일하기 시작해서, 차후에 자기 가게를 연다. Young(1983)은 가게주인들이 대체로 새로 가게를 열려면, 가게를 차리기 전에 6개월 정도는 다른 가게에서 일할 필요가 있다고 생각한다는 점을 확인하였다. 엘름허스트에 살면서 잭슨 하이츠에 채소 노점을 운영하는 류모 씨(남)의 경우에는 무려 6년이나 남의 가게에서 일했다. 이 기간 동안 류 씨의 부인 역시 청과물상에서 계산원으로 일했는데, 마침내 부부가 그 가게를 사게 된 것이다.

한인 자영업자들은 손님을 응대하는 전략을 동네마다 각기 다르게 발전시켰다. 맨해튼에서 가게주인들은 종종 가게를 돌볼 매니저를 고용하며, 가게를 24시간 동안 연다. 맨해튼에 있는 가게들은 퀸즈보다 직원을 많이 고용하는 경향이 있다. 24시간 동안 여는 가게들은 일반적으로 낮 시간 동안 매니저와 여러 명의 직원을 고용하며, 밤에는 매니저가 계산원 역할까지 하고, 한 명의 직원이 채소와 과일을 한꺼번에 담당한다. 퀸즈에서는 보통 상점 주인이 직접 시장에 가고, 가게도 관리한다. 맨해튼은 가게 공간이 더 작고, 임대료가 비싸기 때문에, 퀸즈보다 훨씬 더 높은 강도의 노동을 해야 이윤을 맞출 수 있다. 물론 임금 수준은 맨해튼이 더 높다. 두 곳 모두에서 상점을 열기 위한 준비 과정으로 야채 다듬기, 싸기, 포장하기 등이 포함된다. 맨해튼에 있는 가게는 보통 셀프서비스 샐러드 바를 운영하며, 간편식을 찾는 뉴요커들을 위해 뜨거운 음식도 판매한다. 또한 청과상들은 동네마다 다양한 취향에 맞추기 위해 각기 다른 음식들을 마련해둔다.

생선가게도 위와 같은 방식으로 한인들이 장악하였다. 초기에 빈민촌의 빈 가게를 아주 저렴하게 인수하여 생선가게를 열 수 있었다. 보다 일찍 도매시장에 가서 더 신선한 생선을 사서 잘 다듬어서 기존의 생선가게보다 싸게 팔아 경쟁에서 우위를 확보할 수 있었다. 한인들은 1980년대 액세서리상으로도 많이 진출하였는데 한국으로부터 양질의 저렴한 액세서리를 수입한 도매상들이 맨해튼 30번가에 출현하면서 다른 민족들보다 양질의 저렴한 액세서리를 다양하게 확보하여 판매할 수 있었기 때문이다. 이후 중국으로부터의 수입이 증가하면서 도매상들이 중국으로부터 수입하거나 중국에 직접 제조공장을 만들어 공급하였으나 점차 이를 만드는 중국과 인도와 네트워크가 더 강한 중국계와 인도계의 진출이 많아지면서 이 분야에서의 한인상인들이 축소되었다.

세탁소는 청과상이나 수산물상보다 더 많은 자본을 필요로 하기 때문에 한인의 초기 이민단계에서는 그 숫자가 적었지만, 점차 적은 노동시간만 일하면 되고 정성을 들여 더 깨끗하게 세탁하고 바느질하고 더 오래 세탁소의 문을 열면 다른 세탁소와의 경쟁에서 이길 수 있어 한인들이 점차 세탁소로 진출하는 경우가 계속 늘었다. 이에 따라 세탁소에서 일하는 한인들도 늘어났고 이들이 계속 세탁소를 인수하거나 열게 되면서 1970년대 소수가 기존의 타민족 세탁소를 인수하여 운영하던 것이 점차 확대되어 1990년대 이후에는 뉴욕의 세탁업도 한인이 주도하게 되었다. 하지만 세탁업도 점차 최신 이민자가 더 많고 더 많은 노동을 할 의향이 있는 중국계와 히스패닉계가 계속 진출하면서 한인의 세탁소는 계속 감소하고 있다.

뉴욕시에는 약 500개의 한인 수산물상이 있다. 청과상들이 그런 것처럼, 많은 한인은 은퇴하는 백인상인들로부터 사업을 넘겨받거나 일부는 빈 가게를 임대하여 매장을 열었다. 생선가게는 생선 등을 가공하여 판매하는 사업도 도입되어 겸하게 되었는데, 새우튀김, 생선튀김, 꽃게튀김 등과 함께 피쉬 앤 칩스를 팔며, 스시나 사시미까지 팔기도 한다. 이러한 변화는 더 많은 직원을 필요로 하게 만들었는데, 특히 생선을 튀기는 일에는 여성들이 주로 고용되었다. 가게주인은 계산원 역할을 겸하였고, 두 명 이상의 직원이 손님이 선택한 생산을 다듬고, 자르고, 포장하는 일을 했다. 여기서 경험을 더 쌓으면, 직원들은 한국식당이나 한국 음식과 일본 음식을 같이 파는 식당의 스시 바에서 일할 수 있었다.

생선가게 주인들도 아침 일찍 맨해튼 남부의 풀턴 수산시장(2005년에는 이곳 시장을 폐쇄하고 헌츠포인트 시장으로 이전하였다)에 가서 생선을 산다. 대부분 도매업자는 이탈리아계이다. 청과상보다 상대적으로 늦게 도매시장에 가는데 이유는 청과보다 종류도 적고 신선도의 차이도 적고 또한 미리 생선을 다듬어야 할 필요가 없기 때문이다. 생선은 동네나 인종/민족에 따라 좋아하는 종류가 다르며, 선호하는 다듬는 방식이 달라, 이에 대한 정보를 잘 구해야 한다. 한인상인들끼리 그러한 정보를 공유하며, 사러 온 사람과 대화를 통해 그러한 흐름을 파악한다.

진모 씨의 가게 직원은 일요일을 뺀 모든 요일 아침 7시에 가게를 연다. 이제 50대가 된 진모 씨는 거의 생선 전문가가 되었다. "생선이라는 게 얼마나 멋져. 술을 마셔도 생선이랑 먹으면 숙취가 없다니까. 술 마시면서 고기를 먹으면 그다음에 머리가 엄청 아프다. 이 일이 참 좋아. 나름대로 참 깨끗한 일이고 말이야. 경비가 아주 적게 들고, 재고도 거의 안 남고, 수입도 즉각 들어오지. 임대료로 1,100달러 정도 내는데 이런 좋은 동네에서 이 정도면 정말 싼 거지. 손님의 90%는 이탈리아인이나 유태인 같은 백인인데, 이 사람들은 가격에 관계없이 품질만을 따지거든. 나는 정말 좋은 생선만 갖다 놓으니까. 내 경험 상 라틴계는 생선을 별로 안 좋아해. 나머지 10%는 한국 손님들이지." 할렘의 한 한인상인은 생선가게에서 생선튀김과 식사를 파는 식당으로 사업을 확대하였다. 흑인들의 기호에 잘 맞춰 메뉴를 개발하여 식당을 3개로 늘렸다.

자영업에서의 이탈

2000년대 이후에는 1.5세와 2세가 주류직장에 진출하면서 전문직이나 화이트칼라가 계속 증가하고 있다. 미국에서 교육을 받고 자랐기 때문에 장시간의 강도 높은 노동에도 익숙하지 않고 또한 위험한 흑인동네에서 상점을 운영하고 싶어 하지도 않는다. 따라서 미국에서 학교를 다니고 대학을 졸업한 한인 1.5세와 2세들은 자영업보다 주류직장에서 전문직이나 화이트칼라로 안정적으로 살고자 하는 경우가 많다. 따라서 미국에서 성장한 1.5세와 2세들은 1세에서 나타났던 이민자로서의 상인처럼 자신의 삶을 희생하면서 어떻게든 돈을 벌어야겠다고 생각하는 경향이 적다. 좀 더 편안하고 안정적인 인생을 설계하게 된다. 따라서 자영업보다 직장생활을 선호한다. 이러한 2세로의 변화는 3부에서 다룰 것이다. 이러한 2세들의 변화를 이해하기에 앞서 한인 1세들이 상업에 집중적으로 진출하면서 나타나는 사회관계, 특히 가장 두드러지게 나타났던 한인상인과 흑인빈민과의 갈등을 먼저 이해하고자 한다.

이곳에서 2세의 이러한 변화를 미리 언급하는 것은 한인의 상업민족화가 이민자로서 미국사회의 상황에 적응하기 위한 일시적인 과정이라는 점을 강조하기 위한 것이다. 한인들이 이민자로서 상황에 맞게 상업에 집중하게 되었고, 1.5세와 2세들의 상황이 변하면서 보다 안정적인 직장을 추구하는, 즉, 상황과 맥락의 변화에 따라 계속 변하는 과정임을 강조하기 위함이다.

제2부

LA와 뉴욕시의
한흑갈등

워싱턴에서는 1984년에서 1986년 사이에 11개의 한국가게에 흑인들이 화염병을 던졌다(Song 1989:10). LA의 1992년 4월 29일 흑인폭동이 일어나 많은 히스패닉들도 여기에 가담하였고 결국 2,300여개의 한인가게들이 불에 타거나 약탈을 당하였다(장태환 1993:71). 한인상인에 대한 흑인들의 보이콧이나 시위는 이외에도 뉴욕시, 시카고, 필라델피아, 애틀란타, 그리고 볼티모어 등 대부분의 미국 대도시에서 벌어졌다. 흑인 강도들이 여러 한인상인들을 강탈하거나 살해하였으며 한인상인들이 흑인강도나 또는 절도 또는 그러한 의심이 가는 사람에게 총을 쏴서 죽이는 일도 있었다. 예를 들어 로스앤젤레스에서는 1991년 한 한인상인이 자신의 상점에서 상인과 다투다가 나가는 흑인소녀에게 총을 쏴 죽여 큰 사회문제로 확대되었으며 흑인단체인 〈형제동맹 The Brotherhood Crusade〉은 그 상점에 대한 보이콧과 시위를 조직하였다. 또는 한국인들이 흑인들을 구타하거나 무시하였다고 하여 시작되는 경우도 있었다. 이때는 보통 흑인이 물건을 훔쳐가거나 또는 흑인이 한인상인이 잔돈을 덜 주던지 또는 자신을 멸시하였다고 주장하면서 육체적인 싸움으로 확대되는 경우에 주로 시위가 이루어졌다. 물론 대부분의 흑인들은 보이콧에 직접적으로 참여하지 않으나 이들 중에도 한인들의 성공이 정당하게 이루어진 것이 아니라고 생각하거나 또는 흑인들을 멸시한다고 생각하여 한인상인을 안 좋게 생각하거나 적개심을 가지고 있는 경우가 많다.

물론 한인들의 대부분도 흑인들의 강도, 절도에 대해 분개하였다. 1980년대 후반부터 1990년대에는 해마다 로스앤젤레스 등지에서 여러 한인상인이 흑인 강도들의 손에 살해당하였으며 뉴욕에서도 한인상인이나 종업원들이 흑인들의 총에 살해당하고 있었다. 물론 이러한 현상은 미국 전역에서 나타났다. 따라서 한인상인들은 자신들은 아주 위험한 흑인빈민지역에서 흑인들을 위해 봉사하고 있는데 흑인들에 의해 항시 위험에 시달리고 있다고 생각하여 전체적으로 흑인들에 대해 아주 부정적인 시각을 가지고 있다.

이러한 상호불신과 적개심은 왜 일어나고 있는가? 사람을 죽이는 일은 한인상인과 흑인빈민사이에 벌어지는 갈등의 한 측면이다. 대부분의 사람들에게는 살인에 대한 이야기뿐만 아니라 일상생활에서 상호접촉하면서 나타나는 여러 가지 현상에서 일상적인 불신을 경험하고 축적되어 상호 부정적인 인식을 강화하고 있다. 이러한 경험과 인식이 축적되면서 보다 커다란 사건과 갈등으로 비화된다.

그렇지만 1965년 본격적으로 미국으로 이민을 가서 정착하기 시작한 초기 한인들이 경험한 이러한 살인이나 갈등이 한인상인들만 경험한 것이 아니다. 흑인동네에서 장사를 하는 백인상인이나 유태상인들도 겪었던 경험이다. 또한 이러한 상호불신이 흑인주민과 한인상인 사이에게서만 나타난 것이 아니고 흑인주민과 백인상인 또는 유태상인과 사이에서 나타났던 것이다. 즉, 미국사회에서 흑인빈민촌에서 상업이 구성되는 방식에서 흑인빈민과 외부상인들 사이에 심각한 갈등의 요소를 내포하고 있는 것이다.

이러한 인종 갈등은 한인이 미국으로 이민을 가면서 1세 이민들이 초기에 두드러지게 겪었던 경험이었지만 2세로 넘어가면서 점차 그러한 갈등이 축소되고 있다. 왜 한인들은 대규모로 흑인지역에 상인으로 진출하였으며, 한인상인과 흑인주민 사이에 심각한 갈등을 경험하였고, 왜 그러한 갈등이 점차 약화되었을까? 2부에서는 이러한 변화를 집중적으로 다루고자 한다. 이는 한인의 이민자로서의 맥락이 미국의 이민체계, 인종관계, 자본주의 구조와 얽히면서 나타나는 것이어서 이러한 맥락을 서로 연결시켜서 설명하고자 한다.

미국사회에서의 흑인빈민주민과 외부상인들의 맥락에서 갈등이 나타나는 연장선상에서 흑인빈민과 한인상인 사이의 갈등도 나타나는 것이기 때문에 가장 먼저 한인상인들이 나타나기 전에 흑인빈민촌에서 흑인주민과 외부상인이 어떠한 관계에 있었는지를 역사적으로 살펴보고, 다음 한인들이 어떻게 흑인빈민촌에 들어가게 되었고, 한인상인과 흑인주민 사이의 갈등이 심화되었는지, 마지막으로 어떻게 한인이 흑인빈민촌에서 탈출하게 되고 한인과 흑인 사이의 갈등이 약화되었는지의 순서로 살펴보고자 한다.

제3장 흑인빈민촌에서의 흑인과 유태상인의 갈등

미국 인종관계 역사의 맥락

한흑갈등이라고 표현하면 단순히 한인과 흑인이 갈등을 일으킨 것으로 인식할 가능성이 높다. 이러한 방식으로 이해하는 것은 한흑갈등의 역사적 맥락과 배경을 잘못 이해하는 것이다. 한흑갈등은 미국사회에서 흑인에 대한 역사적 과정, 그 결과로 나타난 흑인빈민촌에서의 외부상인의 역할, 그리고 외부상인과 흑인과의 관계가 누적적으로 그리고 반복적으로 이어진 결과로서 나타난 것이다. 특히 미국식 자본의주의가 인종차별문제와 엉켜있는 맥락에서, 특히 미국정치경제체제 속에서의 흑백관계와 흑백갈등 그리고 이민자의 적응체계의 맥락에서 나타난 것이다.

한인들은 초기 이민 이후 빈민층이나 서민층 지역에서의 상업 활동을 통해 미국사회에 적응하는 방식을 찾아냈다. 위험한 지역이라 백인이나 유태인 상인이 1960년대의 시민운동과 흑인폭동의 맥락에서 철수하고 있었고 한인들은 이러한 빈자리를 빠르게 적은 자본으로 진입할 수 있었다. 이는 미국사회에서 인종관계를 매개로 흑인빈민촌이 형성되고 흑인빈민촌의 상업과 건물주가 백인인 상황과 관련되어 있다. 1960년대 미국 전역에서 흑인의 폭동이 빈번하게 일어나면서 백인상인들이 흑민빈민촌을 철수하는 과정에서 기회를 찾아낸 것이다.

기존의 흑인빈민층 지역에서 주민과 외부상인 사이에서 나타난 갈등이 지속적으로 나타나고 있었고 이러한 흑인주민과 상인(특히 외부상인)과의 갈등은 미국의 인종체제의 결과로 나타난 것이다. 가장 대표적인 예가 유태상인과 흑인주민들과의 갈등이다. 많은 유태인들이 1800년대 말과 1900년대 초 그리고 1930-40년대 유럽에서의 차별과 학살을 피해 미국으로 이주해왔다. 특히 1930년대부터 나치가 득세하면서 이를 피하여 많은 유태인들이 미국으로 이주하게 되었다. 하지만 미국에서도 흑인들에 비하면 약하지만 유태인들도 차별과 거주지분리로 박해를 받아왔다. 유태인 이민자들은 도심의 저렴한 거주지에 거주하면서 저임금 노동이나 자본이 적게 드는 빈민촌 자영업으로 진출하였다.

1960년대의 시민권 운동에서 백인들에 의한 차별을 철폐하기 위해 흑인과 유태인들이 협동을 하였고 유태계 운동가들이 적극적으로 흑인들의 민권운동을 지원하였다. 같은 소수민족으로 백인으로부터 크게 차별을 받는다는 의식을 공유하기 때문이다. 그러나 동시에 흑인빈민촌에서는 흑인거주민과 유태상인과의 갈등이 자주 나타났다. 경제관계에서 서로 다른 위치에 있기 때문이다. 유태상인이 흑인에게 물건을 팔아서 이익을 남기면 이를 서비스로 보는지 착취로 보는지의 관점도 다르고, 상인과 주민의 관계가 어때야 하는지도 관점이 매우 다르며, 또한 상인들이나 흑인고객의 태도나 행동을 해석하는 관점도 상당히 다르다. 흑인들은 유태상인들이 차별적 태도로 질 낮은 상품을 비싸게 받아 흑인들을 착취하여 번 돈으로 흑인동네에는 신경 쓰지 않고 다른 곳에서 잘 사는 착취계급으로 보는 데 반하여, 유태상인들은 자신들은 열심히 흑인을 위해 서비스하여 돈을 버는 것이고 흑인들의 문제는 흑인들 때문에 생기는 것으로 본다. 또는 인종차별 때문에 생긴 것은 자신들이 어떻게 할 수 없는 것으로 생각한다. 많은 흑인들은 다음과 같이 생각한다. 유태상인들이 "가격을 높게 받을 뿐만 아니라 상품 질도 낮으며 무게도 제대로 주지 않고 잔돈도 제대로 주지 않아 많은 주부들을 화나게 한다." 또는 "그들은 우리가 다른 곳으로 갈 수 없는 것을 알기 때문에 우리를 속인다." 유태상인들이 이렇게 흑인주민들을 속이고 착취하여 돈을 벌어 다른 곳의 비싼 집에서 잘 산다고 생각한다(Chang 1993: 8-9). 물론 흑인들 중에도 외부상인들이 열심히 일해서 흑인에게 서비스를 제공해주는 것이라고 생각하는 사람들도 있지만 이들은 소수의 의견이고 대체로 대다수 흑인들은 외부상인이 흑인들을 착취하며 이는 흑인에 대한 인종차별이라고 생각한다. 이에 대한 불만이 역사적으로 다양한 방식으로 표출되어 왔다.

예를 들어 흑인 폭동은 경찰에 대한 항의시위를 하고 동시에 가게를 약탈하고 불태우는 방식으로 일어나는 경우도 많고 가끔 총으로 외부상인을 쏴 죽이는 극단적인 형태가 나타난다. 상점에서 물건을 약탈하거나 돈을 빼앗아가는 것이지만 동시에 상인에 대한 불만을 표출하는 것이기도 한다. 흑인주민들의 한인상인에 대한 폭동을 일으킬 때도 비슷한 방식으로 일어났다. 따라서 흑인들이 한인가게에 시위를 하거나 불태우면 가게주인이 한인이어서라기보다 외부상인이어서 그리고 이는 미국사회의 흑인에 대한 인종차별과 차별로 연결되는 것으로 생각하기 때문에 그렇게 한 것이라 해석할 수 있다. 1860년대의 남북전쟁 이후 점차 남부의 흑인들이 대거 북부나 중서부나 서부의 도시로 이주하면서 대체로 도시의 빈민촌에 살게 되었고 경찰, 상인, 고용주, 또는 백인들에게 차별을 당하면서 분노가 쌓여 있기 때문에 폭동을 일으킬 때 자신의 동네에서 가장 쉽게 접할 수 있는 외부상인들의 가게를 약탈하고 불태우는 경우가 자주 나타났다. 이는 흑인들의 미국사회에 대한 불만 그리고 이를 상징하는 백인이나 유태인 가게에 대한 불만을 자신의 동네에 있는 상점에 표출한 것으로 봐야 하며, 한인

가게에 대한 약탈과 방화도 이러한 역사적 사회적 맥락에서 이해하여야 한다.

따라서 한인상인과 흑인주민의 관계, 그리고 이를 매개로 비화한 한흑갈등을 이해하기 위해서 먼저 미국의 역사에서 흑인동네에서 흑인거주민과 외부상인들과의 관계가 왜 어떻게 나타났는지, 그리고 어떠한 불만과 폭동이 있었고 어떻게 전개되었는지를 이해하여야, 미국사회에서 한흑갈등에 담겨있는 흑인동네와 외부상인의 맥락과 의미를 이해할 수 있다. 그리고 이러한 맥락이 한인의 흑인지역 진출과 어떠한 관계가 있는가를 이해하여야 한인이 미국에의 이민을 통하여 미국사회에 편입하면서 어떻게 미국사회의 관계 속에서 작동하게 되는지를 미국의 역사적 맥락에서 이해할 수 있게 된다. 따라서 이번 장에서는 한인상인과 흑인주민들의 갈등과 가장 유사한 것으로 흑인빈민촌에서 기존에 나타났던 상인들과의 갈등을 유태상인을 중심으로 살펴보고자 한다. 유태상인들도 흑인빈민촌에서 주도적으로 상업 활동을 했을 뿐만 아니라 흑인동네에서 다양한 폭동과 갈등을 거치면서 점차 흑인동네에서 빠져나가 한인의 미국사회 편입과정에서 나타나는 과정을 미국사회의 맥락에서 이해하는 데 많은 시사점을 보여준다. 따라서 이 장에서는 유태상인과 흑인주민과의 갈등을 뉴욕시와 그리고 LA의 예를 들어 살펴보고자 한다.

물론 흑인동네에서 장사를 하며 비슷한 구조 속에서 비슷한 갈등을 겪었다는 점에서 유태인 상인과 한인상인에서 많은 유사점이 있다. 또한 이들이 위험한 지역에서 공격적으로 열심히 일을 해서 돈을 모았다는 점도 유태인과 유사하다. 하지만 근본적인 차이가 있다. 유태인들은 이제 백인의 일부로 편입이 되었고 미국사회의 지배층에서 상당한 비중을 차지한다는 점이다. 한인은 계속 낯선 곳에서 온 이방인으로 간주되고 있으며, 소수민족으로 흑인 백인 양쪽에서 배척당할 수 있으며 이를 막아낼 힘이 약하다. 결코 유태인들이 성취한 사회적 지위에는 도달하지는 못하고 있다(Takaki 1998: 444).

뉴욕 흑인빈민촌에서의 흑인과 유태상인의 갈등

19세기 남북전쟁과 많은 백인들의 이민은 뉴욕지역에서 백인들의 흑인들에 대한 폭동으로 연결되었다. 남북전쟁으로 징집령이 발동되었는데 이를 흑인 때문이라고 생각하여 특히 뉴욕의 백인 이민자들은 1863년 징집령에 반대하는 폭동을 일으키면서 흑인들에 대한 공격을 하여 105명 흑인들이 사망하였다. 그동안 계속 벌어졌던 흑인들에 대한 차별과 공격은 흑인들이 백인과 분리된 별도의 거주지에서 살 수밖에 없게 만들었고, 이를 통하여 흑인들이 집단적으로 거주하는 빈민촌들이 출현하였다. 이 당시 상대적으로 흑인들이 백인이나 백인이민자들을 공격하기는 매우 어려웠다. 심한 인종차별 때문에 백인에 대한 조그만 공격도 커다란 처벌을 받거나 쉽게 살해당할 수 있었다. 19세기에는 경찰이나 법원이 백인의 편을 드는 상황에서 흑인들은 백인들의 폭력에 대한 공포심을 가지고 살았다. 또한 뉴욕시에서도 경찰이 직접 흑인들을 공격하여 죽이는 일도 여러 번 벌어졌다.

특히 19세기 후반 뉴욕시로의 유럽에서의 이민이 급증하면서 이들이 맨하탄 남부의 빈민촌에 몰리며 흑인들이 거주지를 빼앗기게 되었다. 이들에 밀린 흑인들은 거주지를 점차 북쪽으로 이동하였다. 1800년대 중반 흑인거주지는 맨해튼의 남쪽의 시청주위에서 그리니치 빌리지 지역에 있었지만 이곳은 이탈리아계 이민자들이 차지하게 되었고 흑인들 거주지가 점차 더 북쪽인 홍등가지역으로 이동하였고 일부는 아예 강(이스트 리버)을 건너 브루클린으로 이주하였다(Osofsky 1966: 12-14).

남북전쟁 이후 흑인들이 대거 북부도시로 몰려오면서 뉴욕시에서도 흑인의 인구가 계속 늘어나면서 도심과 가까운 맨해튼 북부인 할렘이나 브루클린 지역으로 이주하면서 그 지역에 살던 백인 특히 유태인과 많은 갈등을 겪게 되었다. 결국 흑인이 계속 몰려오면 처음에는 적극적으로 이들을 괴롭히거나 공격해 백인주거지를 지키려 했으나 이를 극복하고 점차 흑인거주자가 늘어나면 백인들이 더 외곽으로 이주해나가는 경향이 계속 나타났다. 현재 대표적인 흑인거주지인 맨해튼 북부의 할렘이나 브루클린도 원래는 유태인들이 많이 살던 지역이었지만 점차 흑인이 늘어나면서 백인과 유태인들이 이주해나가게 되어 흑인동네로 바뀌게 되었다.

유태인들도 유럽에서의 박해를 피해 19세기와 20세기 초반 대거 미국으로 이민을 오게 되었다. 이들은 주로 북부지역의 도시에서 일자리를 구해 정착하였다. 이 당시 유태인들이 유럽보다는 덜 하지만 미국에서도 차별을 받았기 때문에 대체로 도시의 구분된 지역이나 또는 게토에 거주하게 되었다. 계속 차별을 경험하였기 때문에 1960년대 흑인들의 시민권운동이 전국적으로 이루어졌을 때 많은 유태인들이나 운동가들이 흑인운동을 적극 지지하였다. 흑인차별을 유태인차별과 유사한 것으로 생각하는 글들이 많이 나타났다. 1940년대부터 1960년대까지 유태인과 흑인의 협조가 매우 강력하게 이루어져 황금기라고 불린다(Greenberg 2006). 시민권운동에서의 협력적인 관계에도 불구하고 흑인동네에서의 유태인상인에 대한 불만과 이들 사이의 갈등은 흑인들이 남북전쟁 이후 대거 북부 도시로 이주하고 유럽에서 이주해온 유태인들이 흑인지역에서 장사를 하면서 지속적으로 나타났다. 대체로 백인들은 흑인과 함께 한다는 낙인이 두려워 흑인동네에 들어가서 흑인을 상대로 사업을 하는 경우가 많지 않았지만 새로운 이민자인 유태인들에게는 흑인동네는 저렴한 비용으로 사업을 할 수 있는 기회였기 때문에 백인들보다 더 많이 진출해 있었다.

할렘의 경우 1900년대에는 흑인들의 거주자가 크게 늘어났고 1930년대에는 완전히 흑인동네로 바뀌게 되었다. 1920년에 17만8천명에 달했던 유태인들은 급속히 빠져나가 1930년에는 2만5천명으로 감소하였다(Gurock 1971: 142-146). 이를 통하여 할렘은 미국의 흑인 도시거주지를 대표하는 장소가 되었다. 인종차별로 흑인들의 실업률이 높았기 때문에 빈곤층이 많았고 이에 따라 할렘도 점차 빈민촌(게토)의 성격을 강하게 띠게 되었고 주거환경이나 치안환경도 점차 악화되었다. 할렘은 흑인들의 인구가 늘어나면서 흑인들의 정치와 시민운동과 문화예술의 중심지로 성장하였다. 특히 50, 60년대 흑인들의 시민권 운동의 중요 거점으로 활발한 활동이 이어졌다. 이러한 활동으로 흑인들은 정치권력을 더욱 적극적으로 요구하게 되었고 삶의 조건을 개선하기 위한 더욱 강한 요구도 나타났다. 60년대에도 상점을 대부분 백인이 소유하고 있고 상점의 40% 정도를 유태상인이 소유하고 있어 가장 눈에 띄는 상인집단이었다(Levine 1968).

대표적인 흑인거주지인 할렘에서도 흑인들이 주요 거주자가 된 이후에 여러 번 폭동이 일어났다. 또한 이러한 폭동이 나타날 때마다 흑인들은 상가들을 약탈하고 방화하였다. 할렘에서는 1926년, 1935년, 1943년, 1963년, 1964년, 1965년, 1967년, 1968년, 1977년에도 폭동이 일어나 상가에 대한 약탈과 방화가 이루어졌다. 특히 시민권 운동의 과정에서 흑인들의 분노가 집중적으로 표출되었던 1960년대에는 더욱 빈번하게 폭동이 일어났다. 폭동마다 표면적인 원인과 과정은 조금씩 다르지만 계속 상점에 대한 약탈과 방화로 이어졌다.

1935년3월19일 폭동은 할렘 125번가 한 상점에서 16살 흑인소년이 10센트짜리 칼을 훔치다 걸려서 두 명의 백인 점원과 실랑이가 벌어졌고 경찰을 불렀다. 사람들이 가게 앞에 모이자 경찰은 이 소년을 뒷문으로 내보냈다. 그러나 경찰이 흑인소년을 죽였다는 소문이 돌자 사람들이 모여들기 시작했다. 이 소문을 듣고 달려온 흑인들이 1만 명을 넘어서자 경찰과 대치하게 되었고 한 명이 해당 상점에 물건을 던져 유리창을 깨자 경찰이 사람들을 체포하기 시작했다. 그러자 흑인들이 125번가를 돌아다니면서 수백 개의 상점들을 약탈하고 방화하기 시작하였다. 이게 순식간에 할렘으로 퍼졌다. 특히 백인이나 유태상인의 상점들이 주요 공격대상이 되었다. 일부 상점들은 약탈을 피하기 위해 "흑인 소유 상점" 또는 "흑인 고용 상점" 등을 창문에 붙였다. 폭동 과정에서 200개 정도의 상점이 약탈당하거나 불에 탔고 흑인 3명이 죽었으며 백명 이상이 부상을 당하고 125명이 체포되었다. 이렇게 폭동이 확대된 것은 일상생활에서 상인과 경찰을 포함하여 백인과의 접촉과정에서 불만이 누적되어 있었기 때문이다(Robertson, White & Garton 2013).

흑인들에 대한 심한 인종차별이 지속되었기 때문에 직장을 제대로 얻기도 힘든 상황이 지속되었고, 주택의 질도 좋지 않았고, 돈이 없기 때문에 좁은 공간에 많은 사람들이 거주하고, 가게에서의 상품의 질이나 서비스도 별다른 개선이 타나나지 않았다. 1935년 폭동 이후 여러 개선 노력이 이어지기는 했지만 특별한 성취가 나타나지 않았다. 그래서 1943년에도 비슷한 폭동이 일어나게 되었다(Capeci 1977). 이때는 10만 명 정도의 흑인이 브루클린에 30만 명이 넘는 흑인이 할렘에 거주했다. 호텔에서 흑인여성과 점원에 문제가 생겨 경찰이 왔고 경찰과의 갈등이 시작되었다. 군에서 휴가 중인 흑인이 개입하다가 경찰을 주먹으로 치게 되었다. 다른 흑인도 경찰을 치면서 흑인 군인이 도망가자 경찰이 총을 쏘면서 흑인 군인이 다쳐 앰뷸런스가 와서 실어 갔다. 이 과정에서 경찰이 흑인 군인을 쏴 죽였다는 소문이 돌아 흑인들이 몰려들었고 결국 상점들을 약탈하고 방화하는 일로 이어졌다. 총격, 소방차, 유리 깨지는 소리, 고함소리가 지속되었다. 폭동이 끝나고 길에는 각종 식품, 옷, 상품들이 널려 있었고, 수백 개 상점의 유리창이 깨지고 불에 탄 가게들이 풍경을 가득 채웠다. 통금이 실시되었다(Abu-Lughod, 2007: 4장).

1946년 클라크(Clark 1946)가 코멘타리Commentary라는 월간지에 쓴 글에서 한 흑인여성이 유태정육점에 들렀는데 "흑인주민들에게 팔기를 거부하고 전에 이곳에 살았으나 이사나간 백인들에게만 팔았다"며, "이러한 차별이 동네 이곳저곳에서 벌어지며, 화난 흑인고객이 상점주인을 위협하고 상처를 내, 해당 가게가 며칠 문을 닫았다"고 불만을 접수했다고 전했다. 유태인 건물주나 유태인 고용주나 중개인이 흑인들을 갈취를 한다는 불평이 많다고 했다. 정치적으로 협동을 하고 개인적으로 잘 지낼 수 있지만, 경제적 상하관계에 있어서는 갈등이 많다고 지적했다. 뉴욕권에서의 조사에 따르면 유태인의 60%가 흑인에 대해 부정적 생각을 가지고 있고 흑인의 70%가 유태인에 대해 부정적 생각을 가지고 있다. 이러한 유태인들은 "흑인들이 야망도 없고, 게으르고, 술을 많이 마시며, 지능이 낮고, 소란스럽고, 시끄럽고, 더럽다"고 생각한다. 유태인을 부정적으로 보는 흑인들은 "유태인이 다 소유하고 있으며, 공격적으로 이익만 추구한다."고 생각한다. 클라크는 흑인과 유태인이 차별받는 소수민족으로서 같은 보트에 타고 있으며 따라서 힘을 합하여 한다는 주장에 대해 유태인과 흑인 사이에 사회적, 정치적, 경제적 격차가 얼마나 벌어져 있는지를 몰라서 하는 말이라고 비판했다. 또한 흑인이 "더러운 유태인"이라고 하면 이는 근본적으로 "더러운 백인"을 의미한다. 이러한 불만들은 어떤 계기가 주어지면 쉽게 폭발할 수 있다.

1963년 4월 19일 수십 명의 학생들이 수업이 끝나 길거리를 가다가 과일가게의 상자와 좌판을 뒤엎고 과일을 훔쳐 달아났다. 경찰이 출동하여 3명을 체포하고 때리려하자 한 흑인이 이에 항의하였다. 경찰은 항의하던 흑인을 심하게 구타하여 병원응급실로 실려가서 수술을 받게 만들었다. 더 많은 흑인들이 모여 경찰을 욕하고 대치하고 경찰도 증원되었고 폭동으로 이어졌다(Abu-Lughod 2007: 140). 1964년 7월 18일에도 할렘에서 경찰이 흑인청소년을 쏴서 죽이면서 대대적인 폭동이 6일간 이어졌다. 이 폭동은 브루클린과 퀸즈의 흑인동네, 그리고 뉴욕시를 벗어나 뉴저지나 시카고나 필라델피아까지 확산되었다. 할렘의 폭동에서 1명이 죽고 수백명이 부상당하고 체포되었으며 541개의 상점이 약탈당하거나 방화가 일어났다(Hayes 2021). 폭동이 일어날 때마다 그 분노가 유태인상점으로도 향하여 폭동이 일어날 때마다 유태인 상점들이 약탈당하고 방화가 나타났다. 1968년에도 비슷한 상황이 반복되었다. 1964년 폭동 당시에도 흑인빈민촌인 센트럴 할렘에서도 백인들이 85%의 상점을 가지고 있던 상태였다(National Urban League 1968).

흑인들은 이들 백인상가와 상점에 대한 심각한 문제의식을 가지고 있었다. 상품의 질도 떨어지고, 비싸고, 흑인을 무시하며, 돈을 벌어도 자신들은 좋은 동네에서 잘 살면서 흑인사회에는 기여하지 않는다는 것이다. 이러한 불만은 LA 흑인빈민촌에서도 백인상인에 대하여 나타났던 생각이며 또한 LA나 뉴욕의 흑인빈민촌에서 한인상인들에 대해서도 나타났던 생각이다. 다시 말하면 흑인빈민들은 계속 외부상인들이 흑인들을 차별하고 착취한다는 불만을 가지고 있다. 따라서 일부 흑인들은 이러한 약탈을 착취당한 것을 되찾아 오거나 또는 백인들의 인종차별에 대해 복수하는 것으로 생각하기도 한다. 뉴욕타임즈에 보도된 흑인주민의 말을 인용하면 "미국은 지랄같이 부자나라지만 흑인들 얼굴 앞에 이를 번쩍거리면서 '이것은 너희들 것은 아니다'라고 놀리고 있다. 우리흑인들은 가끔 직접 나서서 이를 약간씩 가져오고 있을 따름이다(New York Times, 1968.4.8.)." 즉, 가난한 흑인들이 가게에 진열된 상품들을 보고 본인들은 근본적으로 인종차별 때문에 이러한 상품들로부터 소외되어 있다고 느끼는 것이다.

흑인의 유태인들에 대한 불만과 그 이유를 유명한 흑인 소설가인 볼드윈(Baldwin 1967)이 뉴욕타임즈(1967.4.9.)에 기고한 글에서 잘 보여주고 있다. 유태인은 맨손으로 이민을 와서 성공을 했고 백인의 일부가 되었고 그래서 백인들처럼 노력하면 성공한다고 생각하지만, 흑인은 계속 되는 차별로 밑바닥 인생을 벗어나지 못하고 있다며, 유태인이 백인처럼 되고 백인처럼 생각한다고 비판한다.

우리가 할렘에서 자랄 때 악덕건물주들은 유태인들이었고 우리는 이들을 증오한다. 이들이 악덕건물주로서 빌딩을 돌보지 않아 페인트가 벗겨지고 창문이 부서지고 싱크와 화장실이 고장 나고 바닥과 천정에 문제가 생기고 쥐와 바퀴벌레가 넘치고 냉난방에 문제가 생겨도 신경을 쓰지 않는다. 가난한 주민과 어린이들의 생사가 걸려있는데… 방치한다. 터무니없이 비싼 월세를 내기 위해 우리부모가 밤낮없이 일해야 했다. 건물주가 우리가 유색인종이라 다른 곳으로 갈 수 없다는 것을 알기 때문에 방치한다는 것을 우리도 알고 있다.

청과상 주인도 유태인인데 외상을 쓰면 기업처럼 가혹하게 받아간다. 정육점 주인도 유태인인데 다른 곳보다 나쁜 부위를 더 비싸게 판다. 우리에게 욕까지 한다. 의류상점 주인도 유태인이고, 중고품 상점도 유태인 것이며, 전당포 주인도 유태인이다. 아마 우리가 전당포 주인을 가장 증오할 것이다. 125번가 상점 대부분이 유태인 소유이다. 1935년 폭동이 일어나고 나서야 흑인들도 상점을 열어 돈을 버는 것이 허용되었다.

이들 백인 모두가 잔혹한 것은 아니다. 안 좋은 환경이지만 사려가 깊은 상인들을 나는 기억한다. 하지만 이들 모두는 우리를 착취하기 때문에 우리는 이들을 증오한다 ….

유태상인들이 밤 동안 가게를 잠가놓고 우리의 돈을 가지고 멀리 떨어진 깨끗한 자신의 동네로 돌아간다. 우리는 그 동네에 들어갈 수도 없다. 이 돈의 일부가 시민권운동에 기부된다고 할지라도 대부분의 흑인과 대부분의 유태인 관계에 도움이 되지 않는다….

유태인들이 자신들의 고통이 흑인의 고통만큼 컸다는 말을 듣고 싶지 않다. 사실 그렇지 않다. 그렇게 설득하고 싶겠지만 목소리 톤에서부터 그렇지 않다는 것을 알 수 있다….

유태인들이 자녀들에게 상대적으로 안전한 미래를 제공하고자 노력한다. 그러나 흑인들이 자녀에게 해줄 수 있는 것에는 한계가 있다…. 더구나 유태인들은 자신들의 고통을 자랑스럽게 여기거나 최소한 부끄러워하지 않는다. 또한 그들의 역사는 미국의 역사도 아니고 그들의 고통은 미국에서 일어난 것도 아니다. 하지만 미국에서 흑인은 스스로 부끄러워하도록 교육을 받아왔다. 특히 스스로의 고통을 부끄럽게 느끼게 교육받았다….

유태인은 백인이고 백인이 억압에 맞서 싸웠을 때는 영웅으로 대접받지만 흑인이 맞서 싸우면 폭도라고 비난받는다. 유태인의 폴란드 바르샤바의 게토에서의 봉기는 폭동이라고 묘사되지도 않고, 참여자가 불량배나 암이라고 간주되지도 않는다. 할렘이나 와츠에서 봉기에 참여한 흑인들도 이를 잘 안다. 그리고 이러한 상황이 그들의 유태인에 대한 태도에 영향을 미친다.

물론 바르샤바 게토의 봉기와 할렘과 와츠의 봉기를 비교하는 나의 글을 보고 백인들이 분노하리라는 것을 안다…. 미국은 백인영웅을 정말 좋아하지만 나쁜 흑인은 전혀 받아들일 수 없기 때문이다….

유태인은 백인의 일부가 되면서 이익을 보고 있다. 흑인이 이 때문에 유태인을 불신한다는 것을 알아야 한다. 유태인이 모멸당하고 학살당했다는 사실이 흑인이 유태인을 더 이해하게 하는 것이 아니라 오히려 더 분노하게 된다는 것을 알아야 한다.

왜냐하면 유태인은 지금 이곳에서 학살당한 것은 아니다. 흑인은 미국인이기 때문에 여기에서 모멸당하고 학살당한다. 유태인의 고통은 유럽에서 벌어진 것이고 미국이 구해준 것이다. 그렇지만 미국은 이곳에서 흑인을 속박하고 있다. 어떤 나라도 흑인을 구해줄 수 없다. 흑인에게 여기에서 벌어지는 일은 흑인이 미국토박이이기 때문이다… 흑인은 이 나라의 안이나 밖에서 갈 곳도 없고 의지할 곳도 없다. 자신의 나라에서 박해받는 천민이고 세계의 이방인이다. 우리의 역사나 조국에의 연계가 완전히 파괴되었기에 나타난 결과이다… 이는 유태인에게서 나타날 수 있는 일이 아니다…

…이제 유태인들도 미국에 살면서 다른 백인들처럼 흑인에게 기다리라고 한다. 유태인이 견디고 극복해온 것처럼 해야 한다고 한다. 커다란 잘못이다. 유태인 고통은 여기에 아무런 관련이 없다. 여기에서 나타나는 것은 유태인도 백인이고 백인임에 가치를 두고 백인처럼 산다는 것이다… 흑인들이 유태인을 비난하는 것은 다른 백인과 달라서가 아니라 다른 백인과 마찬가지이기 때문이다. 흑인과 유태인을 희생시켜온 기독교의 역사가 유태인을 다르게 보이게 하는 것이다. 하지만 할렘에서 그들은 기독교세계가 부여한 역할을 하고 있다. 백인의 더러운 일을 하는 것이다.

할렘뿐만 아니라 미국의 많은 도시의 흑인거주지에서 유태인 상점에 대한 폭동과 방화가 여러 번 일어났다. 물론 유태상점을 대상으로 한 측면도 있지만 외부상인 또는 백인상인들을 대상으로 한 것이기도 하다.[1] 1964년, 1968년, 1991년 브루클린의 크라운 하이츠 등지에서

---

[1] 1990년 필자(이정덕)가 할렘상가를 조사할 때에도 한 한인 상가의 셔터에 "유태 흡혈귀 Jewish Bloodsucker"와 같은 그라피티가 있었다. 유태인뿐만 아니라 외부상인들이 외부에서 들어와 이익을 빨아가는 유태인 같은 사람이라는 의미도 전달하고 있다.

폭동이 일어났다. 1990년에는 인근지역인 브루클린 플랫부쉬에서 한 인상인에 대한 장기간의 보이콧 시위가 계속 되었다. 1991년에는 크라운 하이츠에서 유태계 운전자가 흑인 소년을 치어 해당 소년이 죽으면서 길거리에서 흑인들이 모여들었고 "유태인 Jews"이라는 구호가 계속 튀어나왔다. 소년이 죽은 병원 앞에서 운동가들이 조직한 시위가 시작되었다. 흑인청년들이 길거리에서 유태인들을 구타하였고 한명이 죽었다. 곧바로 인근의 수많은 상가들과 약탈과 방화로 이어졌다. 3일 동안 많은 유태상가들이 약탈되고 방화되었으며 폭력적인 행위들도 많이 나타났다(MacQuiston 1991). 경찰들이 이를 제대로 막지 못했고 주 방위군이 출동한 다음에서야 폭동이 가라앉았다. 이는 단순히 자동차 사고뿐만 아니라 그동안 백인들에 대한 불만 그리고 유태상인들에 대한 불만이 쌓여서 나타난 결과이다. 상인들이 흑인들에게 무례하게 대하며 싼 물건을 비싸게 판다는 말이 많이 퍼져 있어 외부상인에 대한 흑인들의 분노도 폭발한 것이다. 흑인들의 반유대주의 때문이라는 해석도 제기되었고 흑인 시장이 폭동을 제대로 제어하지 않았기 때문에 사태가 커졌다는 비판이 제기되면서 당시의 흑인시장이 다음 시장선거에서 패배하게 되었다.

1995년 12월 8일에는 할렘의 유태인 상점에서 총격과 방화가 벌어져 8명이 죽는 사건이 벌어졌다. 유태상점 주인이 일부 공간을 흑인레코드 가게에 임대를 해주고 있었는데 자신의 상점을 넓히기 위해 흑인 상인에게 임대차가 끝나면 나가라고 했다. 이에 반발한 흑인들이 그 가게 앞에서 시위를 벌이면서 유태상인이 흑인을 고용하지 않고 차별한다고 주장했다. 시위를 이끈 샤프톤 목사는 백인상점주인을 '침입자'라고 부르며, 파월은 유태인들이 흑인동네에서 흑인상인을 쫓아낸다며 '백인파괴자white cracker'라고 하면서 흑인들에게 백인 상점을 사용하지 말고 백인상인에 대한 항의시위에 참가하라고 했다. 한 흑인이 이날 총을 들고 상점에 들어와 총을 쏘면서 화염병을 가게에 던져 7명이 죽었고 해당 흑인도 경찰에 사살 당하였다(Russell, Ben-Ali, Jorge, et. al. 1995).

1960년대 할렘이나 브루클린의 흑인동네에서 여러 번 폭동이 일어나면서 흑인동네 상가를 장악하고 있던 많은 유태상인이 흑인동네에서 물러났다. 1960년대 말에는 할렘에서 가장 번화한 길인 125번가에도 반절 이상의 가게가 비게 되었다. 위험하다고 생각하여 외부상인들도 들어오지 않았고 흑인들은 자본도 부족하고 사업능력도 부족하여 가게를 확대할 수 없었다. 많은 상점이 셔터를 내렸지만 지저분한 낙서로 가득 차 있었고 문이나 유리창이 부서져 청소년들이나 부랑아들이 숨어 지내기에 좋은 장소가 되어 부랑아나 범죄자의 온상처럼 되었다. 1965년 이민 문호가 개방되어 1970년대부터 한인상인들이 나타나기 시작하였는데 아주 저렴하게 가게를 열 수 있어서 위험을 무릅쓰는 돈이 없는 한인들이 급격하게 흑인동네 상가로 진출하게 되었다. 그래서 1980년대가 되면 125번가에서 한인상인들이 가장 많은 상황이 되었다. 물론 이 때도 상당수의 가게가 문을 닫고 있었다. 1980년대부터 흑인주민과 한인상인의 갈등이 전면적으로 부각되기 시작하였다. 하지만 2000년대에 들어 한인상인들이 은퇴하면서 할렘에서 한인상인들이 급격하게 줄어들면서 다시 흑인주민의 백인/유태인 상인과의 관계가 부각되고 있다.

LA 흑인빈민촌에서의 흑인과 유태상인의 갈등

이스라엘을 제외하면 유태인이 가장 많이 사는 도시가 뉴욕시이고 다음이 LA시이다. 이들은 대부분 1900년 이후에 미국의 동부나 외국

(동유럽, 남미, 이란, 러시아, 이스라엘 등)에서 LA로 이주해왔다. 유태인들은 초기부터 상업에 많이 종사하였다. 유태인이 LA에서 할리우드와 금융을 주도하게 되었고 부동산과 도매와 소매에서도 주도적인 역할을 해왔지만 백인들에 의한 인종차별이 지속적으로 나타났다. 가난한 유태인들은 빈민촌에서 가게를 열면서 자녀들을 열심히 교육시키며 점차 신분상승을 도모하였다. 1930년대부터 시내 중심가의 보일하이츠와 같은 유태인들이 집중적으로 거주하는 거주지가 생겼다. 1960년대에는 상업뿐만 아니라 전문직에 진출한 유태인들이 많아졌고 기존 유태인 밀집거주지에 소수인종이나 빈민이 크게 늘어나고 흑인폭동이 나타나면서 점차 백인들만 거주했던 베벌리힐스나 웨스트우드 같은 LA시 서쪽 지역이나 샌페르난도밸리와 같은 교외지역으로 이주하게 되었다. 점차 더 널리 분산되어 사는 형태로 나타났다(Artsy 2016).

흑인들은 1900년 이후 LA로 이주해왔다. 특히 1940년대 일본과의 2차세계대전이 치열해지면서 LA시의 방산산업이 확장되면서 일자리가 크게 늘어나자 흑인들도 주로 미국 남부에서 LA시로 이주하기 시작하였다. 특히 국가에 납품하는 방산공장에서는 인종차별이 적어 흑인들이 아주 선호하는 직장이었다. 하지만 LA시에서 거주지 차별이 심해 인종별로 거주하는 지역이 정해져 있었다. 도심의 특정 지역에 흑인들이 집중적으로 거주하는 대규모의 흑인빈민촌이 형성되었다. 점차 시내의 동쪽과 남쪽이 이들 흑인들의 그리고 이어서 라티노의 거주지가 되었고 북쪽과 서쪽은 백인들의 거주지가 되었다. LA시 남쪽의 와츠에 처음에는 백인과 유태계가 주로 살았지만 1900년대부터 흑인이 들어왔고 1940년대 크게 늘어나기 시작하더니 50, 60년대 흑인이 주도하는 흑인동네가 되었다(Martinez 2019). 점차 백인들은 모두 이주해나가면서 완전한 흑인동네가 되었다. 1960년대 시민권 운동이 확장되면서 LA에서도 흑인들이 시위를 자주 했고 정치적 권력을 조금씩 확장하면서 흑인들의 지위가 상당히 개선되었다. 하지만 경찰은 계속 흑인에 대하여 강압적이었다. 특히 파커 경찰국장은 인종혼합거주를 적극 막으면서 흑인들에 대한 감시를 강하게 이어왔다(Sonksen 2017).

와츠는 완전히 흑인동네가 되었지만 건물주나 상업은 여전히 유태인들이 장악하고 있었다. 1900년대 백인동네였을 때부터 이민을 온 유태인들이 이곳에서 상점을 열었고 점차 흑인동네로 되었을 때 유태인이 이곳 비니지스에서 더욱 주도적인 역할을 수행하였다. 1930, 40년대에도 이곳 상인들에 유태인들이 많았고(Martinez 1991), 완전히 흑인동네로 변한 다음인 1960년대에도 이곳의 상인은 주로 유태인들이었다(Abu-Lughod 2007: 201). 이곳에서도 할렘에서와 마찬가지로 흑인빈민들의 흑인동네로 변하면서 유태/백인 상인에 대한 비슷한 불만이 계속 존재해왔다. 흑인들을 제대로 고용하지 않으면서 물건을 비싸게 팔며 흑인고객들을 제대로 대우해주지 않는다는 것이다. 이곳에서 돈을 벌어 부자동네에 가서 산다는 것이다. 이러한 불신을 매개로 자주 흑인고객과 유태상인 사이에도 다툼이 벌어지고 갈등이 있었다. 1940년대에도 흑인시민운동가들이 유태상인들에게 흑인들을 더 고용하고 공정임금을 지불하고 흑인고객을 차별하지 말라고 요구하였었다. 흑인들이 시위를 하면 경찰을 불러 이를 해산시키고자 하였다. 과격한 사회운동가들은 할렘에서와 마찬가지로 유태인/백인상인들을 백인지배의 앞잡이로 생각하였다. 이곳 흑인빈민촌이 빈곤과 범죄에 찌든 것은 그러한 백인지배에 의한 인종차별의 결과라고 생각하였고, 유태인/백인상인들도 그러한 인종적 지배와 착취(안 좋은 상품을 비싸게 파는)의 수단으로 생각하였다. 이러한 적대감이 쌓여 있기 때문에 조그만 갈등이 쉽게 폭동으로 비화되는 현상이 이곳에서도 자주 나타났다.

유태인들은 스스로가 차별당하는 집단이라 인종차별에 대하여 심각한 문제의식을 가지고 있었고 대체로 흑인의 시민권운동을 지지하였고 많은 유태인들이 시민권운동에 동참하였다. 이는 미국 동부에서와 마찬가지로 서부에서도 나타난 현상이다. LA에서 흑인시장이 당선되는데도 유태인들이 많은 기여를 했다. 이들은 대체로 민주당 후보를 지지하였으며 거주지 분리나 공공장소 분리에 반대하였다. 앞에서 말했듯이 흑인과 유태인의 협력이 많이 진행되었던 황금기에도 흑인빈민촌에서의 흑인주민과 유태인의 갈등은 계속 있어왔다. LA에서도 비슷한 현상이 나타났다. 이러한 갈등이 비화되어 커다란 폭동으로 나타나면서 인명피해가 발생하고 유태인 상점들이 대거 불에 타고 약탈되는 경우 LA시 전체의 커다란 이슈가 되기도 했지만 대체로 흑인거주지역에서의 문제로 끝나는 경우가 많았다.

1960년대 흑인주민들은 극심한 인종차별로 경제적 기회가 주어지지 않아 계속 저임금이나 실업상태에 빠져 있었고, 범죄와 치안이 더욱 악화되어, 불만이 높은 상태였다. 더구나 시민권운동으로 인종차별에 더욱 예민한 상태가 지속되었다. 외부상인들이 자신들을 착취해간다는 생각은 더욱 심해지고 있었다. 할렘유태상인에 대하여 앞에서 볼드윈이 썼듯이 이곳에서도 특별히 유태상인이어서라기보다 백인지배의 하수인으로서 흑인동네에 와서 흑인을 차별하고 착취한다고 생각한다. 흑인들에게 가해지는 차별의 연속선상의 하나로 생각한다. 따라서 한인상인에 대해서도 그랬지만 유태인상인들도 외부와의 연결망이 잘 발달되어 있을 것으로 생각하고, 이러한 연결망(예를 들어 국가의 지원이나 은행의 대출 등)에서 흑인들은 소외당하고 차별당한다고 생각한다. 유태상인은 가난하거나 이민자이어도 곧 돈을 벌어 잘 살고 자신들은 상점을 열기도 어렵고 저임금 직종만 주어지거나 그것조차도 주어지지 않아 계속 밑바닥에 머물러 계속 가난하게 살아야 한다는 상황에 흑인들은 좌절감과 분노감을 느낀다. 오로지 이익만 착취해가는 외부인이라는 의식이 강하다.

이러한 상황에서 LA시에서 벌어진 대표적인 폭동이 1965년 8월 11일부터 6일간 지속된 와츠폭동이다. 경찰이 음주운전으로 흑인청년을 체포하려하자 이 청년이 반항하였다. 이에 경찰이 이 청년을 경찰봉으로 때리자 수백 명의 사람들이 모여들었다. 경찰이 이 청년의 어머니나 구경꾼인 임신한 여자도 구타한다는 소문이 퍼지면서 1,000명이 넘는 사람이 모여서 경찰에 항의했고 경찰이 더욱 보강되어 몇 명을 체포했다. 이에 시위대는 폭동을 일으켰다. 지나가는 차에게 돌을 던지고 백인운전자들을 끌어내려 구타하였다. 바로 상점을 약탈하고 방화하는 사태로 확산되었으며 거리에서는 총격전이 벌어졌다. 경찰 싸이렌이 울리고 총소리가 울리고 유리창이 깨지는 소리가 났다. 12일에 8천 명이 넘는 사람들이 폭동에 참여하였다. 경찰로 진압이 불가능해지자 주방위군 13,900명이 동원되었다. 이 과정에서 방화와 총격이 벌어졌고 도로를 따라 상가들이 약탈당하고 파괴되었다. 100km²가 넘는 지역에서 600여 개의 건물이 피해를 입었으며, 그 결과 34명이 죽고 1,000명 이상이 부상당했으며 약 4,000여명이 체포되었다(Abu-Lughod 2007: 210-213). 이러한 폭동은 인근지역으로 퍼졌고 그리고 미국 전역의 도심에서 흑인을 중심으로 한 폭동에도 영향을 끼쳤다(Hinton 2016: 68-72). 흑인빈민촌에서 흑인주민들은 경찰과 상인들이 백인의 지배와 인종차별의 앞잡이로 생각하는 경향이 커서 이들의 억압적 행동에 즉각적으로 단체행동으로 대응하는 경우가 많다.

와츠폭동은 세계적인 뉴스가 되었고 연일 방화와 경찰이나 주방위군과의 충돌이 TV뉴스로 전국에 보도되면서 미국에서도 많은 사람들을 놀라게 만들었다. 대체로 백인들은 보다 안전한 지역에 살기 때문에 흑인빈민촌의 상황을 잘 모르는데 갑자기 엄청난 폭동과 방화가 뉴스로 나오기 때문이다. 폭동 후 미국정부나 지방정부가 관심을 표하고 흑인들의 상황을 개선하겠다며 많은 정책을 제시했다. 따라서 흑인들은 희망을 가지게 되었지만 결국 빈민촌 상황은 개선되지 않았다. 공장들이 문을 닫으면서 오히려 실업자가 늘어나고 빈곤이 심화되었다. 그러자 마약과 갱단은 더욱 많아졌다(Sonksen 2017). 이후 정부주도로 와츠폭동에 대한 보고서가 나와, 빈곤, 실업, 악화된 주거환경, 인종차별, 경찰의 폭압 등을 해결해야 한다고 하였지만 이후에도 제대로 개선된 것이 없다. 파괴되고 불탄 건물이나 상점들이 청소는 되었지만 재건되지 않았고 계속 빈 채로 남아 있었다. 특히 상가건물들이 대거 빈 상태가 되었고 많은 유태인 상인들은 떠나게 되었다. 점차 한인상인들이 들어왔다(Abu-Lughod 2007: 215).

와츠폭동으로 흑인빈민지역에서 외부 상인 특히 유태인 가게에 대한 약탈과 방화가 광범위하게 나타났다. 유태인들이 그만큼 빈민지역에서 상점을 많이 열고 있었기 때문이다. 이곳에서도 할렘과 비슷하게 유태인들이 흑인들이 들어오기 전부터 소매상과 도매상을 하고 있었고 돈을 벌어 많은 건물을 가지고 있었다. 할렘에서와 비슷하게 높은 임대료나 품질이 떨어지는 상품이나 높은 가격뿐만 아니라 흑인고객에 대한 의심과 차별에 불만을 가지고 있었고, 따라서 폭동이 벌어지면 대체로 이들 상점을 먼저 공격하는 형태가 반복적으로 나타났다. LA에서도 흑인들의 약탈과 방화에 놀라 많은 유태상인들은 점차 흑인빈민촌을 떠나게 되었다. 또한 은퇴 나이에 이르렀어도 대학을 졸업한 자녀들이 주류 직종에 많이 취업하고 위험한 상점을 이어받지 않기 때문에 상점을 타인종에게 팔고 나가게 된다. 또는 방화된 상태로 상점을 포기하는 경우도 나타난다.

뉴욕에서와 마찬가지로 LA에서도 이러한 상황에서 한인들이 1970년대부터 점진적으로 흑인동네에 나타나서 비어있는 건물이나 기존의 상점을 싸게 인수하거나 임대해서 상인으로 종사하게 되었다. 갑자기 미국으로 이민을 왔지만 주류직종에 취업하기 힘든 한인들이 치안이 불안함에도 불구하고 값싸게 사업을 시작할 수 있어 대거 빠르게 이러한 흑인동네로 들어오게 되었다. 흑인주민들도 놀랄 정도로 빠르게 흑인동네에서 한인상인들이 늘어났으며, 한인들이 어떻게 이렇게 빠르게 사업을 확대하는지에 대한 의심도 지속되었다. 한인들은 주로 편의점, 청과상, 주류상, 야채상, 주유소, 세탁소 등을 열었다(E. Chang 1993: 18-9). 뉴욕권에서는 한인들이 주류업이나 주유소에 별로 진출을 하지 않았고 청과상과 세탁소에 주로 진출하였다.

현재는 LA시 동쪽부분과 남쪽부분은 대부분 라티노가 주도적으로 거주하는 공간이 되었고 서쪽부분과 북쪽부분은 백인이 주로 거주하는 지역이 되었고 이들 중간에는 다양한 인종이 거주하는 지역이다. 라티노의 인구가 늘어나면서 점차 이들 거주지역이 서쪽과 북쪽으로 확장되고 있다. 백인지역과 흑인/라티노 지역의 중간에 위치했던 LA 코리아타운은 이제 라티노출신이 과반수를 차지하는 지역으로 바뀌었다. 사우스센트럴에서 거주민이 라티노로 바뀌는 과정에서 1992년 코리아타운 등을 약탈하고 방화한 폭동이 벌어졌다. 1992년 폭동은 흑인들이 주도하였지만 라티노들도 대거 참여하였다. 약탈당한 상점들은 대부분 한인들이 소유했던 가게였다. 1970년대 이래로 사우스센트럴의 흑인동네 상가에서 유태인들이 다수를 점하던 상가에서 한인들이 다수를 점하는 상가로 바뀌면서 또한 이들의 거주지가 코리아타운에 접해있으면서 1992년 폭동의 가장 큰 피해자는 한인상인이 되었다.

1965년 폭동지역 흑인 585명을 대상으로 한 인터뷰 결과에 따르면 이들 흑인들은 60%가 2차세계대전 전쟁기간 동안 남부에서 16%가 동부와 서부에서 이주해왔고, 55%가 고등학교 이상의 교육을 받았으며, 남자의 72%가 일을 하고 15%만 실업자이며, 여자는 남자의 반절 정도만 일한다. 4분의3이 주거환경, 인종차별, 경제상황 등에 불만을 표했으며, 불만이 많을수록 폭동을 긍정적으로 생각했고 더 참여했다. 남자의 23%, 여자의 20%가 폭동에 참여했다고 대답했고, 남자의 43%, 여자의 35%가 폭동이 흑인에 도움이 될 것이라고 응답했다. 52%의 남자와 49%의 여자가 폭동이 백인들을 더 흑인의 고통을 공감하게 할 것이라고 생각했다. 하지만 LA 여러 지역 백인 600명에 대한 설문조사결과는 이와 매우 대조적이다. 19%만이 폭동이 흑인에 도움이 될 것이라고 대답했으며, 71%가 폭동이 오히려 인종 간 격차를 더 키울 것이라고 대답했다. 66%가 당국이 폭동에 대처하는 방식이 옳았다고 생각하며, 특히 79%가 강경하게 대처한 파커 경찰국장이 잘 대처했다고 생각했다. 하지만 흑인 응답자들은 61%가 당국이 잘못 대처했다고 대답했다. 100명의 상인들에 대한 설문조사도 이루어졌는데, 파커 경찰국장이 잘 대처했다는 비율이 51%로 일반 백인보다 승인율이 낮았다. LA시장과 주지사에 대해 잘 대처했다고 응답한 비율은 각각 28%와 15%로 매우 낮게 나타났다. 흑인들은 LA시장과 경찰국장에 대해 부정적인 생각을 가지고 있었다. 또한 백인들이 지배하고 있는 LA정치에서 흑인들이 소외되어 있고 또한 그렇게 느끼고 있다는 점을 보여준다(Cohen 1970; Abu-Lughod 2007: 316-9에서 재인용). 이러한 설문조사 결과는 흑인주민, 백인시민, 백인상인(유태인 포함)이 매우 다른 생각을 가지고 있음을 보여준다. 1973년 흑인 후보인 브래들리가 LA시장에 당선되었는데 백인들도 인종적 갈등을 줄일 수 있을 것으로 생각하여 찍은 것으로 보인다. 하지만 그 동안 여러 인종 갈등을 잘 해결하지 못한다는 평도 있었고 또한 1992년4월29일 한인들이 대거 피해를 입은 폭동이 일어나면서 흑인시장이 흑인을 제대로 다루지 못한다는 평이 커져 결국 이어지는 시장선거에서 브래들리 시장이 패배하고 백인후보가 당선되었다. 백인들이 흑인시장으로부터 등을 돌린 것이다.

제4장 한인의 흑인빈민촌으로의 진출

한인 이민자들이 적은 자본으로 가게를 열 수 있고 위험 때문에 상대적으로 경쟁이 적은, 1960년대 폭동이나 은퇴로 백인/유태인 상인들이 떠나간, 흑인빈민촌으로 1970년대 후반부터 진출하기 시작하였다. 해마다 2~3만 명의 한인 이민자들이 미국으로 유입되면서 이들은 앞의 선배들을 따라서 자영업에 집중하였다. 미국 문화와 영어를 모르는 상황에서 적은 자본으로 종사할 수 있는 곳을 찾았다. 위험한 장소이거나, 노동강도가 쎈 영역에 들어가서 위험을 감수하고 값싼 가족과 민족노동력을 적극 이용하여 경쟁력을 확보할 수 있었다. 대표적인 게토(도시빈민촌) 지역으로 한인상인이 초기부터 적극 진출하게 된, LA 사우스센트럴과 뉴욕시의 할렘을 사례로 한인들이 어떻게 흑인빈민촌으로 진출하게 되었는지를 살펴보겠다.

한인상인들의 LA 사우스센트럴 진출

1970년대부터 한인상인들이 사우스센트럴에 진출하기 시작하였다. 자신이 모을 수 있는 돈을 최대한 절약하여 모으고 친척이나 계나 친구나 사적 관계를 통해 자금을 조달하여 최대한 빨리 가게를 인수하고자 하였다. 이미 한인상인들이 성공한 사례가 많이 있어서 자신도 같은 방법을 사용하여 상점을 운영하면 종업원으로 버는 것보다 훨씬 많이 벌 수 있다고 생각하였기 때문에 가능하면 빠르게 자신의 상점을 열고자 하였다. 1970년대 한인이민자들이 년 3만 명 정도씩 들어오게 되면서, 이들이 단기간의 가게종업원 등을 거쳐 1970년대 후반부터 본격적으로 흑인빈민촌으로 진출하였다.

1900년대 LA로 흑인이주가 점차 늘어나면서 사우스센트럴은 흑인 동네로 바뀌었다. 1940년 LA 흑인의 70%가 사우스센트럴에 살았다. 인종차별에 의한 주거지 분리가 심한 시대였기 때문에 다른 곳에서 살기는 어려웠다. 결국 사우스센트럴은 LA 구도심 남쪽에서 코리아타운 남쪽까지의 흑인동네를 총칭하는 용어가 되었다. 1942년에서 1945년 사이에 제2차세계대전 당시 국방산업에 종사하기 위해 20만 명의 흑인이 LA로 왔는데 사우스센트럴 외에는 거주하기가 어려웠다. 이곳의 흑인인구가 급증하면서 사우스센트럴은 서부해안의 할렘이라고 불렸다. 백인경찰이 흑인상점입구를 막고 백인들에게 이곳은 위험한 곳이니 돌아가라고 한 적도 있다. 지역의 경찰, 건물주, 상인들의 인종차별에 자극되었지만, 전반적인 흑인차별에 대한 반감으로 사우스센트럴의 와츠에서 1965년 대규모 폭동이 일어났다. 6일 동안 폭동이 계속되면서 34명이 죽고 1,032명이 부상당하고 3952명이 체포되었고 600동이 넘는 건물이 불에 타거나 파괴되었다. 흑인들의 다양한 시민단체가 급증하면서 1960년대 흑인민권운동의 한 중심지가 되었다. 1970년대부터 공장이 문을 닫거나 다른 곳으로 이전하면서 실업율과 빈곤율이 높아지고 1980년대부터는 마약과 갱단이 급증했다(Sonksen 2017).

1940년대부터 흑인이 급증하고 1950, 60년대에 사우스센트럴의 인구가 대부분 흑인으로 바뀌면서 체인스토어 등의 대형 상점들은 백인을 따라 교외로 이전해 나갔다. 사우스센트럴에서 대체로 동유럽에서 이민 온 유태인들이 가구점, 보석상, 리커스토어 등의 소형 상점을 운영하였다. 이들은 자본력이 부족하여 이곳에 그대로 남아서 상점을 운영하였다. 1950년대에 흑인주민과 유태상인들 사이에 갈등이 나타나기 시작했다. 유태인이 전당포나 수표할인에서 고리를 받는다거나 물건 값이 비싸다거나 인종차별을 한다는 불평이 있었다. 1965년 와츠폭등이 일어나면서 유태인들의 상점을 포함하여 상점들이 대거 약탈당하거나 불에 탔으며 이에 따라 소수지만 그때까지 남아 있던 은행지점들이나 대형 상점들도 다 떠났으며 지역 상가의 대다수를 차지하던 백인이나 유태인의 소형 상점들도 문을 닫고 떠나는 경우가 많았다. 이에 따라 흑인주민들은 남아있는 소수의 상점에서 비교적 비싼 값을 지불하고 상품을 사야했다(C. Lee 2018: 92-94).

이러한 상황에서 한인상인이 1970년대 후반부터 사우스센트럴에 급증하였다. 1965년 와츠 폭동과 범죄율의 상승으로 백인이나 유태인 상인이 철수한 곳을 저렴하게 인수하여 상점을 열 수 있었기 때문이다. 한인상인들이 이곳에 들어와서 리커스토어, 청과상, 잡화상 등의 가게를 열기 시작하였다. 청과상이나 리커스토어는 수표할인 등의 금융기능도 수행하였다. 많은 상점들이 사라져 상품구매에 어려움을 느끼던 주민들은 이를 적극 사용하였고 한인상인들은 상당한 이익을 거둘 수 있었다. 또한 한인상인들이 작지만 다양한 상점으로 구성된 백화점과 비슷한 스왑밋을 시작하여 큰 성공을 거두면서 빠르게 확산되었다(C. Lee 2018: 94).

1970년대 후반부터 아주 빠른 속도로 한인상인이 증가하여 사우스센트럴의 경우 1980년 중반에는 한인들이 가장 다수의 상인이 되었다. 1977년과 1991년 사이 로스앤젤레스 카운티의 경우 한인소유의 자영업이 7.5배 증가하였으며 특히 식품상과 리커 스토어의 경우 전체의 39%를 소유하게 되었다. 이것은 미국에서의 한인 인구증가율의 5배내지 7배에 달하였다(LA한국일보, 1991.6.13.). 흑인들을 포함하여 기존의 상인들은 한인들한테 사업을 매매하기를 선호하였는데 한인구매자들이 가격을 높게 쳐주고 동시에 융자를 덜 얻어주어도 되었기 때문이다(LA Times, 1992.5.5.). 예를 들어서 1992년에 사우스센트럴에 20개의 스왑밋이 있었는데 이 스왑밋내 부스를 빌려 당시 약 천명의 한인상인들이 한국이나 다른 아시아국가에서 수입한 제품이나 LA의 한인경영 봉제공장에서 만든 의류들을 판매하였다(LA한국일보, 1992.1.1.). 스왑밋 이외에도 200여개 주유소와 100여개 세탁소, 햄버거가게, 가발가게, 미용실들을 운영하였다. 대규모 체인 슈퍼마켓들이 50년대 60년부터 도시의 빈민촌에서 철수하기 시작하였고 60년대 폭동으로 또 자영업들이 많이 철수하여, 흑인빈민촌에서는 소매상점들이 많이 부족하였다.

폭동을 거치면서 슈퍼마켓이나 동네가게들이나 은행지점들도 다 같이 철수하였다. 1980년대 말까지 흑인이나 라티노 동네에서는 은행 지점들이 대부분 폐쇄되었다. 인접한 좀 더 여유 있는 백인동네인 가디나의 경우 인구 5만 명에 21개 지점이 있었지만, 흑인동네인 사우스센터럴의 경우 더욱 불안정한 곳으로 간주되어 인구가 26만 명에 이르지만 은행지점은 20여개에 불과했다. 은행의 지점이 폐쇄됨에 따라 한인상인들은 유사 은행업무까지 하게 되어, 송금과 같은 기본적인 은행업무에서 수표의 현금화나 스탬프나 쿠폰 등의 할인 서비스까지 제공하게 되었다(Assembly Special Committee on the Los Angeles Crisis 1992: 12). 결과적으로 사우스센트럴에서 기업과 소매상들이나 은행지점들이 대거 철수하고 난 뒤에, 한인상인들은 적은 자본으로도 빠르게 이곳의 상권을 확대할 수 있었다.

또한 한인상인들은 실내 스왑밋도 크게 발전시켰다. 원래 스왑밋은 저렴한 옥외 중고품 시장을 의미한다. 뉴욕에서는 이러한 시장이 극소수였지만, LA에서는 한인상인들이 이를 대거 확산시켰다. 전통적 스왈밋 혹은 벼룩시장은 보통 주말에 옥외에서 열려 중고품이나 저가의 상품을 파는 곳이어 가난한 사람들이 값싸게 물건을 사기 위하여 몰려들었다. 1970년대에 라티노 이민자들이 옥외에서 상품이나 특산품을 저렴하게 판매하는 것으로부터 발전하였다. 한인들은 이러한 상품 판매형태를 실내로 옮겨 떠들썩한 전통시장형태로 운영하였다. 1980년대부터 아시아에서 다양한 값싼 수입품들을 대거 들여와 팔면서 가난한 주민들이 몰려들었다(LA Times, 2020.7.20.). 저렴한 상품을 수입해서 파는 스왈밋이 인기를 얻자 1980, 90년대 한인상인들이 사용하지 않는 부지들을 임대하여 실내 스왈밋 건물로 개발하였다. 1983년도에 한인상인들이 문 닫은 시어스Sears 백화점 건물을 임대하여 의류상가로 조성하여 350개의 점포로 나누어 분양하면서 한인이 조성하는 대형 스왈밋들이 대거 들어서면서 한인상권이 크게 확대되었다. LA Times(2020.7.20.)에 의하면 1991년 4.29폭동 때 385개의 한인운영 스왈밋 중 191개가 완전히 파괴되었다.

한인상인들의 뉴욕 할렘 진출

1960년대 여러 번의 폭동으로 번화가 쇠락한 흑인게토인 뉴욕 할렘에서도 한인 이민자들이 할렘의 자영업에 빠르게 진출하였다. 할렘에서 지하철이 개통되어 번화한 상업구역이 나타난 1900년대 이래로 1960년대까지 할렘의 주요 상가를 주도하던 민족은 유태인이었다. 당시의 많은 유태인도 1800년대 후반과 1900년대 초반 특히 동유럽에서 이민을 온 유태인들로 주류직장에서 배제되어 상업 쪽으로 많이 진출하면서 할렘의 상가도 주도하였다.

할렘의 번화 상가인 125번가는 1964년과 1968년에 나타난 대규모의 흑인폭동으로 불에 타거나 약탈을 당하였다. 치안도 회복되지 않아 대부분의 상가들이 폐쇄되어 있었다. 1970년대 몇 명의 한인들이 이곳의 가게를 저렴하게 인수하여 상점을 열었다. 1971년부터 한인상인이 이곳에서 가게를 열었다고 전해진다. 폐쇄되어 닫혀있는 빌딩의 1층 상가를 임대해 가게를 열었다. 권총을 지닌 도둑들이 많아 총을 계산대 뒤에 놓고 장사를 하였고 밤에도 자주 도둑이 들어 물건을 훔쳐갔다. 대신 가게들이 별로 없었기 때문에 문을 연 가게들은 장사가 잘 되어 돈을 쓸어 담을 수 있었다고 한다. 이에 대한 소식을 들은 한인들이, 그리고 기존의 한인상인이 친척들을 초대하여 옆의 빈 가게를 임대하여 가게를 열게 하였다. 1978년에는 한인가게가 몇 개에 불과하였지만 1982년에는 이미 36개가 되었다. 이 당시 새로 개업한 가게의 3분의2가 한인가게였다(New York Times, 1982.9.11.). 1990년 당시 센트럴 할렘 125번가 전체로는 160개의 상점이 있었으며 한인가게가 60여개 흑인가게가 30여개로 되어 한인이 민족별로 가장 많은 상인이 되었다(Yi, 1993, 3장). 일부 흑인상인들은 상대적으로 자본이나 운영능력이 떨어져 한인상인들의 수는 계속 늘어났지만 흑인상인의 수는 늘어나지 못했다.

한인으로서는 아주 초기인 1975년에 할렘에서 가게를 연 한인상인은 다음과 같이 자신이 할렘에 진출한 과정을 설명하였다.

나는 브루클린에서 가발 행상을 하고 아내는 공장에서 일을 하면서 조금 돈을 모았어요. 이 돈을 가지고 가게를 열고자 하였습니다. 내가 1975년 처음 할렘에 왔을 때 많은 가게들이 비어있고 빌딩들이 불에 탄 채로 있었어요. 내가 할렘에서 가게를 열겠다고 하니까 많은 사람들이 위험하다고 걱정을 했습니다. 백인들은 폭동과 범죄가 무서워 이곳에 가게를 열려고 하지 않았지요. 나는 어떻게든 성공을 하고자

이민을 온 것이고 성공하지 못하면 죽은 거나 마찬가지라고 생각했어
요. 렌트비가 아주 싸서 내가 낼 수 있었고 나는 이미 흑인동네에 익
숙해 있었고 그리고 마약판매와 같은 불법적인 돈벌이도 많이 이루어
지고 있어서 가게를 열면 돈을 벌 수 있을 것으로 생각했습니다.

… 내가 처음 가게를 열었을 때 흑인고객들이 좋아했어요. 다음과
같이 말하는 고객도 있었어요. "우리는 같은 유색인종인데 유색인종
가게가 있으니 좋네요. 유색인종 가게에서 쇼핑을 할 수 있어서 좋아
요." 나는 이미 백인상인들이 얼마나 흑인들을 차별하여 대우하는지
알고 있었지요.

내가 오고 나자 이어서 많은 한인들이 이곳에 들어와 가게를 열기
시작했습니다. 일부 상인들은 흑인을 나쁘게 대하는 경우도 있었고,
물론 일부 상인은 잘 대우했지요 … . 갈수록 흑인과의 갈등이 늘어
났습니다. 흑인들은 한인들을 의심스러운 눈초리로 보기 시작했고,
어떻게 돈을 버는지 의심하기 시작했지요 ….(Yi 1993: 64)

한인들은 미국에 이민을 와서 남의 가게 등에서 일을 하며 2~4년
동안 돈을 최대한 모아서 가게를 열려고 노력한다. 그 정도 돈으로는
상품을 사는 돈도 필요하기 때문에 아주 저렴한 렌트비를 내는 곳에
서만 사업을 시작할 수 있다. 초기에 렌트비가 월 몇 백 달러로 가능
한 곳은 대체로 가난한 흑인동네였다. 그것도 옆 가게가 비어 있는 곳
이 많아야 월 300~500달러로 가게를 임대할 수 있다. 이들은 이미 대
체로 한인가게에서 일을 해봤기 때문에 물건을 어디에서 사고 어떻게
파는지를 이해하고 있어서 가게를 인수하면 처음부터 잘 운영할 수
있었다. 동아시아에서 수입한 값싼 물건을 한인 도매상으로부터 사올
수 있어 싸게 팔수도 있었다. 청과상처럼 많은 노동력이 필요한 경우
한인들은 백인들이나 흑인들보다 훨씬 강도 높은 노동을 장시간 할
수 있기 때문에 훨씬 경쟁력이 높았다. 백인 동네로 가면 렌트비도 높

고 질 좋은 상품으로 백인상인들과 경쟁하기도 쉽지 않고 백인고객들이 아시아 상인을 내려 보고 까다롭게 구는 경우가 많아 한인들이 처음부터 백인동네에서 가게를 여는 경우는 거의 없었다. 이에 비해 흑인들은 상품의 질보다 가격에 더 신경을 쓰며 까다롭지도 않다. 그래서 한인상인들은 백인고객보다 흑인 고객을 다루는 것이 더 편하다고 생각한다.

빠르게 한인상인들이 할렘에서 가게를 열면서 1980년쯤에는 할렘 125번가에 벌써 20개가 넘는 한인가게가 생겼다. 1년에 몇 개씩 계속 증가하였다. 1980년대에는 이러한 속도가 더욱 빨라졌다. 뉴욕타임즈(1982.9.11.)는 이러한 속도가 너무 빨라서 125번가에서 새로 열게 되는 가게 셋 중의 두개는 한인들이 여는 것이라고 보도했다. 1990년에는 125번가의 160개 상점의 40%가 넘는 66개를 한인들이 운영하고 있었다(Yi 1993: 64-66). 이러한 현상은 흑인들이 주거주자인 브루클린에서도 널리 나타났다. 1970년대 후반부터 1980년대까지 그동안 상당수의 가게가 불타거나 문이 닫혀있었던 흑인동네의 상업지역에서 한인들이 나타나서 빠르게 가게를 열었다.

LA부근이나 뉴욕부근에서 한인상인들의 흑인동네에서의 사업 팽창 속도가 매우 빨라서 흑인들 사이에 많은 음모론이 나타나게 되었다. 흑인동네에서는 정부나 은행이 의도적으로 흑인들을 배제하고 한인상인을 밀어줬다는 소문이 돌았다. 인종차별을 통해 흑인을 배제하고 한인을 통해 흑인을 계속 빈곤을 벗어나지 못하게 한다는 소문도 돌았다. 즉, 백인들이 한인상인들을 흑인을 밑바닥에서 벗어나지 못하도록 백인들의 인종적 지배의 앞잡이로 활용한다는 것이다. 이는 사실아 아니지만, 한인상인들이 대도시 흑인동네의 상권을 주도하는 과정이 그만큼 빠르게 이루어져 흑인들이나 그리고 많은 백인들도 상식적으로는 이해할 수 없는 일이 벌어졌다고 생각하였다. 그래서 흑인들은 흑인동네의 상업에 진출하기가 정말로 힘든데 어떻게 한인상인들은 흑인동네에 갑자기 폭발적으로 증가하게 되었는지에 대하여 많은 추측을 하게 되었다. 많은 흑인주민들과 흑인운동가들은 한인상인의 급속한 확대가 의도적인 인종차별의 결과라고 실제로 믿었다.

한인상인이 급속하게 증가하면서 흑인고객이 돈을 벌게 해주는 데 한인상인들이 흑인고객을 차별하고 박대한다는 불만이 계속 나타났고, 그러한 충돌이 한인상인과 흑인들 사이에 자주 벌어지게 되었다. 그래서 1981년부터 인종차별을 했다며 흑인들이 한인가게를 시위하는 상황이 나타났다. 물론 이러한 상황은 할렘뿐만 아니라 한인들이 흑인동네로 빠르게 진출하여 가게를 운영하는 미국의 다른 대도시의 흑인동네에서도 나타났다.

물론 이들 한인상인들은 할렘에서 거주하지는 않는다. 할렘번화가에서 야채상, 생선가게, 의류점, 잡화점 등을 열었다. 이들은 미국에 이민 온지 10~20년 정도 된 사람들이며 새벽 4~5시부터 도매상에 나가 야채, 과일, 생선 등을 떼어다가 팔았다. 이들은 스스로 생각해도 새벽부터 저녁까지 뼈가 빠지게 일해서 돈을 벌고 있는데 흑인들이 한인들이 돈만 아는 흡혈귀라고 할 때는 불안하기도 하였다. 가족들이 가게에 의존해서 생활하기 때문에 가게에 문제가 생기면 낯선 타국에서 고생해서 만든 기반이 하루아침에 무너지는 것이 아닌지 노심초사한다. 따라서 흑인들이 물건을 훔치지 못하게 눈을 번뜩이며 감시하며 어떻게든 종업원도 일 더 하게 하려고 노력한다.

훔쳐가는 흑인을 때려보기도 하지만 흑인들이 집단적으로 반발하니 오히려 더 큰 소동이 일어난다. 젊은 흑인들이 가게를 털어 가고 시위를 하고 폭동을 일으킬까봐 걱정스런 눈으로 길거리를 쳐다본다. 위와 같은 불안감은 2001년 이후 경찰이 대폭 증가하면서 크게 줄었다. 그럼에도 불구하고 언제나 고객과의 갈등이 시위나 집단적인 갈등으로 확대될 수 있다고 생각하여 1980년대에 비하여 흑인고객들에게 대하는 말이나 태도를 훨씬 조심하는 편이다. 특히 한인상인이 훔쳐가는 고객으로 의심되는 또는 훔쳐가는 것을 직접 본 고객이라 할지라도 흑인고객에게 육체적인 폭력을 행사하는 경우는 사라졌다. 바로 집단적 시위나 고소가 이어질 것이라고 생각하기 때문에 매우 조심스럽게 흑인고객을 대한다.

이러한 상황은 1980년대 후반부터 대중문화에도 반영되기 시작하였다. 1989년에 상영되어 크게 히트한 영화 "Do the Right Thing"은 뉴욕시의 가난한 흑인동네에서 자영업을 하는 이탈리아계 백인상인(피자가게)과 한인상인(청과상)과 흑인들의 관계, 그리고 이어지는 가게에 대한 폭동과 방화를 다루고 있다. 영화 속에서 흑인들끼리 이야기하면서 한 흑인은 "저기에서 장사를 하는 한인 새끼를 봐봐. 저 자식은 미국에 온지 1년도 안되어 가게를 열었음에 틀림없어. 우리 동네에서 벌써 가게를 열었어. 돈도 잘 벌어. 기억도 나지 않을 정도로 오래전부터 판자로 막아놓은 폐쇄된 건물이었는데 … 한인 저 새끼들은 정말 천재이던지 아니면 우리 흑인들이 정말 멍청한 거야." 하고 말하자, 다른 흑인은 다음과 같이 대꾸한다. "아냐, 우리가 흑인이기 때문이야. 다른 설명이 필요 없어." 외부상인들이 흑인동네에서 돈을 벌어가는 것을 흑인에 대한 인종차별 때문으로 나타난 것으로 설명한다. 흑인들이 피자가게를 불 지르고 한인청과상을 공격하여 불태우려고 하자 한인상인은 "나는 백인이 아니란 말이야, 나도 흑인이야. 너와 나랑 똑 같아"라고 다급하게 외친다.

1990년대부터 할렘 125번가의 재개발을 시작되었다. 2001년 9.11사태 이후 뉴욕시에서 경찰이 대폭 증가하여 할렘에서도 안전이 강화되자 2000년대 중반부터는 중심대로인 125번가를 중심으로 상권이 활성화되었다. 할렘 중심가로의 관광객이 증가하고 점차 할렘 125번가

주변에는 맨해튼 업무지구에 지하철을 타고 20분이면 도착하고 안전하고 아파트의 월세도 저렴하다고 인식되어 점차 백인 젊은 층들이 이주하여 증가하고 있다. 125번가는 미드맨해튼처럼 각종 대형프랜차이즈와 은행지점들 관광 상품 판매점들이 크게 늘어나고 있다. 이는 1970, 80년대의 할렘 상황과 아주 다른 모습이다.

현재도 할렘내의 건물주인, 할렘 내 번화가의 상점 주인들은 대부분 백인이 아니면 아시아인이다. 상인들에서 라티노들도 빠르게 증가하고 있다. 또한 경찰들도 지금은 흑인이 대폭 증가되었지만 백인들이 더 많다. 경찰과 흑인과의 긴장 관계는 계속 되고 있다. 경찰이 과도하게 흑인들을 제압하고 구타하거나 총으로 쏘는 경우가 자주 나타나고 있다. 흑인들 특히 젊은 흑인들은 자신들이 상인으로부터 경찰로부터 백인으로부터 계속 차별당하고 있다고 생각하기 때문에 백인들에게 분노심을 가진 경우가 많고 갈수록 아시아인들도 자기들 편이 아니고 백인의 편이며 그래서 이민 온지 얼마 안 되어 잘 살게 되었다고 생각하여 싫어하는 경향이 나타나고 있다. 처음 아시아인들이 왔을 때는 같은 소수민족으로 백인으로부터 차별당하는 같은 편이라는 생각을 가지기도 했지만 갈수록 아시아인이 같은 편이 아니라고 생각하고 있다.

특히 흑인들은 수백 년간 미국에서 살았으며 미국에 기여해왔는데도 흑인다수가 계속 빈민층으로 남아 있는데 이민을 온지 얼마 되지 않은 아시아인들은 경제적으로 훨씬 부유해졌다고 생각하기 때문에, 한인 등의 억척스러운 노력을 배워야 한다고 생각하는 경우도 있지만, 더 많은 흑인들은 자신들을 제외한 이민자들의 경제적 소득증가가 미국사회의 흑인에 대한 차별 때문에 나타나는 것이라고 생각한다. 일부에서는 백인들이 주도하는 정부가 아시아 이민자들은 지원하고 보호한다고 생각한다. 따라서 아시아인들이 백인의 편이며 아시아인들 때문에 자신들이 손해보고 있다는 불편한 감정도 나타나고 있다.

가게에서는 거래를 하면서 상인들은 흑인들이 물건을 훔쳐간다고 의심하고 흑인들은 상인들이 자신들을 지나치게 감시하고 인종차별을 한다고 생각한다. 흑인여교수도 한 백화점에서 절도한 것으로 의심을 받아 신문에 기사가 난 적이 있다. 흑인젊은이들은 의심하는 상인들을 골려주려 일부러 물건을 훔치거나 또는 와서 총질을 하기도 한다. 흑인들은 외부인이 할렘에 와서 흑인 돈을 착취해나가는 것으로 생각하는 경향이 계속 있었다.

한인상인들이 1990년대 번성기에는 60여 상점을 운영하여 할렘번화가의 최대 상인집단이었지만 재개발로 2000년대 이후 렌트비가 급상승하면서 점차 철수하였다. 또한 이민 온지 30년 정도가 넘어 은퇴할 나이가 되었지만 가족들이나 또는 다른 한인들이 이러한 가게를 이어받는 경우가 크게 줄어 60대 중반이 넘은 한인상인들은 은퇴하고 있고 계속 사업을 하는 사람들도 임대기간이 끝나면 대개 사업을 포기하게 된다. 그래서 이제 10여개의 상점들만 할렘 여기 저기 산재하여 있다. 이전에는 125번가에 한인가게들이 밀집되어 있었지만 이곳은 임대료가 너무 비싸 이제 대체로 번화가에서 조금씩 벗어난 곳에서 장사를 하고 있다. 따라서 할렘의 번화가인 125번가에서 한인상인을 만나기는 어렵다.

할렘 125번가에는 대형 프랜차이즈 상점들이 많아져 상인들을 인종적으로 바라보는 시각은 크게 줄어들었고 전국 체인들이 들어와서 영업을 하는 것으로 인식하고 있다. 그렇지만 외부대형자본은 대체로 백인들의 자본이라고 생각되기 때문에 백인주류자본이 들어온 것이라는 그래서 인종의 함의도 느낀다. 더 나아가 미국사회의 지배적인 자본(백인이 통제하는)이라는 그리고 국가체제(경찰)가 지켜주는 자본이라는 느낌을 갖는 흑인들이 상당수 존재한다.

제5장 LA의 한흑갈등

사우스센트럴 같은 흑인빈민촌에 상점을 열게 되면 흑인의 절도나 강도가 빈번하게 나타난다. 언제 물건을 집어 들고 또는 숨겨서 나갈지 모른다. 수십 번씩 강탈을 당한 가게도 있었다. 그래서 권총강도가 언제 들어올지 모른다. 빈민촌에는 여러 갱단이 존재하는 경우가 많기 때문에 갱단이 협박을 하기도 한다. 업소를 지키다 강도의 총에 맞아 사망한 한인상인들도 자주 있었다. 한인들이 좋은 차를 타고 현금을 가지고 다녔기 때문에 더욱 표적이 되었다. 항시 불안한 마음으로 가게에 들어오는 사람들을 주시하게 된다. 무엇을 훔쳐가지나 않는지 또는 강도는 아닐지 걱정이 된다. 또한 그날 장사가 끝나고 돈을 가지고 자동차에 갈 때는 주변에 누가 돈을 강탈하려고 하지는 않는지 두리번거리게 된다. 범죄가 심한 동네일수록 더욱 불안한 마음으로 장사를 하게 된다. 그래서 수상한 행동이나 절도를 하려는 흑인들과 자주 다툼이 벌어지고 사건이 벌어지기도 한다.

1992년 LA폭동 이전에도 흑인빈민촌에서 계속 심각한 갈등이 일어났다. 한인이 사우스센트럴 상가를 주도하던 1980년대, 흑인에 의한 한인상인 총격이나 강도나 절도도 가끔 벌어졌고, 한인상인에 의한 절도범으로 의심되는 흑인에 대한 구타나 사살도 가끔 나타났다. 또한 일상적인 거래에서 한인상인들이 인종차별을 한다는 흑인들의 주장도 많이 나타났다. 사우스센트럴에서 1982년 강도가 한인상인을 쏴서 죽였으며 1983년에도 청과상을 운영하던 한인부부가 총에 맞아 죽었다. 80년 당시 미국에서 한 해에 10명 정도의 한인상인들이 강도의 총에 맞아 죽었다. 1983년 LA시가 개최한 토론회에서 Black Agenda과 같은 단체에 소속하는 흑인운동가들은 한인상인을 비난하면서 언어소통과 가격과 태도에 대한 불만을 쏟아냈다. 또한 상점이 빠르게 한인들에게 넘어가고 있으며, 외부인들이 들어오면서 흑인들이 비니지스에 진출할 기회가 사라진다고 비판했다(C. Lee 2018: 100).

1989년 11월 한인상인에서 옷 교환과정에서 인종차별을 당했다며 흑인들 40여 명이 보이콧 시위를 했다. 1990년 7월 사우스센트럴에서 흑인청년 두 명이 한인상인에게 "노랑 원숭이 Yellow Monkey"라고 모욕을 하고 구타하고 총을 쐈다. 8월에는 흑인 갱들이 한인상인 여러 명을 공격했다. 8월에 한인상인을 제거해야한다는 삐라가 많이 배포되었다. 1990년 말과 1991년 초에 두 개의 한인상점에 흑인 갱들이 불을 질렀다(Min 1996: 84). 1991년 3월 한인상인이 흑인소녀를 총으로 쏴서 죽였다. 흑인의 불매시위가 시작되고 계속 "한인상인은 모두 나가라"고 구호를 외쳤다. 1991년 6월에 흑인강도가 사우스센트럴 한인상인을 살해했다. 같은 달 LA교외지역에서 흑인 4인조 강도가 한인상인 2명을 살해했다(유의영 1993).

1992년 4.29폭동이 발발하기 전인 1991년 가장 직접적으로 흑인들의 한인상인에 대한 불만을 표출한 아이스 큐브의 랩 "Black Korea"가 나왔다. 아이스 큐브는 LA의 사우스센트럴을 중심으로 활동하는 래퍼지만 한흑관계에 대해 전국적인 상황을 상징하고 있다. 직접 경험한 것을 썼다고 했기 때문이다. 이 랩의 가사 내용은 다음과 같다.

내가 빌어먹을 술을 마시고 싶을 때마다
동양인 두 명이 운영하는 가게에 가야하는데
페니 하나조차도 깐깐히 구는 새끼들이네
검둥이를 미치게 해 난동을 벌이고 싶게 만들어
세상의 모든 흑인들이 무언가 훔쳐가는 것으로 생각해
그래서 내 행동 하나하나 감시해
내가 총을 꺼내 그들을 강탈하지 않기를 바래
조그만 더러운 가게 새끼들아 나는 직장이 있어
"나를 좀 봐, 이 조그만 중국새끼들아
나는 너희들 것 조금도 훔칠 생각이 없어,
나를 내버려둬!"
(씨발새끼들, 요, 요, 한번 체크해봐)
니 가게에서 더 이상 나를 따라다니지 마
안 그러면 너희 조그만 새끼들
전국적 불매운동의 표적이 될거야
우리는 유대가 강해
그러니 흑인 주먹도 존중해줘
안 그러면 네 가게를 재만 남게 불태워 버릴거야
그리고 나서 우리는 또 만나겠지!
너네들이 게토를 검은 한국으로 만들 수는 없으니까
"이 개새끼들아!"[1]

   1991년 3월 16일 한인상인이 오렌지주스를 훔쳐가는 것으로 생각하여 흑인소녀와 실랑이를 버렸는데 흑인소녀가 상인의 얼굴을 수차례 강타하자 한인상인은 권총을 발사하여 그 소녀를 사망케 하였다. 판사는 이 상인에게 정당방위였다며 400시간의 사회봉사와 집행유예 판결

---

1) https://genius.com/Ice-cube-black-korea-lyrics 필자 번역

을 내렸다. 같은 달 3일 LA 경찰관이 흑인인 로드니 킹을 무자비하게 구타하여 11군데의 두개골이 골절되고 영구 뇌손상이 왔으며, 신장의 기능이 망가졌고, 뼈가 부러졌고, 얼굴도 찢어지고 통통 부었으며, 여러 부위가 멍이 들도 찢어지는 등, 그 결과로 극심한 신체적 정신적 트라우마를 경험했다. 로드니 킹이 단속에 저항하자 경찰은 약물과용으로 의심하며 지휘봉으로 56번 정도 팼다.

킹을 구타한 경찰이 1992년 4월 29일 모두 배심원으로부터 무죄평결을 받자, 이에 분노한 흑인들과 라티노가 LA 경찰 파커센터 앞에서 규탄하는 시위를 가졌고 곧 이어 사우스센트럴에서 한인상가를 약탈하였다. 미디어에서는 도로에서 백인 운전자를 끌어내려 구타하는 장면을 생방송으로 내보내면서 폭동으로 확산되었다.[2] 그동안 백인경찰이 흑인인 킹을 경찰봉이나 발로 집단적으로 구타하는 모습이나 한인상인이 흑인 소녀에 권총을 발사하는 장면이 TV에서 수시로 방영되고 신문들이 대서특필하면서 LA뿐만 아니라 미국 전역에서 흑인들의 분노가 쌓일 대로 쌓여 있었다. 그 동안 흑인에 대한 경찰의 폭력이나 한인상인의 부당한 대우에 대한 간헐적인 시위나 지적이 있어왔다.

처음 3일 동안 폭동이 매우 격렬하였다. 6일 동안 폭동이 확산되어 흑인동네인 사우스센트럴에서 시작하여 한인상가가 집중한 코리아타운을 거쳐 백인동네인 할리우드 인근까지 확산되었다. 남쪽 흑인동네인 사우스센트럴에서 시작하여 대로를 따라 북쪽으로 올라가면서 상가들이 대거 약탈되고 불에 탔다. 그 와중에 놓여있던 코리안타운의 상가들이 대거 약탈당하고 불에 탔으며, 사우스센트럴 등의 상가들이 불에 탔는데 특히 한인상점들이 대상이 되었다고 한다. 코리아타운의

---

2) 실제로는 백인운전자보다 라티노와 일본계 미국인이 먼저 무자비하게 구타당했다.

상가들은 90% 정도가 불에 탔다. 한인상인이 흑인소녀를 총을 쏴서 죽인 것과 그 동안의 외부 상인에 의한 차별에 대한 불만이 폭발하여 한인상가를 목표로 약탈하고 방화한 것으로 보도되었다(LA Times 1992.5.3.).

1965년 와츠 폭동처럼 3일 째에 주방위군 4,000명이 출동하여 베벌리힐과 할리우드 인근에서 방어선을 치고 이들을 막아 폭동이 정지시켰고 장갑차로 대로를 순찰하면서 폭동 혐의가 있는 사람들을 체포하면서 점차 폭동이 잦아들었다. 일몰 이후의 통행을 모두 금지시켰다. 약탈자들도 총을 쏘고 또한 상점 주인들도 약탈에 총으로 사격하며 대응하고 주방위군들도 총을 쐈다. 총격 소리가 계속 이어졌다. 흑인들이 한인처럼 보이는 동양인들에게 총을 쏘기도 하고 돌을 던지거나 구타를 하기도 하였다. 일부 한인상인들은 약탈과 방화에 대응하여 소총과 엽총 등으로 무장하여 약탈자나 방화자들에게 사격을 가했다.

4.29폭동과정에서 63명이 죽었고 여러 가지 이유로 2,383명이 부상당했다. 1만2천 명 정도가 체포되었다. 그리고 1만천 개에 이르는 건물에 대한 방화와 약탈로 나타난 10억 달러에 이르는 피해 중, 한인피해가 절반 정도인 것으로 추산되었다. 한인도 1명이 죽고 46명이 부상당했으며 업소 2,300개가 약탈당하거나 또는 불에 탔다. 이제까지 미국에서 빈번하게 나타난 폭동 중에서 건물에 대한 피해나 경제적 피해가 가장 큰 폭동이었다. 그동안 미국 대도시에서의 폭동은 흑인들이 주도하여 왔으나 이 폭동에는 라티노들도 대거 참여하였다. 그동안 흑인폭동의 주요 피해자들이 주로 백인과 유태인 상인들이었는데, 4.29폭동에서는 한인상인들이 주 피해자가 되었다.[3] 흑인의 대규모폭동에서 비백인상점이 주목표가 된 경우는 처음이었다.

---

3) https://en.wikipedia.org/wiki/1992_Los_Angeles_riots

4.29사태는 한인들에게 엄청난 충격을 주었고 여러 가지 측면에서 미국에서의 한인의 위상과 활동에 대하여 다시 생각하게 만들었다. 가장 많이 논의되었던 것이 경찰과 주방위군이 한인은 방어하지 않고 백인지역들만 집중적으로 방어하였다는 점이다. 베벌리힐즈와 할리우드처럼 백인들이 사는 지역은 방어하면서 코리아타운은 방어하지 않아 코리아타운이 쉽게 약탈당하고 방화되도록 방치했다. 이러한 과정을 거쳐 백인들이 한인을 방치하였으며, 원래 백인경찰의 폭력에 의한 흑백갈등이 폭동의 근본적인 출발점인데 정부나 언론이 마치 폭동이 한흑갈등에서 나타난 것으로 몰아갔다는 생각이 한인사회에서 많이 나타났다. 즉, 한인의 정치력이 부족하여 흑백갈등의 사이에서 방치되어 막대한 피해를 입었다고 생각하였다. 따라서 미국사회에서 힘을 길러야 하고 이를 위해 정치력을 신장시켜야 한다는 의식이 강해졌다. 한국을 바라보던 시선이 미국사회 내부로 향하여 한인의 생존을 위하여 미국의 권력관계에 대한 이해와 정치력 신장이 필요하다는 점에 대하여 절감하였다. 또한 타인종 특히 흑인과의 관계를 평상시에 좋게 만들어야 한다는 점을 절실하게 깨닫게 만들었다. 따라서 일상적인 거래에서 타인종들을 보다 공손하게 대하고 흑인들을 고용하고 흑인사회에 공헌을 늘려야 한다고 생각하게 되었다. 실제 4.29 사태 이후 사우스센트럴의 한인상인들은 대거 흑인들을 종업원으로 고용하였다(K. Park 1995). 경찰이나 공무원에 더 많이 진출하여 일상생활에서의 보호막을 강화하여야 한다는 생각이 크게 늘어나 이에 대한 한인들의 진출을 촉진하게 되었다. 또한 한인들이 고립되어 미국사회에 존재한다는 의식이 강화되어 또는 흑백 또는 정부 누구로부터도 도움을 받을 수 없다는 의식이 강화되어, 한인계 미국인으로서 그리고 아시아계 미국인으로서 자체의 힘을 크게 강화시켜야 한다는 인식이 강화되었고 따라서 한국인이 아니라 미국속의 한인 또는 아시아인이라는 인식도

강화되었다(E. Park 1998; R. Kim 2012).

이렇게 심각한 폭동으로 나타나는 경우는 매우 드물지만, 일상생활에서 한인상인과 흑인고객/주민과 다양한 관계 속에서 거래가 이루어지고 조그만 갈등이 날마다 나타난다. 그리고 이러한 조그만 갈등이 심각한 갈등으로 비화되기도 하고 폭동으로 비화되기도 한다. 지속적으로 반복되어 나타나는 일상의 경험이 어떠한 사건으로 촉발되어 폭동으로 비화될 수 있다. 또한 총기를 사용한 무장 강도가 가끔 나타나기 때문에 약탈과 무장강도에 대한 걱정이 1992년 4.29폭동으로 더욱 늘어났다. 특히 경찰이 제대로 지켜주지 못한다는 것을 알자 한인상인들도 총기를 구매하는 경우가 크게 늘어났다. 1992년 4.29폭동 후, 경찰에 대한 불신이 커지면서 스스로 총기를 구매해 '내 가족과 사업장은 내가 지킨다'는 생각이 늘어났다. 4.29폭동의 여파로 코리아타운에 있는 한인 총포상에서 한인들이 총을 수천 정이나 구매했다. 특히 현금을 많이 다루며 가주 강도의 표적이 되는 주류 판매상, 수표 환전상, 마켓 업주들이 불안한 마음에 총을 많이 구매했다(강용석 1999).

한인 – 흑인 갈등의 이유

1992년 이후 한 – 흑 갈등은 크게 감소되고 있다. 1992년 LA폭동 이전에 지역 언론들, 그보다 정도는 덜하지만 학계는 한인상인들이 흑인 고객들에게 얼마나 무례하게 구는지를 종종 보고했다(Weitzer 1997). 스튜어트(Stewart 1989 ; 1993), 베일리(Bailey 1996), 그리고 리(J. Lee 2002)는 모두 흑인 고객과 한인상인 사이의 상거래 상황을 민족지적 조사를 통해서 살펴보았다. 한 – 흑 간의 갈등에 대한 분석에서 스튜어트(흑인 언론학자)와 베일리(백인 인류학자)는 한인상인과 흑인 고객 사이의 문화적 차이와 언어 장벽에 초점을 맞추었다. 면담과 관찰에 기초한 의사소통 차이에 대한 스튜어트의 연구는 양 집단이 모두 상대방 집단의 행동이 부적절하다고 느끼며, 그에 따라 긴장이 발생함을 드러내었다.

흑인들은 한인 이민자 주인들의 부적절한 행동을 다음과 같이 기술했다. (1) 감시, 고객을 뒤쫓거나 도둑으로 비난함 (2) 돈을 잡아채거나 계산대에 던짐 (3) 부정적으로 말하거나 소리침 (4) 불필요한 물품의 구입을 요구하고 제품의 환불이나 교환을 거부함 (5) 따뜻한 인사나 미소를 건네지 않음으로써 환영받지 못하는 느낌을 가지게 함. 다른 한 편, 한인 이민자 주인들은 종종 다음과 같이 흑인들의 부적절한 행동을 언급했다. (1) 욕설을 하고 시끄럽고 공격적인 행동을 나타냄 (2) 좀도둑질을 함 (3) 부적절한 행동을 하다가 적발되었을 때 부끄러워하지도 않고 사과하지도 않음 (4) 한인들에게 한국으로 돌아가라고 말함 (5) 물건 값 내기를 거부함(Stewart 1993: 33-35).

언어학적 분석을 채용하면서 베일리는 상점 주인들은 그들이 단골들과의 접촉에서 80% 정도는 우호적 관계 — 손님과 상점 주인은 서로 인사하고, 잡담을 나누고, 원만하게 헤어진다 — 를 유지하고 있다고 말했다고 보고했다. 실제로 그가 컬버시티와 사우스센트럴 그리고 코리아타운에 소재한 한인이 운영하는 편의점에서 수십 시간에 걸쳐 관찰하고 녹화한 상거래 장면들을 비교 분석한 결과, 상점주인과 흑인고객 사이의 관계에서 대립이 별로 드러나지 않았다. 그러나 녹화된 13 사례의 한인 이민자 상인의 거래 상황 중 10개의 경우 잡답이나 개인적 화제의 등장 없이 무뚝뚝하고 냉담하게 이루어졌다. 대립은 없지만 사무적이고 냉랭한 거래로 끝난 것으로 볼 수 있다.

더 중요한 점은 이러한 거래에서의 대조적 행위들 — 흑인들이 상거래에서 적극적인 대인관계 예를 들어서 따뜻함을 강조하는 것과 한인 상인들이 상거래는 대인관계와 별 관련이 없다고 하는 것 — 이 무례하다는 느낌을 계속적으로 발생시킨다고 베일리는 보고했다. 이민자 한인들 이 개인적인 대화를 회피하며 극히 사무적으로 대하는 것이 흑인들에게는 인종차별의 경멸과 오만으로 여겨지는 것이다.4) 한인 상인들은 흑인들이 따뜻한 인간관계를 요구하는 것에 대해 짧은 상거래에 그렇게까지 할 필요가 있는지 의아해 한다. 그러나 그는 또한 "상점 주인들은 언어적, 문화적, 인종적 장벽이 존재하지 않는 한인 고객들에게도 더 간결하고 사적인 관계없이 대하고 있다"고 언급했다 (Bailey 1996: 5).

이에 비해 리는 사회학적 관점에서 널리 알려진 것과 달리 대부분의 상인-고객 관계는 한인 이민자 상인과 흑인 고객의 관계를 포함하여, 부정적이라기보다는 긍정적이라고 보고했다. 그녀의 보고는 뉴욕시와 필라델피아에서의 관찰뿐만 아니라 그녀가 실시한 흑인·유태인·한인 상점주인 75명, 그리고 흑인 고객 75명과의 심층면접에 기초하고 있다. 이러한 거래관계에서는 일상적으로 정중함civility이 지배적으로 나타난다. 상인과 종업원들이 고객에게 정중함을 유지하기 위해 적극적으로 노력하기 때문이다. 유태인과 한인 상점 주인은 흑인 종업원을 "문화적 중개자"로서 고용한다. 한인상인은 또한 여성을 "모성적 중개인maternal brokers"으로 전면에 내세우고, 언쟁과 인종차별적으로 인식되는 노여움을 최소화하기 위해 고객의 요구를 수용한다(J. Lee 2002: 182). 리(J. Lee 2002: 172)에 따르면, "고객과의 거래역학을 이해하는 데 있어서 상인의 인종, 민족 구분이나 종교보다 더 중요한 변수는 상인이 비즈니스에 종사한 기간, 고객의 연령, 상인의 성별, 고객층의

---

4) 베일리(1996)에 의하면 흑인들이 따뜻한 인간관계를 강조하는 점이 바로 한인 이민자 상점 주인들에게는 이기심, 개인 간 기만, 제대로 교육받지 못한 표시로 여겨진다.

계급 구성이다." 게다가 그녀는 흑인 고객들은 흑인동네 상점보다 중상류층 백인 동네에서 물건을 살 때 훨씬 더 부당하게 대우받는다고 보고했다.

하지만 문화적 요인과 심리학적 요인만으로는 개별 흑인 고객과 한인 상점주인 사이에 카운터에서 벌어진 다툼이 어떻게 해서 그리고 왜 불매운동과 같은 집단적 행동으로 발전하는지 설명할 수 없다. "더 넓은 맥락의 힘들을 무시하고 겉으로 드러나는 집단행동에 초점을 맞출수록, 정치적 의미를 파악하기가 힘들 것이고 또 집단행동을 비이성적이라거나 병적이라고 비난하기 쉬울 것이다"(C. Kim 2000 : 4). 따라서 한흑갈등의 배경인 흑인고객과 외부상인의 구조적 관계에 관심을 쏟고 있다. 한흑 갈등을 연구한 대다수의 학자들은 그래서 상인과 고객 사이의 개별적인 상거래 상황보다 사회구조적 측면, 즉 중개소수민족가설middleman minority hypothesis을 통해 갈등의 구조와 원인을 이해하고자 한다. 대부분의 학자들은 그 갈등이 물질적, 구조적(정치적·경제적·이념적) 측면을 매개로 나타난다는 것을 잘 알고 있다.[5]

다른 각도에서 엘리자 앤더슨(흑인 사회학자)은 필라델피아의 고급주택가와 빈민가가 인접해 있는 지역의 백인과 흑인에 대한 민족지적 연구를 수행하면서 인종에 민감한 흑인들은 때때로 최근에 아시아인, 특히 한인상인들이 유입되는 것에 대해 심하게 불평한다는 것을 관찰했다. 그들은 또한 연방정부가 흑인들에게 대출해주지 않지만 아시아인들에게는 쉽게 대출을 해준다고 의심한다. 그러나 그는 모든 흑인 거주자들이 아시아 상인들에게 적대적인 것은 아니라고 강조했다. "그

---

5) 이 중개인 소수자 가설은 한흑갈등에 있어서 가장 정설이 된 이론적 시각인데, 이 개념을 주제에 적절하고 분명하게 적용시킨 것은 민병갑(Min 1996)의 책이다. 이 틀에 따르면 상인-고객 관계에는 갈등이 내재해 있는데, 이는 외부 상인들이 엘리트와 대중 사이의 갈등적 상거래 역할을 수행하여야 하기 때문이다.

들 중 일부는 지역 흑인들의 경제적 '실패'와 아시아인들의 명백한 성공을 비교하면서 그들을 높이 평가한다는 점을 지적했다"(Anderson 1990: 61-62). 동시에 그는 불평에 대처하기 위해서 한인 사업가들이 더 많은 흑인들을 고용하기 시작했다는 점에 주목했다.

"Kimbo" 주류 판매점

"Kimbo" 주류 판매점은 전에는 "Star Liquor and Junior Market"으로 불렸다.[6] 그 전에 그 가게는 "Fred's Liquor"로 불렸다. 가게 주인인 샘이 가게를 구입하기 전에는 한인 부부(폭동 직후에 필자는 이들을 인터뷰했다)가 그 가게를 운영했다. 그들 전에는 흑인이 주인이었다. 언젠가는 백인 미국인 부부가 이 가게를 운영한 적도 있다. 이전 한인 주인에 따르면 이 상점은 1992년 폭동에서 살아남았는데, 이는 동네의 라티노 갱이 약탈자와 방화자들로부터 가게를 보호했기 때문이었다. 그들은 가게 지붕에 서서 총을 들고 가게를 지켰다.[7] 또 하나 중

---

6) Kimbo 주류 판매점은 남중로스앤젤레스에 있는 Vernon과 Central Ave.의 교차 지점에 있다. 이 가게는 일요일부터 목요일까지는 오전 8시부터 오후 11시, 금요일과 토요일에는 오전 8시부터 새벽 1시까지 문을 연다. 이 가게의 규모는 사우스센트럴 주류 판매점의 평균이다. 3개의 통로가 있으며, 그것들은 통조림·조미료·쿠키·가재도구 등이 꽉 차 있다. 입구 근처에는 세탁세제·기저귀·화장지·비누 등으로 가득 찬 선반도 있다. 계산대 뒤에는 위생용품·약품·독주가 있다. 계산대 아래의 투명한 유리 뒤에는 사탕과 초콜릿 등이 있다. 선반 뒤에도 두 개의 냉장고가 있다. 첫 번째 냉장고는 8개의 문이 있으며, 와인쿨러·몰트 비어·맥주로 가득하다. 두 번째 냉장고는 5개의 문이 있으며, 청량음료·주스·유제품들로 차있다.

7) 1992년 LA폭동 기간 동안 사우스센트럴 바깥에서는 갱들이 대부분의 상점들에 방화를 했다는 추측이 심각하게 제기되었고, 이것은 FBI 조사에서도 확인된 것

요한 점은 이 가게가 미성년자에게 술을 팔다가 적발된 것이다(한 번은 샘이, 다른 한 번은 종업원이 팔았다). 두 번 모두 샘은 매우 무거운 벌금을 물었다.[8]

1999년 4월에는 두 명의 무장 강도가 가게로 들어와서 샘의 머리에 총을 댔다.[9] 그들은 권총 자루로 그를 치고 가방에 돈을 가득 담아 도망갔다. 그는 응급실로 가서 머리에 여섯 바늘을 꿰맸다. 그의 옷은 자신의 피로 흠뻑 젖었다. 이런 절박한 상황에서도 그는 그날 저녁에 일하러 돌아가려 했다. 부인의 반대 때문에 당일에는 가게로 가지 않았지만 바로 다음 날 가게로 돌아갔다.

그의 부인, 딸, 부모, 그리고 같은 교회를 다니는 사람들을 포함하여 가족과 가까운 친구들이 가게를 매물로 내놓으라고 그에게 사정하고, 관심 있는 구매자가 연락을 하기도 했지만 샘은 팔기를 원치 않았다. 샘은 가까스로 죽음을 피했으며, 주당 100시간 일하고 있었으며, 고혈압이 있었다. 그의 아들인 데이브는 그가 "내가 쓰러질 때는 이 가게

으로 알려졌다. 그러나 명백한 것은 그 폭동으로 인해서 두 개의 악명 높은 라이벌 흑인 갱인 Bloods와 Crips가 휴전을 했다는 것이다. 폭동 전에도 갱들은 경찰과 적대적 관계에 있었다고 한다. 비록 다른 상인들도 그들의 상점들이 라티노 갱들에 의해 방화를 면했다고 필자에게 알려줬지만, 라티노 갱의 역할과 1992 LA폭동과 관련해서 문서로 남겨진 것은 거의 없다.

8) 캘리포니아 주 법에 따르면 주류 판매점이나 식료품점 주인들이 알코올 판매와 관련된 규정을 위반하면 무거운 벌금을 물게 되는데, 그 액수는 판매액의 50%인 3,000달러에 이를 수 있다. 두 번째 위반할 시 주류 면허가 25일간 정지된다. 세 번째 위반에 대해서는 주류 면허가 취소된다.

9) 대다수의 상인들은 열두어 번 정도 강도를 당했다고 했다. 차이가 있긴 하지만 일반적으로 70번가를 넘어서면 훨씬 더 위험하며, 그 지역은 남중로스앤젤레스 내의 깊숙한 남쪽(deep south)으로 알려져 있다. 그럼에도 불구하고 낮에는 비교적 안전하며, 그 지역 사람들은 나름대로 안전하게 살아가는 방식을 터득하고 있다.

와 함께 쓰러지고 싶다"고 말하는 것을 들었다고 한다. 샘이 가게를 운영하기 시작한 이후 대체로 매년 매상이 올랐다. 그러나 9.11사태 이후로는 경기가 좋지 않다.

2002년과 2003년에 그 가게는 두 번 강도를 당했다. 한 번은 샘이 휴식을 취하는 동안 아들 데이브가 카운터에서 일하고 있을 때 일어났다. 그 강도는 단골손님 중 하나인 그 동네 마약상이었다. 경찰을 불렀지만 그 강도의 친구 한 명에게 살해 위협을 받자 고소를 취하했다. 그러나 시 검찰청은 사건을 계속 수사했다.

이곳 상인들에게 인종에 관계없이, 믿을 수 있는 종업원을 구하는 것은 매우 힘든 일이다. 대부분이 지역 거주자였던 이전 종업원들은 두어 주 후에 일을 그만두거나 첫 급여를 받고는 나타나지 않거나 맥주나 돈을 훔치고는 해고당했다. 종업원의 절도는 심각한 문제다. 종업원들이 현금등록기에서 돈을 훔치거나 위스키 등의 증류주(알코올 농도가 높은 독한 술) 몇 병을 주머니에 집어넣거나 뒤편 창고에서 맥주 마시는 것을 붙잡기도 했다.

현재 그는 라티노 종업원 한 명만을 두고 있다. 이전의 흑인 종업원은 몇 달 전에 해고했는데, 그가 주인의 아들인 데이브에게 계속 돈을 빌려달라고 하고, 가끔은 주인이 없을 때에도 외상을 요구했기 때문이다. 주인은 계속 고용하고 싶어 했지만, 데이브는 그가 말이 너무 많고, 동작은 굼뜨고, 일을 잘 하지 못한다고 불평했다. 그는 또한 알코올중독자였다고 한다.

사우스센트럴에 살지 않는 사람을 고용한다고 해서 문제가 해결되는 것도 아니다. 한때 세 명의 한인 종업원을 고용하기도 했지만 그들은 근무 스케줄에 관한 한 융통성이 적었다. 그들은 밤이나 주말, 휴일에 일하기를 꺼렸다. 더구나 그들은 흑인이나 라티노 노동자보다 더 높은 보수를 요구했다. 여성종업원들은 상품을 들여놓거나 청소 같은 힘든 일을 하지 않으려 했다. 주류 판매점은 임금이 낮고, 혜택(건강보험 등)도 없고, 비정규직이기 때문에 좋은 사람을 고용하기 힘들다. 이러한 상황에서 가게 주인들은 최소한의 시간만 일하려고 하는 파트타임 일을 찾는 젊은 남자들이나 일당이나 주급을 원하는 사람들을 끌어들이고 있다.

또 하나의 문제는 건물주와 관련된 것이다. 유태인 건물주는 계약을 갱신할 때 월세를 30% 정도 올리겠다고 얘기했다. 이런 경험은 다른 한인 상점 주인들도 부동산을 소유하고 있지 않으면 통상 겪는 것이다.

이 상점의 주요 수입은 주류 — 맥주, 독주, 와인과 와인쿨러 — 의 판매에서 나온다. 이웃의 주류 판매점과 비교해볼 때 이 가게는 주로 술을 팔며, 식료 잡화는 별로 많지 않다. 8월 28일 아침에 데이브는 65가지 상품 중 30가지는 알코올을 함유한 것이라고 보고했다. 그러나 탄산음료, 스낵, 세탁세제와 기타 잡화의 판매도 중요하다. 이 가게는 셀프 서비스식 세탁소가 바로 옆에 있기 때문에 세제가 많이 팔린다. 일반적으로 보면 날씨가 따뜻할 때 장사가 잘 된다. 즉 봄과 여름이 가을과 겨울보다 더 낫다.

또한 더운 날에 가게에 사건 — 샘과 손님들 사이, 또는 손님들끼리 언쟁이나 몸싸움 — 이 더 많이 생기는 것 같다. 절도도 더운 날에 더 많이 생기는 것 같다.[10] 월말은 "위험한" 시기인데, 왜냐하면 많은 사람들이 돈이 없기 때문이다. 정부 사회복지수당과 부양가족지원제도, 그리고 대부분의 임금이 월초에 지급된다. 돈이 없으면 짜증도 늘어나고 절도도 늘어난다. 1992년의 폭동도 월말에 가까운 29일에 발생했다.

다른 한인상점 주인처럼 샘도 대학교육을 받았고, 어떤 기준으로 보

---

10) 대부분 몰트 맥주 등을 절도한다.

아도 그는 일중독자이다. 다른 한인상점 주인들과는 달리 샘은 아들과 흑인이나 라티노인 파트타임 종업원 한 명의 최소한의 도움만으로 상점을 거의 혼자서 꾸려가고 있다.[11] 한때 샘은 2년 동안 하루도 쉬지 않고 일했다. 집으로 출퇴근하는 데 시간이 너무 많이 걸리기 때문에 그는 일주일에 6일을 가게에서 잤다. 그의 가족들은 고객과의 갈등, 도둑, 갱 때문에 샘의 안전에 대해서 걱정을 한다. 무엇보다도 그의 건강에 대해 몹시 우려한다. 주류 판매점을 운영하는 것은 그의 육체로는 엄청나게 힘든 일이다. 그의 일 중독적 성향은 이민자 심리에서 많은 부분 기인한다고 볼 수 있다.[12]

미국에서 10년간 살고 사업을 5년간 운영해온 평균적인 한인상인들과 비교해볼 때 샘은 고참이다. 그는 1974년에 미국에 와서 밤 12시부터 아침 8시까지 청소부로 일했다. 그 후 그는 전기공 일을 하다가 아내와 함께 샌드위치 가게와 도넛 가게를 운영했다. 그 후로 그의 아내는 공장에서 일하고 있는데, 비교적 건강보험 등 좋은 혜택을 받고 있으며 가계에 큰 도움이 된다.

다른 한인 이민자들과 비교해서 샘은 영어를 꽤 잘 한다. 한국어 악센트가 있긴 하지만 그는 많은 어휘들을 구사하고 속어와 관용구도 사용한다. 예를 들면, "아무에게도 말하지 마Don't spill the beans," "지난 일은 잊어라Let bygones be bygones," "죽어버려Kick the bucket" 등의 관용구를 통상 사용한다. 그는 또한 자유주의적 1960년대, 존 웨인, 프랭크 시내트라, 야구나 미국 정치와 같은 미국의 대중문화의 다양한 측면들을 알고 있다. 이러한 미국의 대중문화에 대한 지식들은 그가

---

11) 사우스센트럴에서 한인 이민자 소유의 주류 판매점은 적어도 한 명 이상에서 10명 미만의 종업원을 고용한다.

12) 한인 이민자의 삶, 기질, 심리상태 등에 대해서는 Park(1997)을 참조.

사업을 하면서 그의 고객들을 이해하고 그들과 대화를 나누고 의사소통을 하는 데 도움이 되었다. 또한 그는 주류 판매점을 운영하기 전에 2년간 사우스센트럴 지역에서 주류 외판원을 했다. 그는 종종 친근하게 "아빠papa" 또는 일본식으로 "아빠상papa san"이라고 불리고, 그의 아들은 "주니어"라고 알려져 있다.

샘은 "South Central" 동네사람이 되었다. 그는 사우스센트럴의 말을 배웠다. 다시 말하자면, 흑인 영어도 좀 하고, 또 간단한 스페인어도 한다. 더구나 그는 모든 식사도 사우스센트럴에서 한다. 그는 잘 알려진 패스트푸드 식당뿐만 아니라 동네의 타코 노점, 햄버거 가게, 빵집에서도 일주일에 여러 번 사먹는다. 그는 또한 모든 은행 일과 우체국 일도 사우스센트럴이나 그 근처에서 처리한다. 그는 심지어 셀프서비스식 세탁소 종업원을 시켜 거기서 일주일에 한 번 세탁도 한다. 그는 동네의 정비사와 수리공이 더 신뢰할 수 있고, 효과적이고, 저렴하다고 여긴다.

그는 모든 종류의 물건과 서비스를 그의 고객들과 교환하기를 즐긴다. 이를테면 해산물 가게에서 일하는 그의 고객에게 큰 새우나 생선을 받고, 대가로 맥주를 준다. 치킨 가게에서 일하는 고객과도 이와 비슷하다. 빵집에 다니는 고객과는 맥주와 베이글, 빵, 케이크를 바꿔 먹곤 한다. 한번은 다저스 경기장의 핫도그 매점에서 일하는 고객과 마주쳤는데, 그는 팝콘과 땅콩을 공짜로 주었다.

한인상인과 흑인 빈민

다른 한인상인들과는 달리, 길 수리를 위해서나 지역 교회, 학교를 위해서 기부를 하지는 않지만 그는 사실상 사우스센트럴에서 먹고 자고 살다보니 사우스센트럴 토박이가 되었다. 그는 사우스센트럴에서 돈을 쓰고, 사우스센트럴의 물건과 서비스를 이용한다. 그의 아들은 이상하지만 놀랍게도 그가 그의 고객들과 닮아가는 것을 본다. 그는 그의 고객들처럼 먹고 말하고 때로는 담배를 피거나 술을 마신다. 이전에는 그렇지 않았다. 그가 의식적으로 동화되는 것이 아니라 생존, 편리함, 실용성에 따라 무의식적으로 그렇게 하는 것이다.

볼 일이 있어 밖을 걸어 다닐 때면 사람들이 그에게 인사하거나 경적을 울리거나 아는 체하는 것을 드물지 않게 볼 수 있다. 그의 고객 중 몇몇은 명절에 그에게 디저트나 바비큐를 구워서 주기도 한다. 지난 추수감사절에 그는 고객들로부터 세 접시의 칠면조 고기, 으깬 감자, 기타 곁들인 음식을 받았다. 답례로 그는 명절에 고객들에게 포스터, 티셔츠, 양주잔, 열쇠고리를 나누어주었다. 심지어 고객 한 명은 골프와 낚시를 하러 라스베이거스에 가자는 초대장을 보냈다. 최근에는 한 고객이 두어 블록 떨어진 곳에서 열리는 동네파티에 그의 아들을 초대했다.

그렇지만 데이브와 그의 아버지는 아무리 노력해도 자신들이 완전히 받아들여지리라고 기대하지는 않는다. 우체국, 맥도널드, 수표 교환소나 다른 볼 일을 보러 밖에서 걸어 다닐 때 그들은 눈에 잘 띤다. 데이브는 종종 유일한 비 - 흑인 또는 비 - 라티노이다. 비록 처음 시작했을 때보다 많이 나아졌지만 그는 항상 거북하게 느껴진다.

데이브 자신이 사우스센트럴에서 일하는 미국 태생의 2세 재미교포라는 사실을 잊기 시작하더라도 그는 곧 자신이 외부인임을 상기하게 된다. 한번은 가게로 운전해서 오는 길에 라티노 십대 무리 옆에 차를 세웠다. 그들은 창문을 내리고 그의 차 후드에 침을 뱉었다. 또 최근에는 정지신호에서 버스정류장에 있는 한 흑인 십대와 눈이 마주쳤다. 그는 곧바로 "이 자식아, 뭘 보냐? 이 칭총ching-chong(중국인들을 비하하는 명칭) …"이라고 말하며, 그가 차를 몰고 가고 있는 동안 계속 욕설을 퍼부었다. 가게에서는 그에게 "중국이든 일본이든 어디든 니가 온 데로 돌아가"라고 말하는 손님들이 있었다.

가게는 상당히 안정된 수입을 제공하는 샘의 가장 성공적인 사업이다. 더구나 그는 상점의 시설이 상당히 개선된 것을 매우 자랑스러워한다.[13] 가장 중요한 점은 샘이 가게에서 일하는 것을 즐긴다는 것이다. "나쁜" 손님들을 맞닥뜨리기도 하지만, "좋은" 손님들을 상대하기도 한다. 그는 흥미 있는 "인물들"을 많이 만났기 때문에 따분한 순간은 거의 없었다.

그 가게는 그의 가족생활에도 스며들었다. 저녁 식탁에서 그의 부인과 딸은 종종 샘에게 가게 얘기를 그만하라고 말해야 한다. 그는 주로 사업이 어떻게 되고 있으며, 가게에서 있었던 재미있는 일들, 또는 안 좋았던 일들에 대해서 말한다. 또한 그의 식구들은 가게를 만남의 장소로 이용하기도 한다. 그러나 그의 가족은 언론이나 다른 글에서나 또는 평판상 주류 판매점과 그것을 운영하는 한인들에 대한 평이 좋지 않아 늘 걱정이다.

상점 주인은 그의 고객이 어리거나 여성일 경우 그들의 알코올 과소비에 대해서 놀림으로써 꾸짖는 경향이 있다. 예를 들어, 1월 30일 밤 9시 36분에 단골인 40대 흑인 여성이 들어왔다.

흑인 고객들이 한인상인들에 대해 자주 불평하는 사항 중 하나가 바로 한인상인들이 몇몇 고객을 주시하고 따라 다닌다는 것이었다. 예를 들면, 8월 2일에 가게는 굉장히 바빠서 대여섯 명이 줄 서 있었다. "JJ"라고 불리는 어떤 사람이 그의 친구 두 명과 함께 가게로 들어왔다. 그는 이전에 보통 청량음료나 주스 등을 여러 번 훔친 적이 있는

---

13) 배관, 지붕과 페인트.

흑인 10대였다. 샘은 그를 유심히 살펴보고 있었다. 데이브는 그가 손에 사과주스 한 병을 들고 가게를 나가는 것을 보았다. 데이브는 그에게 지불했냐고 물었고, 그는 샘에게 지불했다고 말했다. 샘은 그를 바라보고 소리쳤다. "아니!!!" "너 돈 안 냈잖아!!!" JJ는 싱긋 웃고는 친구들과 함께 떠났다. 일반화하긴 힘들지만 어떤 고객들, 특히 젊은 남자들은 물건 값을 지불하지 않음으로써 주인에게 대항한다.

감시는 때로 몸수색에 이르게 된다. 8월 어느 날 10시 28분에 두 명의 라티노 고객이 가게로 들어왔다. 데이브는 한 명이 단골임을 알아봤다. 흑인 종업원인 'Vin'은 데이브에게 와서 그들이 맥주를 훔치고 있다고 얘기했다. 데이브는 그의 아버지에게 말했고, 그가 코너를 돌아서 달려왔다. 두 고객은 계산대에서 40온스짜리 밀러 하이라이트 한 병에 대해서 지불하고 있었다.

샘 : 오케이, 훔치지 마!!!
고객1 : 무슨 일이에요 아저씨.
데이브 : (샘은 그의 바지 뒤로 손을 뻗어서 와인쿨러 한 병을 끄집어냈다. 바지가 불룩했기 때문에 그가 바지에 그것을 숨기고 있다는 것은 명백했다).
고객1 : 왜 이래요 아저씨!!
데이브 : 앞쪽도 조사 해봐요.
샘 : (샘은 그의 바지 앞쪽에서 40온스짜리 밀러 하이라이트 한 병을 꺼냈다). 좋아, 왜 훔치냐!!!
고객2 : (웃음).
고객1 : 좋아요, 이것(와인쿨러)은 도로 가져다 놓으세요. 밀러만 주세요.
샘 : 너희들은 이제 어린아이도 아니잖아.
고객1 : 그래 좋아요 아저씨. 헤이 여긴 사우스센트럴이잖아요.

여기서는 늘 별의별 일이 다 벌어지잖아요.

고객2 : (여전히 웃고 있다).

고객1 : (지불하고 떠난다).

가끔은 단골손님이 다른 손님의 비행을 알려주기도 한다. 한 번은 손님이 100달러짜리 위조지폐를 사용하려고 해서 샘과 언쟁을 하고 있었다. 단골이었던 Rock이 그 손님에게 그만하라고 말했고, 언쟁이 뒤따르면서 그들은 가게 밖에서 주먹다짐을 했다. Rock은 "내가 그 자식을 작살냈어!!!"라고 말했다. 몇몇 고객은 자신과 다른 고객들을 주인을 대신하여 감시와 규율의 대상이 되게 한다.

Mira라는 40대의 마른 흑인 여자 단골손님이 있다. 샘과 그녀는 처음에는 영 잘 지내지 못했지만 지금은 어색하지만 그런대로 잘 지낸다. 수년 전에 그녀는 도둑질을 한 적이 있었지만 지금은 그러지 않는다. 그녀는 가게 안팎에서 많은 싸움을 벌이는 비교적 강한 여성이다. 그녀와 샘은 종종 서로 소리 지르고 욕지거리를 한다. 그렇지만 그녀가 떠날 때는 서로 큰 유감없이 헤어진다. 2월 6일 9시 43분 그녀는 작은 라디오를 가지고 가게로 왔다. 그녀는 두 캔의 몰트 비어[14]를 계산대로 가져온다.

샘 : 집어치워!! (음악을 가리킴.)

고객 : (그를 무시함.)

샘 : 당신 나를 어떻게 생각해? 강한 남자?

고객 : 당신 괜찮아, 샘.

샘 : 오케이. 나 당신 좋아하고 있어.

고객 : 그래.

---

14) 이 맥주는 알코올 도수가 높으며 비교적 싸고, Colt 45, Magnum 등이 대표적이다.

두어 주 지난 2월 18일 오후 2시 35분에 Mira가 다시 나타남.

샘: 당신 20달러를 훔쳤지. 나 알고 있어.
고객 : 아니 아니, 샘. 난 안 그랬어.
샘: 당신 천재야. 그래 천재!
고객 : 내가 전에도 말했잖아, 샘, 나 도둑질 안 해.
샘: 당신 희한하게 훔치잖아. 당신 내 거기(사타구니)를 건드리
        고, 훔치잖아(뒷주머니에서).
고객 : 내가 마약을 할지언정, 도둑질은 안 해.
샘: 당신을 위해 기도할게.
고객 : 고마워.
샘: (데이브를 보고 미소 짓는다. 왜냐하면 샘이 그녀를 위해 기
        도하겠다고 말한 데 대해 그녀가 그에게 고맙다고 말했기
        때문이다).

두어 달 전에 그녀는 또 샘의 뒷주머니에서 20달러짜리 지폐를 훔
쳤다. 그녀는 그의 사타구니를 만지고 그가 피하려고 하는 와중에 그
의 주의를 흐트러뜨리고, 그의 주머니에서 지폐를 가져갔다. 그는 그
녀가 가게를 떠난 후에 돈이 없어진 것을 발견했다. 상점 주인과 고객
은 도둑질에 대한 비난을 둘러싸고 서로 대립하며 서로의 몸이 감시
와 강제의 대상이 된다.

바가지를 씌운다는 비난과 물건 값을 깎아달라는 요구를 둘러싸고
자주 말다툼을 한다. 다음의 경우를 보면, 담배 한 개비에 대한 시비에
서 주인은 언제든지 그의 재산을 보호하려고 하고, 그것이 고객의 기
분을 상하게 한다. 그 주인이 Carl's Jr. 광고를 이용하는 것도 소용이
없었다.

2월 18일 오후 9시 40분, 두 흑인 남자가 들어왔다.

고객1 : (그는 유리벽을 바라보고 있다) 내 사진은 어디 있어
요?15)

데이브 : 당신 사진도 걸렸으면 좋겠어요?

고객1 : (질문을 무시한다) 담배 몇 개비 줘요.

고객2 : 다른 사람의 사진을 걸었네.

고객1 : 4개비에 1달러?

샘 : 내가 죽는 꼴 보고 싶어?

고객2 : 담배 한 개비에도 벌벌 떨어? 제발 그러지 말아.

고객1 : 성냥 좀 줘요.

샘 : 올해는 좀 귀찮게 굴지마. … 날 내버려두라고.

고객2 : (고객1과 함께 나가며) 내버려두라고? 뭐 그 따위 말이
있어? (뭔가 중얼거린다).

2월 18일 오후 2시 36분에 30대의 흑인 남자 한 명이 들어온다. 그
도 역시 단골이다. 그는 항상 가게의 물건 값으로 샘을 몰아세운다. 샘
은 그가 가게로 들어오는 것을 보자 곧 내뱉는다.

샘 : 골치 아픈 친구가 온다. 난 가격 검사관이 오는 거 싫다.

고객 : 우리 그냥 좀 잘 지내면 안 돼? (주스가 진열된 곳으로
간다) … 작은 게토레이는 없나?

샘 : 맨 밑바닥 칸 두 번째에 있어.

고객 : 과일 펀치는 없나 보네?

샘 : 오케이, 1달러 25센트.

고객 : 너무 비싸.

샘 : 또 시작이다! 당신 교회 다녀?

---

15) 데이브는 단골손님들의 사진을 찍어서 가게 벽에다 붙여두었다. 그는 단골손님
들을 개인적으로 알아보려고 그렇게 한 것이지만 많은 손님들은 그것이 마치
지명수배자의 사진처럼 보인다고 농담을 했다.

고객 :   응, 가는데. (웃음 지음.)
샘 :   당신 죄인이야!
고객 :   알았어.

위의 대화는 주인이 고객을 나무라기 위해 기독교에 호소하는 것을 보여준다.

마지막으로 샘은 데이브에게 어느 동네 갱이(거의 일 년 간 가게에 오지 않았다) 지난밤에 12캔들이 맥주 한 상자를 훔쳐갔다고 알려준다. 그는 그들을 문까지 따라갔는데, 그들은 그에게 계속 소리를 질렀다. 그들은 그를 노려보다 차를 타고 떠났다. 샘은 만약 그들이 훔치면 몸으로든 말로든 한판 붙지 않고는 그냥 보내지 않겠다고 되풀이해서 말했다.

고객을 통제하기 위한 전략

한 - 흑 간의 갈등에 관한 기존의 연구들은 의사소통 방식의 차이가 상인 - 고객 간의 상거래역학에 미치는 영향에만 초점을 맞추고 있다. 한인상인의 소위 비우호적이고 무뚝뚝하며 퉁명스러운 의사전달 방식을 '한국식'이라며 이를 갈등의 원인이라고 간주하는 경우도 있다. 그러나 한인 이민자 상인들이 진입하기 전에도, 유태인과 백인 상인들은 고객들과 눈에 띄는 의사소통 양식의 차이가 없는데도 유사한 분쟁과 폭동이 나타났다. 이전에 그 주류 판매점을 소유했던 백인 부부는 가게 좀도둑질을 둘러싼 시비 끝에 한 흑인 여성을 우발적으로 죽였다. 의사소통을 넘어서서 외부상인과 흑인빈민 사이의 갈등이 존재한다.

이 가게 주인은 퉁명스럽고 무례하며 둔감하게 보이기도 한다. 그는 감정을 억제했다가 참담한 결과를 초래하느니 감정을 즉각적으로 표출하는 게 더 낫다고 생각한다. 고객들과 일상적 상거래에서 약화된 톤이기는 하지만 그가 고객에게 쉽게 고함치는 것을 볼 수 있다. 이 가게 주인의 이러한 태도가 사우스센트럴의 다른 한인상인들에게서도 쉽게 발견된다. 그는 대낮에 지쳐 있을 때나 장사가 안 될 때는 인내심을 잃고 성미가 급해진다. 불행히도 그의 감정 표현은 때때로 오해를 사기도 한다.

그 가게 주인이 고함을 질러 대결하고 강제하는 것은 자기의 가게라는 공간에서 주도권을 행사하기 위함이다. 에티켓이 원래 작동하지 않는다고 생각하고 또한 법과 질서가 지역에서 제대로 작동하지 않는다고 생각하기 때문에, 다시 말하면 절도나 약탈이나 위협이 쉽게 일어날 수 있다고 생각하기 때문에, 보다 강하게 나가고 퉁명하고 무례하고 고함을 쳐서 사적으로 질서를 세운다고 생각한다. 국가질서가 무력화된 상황에서 자신의 사적 질서를 세우는 것이다. 고객들에게 임의로 제재를 가한다. 즉, 이 가게 주인은 의심스런 고객이나 좀도둑을 잡거나 괴롭히는 것, 심지어 폭력을 사용하는 것조차도 정당하다고 믿는다.

그는 또한 '짜증나게 하는 것'이 도둑질을 제어하거나 질서를 세우는 데 꽤 효과적이라고 생각한다. 그는 지속적으로 훔치거나 가게에서 다른 문제들을 일으키는 고객과 문제가 생기면 그 고객을 괴롭히기 위해 소리 지르고 욕지거리를 하거나 아니면 물리적으로 밀쳐낸다. 그는 종종 집요하고 완고하다. 어떤 고객들은 그러한 거래를 일종의 게임으로 받아들인다. 그가 언급했다시피, "어떤 이들은 훔치려고 할 것이고, 만약 걸리면 전혀 후회하는 기색 없이 그냥 맥주를 제자리에 도로 갖다 둘 것이다."

그는 '거친' 손님들을 '더 거칠게' 대함으로써 그들에게 일종의 '통제력'을 행사하려 한다. 통제력을 주장함에 있어서 그는 고객들이 그 가게는 그의 것이고 발생할 수 있는 어떤 갈등에 대해서도 그가 통제력을 가진다는 것을 널리 알린다.16) 손님이 가게로 와서 공격적인 태도를 취할 때, 그는 종종 같은 태도로 대응한다. 그는 그가 규제하는 거친 고객들에 대해서 더 거칠게 대한다.

예를 들어, 만약 한 젊고, 크고, 근육질의 남자가 와서 "잘 지냈어요 what's up!!"하고 소리칠 때, 그는 평소보다 더 크고 굵은 목소리로, 가끔은 독설과 함께 그에게 소리친다.17) 오랜 세월에 걸쳐서 그는 어떤 손님이 잠재적으로 성가시거나 가게에 위협이 되는지에 관한 육감 같은 것을 발달시켰다. 만약 손님이 위협적인 것 같으면 그는 말로 그리고 신체적으로 더 공격적이 된다. 그는 두려움을 조금도 보이지 않으려고 안간힘을 쓰면서 '단호한 표정'을 짓는다.

고객들을 '아는 것'이 중요하다. 그의 고객들을 '안다는 것'은 그들이 어느 상표의 맥주를 마시고, 어떤 담배를 피우며, 어디서 일하고, 그들의 취미가 무엇인지 등을 파악하는 것이다. 그는 무의식적으로 정보를 수집하고 있다. 비록 사소한 것이라도. 예를 들면, 맥주를 사는 손님은 아마도 돈이 별로 없거나 알코올중독자이기 쉽다. 만약 손님이

---

16) 어떤 의미에서 그의 가족들과의 관계도 마찬가지이다. 물건들을 사고, 들여놓고, 팔고, 가게를 열고 닫는 등 모든 일을 효과적으로 처리해내려는 가운데, 유일한 가족 노동력, 그리고 때로는 유일한 종업원인 그의 아들은 주류 판매점을 운영하는 데 필요한 모든 것을 배웠다. 그 결과 그들은 강한 부자 관계를 발전시켰다. 따라서 데이브는 그의 아버지에게 학교, 가게, 스포츠 등에 관해서 이야기하는 것이 점점 더 편해졌다. 그러나 그것이 데이브의 누이와 어머니를 소외시키게 되었다.

17) 그는 아마 이런 말을 할 것이다. "잘 있었냐, 쌍놈의 자식아(Whassup mother fucking guy)!"

술을 아침에 사면, 위의 두 조건이 모두 맞을 것이다. 더구나 이 고객은 직업이 없을 가능성이 크다. 손님이 (다른 맥주들에 비해서) 비교적 비싼 맥주Tequiza나 보드카Smirnoff Ice, Sky Vodka 등 혹은 와인쿨러를 사면 그는 아마 20대의 젊은 손님일 것이다. 한 번에 사는 맥주의 양도 손님에 관한 뭔가를 드러낸다. 어찌됐든 이것은 분명히 그 사람의 경제적 지위를 드러내는 지표에 가깝다. 그는 그러한 정보를 써서 고객들을 대하는 효과적인 방법을 찾아낸다.

또 하나는 '토박이처럼' 행동하여 외부상인이라는 느낌이 들지 않게 한다. 그는 사우스센트럴의 지역 문화와 관행에 익숙해졌다. 세월이 흐름에 따라 이 가게 주인은 사우스센트럴 공동체의 일부가 되었고, 그의 고객/거주자들과 공생적 관계를 발전시켰다. 그는 고객들로부터 그들의 동작·움직임·태도를 배워 그들과 동류의 사람임을 보이고자 한다. 또한 우호적인 관계를 강화하고자 농담·웃음·칭찬·개인적 소통·나눔의 태도 등을 적극 이용한다. 이 가게 주인은 자신의 고객들을 유머러스하고 익살맞게 대하는 것이 사업을 위해서 도움이 된다는 것을 알고 있다.[18] 그의 익살스러운 농담, 말, 그 밖에 다른 행동들 때문에 일부 고객들은 계속 그 가게에 온다는 것은 명백하다. 동시에 그가 고객을 '짜증나게 하는 것'과 진한 유머를 이용하는 것이 고객들을 모욕하거나 불쾌하게 하거나 또한 그들의 인권을 침해할 위험이 있다.

그는 절도를 방지하기 위해 그는 특정 물품들의 위치를 전략적으로 정한다. 예를 들어, 값비싼 세탁세제는 출입문 근처에 두지 않는다. 그는 또한 선반에 서너 상자 이상의 세제를 진열하지 않는다. 또한 담배도 계산대 위의 선반 첫 번째 줄에 두지 않는다. 고객들이 머리 위의

---

18) 유머를 이용하는 것이 다른 한인 이민자 상인들 사이에서 얼마나 인기 있는지는 평가하기 힘들다.

서랍 위로 손을 뻗어 담배를 훔치기 때문이다.

가장 중요한 전략은 문제가 있는 고객을 가게로 들어오지 못하게 한다. 어떤 고객이 가게에서 물건을 훔치거나 그와 말로 혹은 몸으로 싸우면 그는 그 손님을 가게 안으로 들이지 않는다. 그는 그들을 그가 '집행유예'라고 부르는 상태에 둔다. 수주 혹은 수개월 지난 후에야 가게로 들어올 수 있게 허용한다. 보통 '유예' 기간이 지난 후에 고객들은 두려움 때문인지 혹은 성가심 때문인지 행동이 나아진다.

대부분의 거래는 상인과 고객 사이의 대체로 평범하고 기계적인 성격의 일상적 접촉으로 특징지어지며, 대립이나 분쟁을 포함하고 있지 않다. 양측 사이의 관계가 대개 우호적이고 유머러스하다. 대부분의 상거래가 비교적 정중하게 이루어지지만 몇몇 고객들은 상인의 감시와 규율의 대상이 되고, 일부 '거친' 고객들은 불매운동이나 폭동의 위협을 동원하면서까지 상인에게 대항하고 대립한다. 또한 강탈하거나 훔치는 거친 고객들은 어떻게든 물건 값을 지불하지 않고 가져간다. 반대로 훨씬 신사적으로 보임으로써 '좋은' 고객으로 인식되어 외상을 사용하기도 한다. 상인의 입장에서도 외상을 줌으로써 '좋은' 고객으로의 유인을 제공한다.

가장 문제를 일으키는 고객들은 보통 알코올중독자, 약물남용자, 갱단원, 뜨내기, 청소년 등이다. 즉, 돈이 적거나 약물남용자 경향이 있는 고객들이다. 상인이 지칭하듯이 이들 '거친' 고객들은 하루에 1~20번씩 뻔질나게 가게를 찾아오고 가게 주위를 배회하는데, 이는 그들이 할 일이 없거나 갈 곳이 없기 때문이다. 또 다른 이들은 하루에 10번정도 가게에 오는데, 올 때마다 물건 값을 깎아달라고 하고, 1센트짜리 동전으로 지불한다.

무직, 알코올중독, 약물 사용과 같은 문제들은 빈곤과 밀접하게 연관되어 있다. 높은 실업률로 생존이 어렵기 때문에 스스로 마약에 더 의존하거나, 어떻게든 복지를 받아내고 편취하며, 가족이 해체되면서 편모 가구가 증가하고, 마약을 팔아 돈을 벌기 위해 각종 폭력과 갱단이 더 나타난다. 상인에 따르면, 사우스센트럴에서 많은 문제의 근본 원인은 일자리가 없다는 것이다. "사우스센트럴에서 비즈니스를 소유하고 있지 않으면 대부분 낮은 임금의 노동집약적 일자리, 대개는 서비스 업종에 제한된 것들밖에 없다." 날마다 일을 하는 많은 정규근로자들도 빈곤선을 넘지 못한다. 그러나 이것이 빈곤 때문에 자동적으로 상인과 고객 사이에 분쟁이 생긴다는 것을 의미하지는 않는다. 중류층과 상류층 동네에서는 이런 분쟁을 상인이나 고객이 직접 해결하려 하지 않고 경찰이나 외부기관을 이용한다. 상인과 고객이 직접 부딪힐 일이 훨씬 적다. 그러므로 사우스센트럴의 상점 주인들은 상점에서의 절도나 다른 복잡한 문제들을 해결하기 위해 정당한 기술뿐만 아니라 미심쩍은 기술 ─ 힘없는 그리고 가난한 도심 고객들을 강압하기, 대결하기, 통제하기, 조작하기, 조롱하기, 놀리기, 기강 잡기, 범죄자 취급하기 ─ 까지 사용한다. 상인들은 착한 고객과 거친 고객을 다르게 다룬다. 고객들 또한 자신이 의도하는 바에 따라 다양한 방식으로 대응한다. 이러한 관계와 대응에는 미국의 인종관계와 자본주의적 관계가 기저에 스며들어 있다.

제6장 뉴욕의 한흑갈등

일상적 경험과 정서

　어느 화창한 금요일 오후 3시 뉴욕시 할렘의 한 한인청과상의 계산대 앞에는 흑인들이 줄지어 서 있다. 계산대에 앉아 있는 사람은 그 가게의 한인 주인과 그의 아내이다. 이들은 과일과 야채의 무게를 달고 이를 가지고 온 고객들에게 돈을 받고 앉아 있었다. 고객들은 이들에게 돈을 지불하고 비닐주머니에 담긴 물건을 들고 나간다. 주인과 그 아내는 몇몇 안면이 있는 고객들에게는 헬로우하고 인사를 하지만 대부분의 고객들에게 무표정한 얼굴로 돈을 받고 있었다. 이들은 물건의 무게를 달거나 또는 돈을 받으면서도 계속 상점의 여기저기를 둘러보고 있었다. 갑자기 가게주인인 남편은 한국말로 야채를 다듬고 있던 한인종업원에게 "네 옆에 있는 여자, 잘 감시해. 도둑년 같아."라고 소리를 질렀다. 줄지어 서 있던 고객들은 일부가 고개를 두리번거리며 무슨 일인지 쳐다보았다. 종업원은 도둑으로 의심되는 흑인여자를 자세하게 감시하고 있었다. 그 여자는 결국 야채를 골라서 돈을 지불하고 가게 문을 나섰다. 문을 나서면서 그녀는 "씹할Fucking … "이라며 욕을 내뱉었다.[1]

---

1) 흑인들에 대한 고정된 인상과 인종차별 때문에 많은 흑인들은 이와 비슷한 경험

할렘에서 청과상을 운영했던 한 한인여자는 다음과 같이 말하고
있다.

내가 1986년 처음 가게 문을 열었을 때 온갖 건달들이 내 가게에
와서 도둑질을 하였다. 처음가게를 시작했기 때문에 나는 도둑과 일
반고객들을 구분할 수가 없었다. 코트를 입고 온 여자들이 마졸라 식
용유를 주머니에 넣어 훔쳐가고 어떤 여자들은 [유모차에] 애기를
데리고 기저귀박스를 가지고 와서 팜퍼스 기저귀를 박스에 넣어 훔
쳐갔다. 문 밖에 있는 진열대에서 과일을 집어 도망가 버린다. 그들
을 붙잡으면 그들은 적반하장격으로 나에게 대든다. '왜 나를 잡느
냐? 너희들 중국놈들Chinks이 우리나라에 와서 많은 돈을 벌어가지
만 나는 겨우 몇 개 집어갈 뿐이다.' 그들은 가끔 나보고 한국으로
돌아가라고 한다. 왜 이곳이 너희 나라냐고 따지면 [논쟁이 번져] 언
제 싸움이 끝날 줄 모른다. 영어문제 때문에 그들과 말싸움하기는 매
우 어렵다. 점차적으로 누가 도둑이고 어떻게 도둑질을 하는지 알게
되자 도둑은 줄어들었고 더 많은 흑인들과 친하게 지낼 수 있었다.
도둑이 많을 때는 판매액의 5분의 1은 훔쳐갔다 …. 하지만 일반흑인
들도 잘 감시를 하지 않으면 도둑질을 하는 경향이 있다.

을 가지고 있다. 워싱턴에서 물건을 사기위해 친구들과 백화점에 들른 한 흑인청
년도 비슷한 경험을 고백하고 있다. 백화점의 한 직원이 그를 따라 다녔다. "그
직원은 물건에 달린 가격표들을 점검하면서 [혹시 흑인청년이 가격표를 바꿔
달았을까봐] '물건을 사지 않을 거면 이곳을 나가주었으면 고맙겠습니다'라고
말했다. 그는 이곳은 여성용 가게이기 때문에 흑인청년들이 돌아다니면 [흑인청
년들이 강탈을 많이하여 다른 손님들을 불안하게 하기 때문에] 자기가 신경이
쓰인다고 말하였다. 내 친구들은 그를 진짜 인종차별주의자이고 백인새끼(White
Bitch)라고 말했다"(Washington Post, 1991.10.17.). 아주 잘 차려입은 흑인여자
교수도 뉴욕시의 5번가에 있는 고급백화점 Saks에서 옷의 가격표를 바꿔 붙였다
고 의심받았다. 그러나 실제로는 다른 백화점 직원이 가격표를 바꿔 달았었다(N
ew York Times, 1991.4.30.).

한인가게 주인이나 종업원은 또한 가게에서의 흑인들의 일상적인 태도에 대해서도 많은 불만을 가지고 있다. 할렘의 한 생선튀김가게의 여자 종업원도 흑인에 대해 많은 불만을 가지고 있다.

> 여기에서는 날마다 흑인들과 전쟁하는 기분이다. 아침마다 하루 종일 흑인들과 싸워야 하다고 생각하니 이곳에 오기 싫지만 먹고 살기 위해 어쩔수 없이 온다. 말 그대로 정말 하루 종일 싸운다. 하루 종일[12시간] 싸우고 나면 정말 녹초가 된다. 내가 다른 손님에게 신경을 쓰고 있으면 다른 손님은 돈도 안낸다. 정말 돈을 받지 않았는데 돈을 주었다고 고집하거나 아예 도망가 버린다. 한 흑인이 나에게 불평을 하면 다른 흑인들도 무조건 그 사람 편을 든다.

할렘이 아닌 다른 지역에서 가게를 하고 있는 한인상인들도 비슷한 불평을 하고 있다. 뉴욕시 브루클린에서 가게를 연 한 한인도 날마다 흑인과 싸우며 산다고 불평을 하고 있다. 그는 청과가게를 연지 열흘 만에 세 번이나 밤도둑이 들었다. 지역의 건달들이 그가 새로 가게를 연 것을 알고 계속 침입을 하였다. 그래서 그는 장난감 총을 사서 진짜처럼 보이게 가지고 다닌다. 그는 가끔 그 총을 꺼내 닦으면서 [소문을 통해 도둑들에게 겁을 주기 위해] 흑인고객들에게 보여준다. 그 후 그 지역의 갱들이 그를 괴롭히지 않았다(뉴욕세계일보, 1988.9.2.).

브루클린에서 가게를 하고 있는 한 한인의 딸은 자신의 부모의 경험을 보다 생생하게 기술하고 있다.

> 10살에서 14살쯤 먹은 흑인소년들이 떼를 지어 가게에 들어와 내 부모님의 영어가 서툴다고 놀려대며 이것저것 물건에 손을 대며 욕을 할 때는 아주 공포분위기다. 좀 나가달라고 하면 코웃음을 친다. 나의 아버지는 짧은 영어지만 고함을 치면서 이들을 쫓아내려 하지

만 이들은 가게를 나가기 전에 각종 심한 욕과 몸짓을 나의 아버지에게 해댄다.

　이러한 일이 벌어질 때마다, 어머니는 가슴이 쿵쿵거리고 온 몸이 심하게 떨려 잠시 정신을 잃는다. 이러한 일 때문에 어머니는 잠을 못 주무시기도 한다. 어머니에게 너무 걱정을 한다고 뭐라 하지만 내 가슴은 아주 쓰리다. 자신의 부모가 멸시당하나 어떻게 할 수 없을 때처럼 고통스러운 일은 세상에 없을 것이다.(Cindy J. Suh가 보내어 게재된 독자편지. New York Times, 1990.5.18.)

　대부분의 한인이 가지고 있는 이러한 시각과는 다른 시각을 가지고 있는 한인들도 있다. 할렘에서 흑인들로부터 존경을 받고 있는 다른 한인상인은 다음과 같이 말하고 있다.

　내가 여기서 거의 20년간을 사업을 했다. 내가 생각하기에 흑인들은 아주 좋은 사람들이다. 나는 그들과 아주 가까운데 만약 당신이 그들을 잘 대해주면 그들도 당신을 잘 대해줄 것이다. 그러나 한인들이 흑인들에 관심을 가지지 않으며 오직 돈 버는 데만 신경을 쓰기 때문에 흑인들이 한인을 싫어하는 것이다. 새로 들어온 한인상인들은 돈을 빨리 벌려고만 하기 때문에 흑인과 갈등을 일으킨다. 그들은 망할까 봐 일 센트라도 더 벌려고 아주 공격적이다. 그들은 돈만 벌려 할 뿐 아무것도 흑인들에게 주지 않으려 한다. 그들이 우리를 좋아하게 하기 위해서는 그들에게 무엇인가를 주어야 한다. 우리들은 도둑들에게 보다 관대해질 필요가 있다. 그들은 가난하고 음식이나 옷을 필요로 한다. 그들이 원하는 것을 그들에게 주어봐라. 그들은 우리를 고맙게 생각할 것이다. 그들이 훔쳐봐야 얼마나 훔치겠는가?

　전반적으로 할렘에서 가게를 운영하고 있는 대부분의 사람들은 흑인 도둑들뿐만 아니라 일반고객들도 의심하고 감시를 한다. 한인상인들은 일단 흑인고객들을 잠재적으로 도둑질을 할 가능성이 있다고 생각한다. 할렘에서 조사를 위해 필자(이정덕)는 한 옷가게에서 일한 적이 있는데 그 가게의 한인종업원이 필자에게 맨 처음에 한 이야기는 "모든 사람들을 잘 감시해야 해요. 감시하지 않으면 그들은 훔쳐가는 경향이 있어요. 그들이 훔쳐가지 못하도록 잘 감시하고 있어야 해요." 특히 젊은 흑인이 들어오면 한 종업원이 반드시 그를 따라다니며 감시하였다. 이러한 감시와 의심으로 한인상인과 흑인고객들 사이에는 긴장이 흐르게 된다.

흑인들은 자신들의 동네에서 한인들에 의해 자신들이 감시당하고 있다는 점을 잘 알고 있다. 한인상인들은 또한 흑인들이 들어설 때 웃으면서 인사를 하거나 어서 오라고 하는 경우는 별로 없다. 한인상인들은 이러한 침묵을 통해서 흑인들로부터 일정한 거리를 두려고 노력한다. 거리를 두려고 할 뿐만 아니라 흑인들을 멸시하기도 한다. 많은 한인상인들이 자신들은 흑인보다 우월한 민족이라고 생각한다.[2] 특히 가난한 흑인들을 자신들과 동등하게 간주하지 않는다. 따라서 일부 한인들은 자신들이 지위가 낮은 흑인들을 상대로 장사를 한다는 사실에 대해 다른 사람에게 어떻게 보일까 하고 걱정을 하고 있다.

많은 흑인들은 영어도 제대로 못하는 한인들에게 멸시당하고 있다고 느낀다. 흑인주민들은 한인을 "거만하고 무례한" 사람으로 간주한다(Veneroso 1989: 5). 그들은 또한 한인들이 아주 의심이 많은 사람들이며 자신들을 좋아하지 않는다고 느낀다. 그들은 한인이 그들을 잘못

---

[2] 물론 이러한 감정은 한인상인들만 가지고 있는 것은 아니다. 노골적으로 표현을 하지는 않지만 다른 한인, 또는 한국에 있는 한인, 그리고 미국의 백인들도 가지고 있다.

대하고 있다는 점을 잘 알고 있다. 한인들은 흑인을 의심하고 흑인들은 한인의 감시에 대해 분노를 느끼기 때문에 가끔 한인상인과 흑인 고객 사이에 싸움이 벌어지기도 한다. 물론 흑인고객이 분노를 삭이고 나가지만 그 가게를 더 이상 사용하지 않는 경우도 있다.

할렘의 한 흑인에 따르면, "한인이 나를 마치 돈을 셀 줄 모르는 바보로 취급한 적이 있다. 나는 아주 화가 나서 그를 패주고 싶었다. 그 다음부터는 나는 그 가게에 다시는 가지 않았다"(Benjamin 1990: 39에서 인용). 다른 흑인도 비슷한 경험을 가지고 있다.

> … 나는 한 얌전하게 보이는 흑인여자와 싸우다가 그녀를 깜둥이 라고 부른 한 생선가게의 한인상인과 싸우게 되었다. 나는 조건반사 적으로 그에게 '이 개새끼야, 니가 왜 깜둥이라고 불러'라고 외치며 사과하라고 요구했다. 그는 이일은 나하고 관련 없는 일이니 상관하지 말라고 말했다. 나는 개새끼라고 욕을 해댔고 그는 생선 칼을 집어 들었다. 나도 칼을 집어들었다 …. 나는 이때부터 아주 서비스가 좋은 한 세탁소만 빼놓고 다른 한인가게는 사용하지 않기로 결심하였다. 한인들은 내 돈 한 푼도 만질 수 없을 것이다.(Benjamin 1990: 39에서 인용)

할렘지역을 포함하는 흑인 상공회의소의 회장인 윌리암스는 이러한 상황을 보다 지적으로 설명하고 있다.

> 흑인들의 불만은 높은 실업률과 할렘의 재개발에 따른 것이다. 개발업자들이 비싼 고급아파트를 짓기 위해 여기저기를 사들이고 있다. 월세가 상승하여 몇 세대를 계속하여 생활해 온 흑인주민이나 상인들이 쫓겨 나고 있다. 한인들이 실업률(할렘 청소년의 65%가 직장이 없다)이나 재개발에 책임이 있는 것은 아니지만 할렘이 번영함으로

써 가장 이익을 보고 있는 집단이 한인상인들이다 …. 새로 들어오는 한인들이 문제다. 그들은 흑인을 둘러싼 미국의 역사를 이해하지 못하여 흑인에 대해 부정적 태도를 가지고 있다. 그들은 흑인들을 무능하고 게으르고 마약을 좋아하고 일하기를 싫어하는 사람으로 생각한다.(Veneroso 1989: 5에서 인용)

흑인들은 또한 한인들이 흑인들에게 전혀 도움을 주지 않으며 흑인 지역에서 돈만 벌어 나간다고 생각한다. 위에 언급한 윌리암스에 따르면 한인들은 시정부가 흑인지역의 병원을 폐쇄하겠다고 할 때 전혀 도움을 주지 않았다고 불평하고 있다(Veneroso 1989:4). 그렇지만 어느 곳에서 돈을 벌든지 또는 어느 곳에서 돈을 쓰든지 자유롭게 할 수 있는 미국에서 흑인들이 이러한 요구를 한다는 것은 많은 한인상인들에게는 괜한 트집에 불과하다. 이러한 문제들은 지역주민이나 또는 시정부가 해결해야지 그곳에서 장사를 하고 있는 한인상인들에게까지 책임을 지라고 하는 것은 지나친 일이라고 생각한다.

흑인들의 불만은 여러 형태로 표현되는 데 한인가게의 셔터에는 "흡혈귀," "씹할 놈," "나쁜 놈," 등의 단어가 페인트로 쓰여져 있다. 하지만 다른 흑인들은 한인들이 별 다른 차별을 하지 않는다고 생각하며 또 다른 흑인들은 한인들에 대해 불만을 가지고 있지만 한인가게가 흑인가게보다 가깝거나 또는 한인가게 밖에 없기 때문에 어쩔 수 없이 한인가게를 사용하게 된다. 실제 뉴욕에서는 대부분의 청과상이 한인들이기 때문에 불만이 있는 사람도 한인가게 이외의 다른 가게를 찾기는 쉽지 않다.

이러한 불만을 행동으로 표현하는 흑인들도 많이 있다. 앞의 한 예처럼 한인가게에 더 이상 가지 않거나 또는 불만이 생겼을 때 직접 한인상인에 항의를 하든지 싸우든지 또는 피켓을 들고 항의시위를 하거나 한다. 물론 한인상인에 대한 불만으로 가게에 들어와서 물건을 어지럽히든지 또는 물건을 훔쳐가는 사람들도 있다. 할렘의 한 생선가게에서 한 흑인과 한인상인이 잔돈을 다 주었다느니 안 주었다느니 하며 싸움을 하게 되었는데 그 후 그 흑인은 피켓에 보이콧이라고 써서 그 가게 앞에서 서서 "보이콧! 보이콧!"이라고 외치며 시위를 하였다. 다음날 그는 그 가게에 나타나지 않았다. 실제 보이콧하기 위해서는 자신의 시간을 투자하여야 하며 그 결과가 불명확하기 때문에 개인이 이러한 일을 벌이기는 쉽지 않다. 또한 개인적으로 보이콧을 계속한다 하여도 상대방 상인의 태도를 바꾸기란 쉽지 않다. 따라서 만약 상인이 잘못 대한다고 해도 가난한 주민이 혼자 힘으로 상인들에게 효과적으로 대항하기란 쉽지 않다.

물론 개인적인 항의만 있는 것이 아니고 집단적인 항의가 조직될 수도 있다. 이러한 집단적 행동의 하나가 폭동이다. 1990년 8월4일 약 백여명의 흑인들이 몰려와서 브루클린의 한 한인 청과가게를 부셔버리고 멕시코계 종업원을 패고 총을 난사하고 도망간 적이 있다. 이들이 폭동을 일으키기 전에 그 가게에서는 한인상인과 두 흑인여자 사이에 다툼이 벌어졌었다. 이와 유사한 폭동형태의 항의는 가끔 벌어진다. 물론 집단적으로 흑인이 몰려와 따지기만 하고 돌아가는 경우도 있고 물건만 뒤집어 놓고 가는 경우도 있다. 이러한 것들이 불만 때문인지 아니면 재미로 하는 일인지도 불명확한 경우도 있다. 어쨌든 이러한 폭동형태의 행동은 방송 등에서 비도덕적인 폭력으로 매도되어 흑인들의 폭력성만 강조되고 흑인들이 부당하게 대우받은 점은 무시되어 흑인에 대한 부정적 이미지만 강화될 뿐이다. 그러나 보이콧이 보다 조직화되는 경우 상당히 다른 상황이 벌어진다.

한인상인들이 이보다 더 걱정하는 것은 총기를 가진 흑인들이 많고 흑인무장강도가 나타날 수 있다는 점이다. 이 당시에도 미국 전역에서 한인상인이 무장강도에 살해당하는 일이 1년에 10여건도 넘게 일어나고 있었다. 할렘의 경우에도 필자(이정덕)가 일하던 가게의 천장에 총알자국이 있었다. 보석상이나 수표현금교환상들은 현금이나 보석이 많기 때문에 더욱 예민하여 방탄유리 사이에서 고객과 거래한다. 가게 내에서도 현금을 내주고 받는 현금출납기 부분에 권총을 두는 경우도 있고 어떤 가게는 겁을 주기 위해 도검을 전시하는 경우도 있었다. 하루 영업이 끝나고 그날 번 현금을 챙겨서 자동차로 가서 집으로 귀가하는데, 이때 현금을 강탈하는 강도가 있을까봐 엄청 신경을 곤두세우고 총을 가지고 두세 명이 같이 자동차로 가기도 한다. 한 가게가 늦게까지 혼자 문을 열고 있으면 타겟이 되기 쉽기 때문에 대부분 컴컴해지면 가게를 닫고 퇴근한다. 흑인 절도나 강도들과 싸운 이야기는 한인상인들로부터 흔히 들을 수 있는 이야기였다.

보이콧의 시작3)

흑인들에 대한 여러 가지 차별 때문에 이에 항의하고 저항하기 위한 많은 흑인들의 시민운동단체들이 많이 조직되어 있다. 전통적으로 흑인교회는 시민운동의 중심 역할을 수행하여 왔다. 이들은 가끔 회사나 상점에 대한 보이콧 운동을 조직하기도 한다. 최근의 예로 민주당의 대통령 예비선거에 출마한 적이 있는 제시 잭슨 목사가 조직한 PUSH라는 단체는 나이키 신발회사가 흑인들이 나이키 상품을 많이 구매하는 데도 불구하고 충분히 흑인들을 고용하지 않는다고 나이키

---

3) 이곳에서는 할렘의 사례만 다루었다. 뉴욕시 브루클린지역에 대한 사례는 J. Yi(1993:158-162)을 참조할 것.

신발회사를 보이콧한 적이 있다. 물론 이러한 전국적인 보이콧뿐만 아니라 지역에서 백인상인들이 흑인들을 차별한다고 보이콧한 경우는 아주 많다. 할렘에서도 1930년대나 1940년대 또는 1960년대에 흑인을 고용하지 않거나, 흑인을 패거나, 또는 흑인고객들을 차별한다는 이유로 보이콧이 자주 조직되었다.[4]

한인들에 대한 보이콧이 할렘에서 처음 시도된 것은 1982년 7월이다. 『전미흑인개선협회Universal Negro Improvement Association』는 자메이카 출신인 마커스 가비가 미국전역에서 조직한 흑인 민족주의 계열의 시민운동단체로 1910년대에서 1920년대까지 할렘을 비롯한 전국의 흑인들에게 커다란 영향을 끼친 단체이나 가비가 자메이카로 추방당한 이후 그 세력이 아주 약화되었다(Martin 1986: XV). 이들 협의회의 후속단체가 할렘에서는 계속 이어져 내려오고 있었는데 이들 한 단체의 회원들이 "한인상인들이 흑인을 고용하지 않고 다른 소수민족[흑인을 의미함]들의 가게 문을 [경쟁 때문에] 닫게 하고 있으니 한인가게를 사용하지 말라고 흑인주민들에게 보이콧을 부탁하는 삐라를 뿌렸다"(Harris 1983: 198). 한인들이 미국으로 이민 올 때 미국정부에서 정착금을 지급했다는 소문은 그 지역의 한인상인에 대한 감정을 더욱 나쁘게 하였다. 하지만 이 보이콧은 특정 가게를 대상으로 한 것이 아니고 한인상인 전체를 대상으로 한 것이었다. 『전미 흑인 개선 협의회』는 실상 한인상인들만 배척한 것이 아니고 흑인이 아닌 모든 다른 상인들을 보이콧할 것을 선동하였고 흑인상점들을 사용하도록 부추겼다(New York Times, 1982.9.11.).

이 보이콧의 주도자인 『전미흑인개선협회』의 샤카 줄루는 "우리의 목적은 흑인지역의 경제를 흑인들이 통제할 수 있도록 하는 것이다"

---

4) 보다 자세한 내용은 J.Yi, 1993, 2장을 참조할 것.

라고 주장하였다(New York Times, 1982.9.11.). 이 지역의 많은 흑인들은 한인들이 미국연방정부의 사업대출금을 흑인보다 쉽게 얻고 있다고 믿었는데, 한인들이 1970년대 말부터 아주 빠른 속도로 이곳 할렘상가를 장악하자 이러한 의심은 흑인주민들에게 매우 설득력 있는 것으로 받아들여졌다. 한인상인에 대한 보이콧으로 한인과 흑인사이에 긴장이 높아지자 한 흑인지도자는 "뜨거운 한 여름날 흑인에 대한 잘못된 말이나 무시는 한인에 대한 폭력사태를 불러일으킬 수 있다"고 걱정하였다(Harris 1983:198).[5] 이렇게 비등하고 있던 갈등을 중재하기 위해 연방관리가 개입하여 한인상인과 흑인상인들의 모임을 주선하였다. 아무런 사항도 협의하지 못하고 해어졌지만 한인상인에 대한 보이콧은 얼마 후 멈추었다.

1984년 10월에 조직된 한인상인에 대한 보이콧은 특정 가게를 대상으로 한 것으로 발단은 다음과 같다. 흑인남자가 음료수를 샀다가 물렸다가 다시 사가지고 나가다가 돌아와서는 상점주인(한인여자)에게 잔돈을 덜 주었다고 따지기 시작하였다. 한인여주인은 주었는데 무슨 소리냐고 하면서 말싸움이 벌어지자 다른 흑인 고객이 계속 따지라고 부추겼다. 그 흑인은 '한인흡혈귀들로부터 멸시받고, 조롱당하고, 잔돈을 떼어 먹히는 데 지겹다'고 소리 지르며 욕을 해댔다. 한인 남자주인이 그를 끌어서 바깥으로 내보내려 하자 싸움이 벌어졌다. 그 흑인이 의자를 던져 유리창을 깨고 흑인들의 응원에 용기를 얻어 그는 의자 다리를 들어 한인 남자주인을 때렸다. 한인여주인은 "그 흑인이 뒷주머니에서 나이프를 꺼내 위협을 하며 '너희들은 한국으로 가버려'라며 가게 안으로 들어오려 해 나는 밀대를 들고 …"라고 나중에 진술하였

---

5) 한국에서도 비디오로 출시된 흑인 감독 스피이크 리가 감독한 영화 『똑바로 살라』 Do the Right Thing은 이와 유사한 상황을 다루고 있다.

다(Lombardi 1985:13-14).

물론 한인에 대한 보이콧을 야기한 다른 사건들도 마찬가지이지만 한인과 흑인들이 서로 다른 이야기를 하고 있다. 흑인들은 보통 한인들의 흑인들에 대한 정당치 못한 폭력행사나 멸시를 강조하는 데 반하여 한인들은 보통 흑인들의 비윤리적이고 불법적인 행위들을 지적하고 있다. 이 사례에서는 근처 한인가게의 흑인종업원은 "그 흑인이 마약에 취했던 것이 아니고 단지 한인들에 대해 화가 나 있었다" 그리고 "한인들이 그 흑인을 팼다"라고 말하나 당사자인 한인부부는 그 흑인이 "마약에 취해 있어서" 단지 그를 겁주어 쫓아 보내려고 했을 뿐이라고 주장했다. 바로 다음날 한 흑인여자목사는 이 가게의 보이콧을 조직하였는데 그 목사는 한인들이 "긴 막대기"와 "긴 칼"로 무장하고 있었다고 주장하였다. 이 지역에 있는 다른 한인들은 이들 한인부부가 주먹을 자주 사용하는 공격적인 사람이었다고 동의하고 있다(Lombardi 1985).

흑인여자목사는 자신은 직접 보지 않았지만 그 동안의 경험으로 어떤 일이 벌어졌는지 눈에 선하다며 "한인들은 한 번 혼나야 한다. 그들은 할렘에서 흑인들에게 기분 나쁘게 대하고 있다. 그들은 당신이 반드시 도둑질할 것처럼 감시한다. 50센트를 주어야할 때 45센트만 내주기도 하며 일 파운드(453.6g)라며 4분의 3 파운드 정도만 준다. 여기는 흑인동네인데 어떻게 흑인에게 그렇게 대할 수 있느냐…"라고 주장했다.

흑인목사가 보이콧을 시작하자 흑인주민들이 거기에 참여하였고 그 다음날에는 유별나게 분개해하며 고함을 지르는 한 흑인집단이 참여하였다. 삼일 째부터는 이들이 보이콧을 주도하기 시작하였다. 원래 그 목사는 3일만 보이콧하고 끝내려 하였지만 이들 집단이 보이콧을 계속하며 여러 한인가게에 대한 보이콧을 유도하였다. 이들은 마커스

가비의 '아프리카로 돌아가자'라는 운동이나 칼로스 쿡스의 '흑인가게 만 사용하자 Buy Black'라는 운동의 회원 그리고 흑인 회교도나 공산주의자들을 포함한 『할렘을 걱정하는 모임』과 관련된 집단이었다. 그 지도자는 피켓을 들고 보이콧하는 것을 흑인들의 민족의식을 높이려는 움직임으로 설명하면서 흑인주민들이 사업의 50%를 장악해야 하며 한인들이 "이 지역주민을 만족시키기 위해서는" 떠나는 것 이외에 다른 할 일이 없다고 주장했다.

거리에서 주민들에게 나누어준 삐라에는 "흑인가게만 사용하자 … 흑인지역에서 흑인이 아닌 한인, 아랍인, 인도인, 히스패닉, 유럽인들의 모든 가게들을 보이콧하자"고 주장하고 있다. 1982년에 배부된 공개편지에서 4개의 한인가게를 『할렘을 걱정하는 모임』에게 무료로 넘기라고 요구하였다. 이 편지는 또한 『할렘한인상인번영회』와 『뉴욕시한인청과상협회』에게 한인 청과상들이 할렘에 들어와 가게를 여는 것을 억제해달라고 부탁했다. 다른 삐라들은 "흑인을 바보로 생각하고" 이 지역에서 돈을 벌어 "자신들의 호화가옥으로 돌아가서 희희거리며 사는" 한인을 흡혈귀라고 표현하고 있다(Lombardi 1985: 15). 보이콧을 주장하는 사람들은 흑인들을 고용할 것도 요구하였다(김원덕 1986: 227).

이 보이콧이 뉴욕에서 한인에 대한 최초의 장기적인 보이콧이었다. 한인상인들은 자신들이 미국에 갓 이민온 정치적으로 아주 취약한 민족이고 흑인들의 분노가 자신들에게 향하고 있다는 사실을 알고 아주 불안해했다. 그들은 경찰들이 개입해 바로 시위를 하는 사람들을 흩어지게 하거나 체포하는 한국과는 달리 뉴욕시 경찰은 시위를 보고만 있고 가능하면 개입하지 않으며 또한 뉴욕시청도 이러한 문제를 해결하지 못한다는 사실을 알게 되자 더욱 불안하였다. 이러한 경험으로 이들은 지역한인상인조합을 친목단체에서 보다 집행력을 가진 공식적 조직으로 강화하였고 또한 지지를 확보하기 위해 정치인들이나 또는

시, 주, 연방 정부관리들과의 관계를 강화시켜려 노력하였다.[6]

같은 가게에 대한 보이콧이 1988년에도 시작되었다. 그 전의 한인 주인은 가게를 팔고 나가고 다른 한인이 이 청과상을 운영하고 있었다. 이 새로운 한인주인은 훔치는 것으로 의심 가는 흑인들에게 폭력을 자주 행사한다고 주변에 알려져 있었다.[7] 보이콧을 시작한 집단은 한인주인이 흑인여자를 때렸다고 주장하였다. 그 가게의 한인 여주인은 두 흑인여자가 물건 값을 내지 않고 나가길래 물건을 내놓으라고 하자 흑인여자들이 자신을 프라이팬으로 때리려 하였으며 자신이 이를 막았고 이때부터 싸움이 시작되었다고 주장하였다. 어쨌든 이러한 소식은 곧 지역의 한 지도자인 알려진 루카스 신부에게 전달되었고 그는 보이콧을 조직하였다.

한 흑인성당의 신부인 그는 그 가게의 한인주인이 흑인을 많이 때렸다고 들었다며 그 가게주인이 늙은 흑인여자를 때리고, 흑인을 멸시하고, 좋지않은 물건을 팔며, 흑인들에게 "아프리카로 가버려라"라고 말한 인종차별주의자라고 주장했다. 흑인을 때렸다는 소식을 듣고 그는 그의 성당에서 그 가게에 대한 보이콧을 시작한다고 선언하였다. 이 보이콧은 그 당시 브루클린과 퀸즈의 세 한인가게에 대해 보이콧을 하고 있던 『12월12일운동』의 도움을 받아 조직되었다.[8]

가게 앞의 시위과정에서 날마다 경찰들이 시위지역에 배치되었다.

---

6) 자세한 내용은 J. Yi, 1993의 6장을 참조할 것.

7) 필자(이정덕)에게까지 자기가 쫓아가서 흑인도둑놈을 팬 적이 있다고 말했다.

8) 루카스 신부는 『12월12일운동』의 의사결정과정에 참여하는 중요한 지도자의 하나이다(Hornung 1990b). 물론 『12월12일운동』의 지도자 소니 카슨은 자신들이 보이콧을 주도하는 것이 아니라 분노한 흑인주민들이 자발적으로 보이콧을 시작하였으며 자신들은 그들을 도와주고 있을 뿐이라고 말하였다(Song 1989). 『12월12일운동』에 대한 설명은 이글의 끝 부분을 참조할 것.

보통 6-12명의 흑인이 가게 앞에 나타나 가게가 제일 바쁜 저녁 6시에서 8시 사이에 (토요일에는 하루 종일) 마이크나 맨 목소리로 보이콧을 외치고 있었고 이들은 경찰들이 쳐 논 선 안에 있어야만 했다. 선 밖으로 나와 가게에 접근하면 경찰들이 체포하였다. 경찰이 쳐 논 선은 가게 바로 앞에서 약 2m정도 떨어진 곳이다. 이들은 가게를 들어가는 흑인을 향해 흑인가게를 사용하라거나 보이콧하라는 구호를 외치고 때로는 욕을 하기도 하였다. 또한 각종 삐라를 뿌려서 이 가게의 주인이 얼마나 흑인을 때렸는지 또는 인종차별주의자인지 그리고 경찰들이 흑인을 어떻게 차별하는지에 대한 내용을 알렸다. 그들은 보이콧을 통해 (1) 한인상인들이 흑인을 존중해 줄 것 (2) 그 가게 문을 닫을 것 (3) '흑인가게를 사용하자'라는 운동의 선전을 도모하고자 한다고 주장하였다.

보이콧 동안 가게의 매상의 50%가 격감하였다. 『뉴욕시한인청과협의회』나 『할렘한인상인번영회』 등이 이 문제를 해결하러 나섰다. 그 가게의 주인과 『할렘한인상인연합회』의 지도자들은 루카스 신부를 만나서 타협을 하고자 하였지만 만날 수 없었다. 『할렘한인상인번영회』는 해결을 위해 그 지역의 『커뮤니티위원회Community Board』[9]의 소집을 요구하였다. 이 모임이 열렸을 때 루카스 신부는 한인상인들이 무례하고, 폭력적이고, 인종차별을 행하고 있다고 주장하여 참석자들로부터 많은 박수를 받았고 따라서 참석하여 한인들의 입장을 개진하여 흑인들을 설득하고자 하였던 한인들은 오히려 창피를 당하고 나왔다. 보이콧 당하고 있던 가게주인은 그 모임에서 한인상인지도자들이 사

---

9) 뉴욕시에는 각 작은 구역(서울의 구보다는 작지만 동보다는 크다)별로 위원회가 있어 그 구역에 관련된 문제들을 토론을 통해 자체적으로 해결하거나 뉴욕시에 올리게 하고 있다. 그 구역의 지도자들을 시장이 위원으로 임명하여 구성한다.

과하는 조로 이야기를 하고 자신을 잘 방어해주지 않았다고 매우 화를 냈다. 이 보이콧은 14개월이나 계속되었다.

흑인시위와 시정부의 개입

보이콧을 하는 과정에서 한인상인들이나 흑인시위대들이 여러 가지 행동을 할 수 있다. 하지만 물리적 폭력을 상대방에 행사하는 것은 자신들의 도덕성을 떨어뜨리고 즉각 경찰의 개입을 불러일으키기 때문에 법이 허용하고 경찰이 개입하지 않는 범위 내에서 장기적인 대치가 이루어진다. 시위대들은 가게 앞의 경찰선 내에서 계속 삐라를 나눠주고 고함을 치고 확성기를 사용하여 자신들의 견해를 흑인들에게 밝히어 자신들에 대한 도덕적 정당성을 확보하고 지지를 확대하려고 노력한다. 그리고 보이콧운동을 통하여 상대가게의 매상을 떨어뜨려 결국 가게를 포기하고 나가게 하려고 노력하고 있다.

다른 한인상인들이나 『뉴욕시한인청과협의회』는 시위하는 흑인들을 한인들을 쫓아내려 하는 '역 인종차별주의자'로 묘사하고 이러한 견해를 주류사회(백인사회)나 흑인사회에 퍼뜨리려 노력하였다. 한인상인들은 한 한인가게에 대한 보이콧을 전체 한인가게를 보이콧하는 전초전으로 생각하고 있기 때문에 단체나 개인들이 돈을 거두어 보이콧당하는 가게들을 지원해주면서 시위대가 지쳐서 시위를 멈출 때까지 가게를 지켜주기를 원했다. 즉 한인들은 흑인들의 가게를 폐쇄하라는 요구를 거부하고 흑인들은 보이콧을 통해 특정 한인가게의 폐쇄를 계속 요구하기 때문에 양쪽의 갈등과 대치상태는 교착상태에서 지속된다.

보통 한인가게에 대한 보이콧은 50%에서 100%에 가까운 수입의 감소로 이어지곤 한다. 1985년에 할렘에서 행해진 보이콧이나 1988-9년의 보이콧에서는 3-12명 정도가 가게 바로 앞에서 보이콧을 외치고 있었다. 특별히 집회를 가지고 사람들을 동원하는 경우에는 50-60명에 이르기도 한다. 필자(이정덕)가 관찰한 1988-89년 보이콧에서는 그들은 매일저녁 그리고 토요일 온종일 한 한인가게 앞에서 휴대용 확성기로 "이곳에서 물건을 사지 마십시오. 이 가게문을 닫게 합시다." "이곳을 그냥 지나치십시오. 이들을 망하게 합시다." "보이콧, 보이콧"하고 경찰선 내에서 계속 외치고 있었다. 때로는 가게에 들어가는 사람을 향해 "그 가게주인이 흑인 노파를 구타했습니다," "이곳에서 사지 마십시오."라고 외치고 있었다. 이 지역에 사는 한 흑인목수가 레몬 다섯 개를 사 가지고 나올 때 시위대는 그를 향하여 "너는 가내노예야! House nigger" 또는 "Uncle Tom"이라고 외쳐댔다[10](Amsterdam News, 1988.10.1.). 이러한 공격적인 시위로 시위시간 동안에는 이 가게는 거의 매출을 올리지 못했다. 보다 많은 지지와 참여자를 늘리고 주민들의 공감대를 얻기 위해 시위대는 계속 삐라를 뿌려 그 가게의 한인주인이 얼마나 나쁜 일을 했는지 계속 강조하고 흑인들에게 시위나 보이콧에의 참여를 호소하였다.[11]

---

10) 이들은 흑인배반자를 뜻한다. House nigger는 흑인이 노예인 시절 대부분 들판에서 힘든 노동을 하였으나 집안에서 백인들을 시중들며 사는 노예들이 있었다. 이들 가내노예는 노예제에 대한 저항이 훨씬 약했으며 백인주인 편을 드는 경우가 많았다고 한다. Uncle Tom도 백인에 빌붙은 흑인을 뜻한다.

11) 계속 나누어준 여러 장의 삐라는 주로 흑인에 대해 아주 못된 태도를 가지고 있는 한인가게주인이 흑인노파를 구타하였다는 것과 경찰이 한인편을 들고 있다는 것 그리고 이러한 것들은 미국사회에서 계속되는 흑인에 대한 차별의 일종이라고 주장하며 이러한 차별을 극복하기 위해서는 시위가 불가피하니 참여해달라는 호소를 포함하고 있다. 다른 종류는 외부상인들이 흑인돈을 다 빼앗아가 흑인이 가난하게 살고 있으니 흑인생활을 개선하기 위해서는 흑인가게를 사용하라고

시위대 주변에는 큰 천에 아주 커다란 흑인의 큰 주먹이 꽉 움켜쥐면서 무엇인가를 파괴하는 그림을 걸어 놓았다. 이 주먹은 흑인이 나서서 백인의 인종차별을 파괴함을 상징하고 있다. 여기에는 『12월12일 운동』이라는 명칭이 명기되어 있었다. 다른 포스터에는 "흑인가게를 이용하자 BUY BLACK"라고 크게 써놓고 가까이에 있는 4개의 흑인 청과상 및 행상의 주소를 적어 놓고 있다. 언젠가는 나무와 종이로 큰 사람인형을 만들고 목에는 "가게주인이 '흑인은 아프리카로 가버려라'라고 말했다"고 쓴 간판을 걸고 있었다.

그러나 시위를 하지 않는 시간에는 매상이 평상시 매상에 가까웠다.[12] 많은 할렘흑인은 보이콧을 무시하고 그 가게를 계속 사용하였다. 다른 흑인들은 시위대가 뭐라고 하는 것이 싫어 그 가게를 사용하지 않았다. 또는 시위하지 않는 시간, 즉 아침에 와서 야채를 사가거나 하였다. 이들 때문에 이익을 남길 수 있었으나 시위시간에는 거의 아무도 가게에 들어가지 않았다.

그 가게주인은 흑인을 때린 적이 없는데 저들이 시위하고 있다고 계속 흑인손님들에게 설명하였다. 그리고 가게의 입구에 한인주인의 입장을 설명하는 포스터를 붙여 놓았다.

친애하는 손님여러분께: 저들은 한인들이 흑인을 구타했다고 주장합니다. 그러나 한인이 흑인을 구타하는 것은 저희들에게 전혀 도움이 되지 않는데 왜 때렸겠습니까? 우리는 전혀 흑인을 구타하지 않았습니다. 우리는 고객과 할렘지역에 더욱 열심히 봉사하고자 합니

촉구하는 것이다. 한 삐라는 The Black Nation Must Be Free! FREEDOM or DEATH라고 끝맺고 있다.

12) 가게주인의 말이니까 말 그대로 믿기는 힘들지만 어쨌든 전체적으로 이익을 남길 수 있을 정도의 매상은 유지되었다.

다. 손님들이 장을 보는 데 『12월12일운동』 때문에 여러 가지 불편을 끼쳐드리는 것에 대해 사과드립니다. 『12월12일운동』은 지난 4년간 한인들에 대한 불매운동을 하고 있습니다. 그들은 [할렘이 아니라] 브루클린에 근거지를 가지고 있는 단체입니다. 그들이 우리가게를 보이콧하는 것은 단지 그들 단체를 위한 것일뿐 흑인주민이나 할렘을 위한 것은 아닙니다. 우리들이 한인이기 때문에 우리를 배척하기 위해 보이콧을 하고 있는 것입니다.

한 곳에서 시위를 하면 이러한 분위기는 다른 흑인들에게도 쉽게 전염이 되었다. 한인이 주인인 부근 한 생선가게에서도 흑인고객과 문제가 생겼을 때 그 고객은 쉽게 그 가게를 보이콧을 하겠다고 위협하였다. 한인상인들은 이러한 위협이나 실제적인 보이콧으로 흑인고객들에게 더욱 신경을 쓰지 않을 수 없었다. 할렘에 있는 한인상인들은 필자에게 보이콧 이후 흑인들에게 보다 친절하게 대한다고 말하였다. 한인상인들은 그들이 흑인고객을 조금이라도 서비스를 잘하지 못하면 보이콧하겠다는 위협이 급증하였다고 말하며 흑인고객들이 옛날보다 요구사항이 많아졌다고 말하고 있다.

그 지역에 산다는 한 흑인여교수는 흑인운동집단이 흑인들에게 무례하게 대하는 가게들의 리스트를 가지고 있으며 위기상황이 일어나면 그들 가게를 방화할 준비가 되어있다고 필자에게 말하였다. 이들 집단은 흑인들을 학대하는 가게에 대한 불평을 수집하고 있다고 한다. 보이콧을 하는 동안 한인 가게와 한 예멘가게가 불탔는데 그 흑인여교수에 따르면 이들 집단이 방화한 것은 아니라고 한다. 이들이 한 가게를 방화하자는 논의를 했지만 그녀는 말렸다고 한다. 경찰은 마약과 관련하여 방화된 것으로 생각하였는데 한인들은 시위대가 방화한 것이 아닌가하고 의심하였다.

뉴욕시 브루클린의 플랫부쉬에서 1990년에 벌어진 두 한인가게에 대한 보이콧은 뉴욕시민뿐 아니라 신문방송매체에서 커다란 관심을 불러 일으켰다. 1990년 1월 18일 한인가게주인이 아이티출신 흑인노파를 구타했다는 소문이 돌면서 시위가 시작되었다. 이 시위는 주변 지역주민에 커다란 반향을 일으켜 수백 명이 참여한 경우가 여러 번 있었다. 구타소문이 돌자 『플랫부쉬 경제쟁취 동맹Flatbush Coalition for Economic Empowerment』은 즉각 그 지역에서 삐라를 뿌리고 대규모 지역주민모임을 가지고 그 가게로 행진하였다. 『플랫부쉬 집단전선 Flatbush Collective Frontline』은 바로 보이콧을 조직하기 시작했다. 이들 회원들은 자신의 네트워크를 통해 사람들을 동원하기 시작했고 계속 삐라를 뿌렸다. 이들의 모임과 집회에는 수백 명의 아이티출신 흑인이나 다른 흑인들이 참여하였다. 이 모임에는 지역뿐 아니라 뉴욕시의 아이티출신 지도자나 흑인지도자들이 참여하여 연설을 하였다. 『12월 12일 운동』도 곧 바로 이모임에 참여하여 주도적인 위치를 차지하였다. 『12월12일 운동』의 지도자인 서니 카슨이 가장 중요한 지도자로 떠올랐으며 이들이 가지고 있는 운동에 대한 노하우가 동원되고 이들의 이념이 이들 보이콧을 뒷받침해주었다. 이들은 조직과 사람을 동원하였을 뿐만 아니라 뉴욕시의 다른 흑인지역에서도 이 사건에 대한 삐라를 뿌리고 집회를 가졌으며 뉴욕시 전체에서 흑인들을 동원하였고 또한 한인과 흑인문제에 대한 이슈를 전면적으로 제기하였다.

시위가 시작되고 시위대의 수가 불어나자 수백의 경찰이 동원되어 가게를 지켰고 지역에 전개되었다. 이러한 강력한 대치가 계속되자 5월에 들어서는 한흑갈등의 대표적인 사례로 또는 흑인들이 한인을 쫓아내려고 하는 사례의 대표로 언론의 각광을 받기 시작하였다. 이러한 매스컴의 관심으로 흑인 시위참여자 수도 늘어 한 때는 600명 정도의 흑인이 시위를 하고 400명 정도의 경찰이 가게부근에 배치되어 경찰선을 지키고 있었다. 뉴욕시의 인권국 국장이 개입하였으며 한인과 흑인들의 인터뷰가 계속 텔레비전에 방영이 되었다. 한인과 흑인들이 서로 상대방이 잘못하고 있다는 입장을 밝히는 경우가 많았으나 시위가 장기화되면서 많은 흑인들이 흑인시위대가 한인을 쫓아내려 한다고 주장하는 사람도 늘어났다. 백인신문들은 대부분 흑인과격파가 한인들을 쫓아내기 위해 시위하는 것으로 묘사하였다. 점차 관련 공무원(경찰, 검찰, 시나 주의 공무원), 뉴욕시장,[13] 법원, 시나 주정부의 정치인, 연방수사국, 연방정치인들이 개입하게 되었고 세계적인 뉴스거리가 되었다. 서니 카슨 등 시위주도자들은 흑인노파를 구타했다고 주장되는 한인들을 경찰이 체포하기 전에는 타협할 수 없다고 주장하였고 한인들은 서로 밀쳤을 뿐 구타한 적이 없다고 주장하여 대치상태는 일 년이 넘게 계속되었다.

  뉴욕시의 한인상인들은 카슨이 정치적인 목적 때문에 보이콧을 조직하였다고 생각하였다. 즉 카슨이 인종차별에 대항하는 모습을 보여주어 자신의 흑인민족주의를 흑인대중에게 널리 퍼뜨리기 위해 작은 사건을 과장하여 악화시키면서 강경입장을 고수하고 또한 이러한 압력을 통해 한인들을 흑인지역에서 쫓아내고자 시도하고 있다고 한인들은 믿었다. 따라서 한인들은 어떻게 해서라도 보이콧 대상인 한인가게를 지키고자 노력하였다. 즉 그 한인가게를 지키는 것은 특정 가게가 아니라 한인전체가 흑인지역에서 쫓겨나지 않겠다는 노력의 상징이 되었다. 한인들은 수십 만 달러를 모금하여 그 가게를 지원하였다.

---

13) 흑인인 David Dinkins(민주당)로 한흑갈등과 뒤에 벌어진 흑인과 유태인 간의 갈등을 잘 해결하지 못하여 결국 다음 선거에서 공화당 후보에게 패했다. 한흑갈등 과정에서 한인은 Dinkins 시장이 흑인편에 동조적이라고 생각하였고 흑인시위대들은 흑인시장이 오히려 한인입장에 동조하고 있다고 생각하였다.(자세한 내용을 위해서는 J.Yi(1993)의 6장을 참조할 것)

그 가게의 원래 매상은 하루에 수천 달러였으나 시위기간에는 몇 십 달러로 감소하였지만 다른 한인들의 지원으로 시위가 끝날 때까지 가게의 문을 계속 열 수 있었다.

시위의 끝

보이콧이 끝나는 이유에는 여러 가지가 있다. 먼저 개인이 시작한 시위는 개인이 이를 계속할 경제적 시간적 여유가 없기 때문에 대부분 쉽게 끝난다. 또는 시위자의 요구사항이 간단하고 한인가게 주인이 즉각 사과함으로써 해결되기도 한다. 뉴욕시 퀸즈의 한인 수퍼마켓에 대한 흑인들의 시위는 한인가게주인이 즉각 사과하고 흑인소년을 때렸다고 주장되는 종업원을 해고함으로써 바로 끝났다.[14] 가게주인은 시위가 일어나자 바로 지역흑인지도자들에게 중개를 부탁하였고 흑인지도자들은 문제가 해결됐으며 그 가게주인이 지역에 많은 도움을 주었기 때문에 시위를 지속할 필요가 없다고 결정하였다.

다른 경우에는 지역주민들이 보이콧을 반대하였기 때문에 무산된 경우도 있다. 1988년 뉴욕시 퀸즈의 자메이카에서 『12월12일 운동』은 한인가게에 대한 시위를 주도하였지만 경찰들이 이들의 시위를 철저히 제한하고 주민들이 왜 시위를 하여 시끄럽게 만드냐고 주장하자 한달정도 보이콧하다가 철수해버렸다. 하지만 단체들이 개입하고 흑인학대가 뚜렷하다고 생각하는 경우 보다 오랜 기간 시위가 계속될 수 있다.

일단 단체가 개입하여 보이콧을 시작하면 보이콧을 시작할 때뿐만

---

14) 그 종업원은 그 소년이 물건을 훔쳐가려 했다고 말하고 있다.

아니라 보이콧을 끝내기 위해서도 참여자들이나 주민들을 설득하려면 적절한 명분이 필요하다. 특히 보이콧을 지속하고 주민들의 참여를 이끌어내기 위해서 또는 차후의 다른 보이콧이나 운동을 위해서도 명분이 아주 중요하다. 보이콧 과정에서 대상가게주인이 가게를 매각하고 떠나버리는 경우 시위대들은 자신들의 명분이 옳았음을 자랑하면서 시위를 끝낼 수 있다. 1985년 할렘에서 행한 보이콧이나 1988년 브루클린에서 행한 보이콧에서는 대상 한인가게들이 그 지역을 바로 떠나서 시위가 바로 중단되었다.

흑인정치가들은 흑인 표뿐만 아니라 백인이나 다른 인종의 표도 생각하여야 하기 때문에, 즉 양쪽 표를 잃지 않으려, 흑인들의 보이콧에 대해 아주 조심스럽게 접근한다. 흑인 보이콧은 다른 인종들에게서 반발을 일으키는 경우가 많아 흑인정치인들은 보이콧을 정치적으로 해결하고자 나서며 은밀하게 흑인운동가들에게 보이콧을 멈추도록 압력을 넣는다. 1988~89년 할렘의 보이콧이 끝나는 데는 당시 시장후보였던 흑인인 딘킨스의 압력이 중요한 역할을 하였다. 1990년 브루클린 플랫부쉬의 보이콧에서도 한인주인이 흑인노파를 구타했다는 증거가 없다고 법원이 결정하자 당시 시장인 딘킨스는 보이콧을 멈추라고 시위주도자들에게 압력을 넣었고 따라서 흑인주민들의 참여가 감소하게 되어 결국 보이콧도 끝나게 되었다.

특정 가게주인의 잘못을 대상으로 하지 않고 한인상인 전체를 보이콧하자는 주장은 많은 주민들의 참여를 끌어내기도 어렵고 경찰이나 검찰 그리고 언론이나 백인사회로부터 역인종차별이라고 비난을 받기 때문에 규모도 소규모이고 오래 지속되기도 힘들다. 물론 특정 가게를 대상으로 하는 보이콧이 보통 한인전체를 대상으로 하는 보이콧의 성격도 일부 가지고 있지만 민족자결권을 위해 한인상인전체를 보이콧하자는 것만으로 시위하는 경우는 드물다.

한인들은 보이콧을 당하면 사회적 지지를 확보하기 위하여 지역상공회의소나 상인연합에 보다 적극적으로 참여하게 되고 한인들의 상인단체를 조직하거나 기존의 조직을 강화한다. 또한 지역적 일들에 보다 자주 참여하고 자주 돈이나 물건을 기부하게 된다. 할렘의 경우에도 지역의 불우이웃돕기에 보다 적극적으로 참여하고, 지역축제에도 더 참여하고, 지역교회도 방문하며, 또한 지역정치인들에 대한 기부도 늘렸다. 지역행사에도 더 많이 참여하게 되고 특히 지역경찰과 유대를 강화하기 위해 이들에 대한 기부금을 늘리기도 하였다.

1985년 할렘 보이콧의 대상이었던 한인은 매상에서뿐만 아니라 가게를 파는 데에도 경제적으로 많은 손해를 보았다. 그는 자신들이 소유한 건물에서 가게를 하였는데 건물과 청과가게를 다른 한인에게 팔았는데 흑인들에게 나쁜 가게라고 낙인이 찍혀 건물이나 가게를 할인가격에 팔 수밖에 없었다. 이러한 경제적 위협은 한인들이 보이콧 대상이 되지 않도록 노력하도록 만든다.

1988~89년에 보이콧당한 한인가게는 계속 사업을 하고 있지만 할렘의 한인상인들은 이러한 보이콧이 결국 모든 한인상인들에도 위협을 주는 것으로 생각한다. 여러 한인상인들은 보이콧을 경험하면서 흑인들에 대한 적개심을 심화시키는 경우도 있으며 일부는 한인상인들이 흑인들에게 너무 심하게 대한다며 자성해야 한다고 주장한다. 다른 한인상인들은 '흑인들의 억지에 넌덜머리가 난다'며 흑인지역을 떠나고자 시도하게 된다. 하지만 가게를 계속하고 있는 한인상인들은 대부분 자신이 보이콧의 대상이 될까봐 걱정하고 있으며 적어도 겉으로는 문제를 일으키지 않기 위하여 흑인고객들을 보다 조심스럽게 다루게 된다. 이들은 또한 흑인들이 과거보다 자신의 요구와 주장을 더 많이 하게 된다고 말하고 있다. 보이콧당한 가게 옆에 있는 한인가게들도 자신들이 직접 보이콧을 당하지 않더라도 매상이 떨어진다고 불평하

고 있다. 이들은 한인상인연합회, 지역경찰, 그리고 시가 나서서 적극적으로 이를 해결하지 않았다고 불평하고 있으며 다른 한인상인들보다 흑인들에 대하여 부정적인 생각을 가지고 있었다. 이들은 흑인이 게을러서 가난을 극복하지 못하며 문제만 일으킨다고 생각하는 경향이 다른 한인상인들보다 많았다.

물론 할렘의 한인상인에 대한 세 번의 보이콧에서 타협을 위한 노력이 있었지만 흑인시위대들이 타협자체를 거부하던지 또는 흑인시위대의 가게를 넘기라는 주장에 한인상인들이 동조하지 않기 때문에 타협을 통해 보이콧이 해결된 적은 없었다. 이러한 타협이 성공한 예로는 1988년 브루클린에서 이루어진 보이콧이 있다. 이 경우 실제 보이콧에 참여한 시위대와 타협에 참여한 흑인들과는 다른 사람이었다. 타협에 참여한 사람들은 주 하원의원인 알 밴Al Vann처럼 주류 흑인지도자들이었고 시위를 주도한 사람들은 『12월12일 운동』처럼 흑인 민족주의자들로 이들은 타협을 해야 하는지에 대해 다른 생각을 가지고 있다.15) 한인지도자와 알 밴 등의 흑인지도자 사이에 이루어진 타협에서는 흑인주민들의 여러 불만이 고려되었다. 이 지역의 32명의 한인상인들은 흑인이 소유한 흑인 은행에 계좌를 열기로 동의하였으며 또한 지역단체들에게 돈을 기부하고 지역 젊은이를 위해 직업훈련 프로그램을 시작하기로 동의하였다. 구체적으로 다음과 같은 내용들이 동의

---

15) 주류지도자인 알 밴도 시위를 실제로 주도한 『12월12일 운동』의 "한인들이 이 지역에서 이익을 거둬들이면서도 이 지역에 되돌려주는 것이 없다"라는 주장에 동의하지만 현재 시위가 한인에게 너무 지나치다는 입장이다. 할렘의 한 교회(Abyssinia Baptist Church) 목사에 따르면 보이콧에는 "한인의 무례함때문에 생긴 한인에 대한 적개심에다 흑인들이 스스로 자신지역을 발전시킬 수 없어서 생기는 분개심도 개입되어 있다"(Amsterdam News, 1988.11.12.). 즉 한인과 관련이 부족한 부분을 한인책임으로 넘겨서는 안된다고 이들은 생각한다.

되었다.

　　　(1) 한인상인들은 이 지역에서 주로 흑인들의 사업 참여에 도움을
　　　　　주기 위한 자원으로 사용될 지역신탁기금에 돈을 기증하기로
　　　　　한다.
　　　(2) 한인상인들은 지역흑인은행을 이용한다.
　　　(3) 한인상인들은 광고는 흑인매스컴을 이용한다.
　　　(4) 이 지역 내의 서비스들을 주로 이용한다.
　　　(5) 한인과 흑인들 사이의 이해를 도모하기 위해 양쪽 젊은이들을
　　　　　위해 문화나 교육프로그램에 경제적으로 또는 다른 방법으로
　　　　　기여한다.
　　　(6) Tropic Market(보이콧의 대상가게)의 한인주인은 가게를 팔고
　　　　　이사 간다.

　　그러나 한인이나 흑인들 모두가 여기에 동의한 것은 아니다. 서니
카슨과 『12월12일 운동』은 계속 타협을 반대하고 타협하는 데 참여한
흑인지도자들을 배신자라고 비난하였다. 많은 한인상인들도 타협에
참여한 한인지도자들이 자신들 의사에 반한 타협을 했다고 비난하였
다. 이들 한인상인들은 이 타협안이 너무 지나치게 양보한 항복문서라
고 간주하였다. 보이콧 대상가게의 한인주인도 이 타협안을 싫어했지
만 어쩔 수 없이 그 지역을 떠나게 되어 약 10만 달러의 손해를 보았
다. 그가 떠난 후 보이콧은 열기가 식어 참가하는 사람도 적어지고 이
를 조직한 단체도 보이콧을 멈추었다. 이러한 타협과 보이콧의 중단에
도 불구하고 인종적인 평화가 이 지역에 이루어지지도 않았고 흑인
청소년을 위한 교육프로그램도 시작되지 않았고 가난한 흑인의 빈곤
과 흑인에 대한 멸시는 계속되었다.
　　타협과정은 흑인들 사이의 다른 계급사이에 존재하는 분열만 잘 드

러냈다. "카슨은 그의 단체는 흑인 중산층으로부터 별다른 지지를 받지 못하고 있음을 잘 알고 있다. 그러나 카슨은 흑인 중산층은 백인문화에 투항한 사람들이기 때문에 그들의 지지가 없더라도 아무런 문제가 없다고 말한다"(Song 1989: 6). 시위대들뿐만 아니라 일부 지역주민들도 "타협을 한 사람들은 흑인지역의 사업을 흑인들이 통제해야한다는 근본문제를 제기하지 못하였기 때문에 배신자이다"라고 생각하고 있다(New York Times, 1988.12.21.). 그러나 타협에 참여한 흑인지도자들은 "만약 카슨이 타협안을 받아들이지 않는다면 그것은 그의 문제일 뿐이다 … 카슨이 지역주민을 대표하는 것은 아니다. 지역주민이 자신이 원하는 바에 따라 결정한 것이다"라고 주장한다(Song 1989: 8).

1990년 브루클린 보이콧에서는 흑인시위대들이 수백 명씩 동원할 수 있었기 때문에 그리고 한인지도자들이 1988년 보이콧에서 이루어진 '패배'[타협을 의미함]를 반복할 수 없다고 생각하였기 때문에 타협이 이루어지지 않았다. 구타를 당했다는 흑인여자가 이 문제로 소송을 제기하였지만 주법원의 배심원은 무죄평결을 하여 한인들은 구타를 안했음을 널리 주장할 수 있게 되었다. 법원의 이러한 평결 후 뉴욕시장을 비롯해 흑인주류정치인들과 매스컴은 보이콧을 이유가 없는 역인종차별이라고 계속 비난하였고 따라서 시위에 대한 지역주민의 지지도 줄어들었고 시위에 참여하는 사람의 숫자도 계속 감소하였다. 점차 소수만이 시위를 하였으나 1991년 봄에는 이들도 점차 나타나지 않았다. 결국 1991년 여름 가게주인은 가게를 팔고 이사 나갔고 더 이상의 시위는 없었다. 일부 한인들은 그가 이사 나가는 것을 패배라고 생각하여 이를 말렸으나 연방정부로부터 약 50만 달러의 대출을 받기로 하고 다른 곳으로 나갔다.

할렘이나 브루클린에서 이러한 시위가 계속 되면서 한인상인들은 흑인들이 더 많은 요구를 하고 그들 말에 전보다 더 귀를 기울여주어야 해서 장사하기가 더 힘들어졌다고 불평하고 있다. 또 다른 사람은 강도나 절도뿐만아니라 언제 보이콧을 당할지도 몰라서 흑인지역에서 장사를 하는 것이 불안하다고 말하고 있다. 이러한 한인상인들의 변화는 흑인들에게 눈에 띄어 Village Voice라는 뉴욕시 신문은 "플랫부쉬 주민들은 이제 한인상인들이 더 자주 웃음을 짓고 항시 '감사합니다'라고 말하는 것을 느끼고 있다"고 보도하고 있다(Kwong 1991).

뉴욕에서 발행되는 한인신문들도 한인들이 흑인에 대한 태도를 고쳐야 한다는 캠페인을 하고 있다. 한 한인신문은 날마다 "검둥이라는 말을 쓰지 말자"라는 구호를 신문에 싣고 있다. 한 신문기사는 한인상인들이 흑인문화를 이해하여야 할 필요가 있으며 흑인들에게 모욕을 하거나 멸시한다는 인상을 주지 말아야 한다고 제안하고 있다. 그러나 한인들은 또한 일부 흑인들이 돈을 받고 한인가게를 폭파시킬지도 모르다는 소문에 대해 걱정하고 있다(미주 중앙일보, 1990.5.16.).

흑인의 민권운동단체: 12월12일 운동

1980년대후반에서 1990년대 초반에 뉴욕시에서 이루어진 한인가게에 대한 보이콧에 가장 열심히 참여한 단체는 『12월12일운동』이다. 물론 교회나 다른 단체들도 참여하였으나 이들처럼 장기간에 걸쳐 조직적으로 보이콧을 주도하지는 못했다. 이들은 한인상인에 대한 보이콧에 핵심인력을 동원하였고 전략을 짰으며 또한 이념을 제공해주었다. 이 『12월12일운동』은 뉴욕시의 브루클린과 할렘의 흑인운동지도자들이 모인 단체이다. 이들은 한인가게에 대한 보이콧만 주도한 것이 아니고 경찰이 흑인을 구타하였을 때 이에 항의하는 시위를 조직하였고 인종차별에 반대하는 여러 시위를 조직하였으며 뉴욕시 전체에서 스트라이크를 선동하고 있기도 하다. 이들은 '과격파'[16] 흑인민족주의자로서 인종차별에 대한 철저한 저항을 주도하고 이를 통해 흑인의 저항의식과 참여의식을 고양시키고자 한다.

이 조직의 이념적 지도자인 치무렝가Coltrane Chimurenga는 하바드 대학에서 교육학 석사를 받았으며 흑인해방운동이나 지역빈민운동에 1970년대부터 참여하였었다(Churchill and Wall 1988: 364-365).[17] 다른 지도자로는 1960년대부터 흑인자치교육운동을 한 서니 카슨, 흑인을 위한 종교운동을 해온 루카스 신부, 변호사 등이 있다. 이들은 공산주의자, 사회주의자, 민족주의자 등 여러 스펙트럼을 가지고 있으나 모두 흑인해방을 우선해야한다는 점에서는 일치하는 것으로 보인다. 이들은 흑인회교도 지도자인 파라칸이나 뉴욕시의 흑인시민운동의 또 다른 지도자인 알 샤프톤 목사가 타협적이라며 이들과 관계를 단절하면서 자신들의 보다 '과격한' 사회철학(민족자결권)과 도전적인 시위전략을 전면에 부각시켰다. 이렇게 헤어진 날을 기념하여 이들은 자신의 단체에 『12월12일운동』이라고 명명하였다.[18]

이들은 다른 어느 단체보다 흑인해방에 대한 철저한 입장을 고집하고 있으며, '사회적 불의'와 '인종차별'에 대해 철저히 대항하고 있다. 이들이 가장 주안점을 두는 운동은 경찰의 흑인에 대한 폭력을 고발하고 항의하는 것과 흑인동네에서 마약이 퍼지는 것을 막는 것이다.

---

16) 한인, 백인들이나 흑인의 주류지도자들은 이들을 과격파로 생각하나 이들은 자신들이 올바른 할 일을 하고 있다고 생각한다.

17) 그는 자본주의에 철저히 반대하는 공산주의자이지만 흑인민족주의자이기도 하다. 그는 현시점에서는 흑인지역에서부터 흑인들의 소상업, 소기업을 발전시켜 흑인들에게 재화, 서비스, 직장, 자본을 공급하여야 한다고 생각한다.(Hornung 1990b: 29)

18) 이들은 말콤 엑스를 가장 중요한 정신적 지도자로 삼고 있다. 말콤 엑스에 대해서는 그의 전기(Malcolm X 1989)를 참조할 것.

이를 통해 이들은 뉴욕시의 흑인들에게 새로운 지도력을 제시하고자 한다. 이들은 딘킨스나 제시 잭슨과 같은 흑인정치인들은 백인과 타협하고 거래하여 흑인들을 배신하고 있으며 파라칸이나 샤프톤같은 흑인민족주의자들은 잘못된 종교적 흑인민족주의를 설교하고 다닌다고 비판하고 있다(Hornung 1990b: 29). 치무렝가는 『12월12일운동』은 "우리가 우리의 삶을 통제할 수 있고, 우리의 거리들을 감시하고, 우리의 사업을 행하고, 우리의 아이들을 교육시키고, 우리의 동네와 가족을 지킬 수 있도록 하는 것"이 목적이라고 말하고 있다. 서니 카슨 또한 "우리는 우리 지역과 가족을 지키고 같이 협동하고 일할 수 있는 사람들을 필요로 한다. 우리의 운명을 우리가 결정할 수 있는 것이 우리가 성취하고자 하는 모든 것이다"(Hornung 1990b: 28-29).

이들은 한인상인에 대한 보이콧이 단순히 한인에 대한 문제가 아니라 "첫째, 한 흑인에 대한 공격은 모든 흑인에 대한 공격임을 보여주고, 둘째 우리를 멸시하는 사람들에게서 힘을 빼앗아오기 위해 우리가 무언가를 하고 있다는 점을 다른 흑인에게 보여주고, 셋째 우리가 뭉치면 우리도 힘이, 경제적 힘이, 구매력이 있음을 보여주기 위한 것이다 … 보이콧이란 흑인이 굳건하게 설 수 있음을 보여주는 것이다 … 단순한 사람들은 이를 쉽게 흑인과 아시아인이 맞서는 것으로만 오해한다"(Hornung 1990b: 28).

이들의 이러한 진술은 이들이 한인에 대한 보이콧을 조직화하고 있는 이유가 흑인에 대한 '사회적 불의'와 '인종차별'에 대한 항의를 통해 흑인의 민족주의와 독자적인 힘Black Power을 증진시키기 위함을 보여준다. 하지만 정부관리들은 특히 뉴욕시 경찰은 이들을 아주 위험한 범죄자로 간주하고 있다. 연방수사국과 뉴욕시경찰국은 이들의 동태를 면밀히 감시하고 있으며 특히 치무렝가에 대해서는 형사가 미행을 하고 있었다.

한인상인들이 흑인들을 잘못 대하던지 또는 흑인들이 그렇게 인식하면서 흑인지역에서 한인상인들에 대한 불평이 존재하고 있다. 또한 흑인들은 수백 년 동안 미국에서 살았어도 자신들의 지역에서 조그만 가게조차 제대로 확보하지 못하고 백인이나 다른 인종들이 차지하고 있다. 특히 이민 온지 5~20년 밖에 안 된 한인들이 아주 빠른 속도로 할렘이나 여러 흑인빈민지역을 장악하자[19] 한인상인들이 흑인상인을 몰아내는 것은 아닌지 또는 연방정부나 통일교가 도와주는 것은 아닌지 등의 의심이 흑인지역에 확산되었었다.

---

19) J. Yi(1993)의 3장과 4장을 참조할 것.

제7장 한흑갈등의 약화

1990년대 미국 소수민족문제에서 최대 관심사는 한흑문제이었다. 흑인빈민촌에서 한인상인에 대한 시위나 보이콧이 자주 일어났고 폭동이 일어나면 많은 한인상가들이 불에 타는데, 이러한 현상은 바로 한흑갈등으로 언론에 보도되었다. 또한 영화나 랩 등의 대중문화를 통하여 이러한 갈등이 한흑문제의 핵심으로 인식되었다. 백인주류 언론들도 갑자기 한인들이 흑인빈민촌에서 어떻게 최대의 외부상인집단으로 등장하게 되었으며 왜 흑인주민들과의 갈등이 상당히 심각한 모습(살인, 방화, 약탈 등)으로 나타나는지에 대하여 궁금해 하였다. 대체로 언론들은 한인의 인종차별이나 한인과 흑인의 문화차이로 그리고 흑인의 민족주의적이고 과격한 행동으로 이러한 갈등이 계속 악화되는 것으로 보도하였다. 일부 학자들은 주류사회에 진출하기 어려운 이민자 출신의 외부상인들이 높은 이윤을 추구하면서 나타나는 미국식 인종차별의 결과로 나타난 것으로, 미국의 인종차별체제가 약자인 이민자들을 위험한 빈민촌 상업에 종사하게 만들고, 인종차별의 희생자인 흑인들에 대하여 약자인 이민자상인들이 지배세력인 백인의 대리인으로서 최전선에서 흑인에 대한 착취를 행하여 한흑갈등이 나타는 것으로 해석하였다. 흑인운동을 주도하는 과격파들도 백인지배층의 대리인으로서 외부인들이 흑인동네에 와서 착취를 하는 것으로 해석하며,

흑인의 권리와 흑인상인을 강화하기 위해 적극적으로 흑인의 보이콧을 조직하고 항의시위를 주도하면서 인종차별철폐와 흑인상인사용을 홍보하고자 하였다.

이들이 놓친 것 중의 하나는 한흑갈등이 일시적인 현상이라는 점이다. 2000년대에 들어와서 한흑갈등이 크게 줄어들었다. 흑인주민과 한인상인 사이에 간간히 개별적인 갈등으로 일어나고 양쪽 집단의 전면적인 갈등으로 비화되는 경우는 이제 거의 나타나지 않고 있다. 언론에서도 한흑갈등을 별로 언급하지 않고 있다. 왜 일시적으로 한흑갈등이 폭발적으로 증가하였다가 조용히 약화되고 있을까? 앞에서의 묘사로 이해할 수 있었겠지만 근본적으로 한인과 흑인의 갈등이 아니라 한인상인과 흑인빈민의 갈등이었다. 지속적으로 차별받아 빈곤에 머물러 있는 흑인들과 미국에 이주하면서 다른 직장을 찾기 힘들어 빈민촌에 장사를 시작한 한인들 사이의 갈등이다. 인종차별의 결과로 집적된 흑인빈민촌에 갓 이민 온 한인들이 이민자가 저렴한 비용으로 위험을 무릅쓰고 할 수 있는 흑인빈민촌 상품공급 소매상의 역할을 수행하면서 나타난 결과이다. 이러한 조건이 변하면 한흑갈등의 성격도 강도도 바뀐다.

한인들이 미국에서 자란 1.5세나 2세들이 진출하고 1세들이 은퇴하면서 미국사회에서 담당하는 역할이 바뀌고 있다. 1.5세나 2세들이 죽음을 무릅쓰고 흑인빈민촌에서 장사를 하는 대신 보다 안정적인 주류직장에서 월급쟁이로 일을 하는 것으로 선호하기 때문이다. 한인 1세들이 은퇴하면서 이들의 상점을 위험을 무릅쓸 수 있는 다른 이민자들이 인수하고 있다. 따라서 한인사회에서도 갈수록 직장에서의 다시 말하면 백인에 의한 인종차별이나 인권이 핵심의제로 떠오르고 있다. 한인들이 흑인빈민촌 상점에서 떠나고 있는 것과 더불어 몇 가지 상황변화들이 1990년대 초 정점에 있던 한흑갈등이 계속 약화되는데 기여했다. 한흑갈등을 약화시키는 데 기여한 중요한 요인들은 다음과 같다.

첫 번째 요인은 압도적인 흑인주도의 흑인동네가 점차 다인종지역으로 변하고 있다는 점이다. 사우스센트럴이나 할렘과 같이 압도적으로 흑인의 동네였던 곳이 이제 라티노 인구가 크게 많아졌다든지(사우스센트럴) 또는 재개발(할렘)이 이루어지면서 다인종 거주지역으로 변하였다. 따라서 흑인들이 흑인들의 요구를 강조하는 흑인민족주의적 주장과 적대를 자극하기가 어려워졌다.

두 번째 요인은 한인들이 흑인동네에서 철수하고 있다는 점이다. 한인 1세가 은퇴시점이 되었고 한인 2세가 이를 이어받지 않기 때문에 자동적으로 한인상인들이 철수하고 있다. 도시빈민촌에서 한인상인들의 비중이 크게 줄어들었다. 따라서 개별적인 사건이 일어나더라도 한흑 커뮤니티 전체의 사건으로 인식되지 않고, 개별 당사자들의 사건으로 인식되는 경향이 커졌다.

세 번째 요인은 남아 있는 한인상인들이 이전에 비하여 흑인고객들을 조금 더 조심스럽게 대우하고 지역에 기여하고 지역이나 지역정치인과의 네트워크를 강화하면서 작은 사건이 한흑 커뮤니티 전체의 갈등으로 비화되는 것을 막아주고 있다.

네 번째 요인은 시정부가 뉴욕 할렘의 경우 더 많은 경찰을 투입하여 범죄행위를 강력하게 단속하면서 상인을 향한 범죄적 행위도 크게 줄어들었다. 따라서 보다 안전한 상거래가 가능해졌고 그 결과 상인과 고객 사이의 갈등도 줄어들었다.

위에 적은 두 번째 세 번째 요인은 그동안 한인들의 소득이 높아진 것과도 관련되어 있다. 이민초기에는 밑바닥에서 어떻게든 돈을 벌어 가족생활도 안정시키고 자녀교육도 잘 시키는 것을 절대적인 목표로 노력했다. 따라서 위험을 감수하고 절도를 최대한 막고 장시간 일을 해서라도 어떻게든 최대한 이윤을 남기려고 노력했으며 고객과의 인종관계나 인간관계에는 관심을 두지 않는 편이었다. 그러나 가족이 경제적으로도 안정되고 자녀의 교육도 다 마쳤기 때문에 이제 자신의 안위도 돌보고 사회도 돌아보는 여유가 이민 초기에 비하여 대체로 늘어났다. 구태여 위험을 감수할 필요도 많이 줄었다. 그래서 나이가 들면 쉽게 위험지역인 빈민촌에서 철수할 수 있게 되었으며 또한 계속 비지니스를 하는 경우에도 보다 여유를 가지고 고객과의 관계나 동네와의 관계에 신경을 쏟을 수 있는 가능성이 높아졌다.

2000년 이후의 한흑갈등

1990년대에 한흑갈등은 최고조에 이르렀다. 미국에서는 총기가 많기 퍼져있기 때문에 한인상인들이 흑인강도에 의해 1년에 10여명 정도가 죽었다. 뉴욕 브루클린에서 1990년 1월 한인상인이 흑인고객을 공격했다며 흑인들은 한인상점에 대한 보이콧과 시위를 매일 벌이며 "모든 한인상인을 보이콧 하라," 또는 "우리와 다른 상인들의 상점을 이용하지 말라"라는 삐라를 나누어주며 18개월이나 이어나갔다. 시위 주도자는 "미래에 보이콧이 아니라 장례식이 치러질 것이다"라며 겁을 주었다(Farber 1990). 결국 상점주인은 다른 한인에게 가게를 팔고 떠났다. 흑인인 딘킨스 뉴욕시장은 이 시위를 제대로 해결하지 못했다고 비판을 받았으며 이어지는 1993년 시장선거에서 떨어졌다. 1992년4월에 벌어진 LA폭동에서는 코리아타운의 상점들이 거의 불탔고 2,200개 정도가 약탈당했으며 4억 달러 정도의 손해를 입었다(Constante, 2017). LA폭동 후 흑인인 브래들리 LA시장이 LA폭동을 제대로 다루지 못했다고 비판을 받으면서 1993년 시장선거에서 패배했다. 흑인 외의 인종표가 줄어들었기 때문이다.

1990년대처럼 강력한 한흑갈등은 2000년대에 들어와 나타나지 않고 있다. 강도나 절도는 개별 사건으로 간주되어 인종적 갈등으로 보도되는 경우는 드물지만, 2000년대 들어서도 한인상인과 흑인들 사이에 가게에서 시비가 벌어지고 흑인들에 의한 한인상가의 강도나 약탈 또는 한인상인에 대한 총격도 가끔 나타난다. LA 사우스센트럴에서나 뉴욕의 할렘이나 브루클린에서도 한흑갈등이 사라지지는 않았다. 특히 사우스센트럴의 리커스토어를 둘러싼 문제들은 지금도 가끔 나타나고 있다. 2003년 한인상인이 소유하는 사우스센트럴의 리커스토어에서 흑인청소년 2명이 총격을 받아 죽는 일이 벌어졌고 이 가게 앞에서 인종차별에 대한 항의와 시위가 벌어졌다. 2012년에는 코리아타운의 한 주차장에서 흑인과 한인상인의 사이에 시비가 벌어져 한인상인이 흑인에게 총을 쏴 흑인이 죽었다. 2017년에도 주차장에서 한인상인이 흑인여성을 공격하여 체포된 적이 있다. 뉴욕 할렘에서는 1995년 흑인이 한인상인을 총으로 쏴 죽인 적이 있지만 2000년 이후에는 한인상인도 계속 줄어들고 한흑갈등도 보도된 적이 없다. 브루클린에서는 2003년 흑인이 한인상점에서 절도를 했다며 한인상인이 흑인을 패서 죽인 적이 있다. 2014년에는 한인상인이 상품 절도문제로 흑인을 때렸다고 고소당했다. 2018년에는 네일살롱에서 한인주인이 흑인여성을 팼다며 흑인들이 시위와 보이콧을 외친 적이 있다. 2001년 7월 뉴욕에서 한인 보석상이 흑인남자의 총격을 받고 숨졌다. 출근길에 금품을 달라고 요구했지만 보석상이 거절하자 총을 쐈다(KBS 2001.7.14.). LA에서 백인경찰이 흑인을 무릎으로 눌러 질식사하자 2020년 5월 30일 LA 시내에서 약탈과 방화사태가 일어났고 LA시의 베벌리 부근에서 폭동과 상가약탈이 일어났다. 코리아타운과도 멀지 않은 지역이어서 방어태세를 갖추고 밤새 대기하였다. 밤새 헬기와 사이렌 소리가

들리면서 코리아타운은 웨스턴가 상가 4곳의 유리창만 깨지는 것으로 사태가 마무리되었다(김명수 2020).

이러한 사건들은 2000년 이후 전면적인 한흑갈등으로 비화되는 경우보다 개별적인 사건으로 마무리되는 경우가 많다. 한인상인의 상점에서 절도나 강도나 흑인에 대한 대우나 인종차별의 문제로 한인상인들과 흑인들과의 갈등이 나타나는 경우도 계속 있지만 그러한 갈등이 이전보다 많이 줄어들었고 또한 이러한 갈등이나 사건이 나타나면 개별적인 사건으로 간주되어 개별 상점주인 또는 해당 강도나 절도의 문제로 한정되어 개별상점에 대한 시위로 그치고 한흑 사이의 인종갈등으로 비화되는 경우가 많이 줄어들고 있다.

흑인빈민촌의 인구구성변화

1960년대 폭동이나 은퇴로 백인/유태인 상인들이 떠나간 흑인빈민촌으로 진출하였다. 위험 때문에 또는 은퇴로 백인/유태인 상인들이 이미 많이 떠났고 대부분 떠나서 한인 이민자들이 적은 자본으로 가게를 열 수 있고 상대적으로 경쟁이 적은 흑인빈민촌에 빠르게 진출하여 위험을 감수하면 어떻게든 돈을 벌었다. 이러한 과정은 1970년대 말부터 시작하여 1990년대 초반에 최고조에 달했다. 동시에 한흑갈등도 1980년대 후반부터 1990년대까지 가장 심하게 나타났다.

하지만 1980년대부터 LA의 사우스센트럴이나 뉴욕의 할렘과 브루클린도 흑인의 비중이 점차 줄어들면서 라티노의 거주자가 크게 늘어났다. 이곳에 거주하는 라티노 이민자들도 대체로 하층에 속하지만 미국사회에서 경험한 인종차별의 역사와 강도와 이에 대한 의식이 흑인들과 크게 다르다. 아직까지는 흑인들의 흑인민족주의적 보이콧에 라티노들이 적극 참여하지 않고 있다. 라티노들은 자신들의 빈곤은 장기간의 인종차별의 결과로서 나타난 것이 아니고 이민자 하층으로서 자기 출신국가에서보다 낮거나 또는 나아지리라는 기대를 가지고 있기 때문이다. 물론 젊은 라티노들이 폭동의 과정에서 약탈과 방화에 참여하였지만 상인들에 대한 보이콧이나 흑인상인을 키워야 한다는 주장 등에는 별로 공감하지 않고 있다. 따라서 다인종 빈민촌이 되면서 흑인과격파들이 한인상인의 보이콧을 하기 위해 주민을 동원하는 것이 갈수록 어려워지고 있다.

멕시코와 중남미의 이민이 계속되면서 LA의 사우스센트럴에 라티노의 인구가 증가하였다. 흑인들이 다른 지역으로 이동하는 현상이 나타나면서 주민들의 인종구성에 커다란 변화가 나타났다. 1970년대부터 거의 완전히 흑인동네였던 와츠를 포함한 사우스센트럴에 라티노들이 본격적으로 이주하기 시작하였다. 미국 인구센서스 자료에 의하면 사우스센트럴(사우스 LA)에서 흑인인구비율이 계속 감소해왔다. 1980년에는 흑인 75.1%, 라티노 16.7%, 백인 4.4%, 기타 3.8%, 1990년에는 흑인 61.5%, 라티노 29.5%, 백인 3.5%, 기타 2.0%, 2010년에는 흑인 31.1%, 라티노 62.2%, 백인 3.3%, 기타 3.4%, 그리고 2020년에는 흑인 27.2%, 라티노 66.9%, 백인 2.6%, 기타 3.3%로 흑인인구가 급속하게 감소하여 이제 30%에도 이르지 못하고 있다. 대다수의 주민이 라티노로 바뀌면서 사우스센트럴에 가까운 코리아타운에서도 4.29폭동 이후 라티노들이 다수의 주민이 되었다. 이에 따라 사우스센트럴에서도 흑인민족주의적 주장을 하거나 시위를 하는 것이 갈수록 어려워지고 있다. 사우스센트럴의 하원의원 지역구는 코리아타운을 포함한 캘리포니아 하원의원 39구와 와츠를 포함한 44구로 나뉘어 있다. 현재 두 곳 다 라티노가 하원의원을 맡고 있다.

뉴욕에서도 흑인인구 비중이 계속 줄고 있으며 기존의 흑인빈민촌에서도 흑인인구의 비중이 계속 줄고 있다. 맨해튼에서 흑인인구는 1980년 309,854명(21.7%)에서 2010년 205,340명(12.9%), 2020년 199,592명(11.8%)으로 줄었으나, 라티노는 336,247명(23.5%)에서 2010년 403,577명(25.5%), 2020년 402,640명(23.8%)으로 늘어났고, 아시안 인구도 1980년 72,884명(5.1%)에서 2010년 177.624명(11.4%), 2020년 219,624명(13.0%)으로 늘어났다.[1][2] 1980년과 2010년 미국 인구센서스 자료에 따르면 맨해튼에서 흑인들의 중심지인 센트럴할렘에 1980년에 인구수는 132,844명이고 흑인 83.5%, 백인 10.5%, 라티노 3.3%, 아시안 0.5%였으나 2010년에는 인구수 115,723명으로 흑인은 65.4%, 백인 17.4%, 라티노 10.7%, 아시안 4.4%로 변하였다. 2000년대부터 할렘이 재개발되면서 그동안 집의 가격이 높은 곳은 10배 정도 뛰었다고 하며 따라서 125번가와 가까운 지역들에서 주택임대료가 계속 올라 흑인빈민들이 다른 지역으로 이주해나갔다. 아직도 흑인 거주민이 가장 많지만(61.1%), 히스패닉계(18.7%), 백인(13.5%), 아시아계(3.4%), 혼성(2.8%)이 늘어났으며,[3] 특히 가장 번화가인 125번가 상가주변에는 주민 중 백인이 30% 정도나 된다. 센트럴할렘을 포함하는 하원의원 선거구에서는 그동안 계속 흑인이 당선되었는데 2016년 처음으로 도미니카 출신이 하원의원에 당선되었다. 카리브해 출신 흑인들은 미국 본토의 흑인과 스스로를 구분하려는 경향이 있어서 이 지역에서 정치적으로 서로 대립하고 있다. 이러한 변화과정에서 정치영역에서 흑인들의 힘이 계속 약화되고 있으며 흑인들을 결집시키려는 노력이 이전처럼 잘 통하지 않고 있다. 브루클린 플랫부쉬의 경우에도 카리브해 출신들이 점차

---

1) https://en.wikipedia.org/wiki/Demographic_history_of_New_York_City

2) NYC Department of City Planning(2021: 19)

3) http://statisticalatlas.com/neighborhood/New-York/New-York/Harlem/Race-and-Ethnicity

흑인들로부터 떨어져 독자적인 정치를 강화하면서 자메이카계가 2006년부터 하원의원으로 선출되었다.

한인상인의 흑인빈민촌에서의 철수

우선 한인상인들이 나이가 들면서 자녀가 비즈니스를 이어받지 않아 한인상인의 수가 계속 줄어들고 있다. 소득도 높아지고 자녀도 교육을 마치고 취직한 경우가 많아 이제 좀 더 안전한 생활을 하기 위해 위험한 흑인빈민촌에서 철수하는 경우가 계속 나타나고 있다. 한인상인들은 사우스센트럴에서도 점차 철수하고 있다. 동남아계와 아랍계 이민자들이 이를 넘겨받아 운영하고 있다(Constante 2017). 이미 뉴욕 할렘 125번가에서는 한인상인이 대부분 철수하였다. 90년대 한인상인이 60명에 달하여 상인 중 가장 많은 수를 점하였으나 이제 10명 정도로 감소하여 한인상인의 존재감이 매우 미미해졌다. 다른 흑인빈민촌에서 한인상인이 감소하는 추세에 있다. 대신 한인상인들도 한인이나 아시아계가 많이 사는 지역이나 백인중산층이 사는 좀 더 안전한 지역으로 많이 진출하고 있다. 물론 아직도 많은 한인상인들이 LA 사우스센트럴이나 뉴욕의 브루클린 등 흑인동네에서 사업을 계속 하고 있지만 그 숫자가 계속 줄어들고 미국사회나 한인사회에서 이들 한인상인이 차지하는 비중이 감소하면서 이들에 대한 사회적 관심도 점차 줄어들고 있다.

앞에서도 언급하였듯이 1980, 90년대 한인의 자영업자 비율은 미국에서 가장 높았다. 1980년대 많은 한국인들이 상점을 운영하거나 종업원으로 일을 하였으며 또한 가족이 같이 일하는 경우가 많아 한인가구의 최대 70~80%가 자영업과 관련된 곳에서 일을 하고 있었다(S.S.

Kim 1986: 66). 1.5세가 미국에서 교육을 받고 주류직장에 취업하는 경우가 많아 1세들보다 자영업 비율이 매우 낮다. 교육을 많이 받은 2세들은 부모들처럼 자신을 희생하며 하루 종일 상점에 얽매여 살고 싶어 하지 않는 경우가 많다. 한 한인2세의 말을 들어보자.

> 물론 저도 돈을 많이 벌고 싶어요. 교외지역에 멋있는 집과 벤츠, 백야드에서 아이들과 개와 함께 뛰어 놀고, 해마다 바캉스를 떠나고. 그렇지만 그렇게 하기 위해 내 삶과 가족을 희생해야 되잖아요! 우리 부모님은 우리를 위해서 그렇게 하는 것을 봤어요. 새벽 같이 가서 상점을 열고… 그런데 자신들의 삶에서 기쁨을 느끼며 살았을까요? 저는 정말 절대 그렇게 살고 싶지 않아요!(Y. Lee 2007: 576)

민병갑 교수가 전화통화를 해서 조사한 자료에 따르면 뉴욕권 한인들의 자영업 비율이 1988년에 56%, 2005년에는 39%여서 자영업비중이 시간이 지날수록 크게 떨어지고 있음을 보여준다(Min, P.G. 2013: 61). 아래 표 7.1은 공식통계가 보여주는 수치인데 1990년을 정점으로 한인들의 자영업 비율이 빠르게 감소하고 있음을 보여준다. 2000년대까지는 미국에서 자영업 비중이 가장 높은 민족이었지만 점차 미국 평균치에 수렴하고 있다. 2007~2011년 미국 센서스 자료에 따르면 한인2세들의 자영업 진출률은 6.6%에 불과해 미국에서 태어난 백인들의 10.2%보다 한참 밑으로 내려갔다(P. Min 2014: 38).

표 7.1 ┃ 뉴욕권 한인자영업비율변화

년도	1980	1990	2000	2010	2020
비율	28.5%	33.5%	25.3%	9.7%	7.6%

출처: 1980, 1990, 2000년도 PMUS 뉴욕-뉴저지권 자료 (Min, G.P. 2013: 59에서 재인용)
2010, 2020년도, U.S. Census Bureau's American Community Survey(ACS)의 New York-Northern New Jersey-Long Island Metropolitan Statistical Area 자료

뉴욕·뉴저지주의 ACS 자료를 통해 2006~2010년을 1세와 1.5세로 나눠서 보면 1세의 자영업비율은 29%로 여전히 높았지만 1.5세의 자영업비율은 12%로 크게 줄고 있다. 물론 이것은 아시아계에서는 가장 높은 수치에 해당하지만 세대별로 급격하게 낮아지는 모습을 보여주고 있다. 이 자료를 분석한 민병갑 교수에 따르면 한인들은 자녀에 사업체를 물려주는 비율이 10%대에 그치고 있으며, "대부분의 1.5세나 2세들은 전문직으로 진출하는 사례가 많다" 그리고 "한인들은 사회적 지위를 먼저 생각하기 때문에 자녀에게 사업체를 물려주는 경우가 다른 아시안 민족보다 낮다"고 지적했다. 그래서 직업이 한인 1세와 자녀가 다른 모습을 보인다. 한인 1세는 그로서리, 청과업, 세탁업, 뷰티 서플라이 등에 종사하는 경우가 많고, 1.5세대들은 변호사, 회계사 등 전문직에 종사하는 경우가 더 많다(이석호 2013).

　　2021년 인구센서스 자료에 따르면 미국의 16세 이상 한인 취업인구수는 92만 8263명이다. 전국 한인의 공무원(12.8%)을 포함한 임금근로자가 93%로 이제 한인 대부분은 직장에 취직하여 근무한다. 자영업에 종사하는 한인 비율은 오렌지카운티가 10.2%로 가장 높았으며 LA 9.9%, 캘리포니아 8.4%, 전국 6.7%였다(박낙희 2023). 물론 정부의 공식 통계도 응답자의 참여와 정확한 답변이 이루어지지 못하면 조금씩 틀릴 수 있다. 하지만 전체적인 흐름은 보여준다. 모든 자료들은 한인들의 자영업비중이 크게 낮아지고 있는 흐름을 보여주고 있다.

　　또한 한인들이 자영업을 바탕으로 이제 어느 정도 안정적인 생활을 할 수 있게 되어 죽을 수도 있는 위험을 무릅쓰고 위험한 흑인빈민촌에 들어가서 상점을 열려는 경향이 크게 감소했다. 상점을 열어도 좀 더 안전한 지역에서 열고 싶어 한다. 물론 한인들 사이에도 빈부격차가 커지고 있지만 갈수록 한인의 평균소득이 높아지고 있으며, 백인가구보다 상당히 높은 수준에 이르렀다. 아래 자료는 LA중앙일보 기자

항목	한인전국	캘리포니아	LA	OC	미국평균
가구당 중간소득	83,354	91,431	72,970	100,372	69,717
가구당 평균소득	127,386	146,213	131,565	140,696	99,688
1인당 소득	43,203	48,900	45,209	45,250	38,332
남성 중간소득(풀타임)	78,351	90,543	82,654	87,149	60,428
여성 중간소득(풀타임)	63,323	73,892	66,776	72,870	49,263
남성 평균소득(풀타임)	107,604	126,268	115,907	113,320	84,203
여성 평균소득(풀타임)	85,508	95,996	84,707	89,820	63,459

출처: 박낙희(2023), 현재 한인들은 미국평균보다 상당히 높은 소득을 보여주고 있다.

(박낙희 2023)가 2021년 실시한 아메리칸 커뮤니티 서베이(ACS) 데이터를 정리한 것이다. LA 한인의 가구당 평균소득이 13만1565달러로 미국평균 9만 9688달러보다 30%이상 높고, 풀타임 직장을 가진 한인의 개인평균소득은 미국평균보다 40%가량 높다. 1세대들이 70, 80년대 대부분 적은 돈만 가지고 이민을 온 것을 고려하면 매우 빠르게 소득이 증가한 것이다. LA 한인의 푸드스탬프 수혜비율은 14.9%로 전국평균보다 20%정도 높고 또한 오렌지카운티의 한인들보다도 2배 이상 높아 LA 한인들의 빈곤비율이 상당히 높은 것으로 보인다. 이는 LA 한인의 계층적 양극화가 상당히 진행되어 있음을 보여주며 또한 돈이 없이 이민을 오는 한인들이 주로 LA에 거주하고 있음을 보여준다. 이에 비해 오렌지카운티의 한인들은 LA 한인들보다 소득도 조금 높고 푸드스탬프 수혜비율이 5.3%로 매우 낮아 중간층 이상의 한인들이 주로 오렌지카운티에 살고 있음을 보여준다. 가난했던 초창기 이민시절과 비교하여 다른 인종과 비교하여 한인들의 소득이 매우 빠르게 증가함으로써 초창기였던 70, 80년대의 어려웠던 경제적 상황에서의 대응과 비교하여 이제 자신의 안전과 여유를 더 추구할 수 있는 상황이 되었다.

또한 1세 이민자들이 60세를 넘어서게 되자 이들이 은퇴를 해야 하는데 1.5세나 2세들은 자영업에 진출하려는 생각이 적었다. 위험한 지역에서 장시간 근로를 하는 것도 좋아하지 않지만 흑인동네에서 일을 하는 것도 싫어한다. 대신 소득이 조금 적어도 시간여유를 가질 수 있고 전문직이나 화이트컬러 직장인으로서 편안함이나 사회적 신분을 선호하는 경향을 보여주고 있다. 앞에서도 언급하였지만 민병갑 교수에 따르면 한인들은 자녀에 사업체를 물려주는 비율이 10%대에 그치고 있다. 한인1세들은 여러 조건 때문에 미국에서 가장 높은 비율로 자영업에 뛰어들었지만 2세들의 자영업 진출은 다른 민족들과 별다른 차이가 없거나 또는 평균보다 낮은 편이다. 따라서 1세의 자영업을 이어받을 2세들이 아주 부족한 편이고 한인상인들이 은퇴를 하게 되면서 이 가게를 이어받을 한인들이 없어 새로 이민을 온 민족들에게 팔아넘기는 경향을 나타나고 있다.

여기에 더불어 할렘의 경우 재개발이 성공적으로 이루어져 125번가가 번화가가 되어 프랜차이즈나 대형마트나 은행들이 대거 진출하여 지난 20년간 렌트비가 월 1,000달러 정도에서 10,000달러 정도로 10배 이상 뛰어 가게를 열어 일을 열심히 한다고 하여 버틸 수 있는 상황이 아니다. 더군다나 그동안 대형할인마트들이 많이 생겨 상점의 마진폭이 줄어들어 전처럼 쉽게 돈을 벌 수 있는 상황이 아니다. 따라서 1980년대보다 자영업으로 진출하기가 더 어려워졌다고 말하고 있다.

한인도매상의 밀집 지역이었던 미드맨해튼의 경우에도 한인상인들이 줄어들면서 사업을 철수하는 경우가 많아졌다. 이는 중국산 제품으로의 이동과 뉴욕권의 한인 주얼리 가게나 잡화가게가 줄어든 것을 반영하고 있다. 브롱스는 브루클린과 더불어 뉴욕시 흑인의 최대밀집지역이고 아직도 많은 가게들이 빈 채로 폐쇄되어 있다. 브롱스는 아직도 저렴한 렌트비로 쉽게 진출할 수 있지만 상당히 위험한 곳으로 알려져 있다. 이곳은 원래부터 한인상인들보다 흑인상인과 라티노상인이 많은 곳이지만, 한인상인들이 더욱 줄고 있어 브롱스에서는 한흑갈등이 특별히 부각되지 않는다. 인도, 동남아출신들의 상인진출이 크게 늘어나고 있다. 이처럼 뉴욕권역에서 전반적으로 한인상인이 줄어드는 경향이 있다. 이미 청과상에서 크게 밀려났고 의류, 신발, 주얼리, 잡화점들도 줄어들었으며 가발상은 거의 없어졌고 생선가게도 계속 줄고 있고 조금 편한 세탁소는 유지하고 있고 네일샵은 크게 늘어났다. 흑인고객과의 갈등이 나타나기도 하지만 대체로 개인적인 항의로 끝나지 집단적 갈등으로 더 이상 비화하지 않고 있다. 따라서 2000년대 이후 뉴욕시에서는 한흑의 집단적인 갈등이 나타나지 않고 있다. 상점 내에서 빈곤한 흑인이나 라티노를 잠재적인 절도로 감시하는 것은 지금도 지속되고 있지만 흑인들에게 모욕적인 표현을 하거나 직접 싸우는 경우는 크게 줄었다. 과격파 흑인단체들이 계속 존재하고 활동을 하고 있으나 이전보다 그 영향력이 줄어들었고 20~30년이 흐르면서 한인을 아주 낯선 이방인이라는 생각도 계속 줄어들고 있다. 할렘에서 한인상인이 계속 줄어들면서 한인상인회도 유명무실해졌다.

한인상인의 자세변화

1990년대 폭발적인 한흑갈등을 경험하면서 한인상인들의 자세에 많은 변화가 있었다. 또한 위험한 지역을 벗어나고자 하는 한인도 늘어났다. 뉴욕에서 일부 상인들은 흑인동네를 벗어나서 가게를 할 수 있는 업종으로 이전하였고 이에 따라 네일살롱에의 진출이 크게 늘어났다. 흑인 동네에 남아 있는 한인상인들은 이전보다 훨씬 조심해서 흑인고객을 대하게 되었다. 이는 두 가지 측면에서 이루어진다. 첫째, 개별 고객들에 대한 대응을 개선하는 것이고, 둘째, 지역와의 관계를 개선하는 것이다. 흑인들을 고용하여 흑인고객들을 다루게 하는 등 흑인이나 히스패닉계에 대한 고용을 확대하였다. 흑인을 고용하면 한인상인이 직접 흑인고객을 다루지 않아도 되고 또한 같은 흑인들끼리 소통도 더 부드럽게 하게 되기 때문에 도움이 된다. 또한 상인들도 고객에서 말을 걸고 인사를 하고 말조심을 하고 싸움을 하지 않거나 피하는 자세를 점차 몸에 익히게 되었다. 흑인주민들도 한인상인들이 옛날보다 훨씬 부드러워졌고 고객을 대하는 태도가 좋아졌다고 생각한다. 한인상인들의 일부는 더 나아가 흑인사회에 여러 가지로 기부를 하거나 또는 흑인 고객들에게 덤을 주거나 상품 값을 제대로 치루지 못하더라도 물건을 주는 경우도 있다고 말하고 있다. 또한 20~30년 장사를 하면서 이제 계속 거주하는 동네주민들은 거의 알고 있어 서로 문제를 일으킬 가능성이 크게 줄어들었다.

동네의 교회나 흑인정치인들에 대한 기부에 이전보다 더 적극적으로 참여한다. 지역에서 그동안 네트워크가 쌓여 좀 더 친밀한 관계 속에서 기부나 우호적 행위를 할 수 있게 되었다. 특히 동네마다 한인상인회들이 조직되어 있는데 상인회가 보다 조직적으로 회비를 모으거나 일정한 액수를 내도록 하여 동네에 대한 기부행위에 참여하는 경우가 많아졌다. 그리고 대부분 흑인정치인들에 대하여 상인회 차원에서 기부금을 낸다. 미국에서는 선거에 많은 자금이 필요하고 이를 모으는 것이 정치인들의 중요한 일정이라 선거자금을 모으기 위한 행사에 참여하여 흑인들 유력자들에게도 한인이 흑인정치인에게 기부하고 있다는 것을 보여준다. 일부는 개인차원에서 기부금을 내기도 한다.

이렇게 한인상인들이 흑인들을 이전보다 좀 더 부드럽게 대할 수 있었던 것은 미국사회의 인종문제에 대한 한인의 인식이 크게 높아졌기 때문이기도 하고 또한 잘못하면 큰 일이 날 수 있다는 생각이 높아졌기 때문이다. 또한 한인상인들이 그동안 열심히 일을 하며 자녀도 다 키웠고 돈을 축적하여 대체로 안정된 생활을 할 수 있게 되었고 따라서 경제적으로도 좀 더 여유를 가지고 흑인을 대할 수 있게 되었고 일정 부분 절도에 대하여 눈을 감을 수도 있게 되었다. 경제적 여유도 생기고 인종문제에 대한 이해도 높아져 일정 부분의 손해를 감수하고 안전을 취하는 것으로 볼 수 있다.

한인커뮤니티 차원에서의 한인상인들에 대하여 흑인에 대한 이해를 높이기 위한 노력도 많아졌고 또한 흑인과 각종 연대활동을 통하여 한인에 대한 반감을 줄이거나 또는 한흑연대를 쌓아나가고자 하는 노력도 증가하였다. 흑인과의 합동예배, 흑인과의 합동뮤지컬 공연과 시낭독회, 한인들의 흑인정치인들에 대한 기부, 흑인지역사회와 청소년들에 대한 기부, 한인 시민권 안내에 자원 봉사하는 흑인들, 미국 흑인역사에 대한 한국어 번역과 배포 등이 이루어지고 있다. LA의 시민단체인 〈민족학교〉는 흑인과 아시안들로 구성된 '흑인아태연대'와 아시안-흑인 연대 벽화 프로젝트와 같은 사업을 진행하여 흑인과의 연대를 강화하는 노력을 계속 하고 있다. 2017년 〈민족학교〉 크렌쇼 사무실 건물 외벽에 한인을 포함한 아시아계와 흑인 청소년들이 아시아와 흑인 커뮤니티의 역사와 연대 의식을 보여주는 벽화를 만들었다(미주중앙일보, 2021.7.15.). 뉴욕에서도 2022년 8월 5일 흑인 인권단체 '무지개 연합Rainbow PUSH Coalition', 한인의 시민참여센터, 이민자보호교회네트워크가 참여하여 유명한 흑인인권운동가 제시 잭슨 목사와 중국계 주 상원의원 존 류와 한국계 주 하원의원 론 김이 참여하여 '아시아계-흑인 커뮤니티 연대 회의'를 결성하여 아시아계와 흑인 커뮤니티가 함께 인종차별과 불평등을 해소하고 인종간 화합과 정의를 이뤄나가기 위한 활동을 할 계획이다(Amen Net, 2022.7.26.). 이러한 한흑연대를 위한 활동을 위해 현재에도 다양한 단체들이 활동하고 있다.

미국문화에 익숙한 1.5세나 2세들이 이러한 흑인과의 접촉을 더 잘할 수 있기 때문에 인종문제에 있어서 자신의 부모를 도와주거나 또는 시민단체 등에 참여하여 흑인과 함께 하는 다양한 활동을 수행하고 있다. 자녀들이 능숙한 영어와 미국문화에 대한 이해로 가게에서도 갈등이 커지지 않도록 도와주는 경우가 많다. 또한 흑인과의 연대활동에 참여하는 2세들도 많아졌다. 예를 들어 한 한인청년은 세 살 때 부모를 따라 LA로 이민을 온 K는 코리아타운에서 자랐고 대학 기숙사에서 1992년 4월 29일 불타는 코리안타운의 뉴스를 봤다. 한흑갈등을 바꾸어보려고 흑인민권단체에 가서 봉사활동을 하고, 소년원과 교도소의 흑인 재소자들을 도왔다. 공익 변호사가 되어 소수인종의 협력을 위한 노력을 적극적으로 기울이고 있다. 이처럼 미국문화에 익숙한 1.5세와 2세들이 인종 간 협력을 위하여 뛰어드는 경우가 많아지고 있다. 특히 한인의 정치력 신장을 위한 시민운동에서 더 나아가 흑인과 라티노와의 협력강화를 위한 노력을 하고 있다. 흑인들과의 갈등은 줄어들고 있지만 한인상점의 주요 종업원들이 라티노인 경우가 많고 이들에 대한 대우가 좋지 않아 한 – 라티노 갈등도 표출될 수 있기 때문이다(이경원, 김지현 2005).

시정부의 변화

LA 시정부도 한흑갈등이 심해지자 1986년 한흑연맹the Black-Korean Alliance을 조직하도록 하여 이를 통해 한인상인과 흑인시민운동가들이 서로를 이해하기 위한 노력을 하도록 지원하였다. 개별적인 이슈를 다루기 위해 소위원회를 두기도 하였다. 30명 이상의 회원이 있었지만 시의 지원이 줄어들며 회원도 10명으로 줄어들고 1991년 한인상인의 흑인소녀에 대한 충격으로 한흑갈등이 심화되며 한인상점에 대한 보이콧이 진행되면서 그리고 4.29폭동으로 분위기가 나빠져서 결국 1992년 해체되었다. 여기에 참여한 한 흑인은 LA에서 소수인종들의 권한을 강화하기 위한 조직들에는 계속 참여하였다(The Associated Press, 1992).

시정부에서 인권이나 갈등문제에 대하여 예민하게 다루면서 경찰의 흑인에 대한 태도가 이전보다 개선되고 있다. LA 같은 경우 1950년에서 1966년까지 경찰서장을 맡은 파커의 경우, 경찰의 흑인과 라티노에 대한 잔혹성과 인종차별로 유명하였다. 경찰의 잔혹성과 인종차별이 1965년의 와츠폭동으로 이어진 것으로 생각된다. 흑인이나 소수인종 경찰이 늘어났고 감사국The Office of the Inspector General을 신설하여 경찰의 행위에 대한 불만을 접수하여 처리하고 있고 바디캠 등을 통해 폭력사용이나 인종차별을 자제하려고 하고 있다. 1970, 80년대에 비교하면 개선되었지만 아직도 경찰의 인종차별적 관행이 지속되고 있는 것으로 평가된다.

뉴욕시정부의 변화로 크게 두드러진 것은 빈민촌을 포함하여 지하철역에 경찰이 상주하고 있는 것이다. 또한 경찰의 수가 급격하게 늘어났다. 1990년대 한흑갈등이 심했던 할렘이나 플랫부쉬도 마찬가지이지만 지하철역에 경찰차가 항시 대기하고 있으며 또한 학교 주변에도 경찰차들이 크게 늘어났다. 할렘이나 플랫부쉬의 상인들은 경찰차가 항시 주변에 대기하고 있고 사고가 일어나면 즉각 911 차가 출동하여 이전보다 크게 안전하여졌다고 말하고 있다. 특히 할렘의 한인상인들의 경우, 이전에는 사고가 나서 경찰을 불러도 20~30분이 지나야 나타났는데, 이제는 10분정도면 나타난다고 한다. 경찰이 주요지역마다 대기하고 순찰을 자주 돌기 때문에 범죄의 수가 크게 줄어들었고 도둑이나 범죄에 대한 출동과 검거가 이전보다 빨라졌다. 흑인동네에서도 경찰의 보호가 이전보다 크게 개선되었고, 물건을 훔쳐가거나 강도를 하는 경우도 이전보다 줄어들었다. 줄리아니 시장은 검사출신으로 1994년에서 2001년까지 뉴욕시장을 지내며 경찰의 배치와 순찰을 대폭 강화했다. 이에 따라 범죄율이 크게 하락하였고 맨해탄이나 할렘에서도 저녁까지 관광객이 돌아다닐 수 있게 되었다. 상가들도 훨씬 안전해졌고 이에 따라 안전해진 지역은 상가의 임대료도 크게 뛰었다. 안전해진 지역에 백인/유태인상인들이나 대형점포들이 들어오면서 오히려 소형점포의 경쟁력이 약화되는 현상이 생겼다.

특히 뉴욕에서 2001년 9.11 세계무역센터 폭파 이후 치안이 강화되면서 할렘과 같은 흑인지역이 안전해지면서 백인들이나 다른 민족의 진입이 촉진되었다. 할렘의 번화가는 빈 상점들이 많았고 범죄자들이나 마약판매상들도 일상적으로 상가지역을 배회하였는데 할렘의 치안이 개선되면서 범죄자들이 많이 사라졌다. 또한 상가지역에 이전까지는 없었던 은행들이 진입하게 되었고 대형 판매점들도 진입하게 되었다. 관광객이 증가하면서 더 좋은 레스토랑이나 카페나 클럽이 생겼다. 이러한 젠트리피케이션은 원래 그곳에 거주하던 빈민들을 좀 더 안쪽이나 브롱스 지역으로 밀어내는 역할을 하였다. 브루클린 같은 경우에도 캐리브해 국가들에서의 이민이 증가하면서 토착흑인들의 수는 감소하는 경향이 나타났다. 또한 지하철역을 비롯하여 대로변에 경찰들이 순찰차를 배치하고 주둔하면서 해당 지역 인근에 범죄자들이 크게 감소하였다.

이러한 변화에 따라 상점의 임대료가 크게 상승하였다. 기존에 있던 한인상인들이 임대료가 큰 폭으로 상승하면서 그곳에서 계속 장사를 하는 것에 부담을 느끼게 되었고 할렘의 경우 임대료가 대폭 인상된 대로변의 한인상인들이 하나둘 다른 지역으로 빠져나가게 되었다. 이보다는 적지만 브루클린 등지에서도 임대료가 상승하면서 한인들이 조금씩 빠져나오는 경향이 생겼다.

제3부

2세의 등장과
주류사회로의 진출

1992년 LA 4.29폭동의 중요성은 한인의 미국화에서 아무리 강조해도 지나치지 않다. 한인사회에 막대한 피해를 입힌 4.29폭동은 한인들이 미국사회의 일원으로 미국의 인종관계와 인종차별의 맥락에서 살아가고 있다는 사실을 철저히 깨닫게 만들었다. 경찰과 주방위군들이 한인들이 거주하는 지역이나 한인들의 상점은 방어하지 않고 헐리우드나 베벌리힐즈 등 백인들이 거주하는 지역을 위주로 방어선을 형성하여 철저히 보호하였고 코리아타운은 방치하여 코리아타운에서 대거 방화와 약탈이 일어났다. 이는 미국의 권력이 백인중심으로 작동하고 있다는 점을 철저하게 보여주었다. 언론들도 로드니 킹 사건이 백인경찰과 흑인빈민 사이에 벌어진 폭력이었고 이로부터 폭동이 시작되었다는 점보다 그 동안 나타났던 한인 상인의 흑인 소녀에 대한 총격살인 등이나 한인 상점들이 집중적인 피해의 대상이 되었다는 점을 주로 보도하면서 LA사태가 한흑갈등으로 말미암아 나타난 사건처럼 다루는 경향이 있었다. 이러한 맥락에서 한인사회에서 한인이 힘이 없는 민족이라 지배세력인 백인과 인종차별피해자인 흑인 양쪽으로부터 희생양이 되었다는 생각이 많이 나타났고 기존의 한인이민자들이 미국사회에서 정치적인 힘을 확보하는 노력을 게을리 하고 너무 돈을 버는 데만 집중했다는 반성이 많이 나타났다.

이에 따라 한인의 힘을 키워야 한다는 논의가 많아져 한인이 정치와 공직에 적극적으로 진출하여야 한다는 자각도 높아졌다. 또한 지역에서 한인들을 더욱 조직화하여 지역사회와 정치에 참여하고 소수민족과의 연대를 만들고 강화하여 한인의 위상을 높여서 한인을 무시하기 어렵게 만들어야 한다는 주장도 많이 나타났다. 정치적인 힘을 키우고 지역에서의 위상을 높이기 위한 노력에 한인 이민자들보다 미국에서 초등학교부터 또는 중등교육과 대학교육을 받은 한인 1.5세나 미국에서 태어난 2세들이 더욱 적극적으로 나서면서 점차 이들이 한인사회의 전면에 나서게 되었다. 이들은 영어와 미국문화에 익숙하여 미국에서 벌어지는 문제들을 한인 1세들보다 더 잘 헤쳐 나갈 수 있기 때문이다. 하지만 한인 1.5세나 2세들은 미국사회에 적응해 언어와 문화를 잘 이해한다고 할지라도 외모나 출신 때문에 결국 아시아계로 인식될 수밖에 없고 결국 차별받는 소수민족으로서 살아갈 수밖에 없다는 점을 절실하게 느끼게 만들었다. 따라서 아시아계의 연합 또는 소수인종들끼리의 연합에 대한 논의도 많아졌다.

한인 1.5세와 2세들이 등장하면서 한인들의 사회적 활동, 직업, 정체성, 민족관계에도 커다란 변화를 가져왔다. 직업에 있어서 자영업이 크게 감소하고 주류직장으로의 진출이 크게 늘어났다. 특히 미국사회의 공적 영역(정치, 공직, 시민활동, 인권활동)에 한인들이 본격적으로 진출하는 계기가 되었다. 이전까지 한인들의 조직은 단체의 이름에 미국인이라는 이름을 넣지 않았지만 1992년 LA폭동을 경험하고 1.5세가 등장하면서 미국인이라는 이름을 전면에 넣게 되었다. 예를 들어 1994년 설립된 전 미국의 한인회는 기존의 전 미국 한인회는 the Korean National Association이라는 명칭을 사용하였지만 1994년에는 the National Association of Korean Americans으로 변경하여 미국인 American이라는 점을 분명하게 하였다. 미국 L.A. 지역의 가장 규모가 큰 시민봉사단체인 Korean Youth Center에도 영향을 미쳤다. 한인을 위한 단체를 넘어서서 코리아타운에 존재하는 모든 민족에 봉사하기 위해 2005년 명칭을 Koreatown Youth and Community Center로 민족 명칭(Korean)이 아니라 지명(Koreatown)으로 명칭을 바꾸어 직원도 라티노와 흑인을 충원하였고 대상도 코리아타운의 모든 민족으로 확대하였다. 1992년 3월에 코리아타운에 설립된 코리아타운 노동연대 Koreatown Immigrant Workers Alliance도 원래 한인노동자만을 위한 조직으로 구성되었다. 그러나 4.29사태를 겪으면서 다른 민족과 연대와 협력이 필요하다는 것을 절실하게 깨달았다. 또한 요식업 노동자들을 조직하게 되었는데 절반이 라티노였다. 한인노동자뿐만 아니라 코리아타운의 최대주민인 라틴노노동자에 대한 활동에도 적극 나서게 되었다. 그러면서 이사회와 직원에도 라티노가 참여하도록 만들었다. 지원도 한인커뮤니티가 아니라 정부나 주류기구에 주로 의존하였다. 그리고 노동자를 불법적으로 혹사하는 호텔, 봉제업체, 한인 식당이나 수퍼마켓을 상대로 전투적인 시위와 불매운동을 하여 한인이나 라티노 노동자들이 초과근무수당을 받아낼 수 있도록 하였다(한경구 2014). 이러한 다인종적인 민족관계는 1세에서는 나타나지 않았던 관계들이다.

1세의 경우, 일부 사람들이 스스로 한국인으로 인식하고 돈을 벌어 한국으로 귀환하겠다는 생각을 많이 하고 있었지만 1.5세에 이르러서는 한국으로 귀환하겠다는 생각은 거의 없어졌다. 2세에서는 한국으로 귀환하겠다는 생각을 아예 하지 않고 미국인으로서 미국에서 살아가는 것을 당연하게 생각한다. 미국사회가 1970년대 이후 자신의 민족적 배경을 드러내고 좀 더 포용적인 혼합문화와 정체성을 인정하는 방향으로 진행되면서 다문화적 배경을 장점으로 인식하는 경우도 많이 나타나서 한인들도 이전에 비해 한인이라는 정체성이나 한국문화를 더 드러낼 수 있게 되었지만, 지속적으로 백인우월주의와 백인에 의한 인종차별이 나타나기 때문에 스스로를 백인이 아닌 소수인종 또는 아시아계로 인식하면서 인종차별을 극복하기 위해 단체로 또는 정치인으로서 적극적으로 노력하는 경우가 늘어나고 있다.

1.5세에서는 한국에서 태어나 어린 나이에 이민을 왔기 때문에 어렸을 때 한국에서 자라거나 교육받은 기억이 각인되어 있다. 미국에서 초등학교부터 또는 중등교육부터 받았기 때문에 미국사회와 문화에 대한 이해도도 높다. 이들은 한국말도 유창하게 하고 영어도 유창하게 하는 경향을 보여준다. 한국을 고국으로 인식하는 경우가 많다. 그러나 2세들은 미국에서 태어났기 때문에 유치원부터 미국의 교육을 받았고 태어나서부터 미국방송 등 미국의 문화 속에서 성장하여 미국의 문화와 사회적 맥락이 몸에 철저하게 배어있어 자신을 미국사람으로 생각하는 편이다.

미 주류 사회로의 빠른 진출과 함께 미주 한인사회의 리더십은 현재 이민1세에서 1.5세나 2세의 세대로 옮겨가고 있다. 한인커뮤니티 내의 1.5세대와 2세대들의 단체들이 많아지고 있고 이 단체들이 그 활동규모나 예산, 조직력, 효율성에서 1세 단체를 앞서고 있다. LA의 경우 한인타운 청소년회관Koreatown Youth and Community Center, 한미연합회Korean American Coalition, 한인타운 노동연대Korean Immigrant Workers Alliance, 민족학교Korean Resource Center 등 1.5세대와 2세대들이 주동이 된 단체들이 미주한인들 그리고 주변의 다른 소수민족들을 위한 많은 프로그램을 개발하여 활동하고 있다(유의영, 2016). LA한인회에서 1998년 1.5세와 2세를 대거 영입하여 주류와의 네트워크와 활동을 대폭 강화하고자 하였다. 2004년에는 1.5세가 한인회장에 당선되었고 2021년부터는 2세가 한인회장을 맡고 있다. 한미연합회Korean American Coalition, 코리아타운청소년센터Koreatown Youth and Community Center, 민족학교Korean Resources Center 등 가장 적극적인 활동을 하는 단체들이 1.5세와 2세들을 주축으로 운영되고 있다. 그러나 완전히 주류사회에 진출한 대다수의 1.5세들이나 2세들은 한인사회에서 봉사활동을 하기 보다는 자신의 경력에 집중하는 경향을 보여준다. 그럼에도 불구하고 상당한 수의 1.5세와 2세들이 적극적으로 한인단체에 참여하면서 능숙한 영어와 넓은 타인종/민족과의 관계를 활용하여 한인단체의 활동이 그 범위를 주류사회에까지 넓히고자 노력하고 있다(한경구 2014: 283-286).

인종차별을 극복하기 위한 노력으로 정치계로의 진출도 적극적으로 이루어지고 있다. 지역의 일을 다루는 커뮤니티 보드나 교육위원 등에 적극 진출하려고 노력하고 있고 또한 정치인들의 보좌관을 맡아 한인사회와 정치계와의 연결을 도모하는 한인들도 늘어나고 있다. 이러한 경력을 거쳐 시의원, 주의원, 연방 하원의원 등으로의 진출이 빠르게 늘어나고 있다. 시장에 당선되어 시정을 주도하기도 한다. 3부에서는 한인의 힘을 키워 한인차별을 막고 한인에 기여하려고 노력하는 이러한 과정들을 살펴보고자 한다.

제8장 1.5세와 2세의 등장과 직업변화

미국에서 아시아계의 상황

2015년 미국 센서스에 따르면 외국에서 태어난 이민자가 4,320만 명(불법체류자 1100만 명 포함)으로 전인구의 13.4%인데 이는 1960년의 970만 명(총인구의 5.4%)보다 4배 증가한 것이다. 1965년 미국에 살던 이민자의 84%가 백인(유럽+캐나다)이었고 히스패닉 9.5%, 아시아계 3.5%에 불과하였고, 1980년까지 백인 이민자가 히스패닉+아시아계보다 많았으나 그 이후 계속 백인이민자는 감소하고 라티노와 아시아계가 크게 증가했다. 2015년 미국 이민자 수에서 히스패닉 51%, 아시아계가 27%를 차지하였고, 백인은 14%에 불과하다(Lopez and Radford 2017).[1]

Pew Research Center의 2013년 자료에 따르면 미국에서 이민자 2세들은 백인 46%, 히스패닉 35%, 아시아계 12%, 흑인 4%로 총인구보다 히스패닉과 아시아계의 비율이 크게 높다. 이들은 대체로 부모세대보다 더 많은 교육을 받았으며 부모(가구 당 4.6만 달러)보다 높은 소득(가

---

1) The Migration Policy Institute 2007년 Fact Sheet 자료에 따르면 2002년에서 2006년까지 연평균 이민자 102만 명, 워크퍼밋 32만 명, 불법체류자 50만 명을 합하여 년 184만 명이 미국으로 이주해왔으며, 이민자 중 60% 정도가 신분변동을 통하여 이민비자를 받았다(Gelatt 2007).

구 당 5.8만 달러)을 올리며, 주택소유비율이 더 높아졌고, 빈곤은 줄었으며(18%에서 11%로), 2세의 61%가 자신이 전형적인 미국인이라고 생각한다. 2세(43%, 이들은 태어나자마자 시민권이 부여된다)들은 시민권자 1세(37%)보다 더 많이 투표를 한다. 라티노와 아시아 2세들은 일반인들보다 더 근면과 성공을 강조하며 민주당을 더 지지하는 경향을 가지고 있다. 1세보다 영어를 잘 사용하며, 자신의 민족/인종 집단 외에서 결혼하는 비중이 높아졌다. 2세들은 1세에 비해 사무직, 관리직, 전문직에서 일하는 경향이 높다. 2세는 이민자보다 일반인들과 직업구조가 비슷하다. 특히 아시아계 2세가 다른 인종 2세들보다 교육수준이 높고 보다 더 전문직에 종사한다. 1세들은 2세보다 자영업뿐만 아니라 서비스업, 운송, 건설, 농업에 더 종사하며 보다 열악한 근로환경에 있다. 아시아계는 결혼, 가족, 양육을 더 강조하는 경향이 있으며, 교육을 위해 희생을 감수하여[2] 미국 역사상 가장 높은 교육율과 대학 졸업률을 보여주며, 강한 노동윤리를 가지고 있다. 아시아계 10명 중 7명은 열심히 노력하면 성공할 수 있다고 생각하며 93%가 자신의 민족이 매우 근면한 편이라고 생각한다(Pew Research Center 2013).[3]

1965년 미국이 비백인에게도 이민 문호를 개방하면서 미국에서의 아시아계 인구는 1965년 총인구의 0.5%인 98만 명에서 2020년에는 총인구의 7.2%인 2400만 명(혼성 410만 명까지 포함)으로 증가하였다(Jones, Marks, Ramirez, & Vargas, 2021). 1965년 총인구에서 백인이 84%, 흑인이 11%, 라티노가 4%, 아시아계가 1%에도 미달했지만, 2022년 7월 인구 추정치에는 백인 59.3%, 라티노 18.9%, 흑인 13.6%, 아시아태평양 6.4%,

---

2) 예를 들어 LA인근에서 아시아계들은 자녀를 더 나은 학군의 학교로 진학시키기 위해 주택가격이 높아도 더 나은 학군의 작은 집으로 이사 가는 것을 감수한다.
3) 같은 자료에 따르면 전체 미국인들은 57%가 그렇게 생각한다.

혼성 2.9%로[4] 바뀌면서 미국의 인종관계에 근본적인 변화가 나타나고 있다. 1965년 이전에는 미국사회가 흑백으로 분리되어 있다는 주장이 많았지만 이제 훨씬 복잡한 다인종 구도로 이루어지고 있고, 백인의 압도적인 권력이 점차 줄어들고 있다. 하지만 가구당 소득을 보면 백인과 아시아계의 소득이 비슷한 편이고, 흑인과 라티노의 소득이 비슷한 편(Smelser, Wilson, Mitchell, 2002)이어서, 소득으로 보면 백인과 아시아계 그리고 라티노와 흑인의 커다란 두 집단으로 분열될 가능성이 있는 것으로 보인다.[5]

아시아계 이민자 2세(3세나 그 이상 포함)들은 69% 정도가 자신들이 전형적인 미국인이라고 생각한다. 이 비율이 1세(37%)보다 2배정도 높다. 아시아계는 아시아계(12%)나 아시아계 미국인(16%)보다는 중국계 또는 중국계 미국인처럼 자신의 민족배경(26%)이나 민족배경+미국인(25%)으로 인식하는 비율이 매우 높다. 아시아계 2세들의 21%가 자신을 아시아계 미국인이라고 생각하지만 1세에서는 14%로 낮은 편이다. 대신 1세들이 민족배경(31%, 예 한국계)만으로 생각하는 비율이 31%인데 2세는 15%에 불과하다. 1세는 자신의 민족과만 사귀는 비율이 56%로 2세의 38%보다 매우 높다. 아시아의 배경이 매우 다양하고 복잡하기 때문에 아시아계 전체와 스스로를 동일시하는 비율이 미국의 인종 중에서 가장 낮다. 대신 동남아계, 동북아계 처럼 좀 더 지역적인 정체성을 가지는 경우도 있다(6%). 이는 아시아인들을 같은 인종이나 같은 집단이라고 상상하지 않았던 모국에서의 사고가 이어지는 것이기도 하고, 미국에서 피부색도 얼굴모습도 천양지차인 아시아계를 미국의

---

4) 2022년 7월 미국 인구 추정치, https://www.census.gov/quickfacts/fact/table/US/P ST045221 혼성은 자신의 인종을 "Two or More Races"로 표시한 사람들을 뜻한다.
5) 인종차별에도 불구하고 나타나는 아시아계 미국인의 소득증가에 대해서는 Hilger (2017)을 참조할 것.

필요에 의해 다양한 아시아 출신들을 하나의 집단으로 범주화하고 분류하고 적용하여 하나의 인종(또는 유사인종)으로 만드는 과정이 아직 초기단계이기 때문에 그렇기도 하다. 그래서 전체 미국인들 대다수(80%)가 아시아계가 다양한 문화를 가지고 있다고 생각하고 18%만이 아시아계가 공통의 문화를 공유하고 있다고 대답한다. 반면 아시아계는 아시아계가 다양한 문화를 가지고 있으며(90%), 9%만이 공통의 문화를 공유하고 있다고 대답했다. 아시아계의 60%는 자신들이 매우 다양한 집단임에도 불구하고 그냥 아시아계로 인식된다고 대답했다. 그래서 다른 아시아계에 일어나는 일이 자신들의 삶에도 영향을 미친다고 생각하며(59%), 아시아계의 이익과 관심을 지키는 전국적인 지도부가 필요하다고 생각한다(68%). 또한 아시아계의 20%는 차별이나 곤란한 일이 생길까봐 비아시아계를 만날 때 자신의 전통을 숨긴다고 대답했다. 특히 2세(32%)가 이민자(15%)보다, 그리고 18~29살의 젊은층(39%)이 65살 이상의 노인층(5%)보다 더 숨긴다(Ruiz, Noe-Bustmante, Shah 2023). 이는 1.5세나 2세가 1세보다 훨씬 다양한 인종과 관계를 맺고 살아가는 상황과 관련되어 있다. 또한 일상생활에서 상당히 광범위하게 아시아계에 대한 인종차별이 벌어지고 있음을 보여준다.

　미국에서 자영업자 비율은 같은 인종이나 민족이라 할지라도 이민자가 미국에서 태어난 집단보다 항시 높다. 이민자들은 미국태생보다 영어에 익숙하지 않고 미국사회의 조직문화에도 아직 익숙하지 않아 집단의 일원으로서의 직장생활을 하는데 미국태생보다 어려움을 가지고 있다. 따라서 이민자들은 영어가 부족해도 상점을 운영할 수 있고 또한 조직의 일원으로서가 아닌 가족이 함께 운영할 수 있는 자영업에 더 집중하는 경향이 있다. 한인 이민자들이 민족별로 가장 높은 자영업 비율을 보여줘 유태인과 더불어 가장 대표적인 상업민족으로 인식되었다. 하지만 한인 2세들은 다른 민족이나 인종에 비해 특별히 높은 자영업 비율을 보여주지 않는다. 아래 표에서 보듯이 한인이민자는 다른 이민자들과 비교하여 압도적으로 높은 자영업 비율을 보여주고 있지만 한인 2세들은 다른 이민자 2세들(흑인제외)과 별다른 차이를 보여주지 않고 있다. 즉, 한인2세들은 다른 이민자들의 2세와 마찬가지로 자영업 외의 직장을 선호한다.

표 8.1 ┃ 2000년 미국 자영업 인종/민족별 자영업 비중　　　　(단위 : %)

인종/민족	미국태생(2세~)	이민자(1세)	전인구
백인	12.6	16.6	12.8
흑인	4.8	6.6	5.0
라티노	7.0	9.4	8.1
원주민(인디언)	6.1	8.4	8.4
아시아계	8.4	11.8	11.0
인도계	7.4	11.5	11.0
중국계	9.8	11.2	10.8
필리핀계	4.5	5.4	5.2
일본계	11.1	14.0	12.1
한국계	9.0	27.9	24.0
대만계	11.9	16.6	15.4
베트남계	7.9	11.2	10.7

출처: 2000 Census 5% Public Use Microdata Samples (PUMS)
　　 http://www.asian-nation.org/small-business.shtml#sthash.CQpC0a2L.dpbs

한인 1.5세와 2세의 교육과 직업

미주 한인 전체에서 미국출생자(2세, 3세 등)가 차지하는 비율은 1980년까지 18%에 불과 하였으나, 1990년에는 27%로, 그리고 2000년에는 35%로 증가하였고, 2013년에는 39%, 2019년에는 41%에 이르고 있다. 미국에서 초등학교부터 교육을 받은 1.5세까지 포함하면 이미 60%가 넘어섰다(동아일보, 2015.1.3.; 장연화 2021). 한인이민자의 많은 사람들이 자녀교육을 위해 미국으로 이민을 왔다고 말한다. 많은 한인 부모들이 자녀교육을 위해 가능하면 좋은 학군이 있는 교외로 이주를 하였다. 따라서 이민 초기에는 도심서민지역에 주로 거주하였지만 돈을 어느 정도 벌면 교외로 이주를 한다. 자녀를 자신의 확장으로 생각하는 부모들은 자녀들에게도 "너희를 위해서 이민을 왔다"며 공부에 집중하기를 요구하고 술이나 마약 등을 못하게 한다. 부모들은 자녀의 학업성취에 대한 기대를 자주 표현하며 적극적인 지원과 훈육을 행하며, 공부를 잘 하도록 유도하거나 압박한다.

> 한인으로서 나는 항시 자녀에게 공부를 열심히 해야 한다고 말했고 전문직에 취업하기를 원한다고 말했다… 자녀들에게 무엇을 원하든 열정적으로 즐겁고 성공적으로 임하기를 원했다. 우리는 단순히 A를 획득하는 것을 넘어서 교육에 높은 가치를 두었다. 스스로에 대한 이해를 심화하고 세상을 더 잘 이해하는 것으로서의 교육을 말이다(Kim, Lana, 2012: 123).

그 결과 한인 자녀들은 상대적으로 학업성취도가 높다. 부모도 가능하면 자녀가 좋은 대학을 가기를 학수고대한다. 부모의 공부에 대한 기대가 높기 때문에 아시아계 학생들은 실제로 좋은 대학에 진학하는 인구대비 비율이 백인, 흑인, 라티노보다 훨씬 높다. 예를 들어 2023년도 하버드대 입학생 중 아시아계가 29.9%(Venkatraman 2023)를 차지하였는데, 보통 20~25%정도를 차지하여 인구비중보다 4배 정도 합격하고 있다. 아이비리그 전체로도 아시아계가 20% 정도 합격하고 있다(Tran, Lee, Huang 2019). 대부분의 일류대에서 아시아계 학생들이 아시아계 인구비율보다 더 합격하지만, 입학에 인종별 쿼터가 어느 정도 작동하기 때문에 성적으로만 보면 다른 인종의 합격생들보다 아주 좋은 성적을 받아도 아시아계 학생들을 떨어뜨리는 경우가 많다. 보통 아시아계 학생들은 "친절하고 수학을 잘 하고 조용하고 열심히 노력한다"고 받아들여진다(Gonzalez-Pons, 2022). 2세들은 미국에서 자라고 교육을 받았고 미국의 사회상황이나 취업정보에도 밝은 편이고 미국에서만 네트워크를 쌓아온 편이라6) 미국의 주류경제mainstream economy에서 직장을 구하고자 한다(Min and Kim-Lu, 2014:36).

표 8.2 ▮ 재미한인과 백인 및 미국인 전체의 교육 수준 비교, 2014   (단위 : %)

학력	한인				백인	미국인 전체
	전체	1세	1.5세	2세		
고졸미만	8.1	11.2	3.1	2.6	8.2	13.5
고졸	33.1	35.6	31.8	27.0	50.2	49.1
전문대졸	6.0	6.8	5.0	4.5	8.4	7.8
대졸	33.5	30.1	37.7	40.5	20.5	18.3
대학원졸	19.3	16.3	22.4	25.5	12.7	11.3
합계	100.0	100.0	100.0	100.0	100.0	100.0

출처: (이창원, 2016: 26), 원자료 American Community Survey, 2014.
주: 교육수준은 25세 이상으로 현재 학교에 다니지 않는다는 응답자만 대상으로 한 결과임.

위의 표에서 보면 한인 1.5세와 2세의 교육수준이 미국에서도 매우 높음을 알 수 있다. 2세를 기준으로 보면 백인이나 미국전체보다 대학 졸업률이나 대학원 졸업률이 2배 이상 높은 것을 알 수 있다. 한인 2세의 3분2가 대학 졸업 이상의 학력을 가지고 있으며 특히 4분의 1이 대학원 졸업 이상의 학력을 가지고 있어 한인들이 얼마나 교육에 열심인지를 알 수 있다. 대체로 대학원졸업은 매우 안정적인 주류직장인 연구직이나 특수전문직으로 진출을 의미하기 때문에 위의 통계는 한

---

6) 미국은 공채가 없고 해당 기업과 가까운 사람 또는 직원의 추천이 중요해서 사회적 네트워킹이 취업에서 한국보다 훨씬 심각한 영향을 미친다.

인들이 고학력 또는 고임금 전문직에 적극 진출하고 있음을 보여준다. 또한 1세 여성에 비하여 1.5세와 2세들의 직장 진출이 급속도로 높아지고 있다. 많은 한인 1세 여성들이 남편과 함께 자영업에 종사하지만 자신은 돕는 정도로만 인식하여 취업했다고 보고하지 않아 나타나는 현상일 수도 있다. 어쨌든 한인 1.5세(72.2%)나 2세(83.4%) 여성들의 취업률이 한인 1세 여성들(58.5%)이나 백인여성들(72.%)보다 한참 높기 때문에 한인2세 여성들이 적극적으로 교육을 받고 높은 학력을 지니면서 동시에 매우 적극적으로 노동시장에 참여하고 있음을 보여준다 (이창원, 2016: 26-30). 그럼에도 불구하고 한인 2세의 고졸 이하가 29.6%에 이르러 이들은 훨씬 심각한 취업경쟁에 노출되어 저임금을 감수하던지 또는 소규모 자영업에 종사할 가능성이 높은 것으로 보인다. 이러한 차이는 한인사회의 양극화, 소득수준의 양극화로 이어지는 것으로 보인다. 한인 내에서의 소득불평등은 다른 어떤 인종/민족 집단보다도 크다(C. H. Kim, 2014: 27). 학력이 미국에서의 취업에 커다란 영향을 미치기 때문에 한인 2세의 다수가 높은 학력을 바탕으로 주류사회로 편입되는 데 반하여, 저학력 한인들은 자녀들의 저학력으로 이어지면 이들 집단은 점차 하위계층으로 편입될 가능성이 높은 것으로 보인다.

표 8.3 ▎ 취업 유형, 2014 (단위 : %)

취업유형	한인				백인	미국인 전체
	전체	1세	1.5세	2세		
자영업(단독)	9.8	14.4	8.1	4.5	6.4	6.0
자영업(가맹점, 계열)	9.4	12.7	10.0	4.8	4.0	3.4
사기업 임금근로자	63.9	58.6	67.6	68.7	66.9	69.1
비영리기관 임금근로자	7.2	6.4	5.0	9.6	3.0	3.1
공무원	9.2	7.5	8.7	12.1	14.4	13.9
무급가족종사자	0.4	0.5	0.5	0.3	0.2	0.2
합계	100.0	100.0	100.0	100.0	100.0	100.0

출처: (이창원, 2016: 32), 원자료 American Community Survey, 2014

위의 표를 보면 한인2세들의 취업유형이 1세에 비하여 백인과 매우 비슷해지고 있음을 보여준다. 2세의 경우 대부분(90.4%) 공무원을 포함한 임금근로자로 취직하고 있음을 보여준다. 1세(27.1%)에 비하여 2세(9.3%)가 자영업으로부터 크게 벗어나고 있으며 사기업, 비영리기관, 공무원으로의 취직이 크게 증가하고 있다. 2세가 백인이나 미국인 전체와도 유사해지는 경향을 보여준다. 그러나 한인들의 비영리기관에의 취업률이 백인이나 미국인 전체보다 2~3배나 높은 것이 눈에 띈다. 이는 한인사회가 교회나 다양한 비영리기관이나 시민단체를 만들어 적극적으로 활동하고 있음을 보여준다. 교회는 이민 초기에서부터 한인들이 뭉쳐서 미국사회에 적응할 수 있게 해줘 한인을 결집시키고 미국사회에 적응하는 데 결정적인 기여를 해왔고, 비영리기관이나 시민단체들은 이러한 과정에서 파생되는 문제들을 해결하기 위해 적극적으로 조직되어 활동을 해왔기 때문이다. 특히 4.29폭동 이후 미국사회에서의 한인차별을 해결하기 위한 비영리기관이나 시민단체들의 활동이 더욱 적극화되면서 영어와 미국사회에 익숙한 2세들의 참여가 크게 늘어났다. 미국에서 당면한 인종차별의 문제를 헤쳐 나가기 위해 앞으로도 상당기간 비영리기관이나 시민단체가 적극적인 활동을 유지하고 따라서 비영리기관 근로자 수도 계속 백인이나 미국인 전체에 비하여 높은 비율을 유지할 것으로 보인다.

한인 2세들이 사기업에 종사하더라도 학력이 높기 때문에 백인이나 미국인 전체보다 훨씬 높은 비율로 관리직이나 전문직에 종사한다. ⟨표 8.4⟩을 보면 한인2세들이 백인들보다 45% 정도 더 높은 비율로 관리직이나 전문직에서 일한다. 특히 전문, 과학 및 기술 서비스업 분야에서 한인2세(14.3%)들이 미국인 전체(6.7%)보다 가장 많은 차이를 보여주고 있어 전문, 과학, 공학분야에 많이 진출하고 있음을 알 수 있다(이창원, 2016: 35). 건설현장에서 일을 하거나(건설설비직), 공장에서 일을 하거나(생산직), 택시나 트럭을 몰거나(운송직), 농사를 짓거나(농림어업직), 단순 서비스를 제공하거나(서비스직)의 저임금 영역에서는 훨씬 낮은 비율로 일하고 있다. 이는 한인2세들 대체로 고학력을 매개로 관리직이나 전문직에 취직하여, 좀 더 고임금의 일자리에서 안정적으로 근무하려고 하고 있고, 저임금 분야나 노무직에는 별로 진출하지 않고 있음을 보여준다. 상품을 판매하는 판매직에서 그래도 백인과 비슷한 정도의 비율을 보여주는 것은 부모세대가 자영업에 많이 종사하는 영향으로 생각된다.

표 8.4 ▌ 취업 분야, 2014   (단위 : %)

취업 분야	한인				백인	미국인 전체
	전체	1세	1.5세	2세		
관리직	22.0	18.7	26.3	24.9	17.5	15.1
전문직	28.0	22.3	29.7	34.8	23.9	21.5
서비스직	13.3	17.0	8.8	10.7	14.0	17.6
판매직	14.8	17.6	15.4	11.2	10.7	10.2
관리지원 및 사무직	9.8	8.6	11.2	10.1	12.6	12.5
농림어업직	0.1	0.1	0.0	0.3	0.5	0.8
건설설비직	3.9	4.9	2.7	3.3	9.5	9.6
생산직	5.7	8.5	3.5	2.5	5.2	5.7
운송직	2.1	2.4	2.2	1.7	5.8	6.8
군인	0.2	0.0	0.2	0.6	0.3	0.3
합계	100.0	100.0	100.0	100.0	100.0	100.0

출처: (이창원, 2016: 32), 원자료 American Community Survey, 2014

　　저는 미국으로 대학원 공부하러 왔다가 아내가 취직하여 미국에 남게 되었죠. 미국에서 일하면서 이제 시민권까지 받았죠. 미국에 살게 되어 아들과 딸을 하나씩 두었는데 어떻게 미국사회를 헤쳐 나갈까 항시 걱정이 되었죠. 한인사회에서는 분위기가 이과 전문직으로 가야 그래도 차별을 덜 받고 편하게 살 수 있다는 생각이 있고 실제

로도 그렇게 하는 것이 좋다고 생각해요. 그래서 둘 다 이과로 진학
하였고 결국 둘 다 약대를 갔죠. 큰 애가 큰 대학병원에서 약사로
근무하고 있는데 일한지 10년도 안되었는데 이제 10만 달러도 넘게
받고 있고, 차별받을 일도 적어 만족하고 잘 다니고 있어요. 둘째는
아직 약대 학생이지만 첫째가 길을 잘 닦아놨으니 그 길로 갈려고요
(2020.1. 뉴욕시 한인 대학교수 인터뷰).

이러한 직업에 따른 소득을 지수로 환산한 소득지수를 살펴보면 한
인 1.5세(60.4)와 2세(59.6)는 백인(51.6)보다 상당히 높으며 이는 백인들
보다 상당히 고임금을 받는 직종에 분포되어 있다는 것을 보여준다(이
창원, 2016: 36). 한인1세는 소득지수가 48.8로 백인 평균 51.6보다 조금
낮다. 직종 자체로만 보면 백인들 직종보다 임금을 덜 받는 곳에서 일
을 한다는 뜻이다. 소득평균도 한인 1.5세(77,290달러)나 2세(62,011달러)
는 1세(49,940달러)나 백인(54,690달러)보다 높다. 하지만 이는 교육수준
이 높아서 나타나는 현상이고 같은 교육수준을 지닌 집단끼리만 비교
하면 한인의 소득이 낮다(이창원, 2016: 36-39). 그렇지만 평균적으로만
보면 한인이 특히 한인 1.5세와 2세는 백인들보다 교육수준도 높고 임
금도 더 높다는 뜻이다.

평균적으로 소득이 높다 하더라도 대학을 졸업하고 실제 직장에 가
면 아시아계는 대체로 소수이고 대체로 백인들이 고위직들을 장악하
고 있고 명령을 내리는 위치에 있고 백인들이 직장 내 정치를 주도하
는 경향이 크다. 그래서 백인 동기와 같이 취직을 했더라도 백인들이
훨씬 네트워킹을 쉽게 넓게 하고 또한 빠르게 상사들과도 친해져서
직장 내에서 주류로 진입하게 된다. 이에 비해 아시아계는 아무래도
상사들의 눈치를 봐야 하고 더 궂은일을 시키는 경우가 자주 타나난
다. 주류직장에 진출하더라도 계속 이방인 취급을 당하는 경우가 많고

차별을 경험하는 경우도 많다. 영어에 아주 능숙해도 "Where are you from?"와 같은 말을 듣는다.[7]

표 8.5 ┃ 교육수준별 임금근로자 평균임금소득, 2013   (단위 : 달러)

학력	평균값		
	한인	백인	미국인 전체
고졸미만	29,598	28,666	25,053
고졸	37,597	38,918	35,704
전문대졸	40,872	46,585	44,471
학사	59,487	69,419	65,914
석사 이상	95,217	97,180	94,706
합계	59,089	54,699	49,170

주: 노동시장에 참여하며 소득이 있으며 비학업중인 16~64세만을 대상으로 함
출처: (이창원, 2016: 38), 원자료 American Community Survey, 2014

종합하면 한인2세는 1세보다 대졸이상 졸업자 비율이 45% 정도 상승하였고, 자영업에 종사하는 비율은 거의 3분의 1로 줄어들었고, 관리직과 전문직에서 일하는 비율이 40% 이상 늘었으며, 소득은 24% 정도 상승하였다. 이러한 변화는 한인들이 갈수록 상업소수민족에서 멀어지고 주류직장으로 진입하고 있음을 의미한다. 한인2세는 백인과 비교하여 대졸이상 졸업자 비율이 두 배나 되며, 자영업에 종사하는 비율은 백인보다 10%정도 적으며, 관리직과 전문직에서 일하는 비율이

---

7) 앞에서도 말한 바와 같이 "Where are you from?"은 "어느 나라에서 왔냐"라는 질문으로 외국에서 온 이민자나 관광객들에게 주로 던지는 질문으로 미국에서 태어난 사람들에게는 잘 사용하지 않는다. 따라서 아시아계에 이런 질문을 하면 너는 이방인이라는 함의를 가지고 있다. 필자(이정덕)도 켄터키에 관광을 갔을 때 백인학생이 "Where are you from?"이라고 물어봐서 "I am from New York City."라고 대답했더니 그 학생이 "I am sorry."라고 한 적이 있다. 즉, 외국인줄 잘못 알고 물어봐서 미안하다는 뜻이었다.

40% 이상 높으며, 소득은 백인평균보다 15% 정도 높다. 하지만 백인의 같은 학력과 비교하면 한인의 임금이 대학졸업자에서는 16%, 대학원 이상 졸업자에서는 3%정도 낮다. 이는 백인보다 교육을 더 받아야 백인과 비슷한 임금을 받을 수 있음을 보여주는 것으로 인종차별의 결과로 보인다. 대학원 이상 졸업자에서는 백인과 한인 사이에 임금격차가 적은데 이는 인종차별이 없다기보다는 한인2세들이 문과보다 의약계열 등 임금이 높은 영역에 더 많이 진출하여 상대적으로 임금격차가 줄어든 것으로 생각된다.

아시아계로서의 한인2세

아시안 아메리칸 사이에 생물학적 인종으로서의 유사성은 다른 인종과 비교하면 별로 없다. 미국에서 인종범주로 정착되었고 인구조사나 사회분류에서 아시아계로 쓰기 때문에 아시아계가 하나로 묶였다. 지역명칭을 인종명칭으로 만들었는데 이들이 아시아 지역에서 왔다는 점과 외모가 좀 더 비슷하다는 점 외에 인종적으로 유사점이 없었으나 점차 문화적으로도 아시아계라는 공감대가 형성되고 있다. 중국계나 일본계와는 동북아의 문명사적 공통점이나 인종적 유사성이 높아 동질의식을 느끼기가 쉽지만 다른 아시아계는 1세에게는 낯설지만 2세들에게는 점차 아시아계가 같은 집단이라는 의식이 커지고 있다. 아시아계로 구분되어 아시아계로 범주화되고 아시아계로 차별받는 요소로서 공감한다. 그 결과 문화적으로는 같은 집단이라고 생각하지 않지만 정치적으로는 같은 집단이라고 생각한다. 아시아인들이 함께 일하는 것이 중요하다. 이미 한 집단으로 묶였기 때문이다. 같은 집단으로 다루어지고 대체로 다 비슷해 보인다고 하니 그에 대한 반응으로 같은 집단이 되는 것이다(S. J. Ahn 2001: 7).

한인이 어떻게 활동하든 어떠한 문화를 가지고 있든 외모 때문에 아시아인종으로 계속 분류된다. 어떠한 행동을 해도 아시아인으로 이방인으로 간주되고 끊임없이 미국인이라는 점을 증명해야할 상황에 빠진다. 이에 비해 유럽인들이나 백인들은 당연히 미국인으로 인식된다.

> Maggie: "내가 학교 내 새로운 기숙사 건물로 옮겨갔다. 그곳에는 30% 정도가 아시아계였다. 점심이나 저녁을 먹을 때 나는 내가 아시아 학생들의 테이블에 앉아 있는 것을 발견하였다. 내가 아는 아시아계가 하나도 없어도 아시아계가 앉아 있는 곳으로 가는 나를 발견하였다. 어떤 테이블이 아시아계의 것이고 어떤 테이블이 백인의 것인지 나는 전혀 몰랐다. 내가 평생 미국에 살았는데 그런 것을 느끼지 못했다는 점에 내가 깜짝 놀랐다. 내가 그렇게 하고 있다는 것을 나중에야 깨달은 것이다. 내가 나도 모르게 아시아계 테이블에 앉고 있었다. 만약 내가 백인들 테이블에 가서 앉는다면 이들이 왜 내가 아시아계 테이블로 가지 않는지 의아하게 생각할 거라고 나는 상상했었다. 모든 사람이 내가 그렇게 행동하도록 기대하고 있다고 상상하고 있었다.(S. J. Ahn 2001: 8)

푸코가 보여준 것처럼 우리는 범주 속에 쉽게 빠지고 그 밖을 제대로 상상하지 못한다. 미국식 범주에 빠진다는 것은 미국식으로 생각하고 미국식으로 살고 있음을 보여주는 것이다. 부지불식간에 미국식으로 아시아인종이 되어 미국식 인종으로 일상을 살아가는 것이 된다. 물론 미국문화를 배우고 익히고자 하지만 백인이나 흑인들과 다르다는 것을 느낀다. 미국정부와 사회가 다양한 민족들을 하나로 묶어 관리하기 쉽게 아시아계라는 단어를 적용하면서 아시아에서 온 다양한 나라의 사람들도 서로 외모가 매우 달라도 점차 아시아계라고 느끼게 된다. 한인들도 특히 한인2세들은 한국에 없었던 아시아계라는 유사 인종적 범주가 자신의 정체성으로 자리 잡게 된다. 다양한 집단을 행정적 편의를 위해 유사 인종적 범주로 묶어버렸고 그게 일상적으로 작용하게 되면서 실체가 된 것이다. 이러한 범주가 일단 관철이 되면 그 범주 안의 사람들 사이에 문화적 유대가 만들어진다. 범주로 시작했던 것을 점차 동일집단처럼 생각하는 경향이 나타나고 커지면서 동류의 문화적 집단이 되어 하나의 집합적 목소리를 지닌 집단으로 정치화된다. 정부의 정치적인 이유로 아시안 아메리칸이라는 범주가 만들어지고 제도화되어 일상생활에서 지속적으로 아시안 아메리칸으로 호명되고 아시안 아메리칸으로서 세상을 경험하고 결국 아시안 아메리칸으로 스스로를 인식하게 되는 것이다. 한인계 미국인이라는 개념이 많은 상황에서는 아시아계 미국인으로 불리거나 기술되고 있다 (Ahn, 2001: 10).

이러한 과정이 한인계 미국인, 아시아계 미국인으로 되어가는 과정이다. 2세가 되면 스스로가 미국의 인종관계에서 어떻게 맥락화되고 작동하는지를 이해하고 대응하여야 한다. 미국식으로 생각하고 관계를 맺고 활동하고 미국인으로서의 권리를 행사하여야 한다. 그래서 미국적 맥락에서 미국적 이해를 바탕으로 살아가는 미국인이 된다. 그러나 그냥 미국인 아니고 한인계 그리고 아시아계 미국인이 된다. 다르게 범주화되고 다르게 대우받고 다르게 경험하기 때문이다. 자신의 민족적 인종적 정체성은 미국적 상황에 맞춰 구성되는 것이다.

제9장 2세에 대한 인종차별

여기에서 2세라는 용어를 사용했지만 이는 1.5세와 2세를 포함한다. 둘 다 미국에서 자라고 교육을 받았기 때문이다. 여기에서는 미국에서 자라고 교육을 받고 직장에 진출하면서 겪는 인종차별을 보여주고자 한다. 이를 통하여 미국에서 태어나고 미국에서 교육을 받아도 이방인으로 취급당하고 광범위하게 미세인종차별을 경험하고 있음을 보여주고자 한다. 지속적으로 아시아계로 간주되면서 노골적인 인종차별이 없더라도 미세한 인종차별을 경험하면서 자신을 소수인종으로 인식하고 아시아계의 정체성을 만들어가게 된다. 또한 이러한 외모적인 말들을 경험하고 이와 관련된 다양한 일상생활에서 아시아계로 규정당하고 또한 인종에서 오는 여러 불편함이나 미세차별을 경험하면서 자신이 백인이나 흑인이나 라티노와 다르다는 인식을 가지게 된다.

어떤 것이 인종차별인지 또는 미세한 기분 나쁜 말이 과연 인종차별로 간주될 수 있는지는 애매하다. 인종차별이 아니라도 할지라도 또는 인종적 함의가 애매하다고 할지라도 일상적으로 벌어지는 불편함을 통하여 미국사회의 주인이 아니라는 점을 계속 느낀다. 한 조사에 따르면 한인들의 2분의 1이 넘는 54.5%가 인종차별을 경험하였다고 답하였다. 대체로 언어폭력을 사용하고(82%), 서비스를 거부하고(27.9%), 직장 내에서 차별대우를 하고(21.2%), 신체적 접촉이나 폭행을 하고(12.8%), 기침을 하거나 침을 뱉으며(11.9%), 낙서를 하거나 재물을 파괴한다(11.8%). 대체로 상점(식당, 마켓 등, 47.8%)이나 공공장소(길거리, 공원 등, 45.9%)에서 이루어지며 직장에서(28.9%), 주거기설에서(16.5%), 또는 대중교통(13.7%)에서 벌어진다. 인종차별을 하는 집단으로는 백인(74.9%), 흑인(49.4%), 라티노(33.5%)를 지목하였다. 가해가 이루어질 때 대부분 대응하지 않으며(70.8%), 주변에 도움을 요청하거나(6.6%), 영상 등 증거를 확보하는 경우(5.2%)는 적었다. 대책으로는 치안강화와 강력한 처벌(58.5%), 언론과 리더들의 계몽(21.9%), 아시안의 정치력 신장(11.4%)을 꼽았다(장수아, 2021).

직장에서의 차별 경험도 상당히 높다. 무엇이 혐오범죄이고 인종차별이고 괴롭힘인지에 대한 생각은 다양하게 나타난다. 36%의 아시아계가 직장에서 인종차별을 경험했다고 대답했는데, 이는 백인(21%)보다는 높고 흑인(55%)이나 라티노(43%)보다는 낮다. 아시아계 전문직들은 조용히 열심히 수동적으로 일을 한다는 모범소수인종이라는 선입견이나 또는 미국에서 태어나더라도 "영원한 외국인 Perpetual Foreigner"이라고 보는 시각이 영향을 미친다고 대답했다. 직장에서 자신을 당연히 열심히 일하는 사람으로 보고(22%), 더 영리하고(18%), 수학/기술/과학 등에 강하다(31%)고 봐서 미세인종차별을 당하며 손해를 보고 있다고 대답했다. 일을 더 시키고, 특정분야는 못하는 것으로 자동적으로 간주하여 제외하고, 물어보지도 않고 통계와 관련된 일을 맡긴다고 대답했다. 아시아계 전문직은 현 회사에서 승진했다는 대답이 다른 인종들보다 가장 적었다. 현 직장에서 롤모델이나, 강한 네트워크나, 후원자가 있느냐는 질문에도 가장 부정적으로 대답했다. 아시아계가 인종적으로 동등한 봉급을 주는가, 포용되고 있는가, 공평한 승진이 이루어지는가, 인종차별문제에 직장이 대응하는가에 대하여 가장 부정적으로 대답하였다(COGQUAL, 2023). 이러한 결과는 직장에 출근을 하거나 공공장소를 다닐 때, 일상생활에서 끊임없이 아시아계라는 인종적 존재로 다뤄지고 다양하고 미세한 차별을 받으며, 전문직 직장에서도 가장 차별을 받고 있는 것으로 스스로 인식하고 있음을 보여준다.

아시아계와 인종관계

1965년에는 소수민족에 대한 차별이 지금보다 매우 심하였고 아시아계에 대한 차별도 심하게 이루어지고 있었다. 따라서 백인동네나 흑인동네에 가서 사는 것이 힘들거나 불편하여 같은 민족들끼리 모여서 거주하는 경우가 많이 나타났다. 차이나타운이 대표적이지만 재팬타운이나 코리아타운 등이 형성되었다. 1965년 이후 이민이 증가하면서 이민자들이 집중하는 소수민족타운들이 팽창하고 새로 생겨났지만 점차 아시아계들은 백인동네나 혼합된 동네로 이사를 가면서 교외지역에 사는 아시아계가 크게 늘어났다. 아시아계가 다른 인종들보다 자기 인종을 벗어나서 결혼하는 경향이 가장 높다. 2008년에서 2010년 센서스 자료에 따르면 아시아계는 29%, 히스패닉은 26%, 흑인은 17%, 백인은 9%가 다른 인종과 결혼하였다. 특히 일본계는 거의 50%가 타민족과 결혼을 하였다. 싱글부모가 미국 전체로는 41%를 차지하는 데 아시아계는 16%에 불과하여 아주 높은 비율로 부모가 함께 자녀를 키우는 경향을 보여준다. 한국계 이민자 후손들의 미국 생활은 1세대 이민자들과는 달리 매우 빠른 속도로 미국사회에 동화되고 있다. 한 예로 최근 퓨 리서치 통계에 의하면 2, 3세대 한국계 미국인 중 약 3분의 1 이상이 한국계가 아닌 사람들과 결혼한다(Pew Research Center 2013).

한국계가 아닌 아시아계와 결혼하는 경우 대체로 스스로를 한국계

보다는 아시아계라고 생각한다. 베트남 남성과 결혼한 한인2세 교수는 다음과 같이 말을 했다. 대학에 가서 아시아계와 활동을 하면서 더욱 더 아시아계와 연결되고자 하였고 아시아의 문제와 미국의 아시아계의 문제에 더 관심을 가지게 되었고 더욱 더 아시아계로 느끼게 되었다.

어렸을 때 나는 나를 '유색인종'으로 그렇게까지 생각하지 않았다. 이제 유색인종이 아시아계에 적용되는 것 같지는 않다. 아시아계 집단에 있다 보니 스스로를 아시안 아메리칸으로 생각한다. 내 남편은 베트남계이고 딸이 하나 있다. 이러한 이유로 나는 한국계 미국인을 넘어 아시아계 미국인이라고 느낀다. 우리는 범 아시아계 공동체를 이미 형성하고 있고, 나는 그렇게 느낀다. 내가 하버드대학을 다닐 때, 고등학교 졸업 이후 가장 적극적으로 아시아계와 함께 지냈었다. 물론 대학 크기에 비하면 적은 숫자였지만 그게 내 활동무대였다 (Moon 2016: 134-135).

아시아계 2세들은 1세들보다 다른 인종이나 민족들과 잘 어울린다고 대답하고 있다. 1세들은 49%가 잘 어울리거나 어느 정도 어울린다고 대답했는데 2세들은 64%가 그렇게 대답하였다. 또한 1세들보다 2배의 2세들이 타민족이나 인종과 결혼할 수 있다고 대답하였다. 타인종과 관련하여 아시아계는 다른 인종과 잘 지낸다는 비율이 백인 87%, 히스패닉 72%, 흑인 63%, 잘 못 지낸다는 비율이 백인 9%, 히스패닉 19%, 흑인 28%로 나와 흑인과 잘 못 지낸다는 대답이 상대적으로 많았다. 세대별로 나눠보면 흑인과 잘 지낸다는 비율이 1세는 60%, 2세는 71%, 잘못 지낸다는 비율이 1세는 31%, 2세는 20%로 세대별 차이가 상당히 크다. 아시아계 1세는 친구 대부분이 같은 나라 출신이라는 대답에 49%가 그렇다고 대답했고 2세는 17%만 그렇다고 대답했다(Pew Research Center 2013, 5장).

직장을 구하거나 승진할 때 자신의 인종이나 민족이 긍정적인 또는 부정적인 역할을 하는가에 대한 질문에서 1세들은 긍정 15%, 부정 16%, 영향 없다에 58%로 대답했고, 2세들은 긍정 11%, 부정 12%, 영향 없다에 70%로 대답했다. 직업을 구할 때에 대한 질문에서 1세는 긍정 20%, 부정 13%, 영향무 60%, 2세는 긍정 17%, 부정 10%, 영향무 68%로 대답하여 승진에 비하여 긍정적 대답은 5~6% 높아지고 부정적 대답은 2~3% 낮아졌다. 학교에 입학할 때도 자신의 민족/인종 배경이 영향이 없다고 다수(61%)가 대답했다. 아시아계는 인생에서 중요한 것에 대해 좋은 부모가 되는 것(67%), 결혼관계를 잘 유지하는 것(54%)에서 라티노보다 높게 나왔으며, 경력에서 성공(27%)하거나 집을 소유(32%)하는 것에 대해서는 라티노와 비슷한 정도로 중요하게 생각하였다. 미국에서 아시아계가 가족 가치를 가장 높게 평가하고 있다(Pew Research Center 2013, 7장).

학생시절의 인종차별

교외 지역에서 학교를 다니면 백인학생들이 많은데 유치원이나 초등학교를 다니면서 이들로부터 "Button Eyes(단춧구멍 눈)," "Chinky Eyes(황인종 눈)," "Slanted Eyes(찢어진 눈)," "Banana(겉은 황인이고 속은 백인 같은 아시안)," "Ching Chong(시끄러운 중국 놈)," 또는 "Nerd(공부만 하는 따분한 놈)"라고 놀림을 당하는 경우도 많다. 또는 멍청하다거나 영리하다는 또는 너희나라로 돌아가라는 말을 듣기도 한다. 일부 백인학생들이 직접적으로 차별적 언사를 사용하거나 내려다보거나 이방인이라는 시선으로 보는 경우가 있어 그게 상처를 주며, 한인 또는 아시아계라는 사실에 대해 고민하게 된다. 백인이 미국의 주인인데 스스로 백인이 아니라고 생각하여 백인이 되고 싶어 하기도 하고 나를 왜 백인으로 낳아주지 않았는지 부모를 원망하기도 한다.

나는 초등학교에 가고 나서야 내가 다른 학생들과 다르다는 것을 알았다. 학교에 가면 블론드나 갈색머리의 학생들이 가득한데 나만 검은 머리를 가지고 있었고 단추구멍 눈을 가지고 있었다. 그래서 급우들이 나보고 웃을 때 왜 눈을 감느냐고 놀렸다. 이건 사소한 일이지만, 나에게는 아주 커다란 것이었다. 내가 어떻게 할 수 없는 것을 콕 집어서 자기들과 다르다고 놀리니 나는 외로운 이방인으로 되었다. 집에 오면 먼저 울기 시작했다. 내가 엄마한테 나는 내 눈이 정말 싫다며 백인 눈이었으면 좋겠다고 말한 기억이 난다. 엄마는 다 무시하라고 했다. 나는 정말 그렇게 했다. 감정적으로 약하다는 것을 드러내기 싫었다. 그래서 우는 대신 차갑게 침묵을 지키던지 농담으로 맞받아쳤다. 그래도 나는 말도 많고 활달한 아이였다…. 훨씬 심각한 차별을 경험한 것은 한참 뒤였다. 그들의 놀림은 무지의 소관이라고 생각하여 쉽게 무시할 수 있었다. 고등학교에 들어가서 어떤 애는 어떻게 할 수가 없었다. 걔는 나에게 "아버지가 너희들 수십 명을 전쟁에서 죽였데"라고 말했다. 나는 웃으면서 남한과 북한이 다르고 남한은 미국의 동맹이고 미국에는 북한사람도 없다고 설명했다. 그렇지만 그가 나에게 왜 그러한 말을 했는지 고민하지 않을 수 없었고, 그의 악의적인 말에 기분이 매우 나빴다. 이런 말들은 눙치고 넘어갈 수 있지만 아주 불쾌한 일이다. 칭총하며 아시아 언어를 흉내 내며 놀리는 일은 내가 외국인이고 나를 모멸한다는 것을 계속 느끼게 만들었다…. 인종차별적인 말로 너무 당해서 다 기억할 수도 없다. 그러나 자랄수록 나의 인종이나 민족이 드러나는 것을 회피하게 되었다. 내가 한인인 것이 부끄러워서가 아니라 한인인 것을 드러내면 부정적 반응이 왔기 때문이다(B. Chung 2014: 78-79).

집안의 한국문화나 부모의 한국어와 바깥에서의 미국문화나 영어 사이에서 많은 혼란을 경험하며 정체성에 대하여 많은 고민과 불안을 경험하게 된다. 이러한 과정에서 스스로를 두 문화 사이에 끼어 있다고 생각하게 된다. 부모나 학교가 아시아학생들에게 공부를 잘할 것이라는 또는 열심히 할 것이라는 기대로 많은 스트레스를 받기도 한다. 결국 이런 와중에도 한인학생들은 상대적으로 공부를 열심히 하는 편이며 비교적 좋은 성적을 받으며, 특히 수학에서 좋은 성적을 보여준다. 계속 이방인이라는 취급을 받으면서도 모범생이라는 이중적 이미지를 경험하게 된다. 어느 쪽도 아닐 수도 있고, 둘 다 일수도 있는 상황에서 삶을 헤쳐 나가게 된다.

1.5세나 2세들은 학교에 다니면서 주변의 미국사람(주로 백인 또는 흑인)과 다르다는 사실을 알고 이를 통해 세상을 바라보고 살아가며 이를 나름대로 정리하여야 한다. 소수민족으로서의 자신의 정체성에 다양한 방식으로 영향을 미친다. 한국문화와 미국문화 두 문화를 어떻게 생각할지 얼마나 받아들일지 어떻게 공존시킬 것인지도 정리하여야 한다. 한국계로서 그리고 미국인으로서의 정체성을 어떠한 방식으로 또는 어떻게 정립할 것인지도 고민하여야 한다. 또한 한국에서 성인까지 자란 다음에 이민을 온 부모들과 입장도 생각도 문화도 정체성도 상당히 다르다는 점을 느끼며 다양한 방식으로 부모와의 관계를 정립한다.

예를 들어 앤드류(마이애미 대학교 학생)는 1991년 2살 때 미국으로 이민을 왔다. 부모가 미국에서 자녀들에게 더 좋은 교육을 제공할 수 있고 더 좋은 기회를 가지게 할 수 있다고 생각하여 이민을 왔다. 앤드류는 부모가 집에서 한국말을 사용하여 한국말을 잘 한다. 초등학교를 다닐 때부터 온갖 인종차별에 가까운 말이나 농담을 들었다. 눈이 찢어졌거나 단추구멍이라거나 노란둥이라거나 평평한 얼굴이라는 등의 말을 들었다. 대체로 미국에서 이질적인 동양인이라거나 또는 동양인으로서의 생김새 등이 놀림감이 되었다. 한인이나 아시아인이 많지 않은 백인이 많은 학교를 다니면서 백인이 아니며 이민자의 자녀라는 사실을 뼈저리게 느꼈다. 다양한 인종이 공존하는 학교에서는 그러한 놀림이 적었다. "내가 학교가 끝나서 집으로 가면 아빠가 좌절감에 빠졌다. 아빠의 표정을 생생하게 기억한다. 내가 울면서 애들이 나를 가지고 놀린다고 말했기 때문이다." 애들이 하도 놀려서 어렸을 때는 한국인이 아니라 백인이었으면 좋겠다는 생각을 많이 했다. 그러나 한국계 혈통을 바꿀 방법이 없다는 것을 곧 깨달았다. 자라면서 점차 노골적인 인종차별이나 그러한 표현을 당하는 경우가 줄어들었고, 점차 미국사회가 받아들일지의 여부를 덜 걱정하면서 한국전통이나 혈통을 드러낼 수 있게 되었다. 부모와 함께 집에서 한국음식을 먹거나 한국의 설과 같은 명절에 부모에게 세배를 하며 즐길 수 있게 되었다. 설날에는 한국 친척들이 같이 모여서 한복을 입고 떡국도 먹고 윷놀이도 한다. 자신의 아이들도 한국말을 잘 하고 한국문화도 잘 알고 한국어 존댓말처럼 한국의 가치도 일부 지켰으면 좋겠다고 생각한다. 그렇지만 아버지와 "애매하고 이상한 관계"라고 말했다. 부모가 깊이 이해하는 친구처럼 되지는 못하지만 그래도 다른 부모들보다 가까운 관계라고 생각하고 부모에게 감사하게 생각했다. 한국을 한번만 방문했지만 한국과 밀접한 관계가 있다고 느낀다. "집처럼 편안하게 느꼈지만 많은 문화와 생각이 낯설게 느꼈다. 아주 이상한 것들이 있었지만 집처럼 느껴져 한국에서도 살 수 있을 것 같다." 한국문화를 더 알고 싶어 한국에서 몇 년 살아보고 싶어 한다. 어머니가 영어를 못해 한국어를 잘 하는 여자와 결혼하고 싶어 한다. 그래야 의사소통이 잘 될 것으로 생각한다. 결혼은 혼자만의 일이 아니라 부모와의 관계도 포함하는 것이라고 생각한다. 이미 미국문화에 익숙하고 미국생활이나 절기에 익숙하기 때문에 이를 즐기면서 살고 있다. 미국적 문화와 취향이 삶의 핵심이 되었지만 한국 것도 좋아한다. 세계화가 되면서 한국과 미국의 문화가 쉽게 오고갈 수 있어 감각이 미국화 되었어도 한국식도 즐길 수 있다. 백인으로 동화된다는 것이 그렇게 바람직한 것 같지는 않다. "미국에서는 이민자들이 다 혼합되어 살기 때문에 한국문화를 버릴 필요가 없다. 그게 용광로서의 미국 아닌가?"[1]

대학에 가서 집과 떨어져 살아도 아시아계에 대한 혐오사건이 뉴스에 나오면 부모들은 전화로 가능하면 바깥에 나가지 말고 사람 많은 곳에도 가지 말라고 한다.[2] 학교를 다니면서 대체로 자신이 백인이나 흑인과 다른 소수인종 또는 아시아계임을 철저히 느끼게 된다. 대학에

---

[1] www.orgs.miamioh.edu/kasa/KoreanAmericans.docx

[2] 예를 들어 2020년 시작한 코로나 기간 동안 아시아계를 향한 혐오범죄가 급증하면서 집 바깥에 나가는 것에 많은 스트레스를 느꼈다. 많은 아시아계 학생들이 코로나가 발생하면서 자신에 대한 눈초리나 혐오발언이 크게 늘었고 또한 아시아계가 많은 혐오범죄의 대상이 되었다는 뉴스를 자주 접하여 인종적 불안감이 크게 높아졌다. 2020년 2월 필자(이정덕)가 뉴욕시에서 조사하는 동안 분위기가 험악해 거리를 돌아다니기가 무서웠다. 아시아계를 향하여 째려보거나 "Chink," "Chinese virus"라며 밀치거나 욕하거나 침을 뱉는 경우가 자주 나타났다. 이 기간 동안 아시아계에 대한 극심한 타자화와 배척이 널리 나타났다. 이러한 현상은 2001년 9/11 맨해튼 무역센터테러 이후에도 나타났다. 1871년 LA에서 그리고 1877년 샌프란시스코에서 백인들이 폭동을 일으켜 중국인들을 대거 학살한 일이 있었고, 1882년에는 중국인배제법(Chinese Exclusion Act)을 만들어 사실상 중국인의 이민을 금지했고 미국내 거주도 어렵게 만들었다. 제2차세계대전 기간 동안 일본계 미국인들을 포로수용소에 가둬놨었다(Lee, E. 2015). 하지만 적국인 독일계나 이탈리아계 미국인은 가두지 않았다. 미국에서는 인종 갈등이나 문제가 전국적인 폭력이나 살인으로 비화되는 경우가 많다. 아시아계 미국인들이 경험하는 인종차별은 과거 이민 이후에 아일랜드계, 이탈리아계, 유태계가 경험했던 차별보다 훨씬 심각하다. 또한 백인계열에 대한 차별은 제2차세계대전 이후 대부분 사라졌다고 볼 수 있다.

가면 한인학생회나 모임에 참석해서 한인이라는 정체성을 더 확실하게 하고, 소수인종으로서 세상을 헤쳐 나가는 지식과 자세도 더 강화하는 경우가 많다. 또는 적지만 한인학생이나 아시아계 학생들을 가능하면 안 만나고 주로 백인들과 어울리는 학생들도 있다. 대학에 가면 정체성에 대한 자세가 어느 정도 정리되어 정체성의 혼란과 불안은 줄어들지만 취업에서의 차별이나 미래에 대한 불안감을 느낀다. 그래서 자녀가 대학에 진학할 때가 되면 부모들은 자녀들이 인종차별이 적다고 생각하는 의학, 약학, 공학, 과학, 회계 등 인종차별이 적은 전문직의 영역으로 진출하여 차별을 덜 받고 살기를 원한다. 결과물이 뚜렷한 분야를 선택해야 백인과 경쟁에서도 차별을 덜 당한다고 생각한다. 따라서 인문사회계열이나 예술계열보다 이과로 진학하도록 유도한다. 또한 가능하면 좋은 대학에 가기를 원한다. 그래야 차별을 덜 받고 전문직으로 또는 더 나은 직장에서 일을 하면 살아갈 수 있다고 생각한다.

주류직장에서의 차별

아시아계 대학생의 78%가 2주에 한 번씩은 미세인종차별racial micro-aggression을 경험할 정도로 인종차별은 자주 일어나는 일이다(Ong et. al. 2013). 기분 나쁘게 하는 조그만 모욕이나 말이나 행위는 명백하게 인종차별이 드러나는 것도 있지만 인종차별이라고 보기에는 애매한 것도 많다. 무례하거나 둔감하거나 미묘하지만 때로는 애매하거나 또는 의미를 잘 모른 채로 넘어갈 수도 있지만 인종적으로 기분 나쁘게 하는 것이다. 또는 나중에 생각해보니 기분 나쁜 인종적 함의가 느껴지기도 한다. 또는 인종적 함의도 드러나지 않지만 무언가 무시하고 배제한다고 느껴진다. 일상생활에서 미세한 인종차별이 계속 되면 움츠려들거나 화가 나고 또는 스스로 부정적으로 생각하게 되고 정체성에 상처를 받으며 불안해지고 우울해진다. 직접 인종차별이라며 대응하기에는 당황스러운 일이다(Her 2017: 23-28).

아시아계는 외국에서 태어난 낯선 이방인이라고 생각되거나, 수학과 과학을 잘 하는 영리한 집단으로 간주되거나, 다 비슷하다고 생각되거나, 조용하고 말을 잘 듣는다거나, 경제적 성공을 거뒀다거나 하는 부정적 긍정적 스테레오타입 모두가 인종적 함의를 지니며 아시아계에게 상처를 주거나 아시아계를 배제하는 데 사용될 수 있다(Sue. et. al. 2007). 아시아계가 직종과 소득에서 백인과 비슷해졌고 공개적이고 노골적인 인종차별은 크게 줄었지만 직장에서의 인종차별은 크게 또는 작게 또는 미묘한 방식으로 계속 이루어지고 있다. 당하는 사람은 인종차별로 느끼지만 가해자는 인종차별까지는 아니라고 생각하기 때문이다. 다른 소수인종들과 상황이 크게 다르지만 아시아계도 인종적 편견으로 손해를 보고 있는 소수민족이다. 아시아계가 간부직이 아닌 직급에는 비교적 빠르게 승진하나 간부직 승진에는 대체로 백인에 비하여 차별을 받고 있다(Oh 2022: 3장). 직장에서도 고위간부직에는 아시아계가 더욱 적다.

학력이 높고 주류직장에 취직하였더라도 인종적인 문제는 계속 작동한다. 외모는 바로 눈에 띄기 때문에 학교에서와 마찬가지로 직장에서도 아시아계로 인식된다. 컨설팅 회사에 갓 취업한 성수에 따르면 얼굴모습이 계급이나 젠더보다 훨씬 심각하게 작동하여 그냥 단순하게 아시아계로 인식된다. "사람들이 나를 그냥 한인으로 본다. 백인들도 나를 그냥 찢어진 눈, 평평한 얼굴을 가진 한인으로 본다." 다 비슷하게 보이기 때문에 그냥 아시아계로 인식된다(D. Y. Kim 2014: 146). 아시아계는 소수이고 얼굴모습이 특이한 것을 간주되기 때문에 주목을 끌게 된다. 이러한 이질감은 한인2세가 주류직장에 들어섰더라도 무언가 어색하고 긴장의 끈을 놓지 못하게 한다. 주류의 일원으로 정확하게 편입된 것도 아닌 불안정한 느낌을 가지게 된다. 미묘한 행동이나 말이나 표정도 혹시 나를 대상으로 어떤 인종적 의미를 발신하는 것은 아닌가라는 고민을 하게 된다.

아시아계에게는 '대나무 천장Bamboo Ceiling'이라고 해서 상층부 진입에서 겪는 어려움을 표현하는 용어가 있다. 동아시아계 출신이 더 교육을 받고 더 열심히 일을 해도 간부직에 올라갈 가능성이 백인보다 적으며 따라서 승진에서 잘 누락되고 결국 불만을 더 느끼고 자신의 경력발전에 더 비관적인 생각을 가지는 경우가 많다(Mosenkis 2010: vii). 직장에서의 차별은 해고보다는 진급이나 임금상승에서의 누락 또는 사내정치에서의 소외에 집중된다. 기업이나 병원이나 대학 등에서 관리직이나 전문직 영역에서의 차별은 직접적인 공격이나 인종차별보다는 편견과 스테레오타입에 따라 아시아계를 소외시키거나 누락시키는 방식으로 진행된다. 또는 백인보다 권한을 적게 주고 자율권과 통제권도 적게 주는 방식으로 이루어진다. 따라서 아시아계는 새로운 아이디어를 추진하는 게 백인보다 어렵고, 무엇을 해야 할지 또는 어떻게 얼마나 시간을 할당하여 일을 할 것인가에 대한 결정권도 약하고, 동료들로부터 지지도 덜 받는다. 동료 백인들이 아시아계를 경쟁자로 생각하여 부정적 태도를 보인다. 상사는 백인에게보다 단순하고 기계적인 일을 준다. 아시아계 차별이 미묘한 방식으로 진행되는 것이어서 차별인지 아닌지도 애매하고 차별로 항의하거나 고소하기도 어려운 방식으로 이루어진다. 그래서 동료로부터 대우를 받지 못하고 일에 자부심을 덜 가지며 일에 열정적으로 감정투입을 하려 하지 않는다. 물론 자부심이 부족한 것은 권한도 적고 일을 수행할 때 장애도 더 경험하기 때문이다(Mosenkis 2010: 25-30).

나는 점차 내 층에서 내가 가장 일을 많이 한다는 사실을 깨닫게 되었다. 우리는 같은 직급이며 같은 정도의 연봉을 받고 있었다. 내가 일을 하느라 컴퓨터에서 저녁 10시까지 작업을 하다가 둘러보니 아무도 없었다. 프로젝트를 끝내기 위해 수백시간을 다른 직원보다 더 일했지만, 나에게 보너스나 임금인상이나 승진에서 돌아온 것이 아무 것도 없었다. 그래서 상사에게 말했다. 그랬더니 그는 내가 일을 계속 열심히 해달라며, 시간이 지나면 승진할 것이라고 말했다. 중요한 프로젝트를 끝내는 데 내가 얼마나 기여했는지를 설명하면서 승진을 요청했지만 이루어지지 않았다. 대신 백인 남성 직원들이 나보다 일도 덜했고 일하는 기간도 짧았는데 승진하였다. 내가 학생 때부터 발전시켜온 능력들 – 성실한 노력, 세부사항까지 완벽한 작업, 정확성 – 이 직장에 "필요한 것"으로 높게 평가되는 것이 아니라는 사실을 깨닫게 되었다. 오히려 내가 충분히 미국화되어 있지 못해 손해를 보고 있었다. 나나 친구들이 별로 중요하게 여기지 않았던 여가, 스포츠, 여러 주제들을 사무실에서 잘 대화할 수 있는 것이 더 높게 평가되었다(Park, S. S. 2014: 165).

뉴욕에서 세계적인 회계기업에 다니는 30대 한인여자는 같이 식사를 할 때 아버지가 너 정말 잘 하고 있다며 고맙다고 하니까 자신이 직장에서 얼마나 미묘한 차별을 받고 있는지, 왜 항시 자신이 가장 안 좋은 곳으로 출장을 가야하는지, 왜 상사가 시키는 대로 해야 하는지, 진급도 잘 안되는지, 그리고 차별에 대하여 제대로 항의도 못하면서 일을 해야 하는지에 대해서 설명하면서 울었다. 남들은 부러워하지만 직장 내에서 주변인으로서 차별받고 일해야 하는 상황을 아버지는 정말 모른다며 울었다.

아시아계는 과학, 기술, 공학, 수학(STEM)분야에서는 성적도 뛰어나고 어떤 인종집단보다도 소득이 높지만 금융 분야에서는 백인남성이 훨씬 소득이 높다(Oh 2022: 4장). 좋은 학력으로 대기업이나 하이텍회사에 들어가서 높은 임금을 받아도 아시아계는 여러 가지 어려움을 겪게 된다. 실리콘밸리에서 동아시아 기술자들이 진급이 어렵다는 것을 깨닫고 회사를 나와 스타트업으로 옮겨가는 경우가 자주 나타난다. 많은 경우 사내정치에서 밀리기 때문에 진급에 한계가 있다고 생각하는 경우가 많다. "간부들이 우리를 제대로 평가하지 않는다. 우리는 문제를 일으키지 않는다는 것을 알기 때문에 우리에 관심을 쏟지도 않고 임금을 올려주지도 않는다. 우리의 이러한 점을 잘 이용한다 … . 실리콘 밸리의 대부분의 중국인들은 나처럼 생각할 것이다. 간부들이 백인에게 더 관심을 쏟는다(Shih, 2006: 189)."

실제 아시아계가 백인보다 간부직에 적은 것은 백인이 주도권을 계속 유지하려는 직장에서의 인종차별적 환경 때문이기도 하다. 미국에서 인종계층의 이미지가 상층에 백인, 중간에 아시아계, 하층에 흑인으로 편성되어 있다. 회사의 방향을 결정하고 인사를 결정하는 고위직은 압도적으로 백인들이 장악하고 있다. 따라서 아시아인들은 중간집단으로 인종화되어 인종적 중간자로서의 이익과 손해(인종차별)를 경험한다(Bonilla-Silva 2006; Chin 2020). 이러한 환경에서는 인종에 따라 역할이 부여되어 백인이 권력을 장악하고 규범을 만들고 결정을 하며 소수인종들은 권력에서 배제되며 부여된 업무를 수행한다(Wingfield and Chavez 2020). 아시아인들은 사회관계나 리더로서 자질이 백인보다 떨어지는 것으로 간주된다(Lai 2013). 하이텍 회사에서 간부급 관리직으로 진급을 할 때 백인과의 경쟁에서 계속 떨어진 한 아시아계는 왜 본인이 진급을 못하게 되었느냐고 인사담당자에게 물어봤다.

나에게 "다른 후보가 훌륭한 사람이다. 그는 뛰어난 자격을 갖췄다."라고 대답했다. 그래서 그가 어떤 자격을 갖췄는지 물어봤다. 그들은 "아, 그는 [대학이름]에서 전기공학 석사를 했다."고 대답했다. 나는 "아, 똑 같은 대학에서 저는 석사학위뿐만 아니라 박사학위도 받았는데요."라고 말했다. 그러자 그는 [대학이름]에서 MBA 학위를 받았다고 말했다. 통신대학에서 받은 학위였다. 그래서 나는 말했다. "저는 [대학이름]에서 MBA 학위를 받았습니다. 이 대학이 훨씬 좋은데요. 게다가 저는 관련 업무를 파악할 수 있는 부서에서 일했고 또한 본부에서 1년 동안 경험을 쌓았잖아요." 그러자 논점이 바뀌었다. "당신은 기술적 스탭으로 정말 훌륭한 직원이에요. 당신을 잃고 싶지 않아요. 당신이 간부직으로 올라가버리면 당신의 기술부서가 곤경에 처할 거예요." 나는 그 말을 전혀 믿지 않는다.(Woo 2000: 174)

더 좋은 학력을 가지고 있어도 사내정치에서 백인들에게 밀리는 경우가 많다. 진급도 더 어려운 편이고 임금도 적게 받는 경우도 많다. 그리고 백인들보다 더 일을 해야 한다. 한 한인여성은 다음과 같이 말했다. 갈등을 일으키지 않기 위하여 또는 상사에게 잘 보이기 위하여 싫어하는 일도 어려운 일도 한다. 대체로 백인보다 더 열심히 더 오랜 시간 동안 일을 하고 어려운 일도 더 잘 해내야 해고당하지 않고 계속 다닐 수 있고 또는 승진할 수 있다고 생각하기 때문이다.

제가 왜 그러는지 모르겠지만, 상사의 말에 생각이 다르다고 말하기가 정말 힘들어요. 매번 그가 새로운 아이디어를 회의에서 제기할 때마다 다른 사람들은 관련된 문제들을 잘도 지적해요. 저도 회의에 참여하지만 그들이 지적하는 내용이 옳다는 것을 알지만 끝에 가면 결국 제가 그 일을 하게 됩니다. 상사가 저에게 그 일을 해줄 수 있냐고 물어보면 저는 항상 하겠다고 대답을 하게 돼요. 결국 이러한 일이 저에게 도움이 될 것이라고 생각하기 때문에, 제가 스스로 이러한 어려운 상황에 빠지는 것으로 생각합니다. 제가 상사를 계속 지지해주면, 승진시킬 때 저를 먼저 고려해주겠죠. 맞죠?(Y. Lee 2007: 562).

저임금의 문제는 프리랜서로 활동하는 분야에서도 나타난다. 2017년 한국계 미국 배우 대니얼 킴과 그레이스 박이 미국 CBS의 드라마에서 하차를 했는데 백인 배우에 비하여 10~15% 낮은 출연료를 제시받았기 때문으로 알려졌다. 킴은 페이스북을 통해 "CBS가 제시한 새로운 계약 조건에 동의할 수 없어 하차한다"고 썼다. 킴은 "평등을 향한 길은 쉽지 않다. 아시아계 미국 배우들이 기회를 잡는 건 정말 어려운 일이다"라고도 말했다. 미주 한인위원회(CKA)는 "이번 사태는 대니얼과 그레이스뿐만의 일이 아니라 앞으로 할리우드에 진출할 모든 아시안 아메리칸, 코리안 아메리칸 배우들과 우리 모두의 권익과 연관된 중대한 사안"이라며 항의를 했고, 대만계 미국인 배우 콘스탄스 우도 "당신의 가치를 안다. 맞서기를 두려워 말라"고 했다(노진호 2017). 이러한 상황은 아시아계에 대한 대우가 백인 배우에 비하여 박하지만, 대체로 맞서는 것을 두려워하여 조용히 받아들이는 경우가 많음을 보여주고 있다.

또 많은 한인들은 직장에서 갈등을 일으키지 않고 잘 다니는 것에 주안점을 두는 경우가 많다. 학교에서와 마찬가지로 아시아계는 대부분의 직장에서 이방인 취급을 당한다. 이민 온지 얼마 안 된 외부인이라는 것이다. 이러한 시선에는 너희들은 뭐 하러 이민 와서 고생하느냐는 뜻도 있지만, 너희들이 일자리를 빼앗아간다, 또는 너희들 때문에 우리(백인 또는 흑인)가 손해를 본다는 뜻도 담겨있다. 또한 너희들은 금방 온 이민자들이기 때문에 배제하거나 차별해도 받아들여야 한다는 함의도 담겨 있다. 많은 한인들도 스스로 불리한 위치에 있다고 생각하니 조화롭게 지내고 불화를 일으키지 않으려고 한다. 일은 열심히 하지만 이를 너무 드러내거나 자랑하는 것을 싫어한다. 아시아계가 지니는 미국에서의 위치를 알고 그에 맞추어 직장을 오래 잘 다니는 것을 목표로 하는 경우가 많다. 물론 이러한 생각도 아시아계가 미국에서 소수계 또는 이방인 취급당한다는 사실을 내면화하였고 이를 부수려고 하면 매우 피곤하기 때문에 숙명으로 생각하고 받아들이며 살아가는 경우가 많다. 일을 다른 사람보다 더 하더라도 좋은 직장에서 경제적 안정을 누리고 살고 싶어 한다. 그래서 상사들이나 동료들과 가능하면 잘 지내려고 한다.

저는 튀지 않고 잘 섞이려고 해요. 회사에서 슈퍼스타가 되면 정말 좋겠죠. 그렇지만 더 높이 올라갈수록 더 심하게 추락하는 법이지요. 맞잖아요? 기대가 낮으면 스스로 만족하기도 쉽잖아요.(Y. Lee 2007: 576)

물론 항시 갈등이나 인종차별이 존재하는 것은 아니다. 그렇다고 긴장을 하지 않는 것도 아니다. 어느 대학의 조그만 여성학과에서 교수를 하고 있는 한인2세는, 자신의 학과는 소수의 교수만 있고 모두 여성이며 반절 이상이 유색인종이라 다른 학과들과 상황이 다르다고 설명하였다. "우리 과는 여성들로만 구성된 작은 학과여서 별 문제가 없다. 큰 학과에서는 정말 주변화된 교수들이 존재한다. 우리 과에서는 권력위계가 없다고 생각한다…. 눈치 보지 않고 내가 잘 하는, 내가 하고 싶은 것을 한다…. 테뉴어를 받는 과정에도 걱정을 하지 않았다. 학과장도 지지해주고 동료들도 응원해주었다. 모든 과가 이런 것은 아니기 때문에 나는 정말 운이 좋다고 생각한다." 그래서 학과 교수회의에서도 중요한 구성원으로 인정받고 자신의 발언도 잘 경청되고 있고 같이 민주적으로 결정한다고 생각한다. "그러나 다른 학과에 있는 아시아계 여성교수들의 말을 들어보면 우리 과와 같은 학과는 정말 드물다…. 다른 과에서는 항시 자신의 학문적 업적에서도, 가르치는 과

목에서도 정당성을 입증하여야 한다. 유색인 여성교수, 특히 아시아계 여성교수가 낮게 평가받는 학과들이 있다…. 우리가 조용하면 정당성을 얻기 힘들고 떠들면 너무 공격적이라고 간주된다. 중간선을 정말 잘 찾아야 한다 … (Moon 2016: 140-141)."

아시아계는 고위직에서 백인들에게 많이 밀리지만 높은 학력을 가졌기 때문에 중간까지는 그래도 다른 소수인종보다 잘 올라가는 편이다. 아무래도 통솔력이나 네트워킹이 백인보다는 부족하다는 선입견이 작동하여, 또한 사내정치에 밀리다보니, 중간직까지는 올라가다가 고위직으로 갈 때는 더 경쟁도 심해지고 사내정치도 심해져, 백인에 밀리는 경우가 많이 나타난다. 물론 중간직도 백인에 밀려서 한직으로 가야하는 경우도 많다. 네트워킹과 인맥이 아주 중요한 역할을 하는 금융과 법률 쪽에서 특히 더욱 그렇다. 주류직장에 진출하였다고 하더라도 직장 내에서 인종이 계속 심각한 영향을 미치고 있다(Oh, 2022).

인종차별에 대한 대응

흑인들은 아주 심각한 인종차별이 나타날 때마다 대규모 시위나 폭동을 일으켜 항의하는 경우가 많다. 단순한 시위로는 그 심각성이 제대로 전달되지 않기 때문에 그리고 그 동안 수백 년에 걸친 차별에 감정이 많이 쌓여 있기 때문에 폭발적인 반응으로 발전하는 경우가 많다. 이에 비해 아시아계나 한인들은 폭동을 일으키는 경우는 아직까지 없다. 노골적인 인종차별문제가 밝혀지면 전국적으로 모여서 항의시위를 하는 경향을 보여준다. 미국정치에서는 항의시위는 의사표현을 위한 중요한 수단으로 간주된다. 그런데 항의시위에서 중요한 것은 참여자수가 많아야 하고 또한 전국적으로 방송이 되어 여론형성에 영향을 미쳐야 한다. 이를 달성하기 위해 참여자 숫자가 많아야 하고, 주요 연설자로 전국적인 유명인사가 나와야 하는데, 아시아계나 한인들은 이러한 측면에서 다른 소수인종에 비해 열세에 처해 있어 관심을 끌기가 쉽지 않다. 그럼에도 불구하고 많은 단체들은 인종차별이 발생했을 때 지속적으로 항의시위를 조직하고 있다. 지역의 일이며 지역에서, 전국적으로 알려진 사건이 생기면 전국적으로 항의시위를 조직한다.

뒤에 11장 정치진출에서도 나오지만 지역의 정치인의 혐오적인 발언이 있었으며 그 정치인을 상대로 항의시위를 조직한다. 그러면 대체로 미국사회는 인종문제에 예민하기 때문에 로컬뉴스에서 이러한 항의시위를 보도한다. 이를 통해 공적인 자리에 있는 사람들에게 혐오발언을 못하도록 만드는 효과가 생긴다. 공적인 인물이 아닌 개인들이 인종차별이나 혐오발언을 하게 되면 단체가 나서서 이러한 사람들을 인종차별로 고발하거나 또는 피해자가 고소하는 데 도움을 준다. 회사가 인종차별을 하는 경우도 마찬가지이다. 그렇지만 이러한 고소나 고발에서는 명확한 증거를 수집하여 제시하는 것이 필요하다. 그렇지 못하면 흐지부지 끝나는 경우가 많기 때문이다. 이러한 인종차별이 나타나면 한인시민단체들이나 민권단체들이 가장 적극적으로 나서서 지원을 하고 필요하면 항의와 시위를 주도하게 된다. 또한 1세들의 한인시민단체들보다, 1.5세나 2세의 시민단체와 민권단체들이 이전에 비하여, 아시아계 시민단체나 민권단체들과 연대하여, 더욱 적극적으로 인종차별에 대응을 하고 있고 또한 인종차별에 대한 교육을 보다 적극적으로 강화하고 있다. 예를 들어, 2018년 7월 한인봉사단체협의회KAHSPA, 오픈포럼, 뉴욕한인회, 시민참여센터, 민권센터는 뉴저지 팰리세이드파크에서 벌어진 인종차별발언과 관련하여 인종차별 대응법을 한인사회에 널리 확산시키고자 하였다. "미국에서 한인은 소수이기 때문에 인종차별을 당했다하더라도 참고 지나가는 경우가 대부분이다. 그러나 우리가 스스로 목소리를 내지 않는다면 인종차별의 재발을 부를 것이다. 이번 포럼을 통해 인종차별에 적절히 대응하는 방법을 숙지하길 바란다(박세나 2018)."

한인들이 상대적으로 인종차별소송을 적게 하지만 인종차별 소송이 가끔 제기된다. 한 한인은 2백억 달러 이상의 자산을 운영하는 투자회사에서 1998년에 입사하여 2013년 재정분석팀 최고책임자로 임명되었다. 당연히 회사의 가장 중요한 정책을 결정하는 투자위원회 위원으로 선임될 것으로 생각했으나 안 해줘 최고경영자에게 투자위원 선임을 계속 요구하였으나 거절당했다. 자기 부하에 대한 업무능력 평가권한도 주지 않았다. 직책으로는 최고경영진 10명 중 1명이었으나 이중 유일한 유색인종인 이씨는, 투자위원을 거쳐야 최고위직 임원이 될 수 있으나, 투자위원에 임명되지 못했다. 항의 끝에 2018년 투자위원으로 임명되었지만 중요한 투자전략논의에서 제외시켰고, 투자자미팅의 참석도 막았다. 자신보다 늦게 입사한 백인후배들이 그 자리를 차지했다. 이 씨가 마침내 자신이 인종차별 당했다고 주장하자, 상황이 악화되어 회사는 사직을 강요했다. 이 씨는 참을 수 없어서 변호사를 고용해 인종차별에 회사에 정식으로 항의했고, 회사측은 이 씨가 거짓주장을 한다며 해고했다. 결국 이 씨는 인종차별, 보복방지법 위반으로 소송을 제기했다. 치과대학에서 강사로 근무하던 한인여성 박 씨도 진료로 야근을 하기 일쑤였고 학생들 의료실습도 자기가 주도했는데도 부학과장이 매년 자신에 대한 면접을 거부하고 자신보다 경험이 적은 백인 남성들만 전임교수로 임용했다며 소송을 제기했다. 워너브라더스의 디지털부분 아시아 시장 회계담당 부사장을 맡고 있던 장 씨는 합병과정에서 해고됐다. 백인부사장 4명은 모두 다른 부서로 재배치되었는데, 아시아 임원 3명은 모두 해고되었다며 고용차별소송을 제기했다(선데이저널, 2019.5.23.). 능력이 있고 열심히 일해도 차별받고 인종차별문제를 제기하자 해고되었다. 결국 소송을 제기하게 된 것은 자신도 구제를 받아야겠지만 널리 알려서 아시아계나 한인사회가 인종차별에 항의하고 대응하게 하여 앞으로의 피해자를 줄이기 위한 노력이다.

그러나 직장에서 이루어지는 미세인종차별은 대부분 대응하기가 매우 까다롭다. 적극적으로 인종차별이라고 문제제기를 하면 문제가 어디까지 튈지를 모른다. 잘못하면 회사를 그만둬야 하는 상황이 될 수도 있다. 또한 문제제기를 한 사람이 입증하여야 하는데 미세인종차별들은 인종차별로 입증하기가 어렵다. 상대방은 인종차별이 아닌 평범한 발언일 뿐이라거나, 오히려 긍정적인 의미로 한 발언이라거나, 괜히 예민해서 오해한 것이라고 말하거나, 또는 상사가 아무 것도 아닌 것을 키워서 문제로 만든다고 타박할 수 있다. 그래서 직장에서 벌어지는 인종차별은 대체로 인종들이 결집해서 싸우는 인종 갈등으로까지 비화되는 경우는 드물다. 대체로 각 개인들이 개별적으로 알아서 대응하면서 헤쳐 나가는 모습을 보인다. 혹시 고소나 고발로 이어지더라도 지루한 법정공방을 거치면서 결국 개별적으로 합의를 하는 등의 방식으로 끝나는 경우가 많다. 학자들이나 민권단체에서 각종 자료를 수집하여 통계처리를 통하여 아시아계가 차별을 당하고 있다는 것을 보여주고 있지만, 아시아계는 전체의 1%만 접수하고 있어, 가장 적게 고용평등위원회(U.S. Equal Employment Opportunity Commission)에 인종차별 접수를 하고 있다(Woo 2000: 211).

제10장 LA와 뉴욕의 시민단체

　　1992년 LA에서 4.29폭동으로 막대한 피해를 입은 이후 한인들이 힘이 없어 희생양이 되었다는 자각은 한인들의 단체 활동, 정치활동에 커다란 영향을 미쳤다. 한인들은 스스로 미국에서 사는 소수민족이라는 사실과 더불어 심각한 인종갈등 속에 끼어서 사는 소수민족이라는 사실을 절실하게 깨달았다. 시민운동에 참여한 그리고 정치계에 진출한 많은 한인들이 4.29폭동에서 코리아타운의 한인상점들이 계속 약탈당하고 불타도 경찰이나 주방위군은 보이지도 않고 한인들이 건물 옥상에서 총들을 들고 지키는 모습에 깜짝 놀랐고 또한 이를 통해 한인이 힘이 없으면 큰 일 나겠다는 자각이 있었다고 말하고 있다. LA 폭동 이전까지는 대체로 미국정치에 무관심하고 한국정치에 관심이 높았다면 폭동 이후에는 미국정치에 대한 관심이 크게 높아졌다. 시민단체들 중 대외적인 역할을 하는 단체들의 중요성이 더욱 높아졌다. 정치적인 역할이 더욱 중요해져 유권자등록에서부터 선거운동 그리고 정치후원에 더욱 적극적으로 참여하게 되었고, 타인종과의 연합과 연대가 더욱 증가하고 있으며, 또는 타민족까지 지원하는 형식으로 단체의 성격이 바뀌는 가운데, 국가를 상대로 시민권, 복지, 법률문제를 지원하는 역할도 더욱 커지고 있다. 시민단체들이 단순한 친목단체를 넘어 미국사회와 한인을 이어주는 가교역할을 강화하고 있다. 특히 정치적 역할을 적극적으로 수행함으로써 주변적으로 존재하는 한인 커뮤니티를 통합시켜 주류사회로 연결시킨다(A. Chung 2007).

또한 한인의 힘을 제고하고 한인을 지원하기 위한 시민운동 외에도 정치, 경찰, 법조계, 공무원 등의 공공영역에 진출하는 한인들이 많아졌다. 시민단체와 정치에 참여하는 한인들이 늘어나면서 다방면에서 한인들의 권익을 보호하기 위한 노력이 진행되고 있다. 이 과정에서 미국에서 중등, 고등교육을 받아 영어와 미국문화에 익숙한 1.5세가 적극 이러한 영역으로 진출하게 되었다. 점차 2세의 진출이 늘어나면서 2세의 역할이 갈수록 커져가고 있다. 또한 이들의 참여가 커지면서 시민단체나 정치인들의 관심은 한국계가 주류에서도 차별받지 않는 소수민족으로 성장할 수 있도록 한인의 영향력을 확대하고 다양한 현장에서 나타나는 차별을 막아내고 한인의 미국사회에의 참여를 적극 강화하는 것이다. 한인의 시민단체가 정치계가 이민초기인 1970, 80년대에 나타났던 많은 한인단체들에서는 한인상인을 보호하는 역할이 중요했지만, 2000년대 이후에는 한인의 정치적 능력을 키우고 한인에 대한 차별을 막고 다민족연대를 이룩하여 함께 아시아계의 힘을 키우는 역할을 더욱 중요시하고 있다. 특히 한인 1.5세와 2세의 참여가 많아지면서 한인에 대한 인종차별을 막아내고 소수인종끼리의 연대를 강화하여 소수인종의 연합 속에서 한인의 힘을 키우는 방향으로 나가고 있다. 그래서 가장 적극적으로 한인의 정치권력을 강화하기 위해 노력하는 시민참여센터의 김동찬 대표는 다음과 같이 말하고 있다. 시민단체들이 "과거엔 이민자로서 아메리칸 드림을 얘기했지만 지금은 [미국에서] 어떻게 살아야 하는가에 대한 참정권을 얘기하고 있다(노창현 2017)."

1.5세와 2세의 LA 시민단체

이 과정에서 영어와 미국문화에 익숙한 1.5세들과 2세들이 대거 단체에 진입하였고 1.5세들은 지도자로 진입하였다. 1992년 4.29폭동 후 한인들이 조직을 만들거나 참여하였다. 한미연합회KAC, the Korean American Coalition, 한인민주당 위원회KADC, the Korean American Democratic Committee, 한인 공화당 협회KARA, the Korean American Republican Association, 코리아타운 청소년회관KYCC, Koreatown Youth and Community Center, 한인타운 노동연대KIWA, Koreatownn Immigrant Workers Advocates, 다문화 연대MCC, the Multi-Cultural Collaborative, 그리고 새로운 LA를 위한 아태미국인 협회 APANLA, the Asian Pacific Americans for a New Los Angeles 등에 1.5세와 2세들이 대거 진입하였다. 이전에는 1세들이 주도하는 경제적 영역(상공회의소, 각종 번영회, 직종별 단체 등)과 한인커뮤니티단체(한인회) 등이 한인 사회를 주도하였고 이들 단체는 주로 회원의 이익 또는 한인의 이익에 초점을 맞추거나 또는 한인의 친목을 도모하는 데에 초점을 맞추었다. 이러한 단체들에서도 점차 미국에서 교육받은 1.5세들이 지도자나 임원으로 진출하고 있다. 1세들이 미국 주류사회와의 관계에서 한흑갈등이나 한인들의 이익을 보호하는 데 있어서 한계를 드러냈다면 1.5세나 2세는 사회적으로 1세보다 좀 더 주류사회에서 활동하고 있으면서 자신들의 주변적인 경험을 매개로 주류나 국가와의 연계를 활용하여 한인 커뮤니티의 문제를 해결하려고 노력하고 있다. 동시에 한인을 넘어서는 다른 인종들과의 관계나 연대를 통하여 정치적 연합전선을 구성하거나 보다 적극적으로 정부(국가와 지방)를 활용하여 다양한 문제를 개선하거나 해결하려고 노력하고 있다(A. Chung 2001; 2007).

2세들이 성장하여 고등학교나 대학교를 다니고 졸업한 다음 취직하는 과정에서 타인종으로부터 아시아계라는 스트레오 타입으로 인식되면서 또한 갖가지 차별을 경험하면서 백인이나 흑인과 다르다는 인식을 강화하게 된다. 대체로 교외에서 백인들이 많은 학교에 다니면서 한인은 별다른 의미부여를 받지 못하고 아시아계로 인식되는 과정을 경험한다. 한인과 아시아계로 스스로 인식하게 되지만, 백인들과 사귀고 주류의 일원이 되고 싶어 한인들이나 아시아계와 거리를 두는 경우도 생긴다. 또는 한인의 의식을 더욱 강화하면서 한인들의 커뮤니티와의 유대감을 강화하거나 한국과의 연계를 강화하는 모습도 나타난다. 한국어를 잘 못하여 1세와 1.5세가 주도하는 한인 커뮤니티와 유리감을 느끼기도 하지만 점차 한인2세들이 많아지면서 한인 커뮤니티와 동일감이 커지고 한인 커뮤니티를 주류와 연결시키거나 또는 한인 커뮤니티의 권리를 강화하는 데 적극 참여하기도 한다(Min & Chung, 2014).

미국 문화를 잘 아는 2세가 성장하면서 한인계 단체들의 수장도 1.5세를 지나 2세로 이어지고 있다. 앞에서 언급한 바와 같이 LA에서 가장 큰 단체인 LA한인회의 회장이 2020년부터 한인2세로 넘어갔다. 그는 "언론에서 아시아계와 흑인 간의 갈등 모습들을 부각하려고 하고 있지만 보이는 게 전부가 아니"라며 "사실은 흑인들로부터 당하는 범죄보다 백인들로부터 당하는 아시아계 혐오 범죄 숫자가 더 많다"며, 트럼프 대통령이 코로나19를 "쿵푸 바이러스, 중국 바이러스라고 말하면서 다른 이들에게 인종차별을 해도 된다고 허용해줬다"고 주장했다. 그래서 그는 다른 단체들과 연대하여 LA한인회가 한인이 4명이나 죽은 애틀랜타 총격사건 직후 다른 아시아계 단체들과 함께 혐오범죄 반대 시위를 조직하였다. 그에 따르면 "그동안 아시아계 미국인들은 인종차별과 그로 인한 피해를 당하더라도 문제를 일으키고 싶지 않아 참아왔다 …. 주위 아시아계 미국인들로부터 들은 이야기가 있다. 사고를 당하고 경찰에 신고했지만 집에 귀가하라고만 한 뒤 심각하게 받아들이지 않고 내부에 보고조차 하지 않았다는 소식을 많이 들었다 … . 아시아계·한국계 미국인 단체들이 다양한 인종 사회와 단체들에 다가가야 한다. 다른 단체들과 단결을 통해 이런 인종차별은 근절돼야 한다 … . 우리 한인회는 그 일을 계속해서 하고 있다. 또한 이 같은 활동을 통해서 주 정부와 연방정부 그리고 입법부가 우리의 목소리에 귀를 기울일 수 있도록 노력하고 있다(박재우 2021)."

단체에는 시민단체들뿐만 아니라 언론사들도 한인권익을 보호하는 역할을 하고 있다. 또한 일시적이고 느슨하지만 정치인이 출마하면 후원회나 자원봉사조직이 형성되었다가 선거가 끝나면 사라지기도 한다. 조직을 형성하지 않더라도 특정한 이슈나 선거를 매개로 한인들 사이의 네트워크가 형성되기도 한다. 한인사회에 이러한 측면들도 중요한 역할을 하므로 이러한 점까지 고려하여 한인의 힘이 조직화되는 정치적인 측면, 언론 등에 대해서도 이곳에서 다루었다.

미국에서는 대부분의 생활과 관련된 정책을 지방정부에서 결정하기 때문에 지방정부가 생활에 미치는 영향이 아주 크다. 정치력이 부족한 집단은 여러 가지 정책이나 지원에서 대체로 소외당한다. 지방정부의 단체장이나 의원들도 득표관계를 의식하고 정책을 결정하고 시행하는 경향을 가지고 있기 때문에 선거에서 표를 행사하는 사람의 수가 결국 정책결정에 커다란 영향을 미친다. 따라서 미국정치에서는 투표수를 아주 중요시한다. 몇 표를 얻을 것인가와 선거운동에 필요한 돈을 어느 정도 확보해줄 것인가가 가장 중요하다. 투표수가 적은 집단에는 정치인들이 관심을 표명하지 않는 경우가 많다. 따라서 한인들의 정치활동도 대체로 투표를 독려하여 투표수를 높이는 것, 가능성이 있는 한인 후보자의 발굴, 다양한 인종의 선거후보자들에게 후원금과 표를 전달하여 영향력을 높이는 것에 집중되어 있다.

시민단체들은 한인에게 국가나 지방정부의 서비스를 찾아서 전달해

주기도 하고 민원을 국가나 지방정부와 관련하여 연결하여 해결하기 위해 노력한다. 주로 한인을 대상으로 하는 경우가 많지만 앞에서도 이야기한 바와 같이 코리아타운 전체주민을 위해 노력을 하는 단체도 있다. 또, 다양한 방식으로 타민족과 연대하여 각종 사회문제를 해결하기 위해 노력한다. 이러한 노력이 더 능력 있는 정치인을 활용하여 국가에 지방정부에 영향력을 미치고자 하는 노력으로 나타나기도 한다. 이를 위해 다양한 정치인들과의 여러 차원의 관계를 강화해오고 있다. 또한 직접 한인들이 정치로 진출하여 직접적으로 시정부에 영향을 미치기 위해 노력한다. 한인을 넘어서는 문제들을 위해서 다인종의 단체에 참여하기도 하고, 한인의 문제가 다른 민족들의 문제와 밀접하게 연관되어 있어, 단체들의 연계를 강화해 더 많은 단체와 사람이 참여하여 더 강한 영향력을 행사하여 문제를 해결하고자 한다. 이러한 과정에서 다양한 아시아계의 연합과 유대가 나타나고 흑인이나 라티노와의 연대가 나타나기도 한다. 타민족과의 관계 개선을 위하여 여러 가지 기부활동을 하는 경우가 많다. 복지센터에 각종 물품이나 음식을 제공하고, 교회에 기부하고, 학생 일부에게 장학금을 주고, 공동체 행사에 참여하는 형식으로 나타난다. 정치인과 관계를 강화하기 위해서는 다양한 모금활동과 투표촉진활동을 한다.

이러한 과정에서 시민단체들은 국가나 지방정부나 정치인들뿐만 아니라 다양한 단체들이나 다양한 민족과 여러 차원에서 관계를 발전시켜온다. 한인들에게서 가장 많은 연대가 나타나는 집단이 다른 아시아인들이다. 미국에서 한인들은 중국인이나 인도인이나 베트남인들과 함께 아시아계로 분류되어 있다. 이러한 분류체계는 정체성과 연대활동에도 심각한 영향을 미치며 이들은 같은 범주로 분류되면서 어느 정도 같은 운명공동체로 작동하고 있다고 느끼게 된다.

대표적인 예를 들면 코리아타운 청소년회관KYCC은 2007년 500만 달러의 예산으로 전국적으로도 대형봉사단체로, 한인단체에서는 가장 큰 단체로 성장하였다. 55명의 풀타임 인력과 20명의 파트타임 인력이 일을 한다. 젊은 층과 가족에 상담을 제공하고 지지를 지원하며, 교육 프로그램을 제공하고, 취업을 지원하며, 청소년리더로 양성하며, 공동체 건강교육을 제공하고, 환경운동을 한다. 어린이 보육원 두 개를 짓기 위해 노력하고 있다. 한인타운 노동연대KIWA는 다양한 인종의 노동자 권익활동을 하고 있다. 이를 통하여 한인들이 LA에서 발언권을 더욱 확대해나가고 있다. 한인의 민권을 위하여 노력하는 단체는 민족학교Korean Resource Center인데 이민자 권익보호, 시민권 신청, 유권자 등록, 선거운동, 정치투쟁 등 한인의 권익을 보호하기 위하여 노력하고 있다. 특히 저소득층 주민을 돕고, 차별받는 이민자 커뮤니티의 정치적 힘을 강화하는데 주안점을 두고 있다(A. Chung 2001; 2007).

백인지역에 거주하는 한인들이 주민의회, 시민협회, 경찰서의 지역 주민회의, 각 정당클럽모임에 참여가 미비하고 각종 지역문제를 논의하는 설명회나 공청회가 열렸을 때도 한인이 참여하거나 발언을 하는 경우는 아직 드물지만 점차 늘어나고 있다. 발언권도 부족하고 발언통로도 부족하다. 백인지역에서 한인들이 사회적 영향력을 확보하지 못하는 경우가 많다. 백인들이 줄어들어 소수가 되어가는 곳에서도 대체로 백인들이 지역여론을 장악하고 있다. 각종 공식적인 조직을 백인들이 주도하는 경우가 많기 때문이다. 이러한 환경 때문에 문제가 발생하면 한인들에게 불리하게 여론이 생기고 한인들에게 불리하게 일이 처리되는 경우가 자주 나타난다.

따라서 한인들이 많아진 교외지역에서 한인들 단체를 형성하여 지역 활동과 지역 봉사에 참여하는 경우가 나타나고 있다. 한인들이 많아진 라크라센타 등에서는 한인학부모들이 독자적인 학부모회를 조직하여 독자적으로 기금을 모금하여 학교에 기부하는 등으로 지역사회에 참여하는 경우도 조금씩 나타나고 있다. 또한 지역의 한인 교회들이 지역에 기여해야할 일이 있으면 교인들과 함께 참여하는 경우가 나타나고 있다.

다민족단체에의 가입과 활동

한인들이 처음부터 다민족단체를 조직하는 경우도 있다. 자원봉사단체인 아태자원봉사협회Asian-Pacific Volunteer Association가 그런 경우이다. 주로 한인들을 위주로 활동하지만 앞으로 아시아계를 모두 포함하겠다는 의미도 내포되어 있고 또한 펀드를 보다 쉽게 받기 위해 아시아계 전체를 포괄하는 조직으로 명칭을 만들었다. 이러한 명칭변화나 또는 한인의 단체를 다민족단체로 만드는 것은 단체들이 미국 상황에 맞추어 스스로를 다민족이 참여할 수 있는 단체로 만들고 다민족을 위한 서비스를 제공하겠다는 뜻이다. 한국인에서 미주한인 또는 한국계 미국인 그리고 미국인 또는 아시아계 미국인으로의 정체성 변화와 수용은 한인 시민단체들의 다민족화나 또는 한인들의 다민족적 시민단체에의 가입증가를 더욱 촉진하리라고 생각한다.

하지만 아직 스스로를 한인으로 생각하는 경향이 주도적이다. 이러한 한인정체성을 가지고 있으면서 미국에서 아시아계 인종으로 취급당하고 또한 아시아계와 연대해야 정치적인 힘을 확보할 수 있다고 생각하여 아시아계와의 연대활동이나 아시아계 단체에의 참여가 계속 늘어나고 있다. 이 보다는 적지만 지역주민의 일원으로서 지역에 있는 단체에 가입하거나 또는 직종에 따라 일반조직에 참여하는 경우도 점차 많아지고 있다.

Asian Pacific American Legal Center는 LA 다운타운에 있다. 이곳은

중국계가 대표로 있으며 한인을 비롯한 다양한 아시아계 민족들의 변호사와 직원들이 법률서비스를 제공한다. 다양한 아시아 언어로 법률상담을 제공하고 있다. 시민권과 이민과 관련된 다양한 도움을 제공하고 있으며 가정폭력 희생자를 돕고 있으며 이민자와 노동자를 법률적으로 돕고 있다. 다민족 리더를 양성하여 미래를 대비하고 있다.

워싱톤DC에서는 전국에서 출마할 아시아인들에게 정치워크샵을 제공하기도 한다. 선거에서 당선된 경험이 있는 정치인, 전략가, 정치분석가, 기금모집전문가, 홍보전문가, 언론인들이 당선에 필요한 각종 노하우를 제공하고 훈련시키기도 한다. 또는 the Asian Pacific American Institue for Congressional Studies처럼 이미 당선된 사람들에게 리더십 아카데미를 제공한다National Leadership Academy for Asian Pacific American Elected Officials. 3일 동안의 워크샵에 이미 당선된 사람뿐만 아니라 출마할 사람들이 모여서 교육을 받는다. 공화당, 민주당, 무소속 등 소속에 상관없이 아시아계라는 정체성으로 모여서 같이 훈련을 받는다. 보다 나은 정치적 전략과 캠페인을 익힐 수 있도록 한다. 이러한 훈련은 수도 워싱톤에서만 이루어지는 것이 아니라 캘리포니아 차원에서도 이루어진다(Nakanishi & Lai 2003: 13-15).

이러한 다민족단체들은 아시아계라는 보다 큰 범위를 대상으로 함으로써 아시안이라는 정체성을 형성하는 데 중요한 기여를 하고 있다. 또한 아시아계라는 보다 큰 범위에서 활동함으로써 흩어져 있을 때 사라지는 정치적 영향력을 결집시켜 정치력을 강화하는 데도 도움이 된다. 하지만 이러한 범아시아계 조직의 리더십이 주로 중국계나 일본계에 있어 한인의 적극적인 참여와 성장도 시급하다고 할 수 있다.

Bus Riders Union은 다인종이 참여하여 대중교통의 확대를 위해 노력하는 단체다. 한인활동가들이 몇 명 참여하고 있다. LA는 지하철이나 버스노선이 적고 운행이 적어 대중교통이 불편하기 때문에 이를 대폭 늘리고 값싼 월간 승차권을 판매하여 저소득층이 도시 어느 곳이든 쉽게 접근할 수 있도록 하라는 민권운동단체이다.

캘리포니아에서 리커스토어를 운영하는 한인들은 다인종 조직인 the Southern California Retail Liquor Dealers Association을 자신을 대변해주는 회사로 선정하였다. 이를 통해 주류회사들과 집단 거래를 통해 보다 싸게 주류를 공급받으려는 노력이다. 또한 한인이 가주한미식품상협회CA KAGRO를 조직하여 단체협약, 단체교섭, 공동구매를 통하여 회원의 이익을 대변하고 있다. 각종 전문 집단들은 직종을 중심으로 한 전국조직에 가입되어 있는 경우가 대부분이다. 변호사를 예로 들면 한인변호사 단체가 있고, 아시아계가 있고, 다인종 변호사 단체도 있다. 각 개인의 특성에 따라 어느 곳에서 주로 활동하는가는 다르겠지만 다인종 단체에 가입하여 회비를 내고, 보다 적극적인 활동은 한인이나 아시아계 단체에서 주로 하는 경향이 있다.

뉴욕 시민단체 현황

뉴욕과 LA모두 한인의 수가 많지만 뉴욕의 한인 비영리단체들이 LA보다 규모가 큰 경우가 많다. 뉴욕시 규모가 크고 활동가들과 정보가 많아 전국단위를 염두에 두고 활용하는 경우가 많기 때문이다. 또한 뉴욕의 비영리단체들은 뉴욕시의 지원을 받으면 이를 근거로 많은 기업이나 재단에 신청하여 다양한 지원을 받고 있다. 뉴욕에서 가장 조직적으로 잘 운영되고 있던 곳은 한인 YMCA이다. 한인 YMCA는 방과 후 프로그램 등 사회봉사기관 역할을 하고 있었으며 한인커뮤니티의 모금으로 운영되고 있다(한경구 2014). 1980년대 한인들이 주로 자영업을 하였을 때는 뉴욕한인소기업센터가 행정과의 사이에서 나타나는 문제들을 앞장서서 해결해왔다.

표 10.1 ┃ 뉴욕한인 시민단체 년대별 비교

단체 종류	1983	2017	증가율(배)
종교단체	114	511	4.5
직능단체	15	128	8.5
친목단체	31	125	4.0
문화/예술/체육단체	11	83	7.5
봉사단체	8	50	6.1
지역단체	8	17	2.1
합계	187	914	4.9

출처: 주동완(2017 발표문)
원자료: (1) 뉴욕가이드 한인록. 세계출판사. 1983. (2) 뉴욕한인록. 뉴욕한국일보사. 2017.

표 10.2 ┃ 뉴욕시의 주요 사회단체들

기관명	연도	기관명	연도
The Child Center of NY	1953	무지개의 집	1993
KCS	1973	한흑연대기구	1993
한인가정문제연구소	1974	미주한인청소년재단	1993
뉴욕지구한인교회협의회	1975	한인상담소	1993
한인상록회	1976	브루클린노인회	1995
한인 YWCA	1978	뉴욕밀알선교단	1996
한인청소년센터	1984	AKA	1996
민권센터	1984	한인유권자센터	1996
뉴욕한인소기업센터	1985	한미장애인협회(Peter성)	1997
재미한국부인회	1985	Angel School	1998
한글학교연합회	1985	청소년과 가정	1999
한인청소년문화센터	1985	자비원	1999
뉴저지 한인 YWCA	1986	FGS코리안 커뮤니티센터	2000
한미인력개발원	1987	뉴욕코코장애아동서비스	2000
스태튼 아일랜드 노인회	1987	KALCA	2000
브롱스노인회	1988	패밀리 터치	2001
뉴욕가정상담소	1989	플러싱경로회관	2001
뉴저지가정상담소	1989	한미정신건강협회	2001

기관명	연도	기관명	연도
청소년센터	1989	플러싱커뮤니티경로센터	2002
사회복지상담소	1989	ELCOS	2002
대뉴욕지구원로성직자회	1990	한미커뮤니티재단	2002
장애인재활협회	1990	세계한민족여성네트워크	2003
국제장애인선교회	1990	Francis Care Center	2003
한인교사협회	1991	뉴욕미션하우스	2004
뉴욕청소년센터	1991	뉴욕원광복지관	2006
한미장애인협회	1991	뉴욕아름다운재단	2006
한인학부모협회	1992	봉사단체협의회	2009
뉴욕한인이민봉사센터	1992		

출처: (주동완, 2017)

사회단체는 1970년대 이전에 1개, 1970년대 5개, 1980년대 14개, 1990년대 20개, 2000년대 15개가 설립되었다. 1970년대에는 이민의 적응과 관련된 종교와 한인회가 많아졌고, 1980년대부터 청소년과 교육을 위한 단체들이 생기기 시작했고, 1990년대 정치적 단체, 문화, 노인, 복지를 위한 단체가 생겼고, 2000년대 이후 정치, 노인, 복지 단체가 빠르게 증가하고 있다(주동완 2017). 1980년대와 90년대 자영업이 주도하는 한인의 이익을 보호하는 단체로 한인 전체를 위해 뉴욕한인소기업센터가 아주 중요한 역할을 하였고, 이 당시 개별 업종으로 각 업종별 한인상인회가 조직되어 있어 한인의 자영업 이익을 보호하고자 하였다(한인청과협회, 한인상공회의소, 한인드라이클리너스협회, 한인봉제협회, 한인네일협회, 한인식품협회, 한인개업의사협회, 한인요식업협회, 한인수산인협회, 그리고 할렘 한인상인회 등 지역별 상인회 또는 번영회가 조직되었다). 이 자료는 한인전화부에 기초한 것이라 민주당 한인조직들이 나타나지 않고 있고, 각종 아시아계 단체들도 나타나고 있지 않아, 정당 활동이나 아시아계의 활동은 잘 드러나지 않고 있다.

2017년 12월 15일. 시민참여센터와 뉴저지 한인회를 비롯한 총 21

개의 뉴저지 한인단체는 성명서를 통해 버겐 아카데미 교사가 "I hate Koreans"이라고 발언한 사건에 대한 입장을 발표했다. 해당 학군은, 한인사회가 지난 11월 29일 성명서를 통해 발표한 요구 사항의 대부분을 받아들였으며, 해당 교사의 파직요구는 수용하지 않았다. 그는 학군 내 다른 보직으로 전보되었다. 시민참여센터 김동찬 대표는 "인사조치를 떠나서, 학군이 아직까지도 이 사건을 인종차별로 인정하지 않는다는 것이 가장 근본적인 문제"라고 밝혔다. 시민참여센터는 버겐카운티장 제임스 테데스코 등 카운티 정부 관계자와 해당 사건에 대한 면담을 하여 카운티 정부와 다음의 합의에 도달했다. (1) 한인사회가 요구한 편견과 감수성 관련 교육의 준비 단계부터 한인사회의 참여를 통해 해당 교육을 진행 (2) 한인사회와 카운티 정부가 해당 사건 관련 정책을 공동 수정하여 유사 사건이 재발할 경우, 보다 나은 대처방안 수립 (3) 한인사회의 요구에 따라, 카운티정부가 해당학군의 사건 처리 여부를 재조사 고려 (4) 한인사회의 요구에 따라, 카운티정부가 해당 교사를 버겐카운티 내의 교단에서 파면할 수 있는지 여부를 검토할 것(KACE 시민참여센터, 홈페이지 2017.12.15. 성명서).

또한 시민참여센터는 또한 펠리세이드파크 백인 전시장의 어머니가 한인들을 비하하는 발언을 하였을 때, 성소수자 차별의혹을 받은 시의원에 대한, 팰팍유권자협의회KAVAPP, 한미평등연합UKAE, 성소수자단체LGBT 등이 연합하여 항의시위를 조직하고 관련 공무원은 인종차별발언에 대해 직접 사과하고 사퇴하라고 주장했다. 정체성이나 배경에 의해 차별 받아서는 안 된다며, 시공무원이 권한을 남용하고 차별을 하는 것은 용납할 수 없다고 하였다. 이어지는 타운홀 미팅에서는 백인들이 전시장 어머니의 발언을 한인이 인종차별로 몰고 간다며 한인들이 이곳에 거주하기 시작하면서 타운이 시끄러워졌다며 한인들이 문제를 만들고 있다고 주장했다(신기성 2018). 한인이 이미 시장에 당선되고 한인 시의원이 과반수를 차지해도 백인들의 인종적 우월주의는 계속 되고 있다. 많은 백인들에게 있어 자신들이 이 나라의 주인이고 아시아계는 이방인이라고 생각하기 때문이다.

뉴욕 유권자 운동

유권자 운동은 1.5세와 2세는 주로 미국에서의 정치 참여를 중심으로 공격적으로 유권자 등록운동을 하고 있고, 특히 한인이 선거에 출마를 했거나 선거가 있는 해에는 더욱 열심히 이루어진다. 1세들은 한국의 선거에 관심이 많은 편이고 그래서 한국에서 유권자 등록운동을 하고 있다. 2015년 재외동포처신설추진위원회(위원장 김영진)와 뉴욕한인직능단체협의회(의장 이상호)가 퀸즈 플러싱에서 '재외국민 유권자 100만 명 등록운동' 뉴욕본부 발대식을 개최했다. 이날 발대식에 뉴욕일원 한인사회 직능단체, 향우회, 한인회 단체 관계자들이 참석한 가운데 재외국민 유권자 등록의 의미를 설명하였다(뉴욕한국일보, 2015.11.19.).

뉴욕 시민참여센터KACE는 한인유권자운동을 꾸준히 벌여 한인의 정치력을 신장하는 것을 최우선 목표로 하고 있다. 1996년부터 25만 명 이상의 유권자를 등록시켰으며 유권자를 위해 유권자 등록, 주소변경, 정당변경 및 투표소 찾기 등에 필요한 정보를 제공, 지원하고 있다. 2014년 미국 중간선거 때에는 '8080캠페인'을 벌였다. 한인의 유권자 등록률 80%, 투표 참여율 80% 달성이 그 목표였다. 뉴욕과 뉴저지의 경우만 해도 한인 유권자 등록률은 51~53%, 투표 참여율은 37~40% 정도였다. 반면 유대계는 등록률 90%, 참여율 96%였다. 시민참여센터는 또한 풀뿌리 운동을 적극 실천하기 위해 다음과 같은 일들을 하고 있다. 다양한 지역사회 문제들에대해 로컬, 주, 그리고 연방 차원의 지역 거주민 권익보호 활동을 펼치는 일, 지역사회와 지방정부사이의 원활한 소통을 위해 대화채널을 유지하는 일, 한인 커뮤니티를 모으고 결속하여 지역사회의 이익을 증진하는 일. 이와 같은 일들이 시민들에게 교육을 통해 실질적인 시민운동이 더 확산될 수 있도록 노력하기 위해 다음과 같은 내용을 시민들에게 제공하여 시민들이 보다 능동적으로 지역사회를 바꿔나가도록 만드는 것을 목표로 하고 있다: 지방정부의 구성과 조직 그리고 지역사회의 문제점 및 개선방안, 풀뿌리 활동의 방법과 접근법, 지역사회의 일꾼 만들기(KACE 홈페이지 참조).

뉴저지 팰리세이드파크 타운의 한인유권자위원회는 조그만 도시에서 밀도있게 활동하여 한인유권자 수와 한인의 투표수를 대폭 늘려 팰리세이드파크의 시의원을 한인들이 주도할 수 있게 만들었다. 2012년 실시된 대선과 본 선거 당시 팰리세이드파크(팰팍) 내 전체 유권자 3,228명 중 한인 투표자는 1,065명, 팰팍 전체 유권자 대비 투표율은 32.99%에 불과 했다. 그러나 팰팍에 한인유권자위원회(회장 권혁만)가 구성되고 활동한 이후인 2016년 대선과 본 선거에서 전체 유권자 4,673명 중 한인유권자 1,988명이 투표에 참여하여 투표율 42.54%를 나타냈다. 한인의 투표자가 대폭 늘어나면서 한인 시의원이 시의회의 과반수를 차지할 수 있게 되었다. 박명근 시의원은 "이민자사회인 미국에서 정치력, 참여 없는 주민은 차별 받기 마련이다. 팰팍 유권자협의회를 중심으로 한인들의 자발적인 행정참여가 타운을 변화시키고 있어 기쁘다. 이 운동이 이웃 타운으로 번지기를 바란다"고 말했다. 이러한 운동을 다른 타운으로 확산시키기 위하여 노력하고 있다(뉴욕일보 2017.3.9.).

뉴욕권에서 시작하여 전국적인 한인의 조직과 교육을 통해 정치적 영향력을 확대하고 차별에 대응하기 위하여 2014년 미주한인워싱턴대회Korean American Grass Root Conference가 조직되어 해마다 대회를 통하여 한인2세의 훈련과 한인의 정치적 영향력 확대를 도모하고 있다. 매년 한인 600여명이 참여하며 200명 이상의 연방 상·하원의원에게 한인사회의 주요 현안을 전달하고 연방 상·하원의원도 직접 참석하여 교류한다. 한인들에 대한 주요 현안을 파악하고 논의하고 대응한다. 지속적으로 주로 2세들(청년전문가와 대학생)의 모임을 만들어 활동을 이어가며, 대회를 열어 현안을 논의하도록 하고, 정치 및 공직으로의 진출을 자극하고, 의회의 인턴쉽을 제공하여 한인 2세들이 적극적인 영향력을 가진 한인으로 성장할 수 있도록 돕는다. 코로나19 혐오범죄법을 만들고 의원비서진에 소수인종들을 더 포함하도록 하는 결의안을 만드는데 기여하여 아시아계에 대한 차별을 줄이고자 했다. 2022년 워싱턴대회에도 상원의원 2명과 하원의원 4명이 와서 연설을 하고, 참석자들이 당일 의회에 가서 의원 17명을 만났다(KAGC, 2022). 미주한인워싱턴대회는, 소수이지만 결집으로 미국정치에서의 유대인 영향력을 강력하게 키워온 유대인공공정책위원회The American Israel Public Affairs Committee를 모방하여, 한인의 영향력을 제고하기 위하여 2014년부터 시작한 대회이다.

아시아계 미국인으로서의 인식

미국에서 다양한 민족들이나 인구집단이 다양하게 차별적인 모습으로 포섭되면서 다양한 인종 및 민족범주들의 형성, 분열, 그리고 재편성이 나타난다. 이 과정에서 여러 민족들이 혼합되어 하나의 인종으로 등장한다든지 또는 다양한 민족들이 자신의 정체성을 강화하거나 약화하면서 미국 사회에 불균등하게 포섭되어 존재하는 것이다. 개개인들은 인종과 민족이 상당부분 자신의 출생이전부터 존재하는 것으로 받아들이고 이에 따른 의식화가 이루어져 스스로를 백인, 흑인, 라티노, 아시아계로 믿게 된 것이다.

이러한 과정에서 단체들의 역할이 아주 크다. 각 민족 또는 인종의 단체들이 우선적으로 자신의 민족 또는 인종을 위하여 활동하고 이를 통해 민족/인종의 구분은 더욱 강화된다. 인종(민족)화된 의식, 인종(민족)화된 정치, 그리고 민족별로 다른 이민역사와 경험이 민족별 단체의 조직과 활동을 부추긴다. 4.29폭동 이후에 한인 단체들이 늘어나고 보다 전문화되는 것은 이러한 인종적 관계를 개선하고 민족적으로 분절된(예를 들어 한흑갈등으로 표현되면서 한인이 독립된 주체로 호명되고 만들어진다) 한인들의 정치력을 민족단위에서 신장하기 위한 과정에서 나타난 현상이다. 국가와의 관계에서 또는 타민족과의 관계에서 한인의 위치를 제고하고 한인의 복지와 인권을 향상시키는 노력이기도 한다.

또한 미국에서 한인은 중동인이나 인도인과 함께 아시아계라는 인종으로 구분된다. 그러한 구분에 의해 이들은 동일 범주로 간주되기 때문에 책, 논문, 표현, 정책, 대화에서 동일한 범주를 지닌 집단으로 구분되고 그렇게 지각되는 상황이 지속되고 있다. 이에 따라 아시아계를 정말 같은 인종으로 상상하고 이들이 아시안 아메리칸이라는 이름으로 하나의 인종으로 구성되거나 또는 그러한 인종을 대변하는 조직이 만들어져 이들 다양한 민족 집단으로 하나의 인종으로 호명하고 동원하게 된다. 특히 학교나 대학에 가면 한인보다는 아시아인으로 인식되는 경우가 대부분이다. 따라서 아시아계 학생들끼리 뭉치거나 또는 아시아학생회에 참가하는 경우가 많다. 대학을 졸업하고 직장에 들어가도 한인보다는 아시아계로 인식된다. 이렇게 아시아계로 인식하고 포섭되는 과정에서 스스로도 아시아계 정체성이 강화된다. 이를 통해 아시아계의 단체와 연대활동을 강화한다든지 또는 소수인종 연대

활동을 강화하는 단체들이나 개인들도 증가하고 있다. 한인들 사이에서도 특히 아시아계에의 참여와 유대가 늘어나고 있는 상황이다. 이를 통해 2세들은 대체로 자신을 한국계 미국인Korean American으로서 뿐만 아니라 아시아계 미국인Asian American으로서 인식하며, 사회적 활동도 이러한 맥락에서 전개하는 경우가 많다.

이러한 정체성은 아시아계 민족들끼리 다양한 정치활동이나 선거에서 서로 연합하게 활동하게 하는 인지적 압력으로 작용한다. 백인, 흑인, 또는 라티노와 구분되는 인종으로 인지하게 되면서 백인, 흑인, 또는 라티노를 아시아계가 아닌 범주로 간주하고 대립적인 분류를 일상생활에서 당연하게 받아들이게 된다. 이는 선거에서 백인후보들이 아시아계 후보에 대한 백인, 흑인, 라티노의 지지를 약화시킬 때 아시아계 후보를 이방인이나 곧 떠나갈 사람 또는 공동체에 기여하지 않는 사람 등으로 몰아 심정적으로 아시아계 후보에 표를 찍기 어렵게 만든다. 또한 아시아계가 흑인, 라티노처럼 민주당을 압도적으로 지지하고 있지만 흑인, 라티노를 아시아계(또는 한인)와 갈등을 일으켰던 집단으로 인식하게 하고 남이라는 타자의 낯선 사람으로 생각하게 만들어 소수인종들끼리의 연합을 매우 어렵게 만든다.

일단 경험과 역사가 비슷한, 그리고 같은 범주로 구분되는 아시아계의 연합으로(물론 아시아계 내부 분열도 심하게 나타나지만) 정치적 세력을 키워야 한다는 생각을 아시아계가 어느 정도 공유하고 있다. 가장 숫자가 적은 인종으로서의 자각이 인종갈등이 나타날 때마다 더욱 강화되는 경향을 보여주고 있다. 또한 미국에서 교육을 받고 태어난 1.5세와 2세가 증가하면서 사회적 리더로서의 역할을 맡으면서 모국과의 관계보다 미국 내에서 어떻게 차별을 막아내고 영향력을 확보하고 미국사회의 일원으로서 정당한 대우를 받을 수 있는가에 더 많은 관심을 보이고 있다. 한인 2세들은 이러한 시선으로 어렸을 때부터 스스로를 미국사회의 일원으로서 생각하고 살고 헤쳐 나가며, 인종적 차별에 대한 자각이나 인식이 높아지는 경우 인종차별로부터 한인을 지키기 위한 공직이나 시민단체나 정치에 참여하면서, 한인이나 아시아계에 대한 인종차별을 막기 위한 활동에 참여하고, 정치적 파워를 키우기 위해 노력하게 된다. 이러한 과정에서 아시아계와의 연대를 중요하게 생각하고 아시아계의 인식도 강화하게 된다.

제11장　정치진출

LA에서의 정치진출

　미국에서 인종이라는 변수가 선거에서 커다란 힘을 발휘해 왔고 현재도 중요한 변수로 간주된다. 전통적으로 미국정치에서 인종문제는 백인과 흑인의 문제로 다루어졌으나, 1990년대 이후 다인종의 문제로 다루어지고 있다. 2021년 미국의 인구는 3억3천189만 명이며, 백인이 가장 많지만(1억9680만 명, 59.3%) 인구성장이 거의 멈춰 서서 비율이 감소하고 있고, 라티노 인구는 6,260만 명(18.9%)으로 그 다음 많으며 가장 많은 수가 증가하고 있으며, 흑인은 4,185만 명(12.6%)으로 조금씩 그 숫자가 증가하고 있으며, 최근 아시아계(태평양계 포함, 혼성인종 제외)의 이민이 급증하면서 아시아계 인구가 빠른 속도로 증가하여 2030만 명으로 6.1%정도 된다(usfacts.org population 자료). 아시아계 혼성인종을 포함하면 아시아계가 7.2%까지 올라간다. 1965년 총인구의 0.5%인 98만 명에서 2020년에는 총인구의 7.2%인 2400만 명으로 증가하였다(Jones, Marks, Ramirez, & Vargas, 2021). 라티노와 아시아계의 인구가 흑인이나 백인보다 아주 빠른 속도로 증가하고 있어 앞으로도 계속 미국의 인종정치의 모습이 변할 것으로 보인다. 특히 소수인종의 인구수가 급성장하면서 영향력도 커지자 이에 대해 걱정하는 백인들이 크게 늘어나 현재의 정치 지형이 거시적인 맥락에서 볼 때 백인 vs 소수인종의 형태로 가고 있다. 대체로 백인들은 60% 정도가 공화당을 지지하고 소수인종들은 65~90%가 민주당을 지지하는 흐름을 보여주고 있다.

아시아계는 물론 내부적인 격차가 크지만 평균 교육수준과 평균 소득수준이 백인보다 높다. 아시아계에서 유권자 등록운동에 참여하는 각종 단체들이 급격하게 늘어나고 있고 많은 단체들이 일 년 내내 유권자 등록운동을 하고 있다. 2000년대 이후 4년마다 아시아계 인구는 120만 명씩 늘어나고 있고 투표자수도 62만 명씩 늘어났다. 그 결과 아시아계 유권자수가 70개 시군에서 총유권자의 5%를, 이중 33개 시군에서는 총유권자의 10%를 넘어섰으며, 10개 하원의원 선출구역에서 유권자수의 25%를 넘고 있다. 아시아계는 41%가 민주당, 16%가 공화당, 그리고 무당파가 41%이다. 선호하는 당을 고려하면 민주당 57%, 공화당 24%, 완전 무당파가 18%이다. 캘리포니아주에서는 민주당 55%, 공화당 19%, 뉴욕에서는 민주당 76%, 공화당 13%를 보여주고 있다. 여성과 젊은 층은 더 민주당을 선호한다(Rmakrishnan, et. al., 2016). 유권자 등록에 참여하는 시민단체도 빠르게 증가하고 있다. 아시아계의 선거참여가 크게 늘고 있는 것은 아시아계 후보가 빠르게 늘어나고 있기 때문이다. 연방의원 선거에 후보로 참여한 아시아계가 2008년 8명, 2010년 10명, 2012년 30명, 2014년 39명, 2016년 40명으로 빠르게 늘어나고 있다(AAPI Data, 2016: 4).

소수인종이 민주당을 선호하고 백인이 공화당을 선호하는 모습은 최근 선거에서 계속 되고 있다. 2012년 대통령 선거에서도 공화당 롬니 후보가 백인에게서 압도적 지지를 받았고(59% vs. 39%), 오바마가 소수민족의 전폭적인 지지를 받았다(흑인 93% vs. 6%; 히스패닉 71% vs. 27%; 아시아계 73% vs. 26%). 2016년도 선거에서도 공화당 트럼프의 반이민주의와 백인우월주의적 메시지로 백인들의 표는 트럼프에게로 결집되었고, 소수민족들의 표는 민주당 힐러리 클린턴에게로 결집되었다. 백인은 58% vs. 37%로 트럼프를 지지했고, 흑인은 88% vs. 8%로, 히스패닉계는 65% vs. 29%로, 아시아계는 75% vs. 19%로 클린턴을 지지하였다. 2020년 선거에서도 백인의 58% 정도가 트럼프를 41% 정도가 바이든을, 소수인종에서는 바이든이 60% 후반대가 바이든을, 30%정도가 트럼프를 지지하였다.[1] 아시아계는 의원선거에서도 2대 1 이상으로 민주당을 지지하였다. 정책과 관련하여서도 오바마 의료보험, 대학 학자금 지원, 소수민족우대정책, 환경보호에 대해 백인보다 훨씬 강하게 지지하였고, 무슬림의 입국을 막거나 불법체류자를 추방하거나, 멕시코 장벽을 세우는 정책을 강력하게 반대하였다(Rmakrishnan, et. al., 2016).

아시아계는 민주당 대통령이 더 잘 자신들에게 신경을 쓸 것이라고 생각한다(47% vs. 26%). 아시아계는 민족언론에의 의존도가 높은 편이다(21%는 민족 언론에만 의존하고, 10%는 민족언론과 주류언론에 같이 의존하였다). 젊은층은 소셜미디어로 정치에 참여하였다. 2016년 선거에서 아시아계는 상대적으로 적은 수가 선거운동의 대상이 되었다. 민주당이나 공화당에서 방문하거나 전화를 하여 이번 선거와 관련하여 이야기하였느냐는 질문에 오직 22%만이 그렇다고 대답하였다. 이들 중 47%가 민주당이 접촉하였다고 대답하였고 14%가 공화당, 그리고 39%가 양쪽 모두가 접촉하였다고 대답하였다(Rmakrishnan, et. al., 2016).

아시아계가 민주당 대선후보를 처음부터 더 지지한 것은 아니다. 1992년에는 31%만, 2000년에는 50% 정도만 민주당 후보를 지지했는데, 2008년도에는 62%, 2012년에는 73%, 2012년에는 75%가 민주당 후보를 지지했다. 빌 클린턴이 친비지니스, 경제성장, 친이민 정책을

---

1) http://www.hani.co.kr/arti/international/international_general/976295.html#csidx
8cd403212ca93b48acbd249aa856138

펼치고, 아시아계를 장관에 임명하면서 아시아계의 지지를 확보하고자 노력하였다. 이에 비해 공화당은 계속 이민을 제한하려고 했고 백인중심 정책을 많이 펼쳤다. 아시아계는 친이민 정책과 소수인종 지지정책을 펼쳐온 민주당에 점차 쏠리는 모습을 보여주고 있다 (Rmakrishnan, et. al., 2016). 이러한 지지율의 변화는 그동안 아시아계가 점차 미국 국민의 일원으로 동화되면서 미국에서의 이해관계를 더욱 첨예하게 느끼면서 정치화되어가는 과정을 반영하고 있다. 동네에서 작동하는 당의 일선모임에 적극적으로 참여하는 아시아계는 아직 그렇게 많지 않다. 아시아계가 시의원이나 주상하의원에 당선된 곳에서 관련 아시아계가 지역당의 모임에도 많이 참석하는 정도이다.

아시아계들이 대체로 민주당을 지지하지만 어느 정도 안정된 생활기반을 가져 교외로 이주한 사람들에서는 공화당을 선호하는 경향을 보여준다. LA에 비교하여 부유한 오렌지카운티 같은 곳의 한인들은 LA에 비하여 공화당적인 성향을 보여주고 있다. 따라서 교외지역의 비교적 부유한 지역에 거주하는 이미 이민 온지 상당히 되어 안정적인 생활기반을 구축한 한인들은 공화당적인 성향이 조금 더 나타난다. 그렇더라도 교외지역에서도 민주당에 대한 지지가 공화당보다 많은 편이다. LA시내에서 거주하고 아직 이민 온지 얼마 되지 않았거나 또는 비교적 중하층에 속하는 한인들은 민주당을 훨씬 더 지지하는 성향을 보여주고 있다. 공산주의 국가에서 탈출한 이민자들을 제외하면 다른 아시아계에서도 대체로 이러한 경향을 보여주고 있다.

1) 아시아계의 정치적 진출

1992년 4.29폭동 이후 한인들이 백인과 흑인 사이에서 힘이 없기 때문에 희생양이 되었다는 의식이 강해졌다. 2016년 대통령 선거 과정의 아시아계에 대한 정치의식 조사에서 아시아계의 젊은 세대(18~34세)는 인종차별을 가장 심각한 이슈(23%)로 선택했다(Rmakrishnan, et. al., 2016:40). 일반적으로 경제를 가장 중요한 이슈로 생각하는 경향과 다르다. 이는 일반 미국인이 한인들뿐만 아니라 아시아계가 힘이 없으면 당할 수 있다는 위기의식을 느꼈기 때문이다. 한인사회에서뿐만 아니라 아시아계에서 정치적 한계를 절감하고 정치적 힘을 기르고 아시아계의 힘을 조직화하여 아시아계의 발언권을 강화해야 한다는 자각이 강해졌다. 이러한 맥락에서 아시아계의 민주당 지지가 증가하고 있고, 특히 한인들의 민주당 지지는 아시아계에서도 높은 편이다.

각 민족들이 단체를 중심으로 유권자 등록에 적극 나서면서 선거에 영향을 미치려는 노력이 크게 증가하였다. 기존의 백인이나 흑인 정치인들을 후원하고 초청하고 만나서 정치인들과의 네트워크를 강화하는 일이 크게 증가하였고 이들 정치인들도 인구가 급증하고 있는 아시아계를 보좌진으로 채용하는 일이 많아졌다. 또한 아시아계에서 정치후보자를 발굴하여 선거에 내보내려는 노력이 크게 증가하였다. 아시아계가 출마하면 아시아계 주민들이 대거 유권자 등록을 하고 선거에서 몰표를 찍는 경향이 최근 많이 나타나고 있다. 아시아계 인구비율이 가장 높은 하와이에서는 일찍부터 일본계가 정치계에서 중요한 역할을 해왔고 일본계가 계속 연방상원의원으로 당선되었다. 아시아계의 인구가 급증하고 있는 로스앤젤레스, 뉴욕, 샌프란시스코 지역에서의 정계진출을 위한 노력이 보좌진, 교육위원, 시의원, 주상하의원, 연방 상하원의원으로 확대되어 왔다. 아시아계 인구를 기반으로 중국계가 샌프란시스코의 시장에 당선되었다. 이사아계 인구가 극소수인 지역에서도 지역의 정치적 풍향에 잘 맞춰 타인종의 지지를 얻어 선출되는 경우도 크게 늘어나고 있다. 이에 따라 미국 전역에서 아시아계의 정치진출이 증가하면서 연방이나 주에서 선출된 아시아계가 크게 늘어나고 있다.

2010년 센서스 자료에 따르면 호놀룰루 지역에 아시아계 48만 명이 거주하여 총인구의 44%를 차지하고 있으며, 샌프란시스코 지역에 아시아계 101만 명이 거주하여 총 인구의 23.2%를 차지하고 있으며, 로스앤젤레스 지역에 188만 명의 아시아계가 전체인구의 14.7%를 차지하고 있으며, 새크라멘토 지역에 26만 명이 거주하여 11.9%를 차지하고 있고, 시애틀 지역에 39만 명이 거주하여 11.4%를 차지하고 있고, 샌디에고 지역에 34만 명이 거주하여 10.9%를 차지하고 있고, 뉴욕주에 188만 명이 거주하여 총 인구의 9.9%를 차지하고 있고, 워싱턴 DC 지역에 52만 명이 거주하여 9.3%를 차지하고 있다. 이들 지역의 아시아계 비율은 이민증가로 2000년대 이후 더욱 빠르게 높아지고 있어, 이들 지역을 중심으로 아시아계의 정치적 진출이 크게 증가하고 있다. 특히 중국계의 이민자가 급증하고 있어 이들의 정계 진출이 크게 늘어나고 있다.

이러한 변화를 해마다 추적하고 있는 UCLA Asian American Center의 National Asian Pacific American Political Almanac에 따르면 2016년 현재 4000명이 넘는 아시아태평양계가 공직에 진출하였으며 이는 아시아계의 인구 급증과 맞물려 있다. 2016년 현재 15명(2명은 태평양 미국령 대표로 투표권이 없음)의 아시아계 하원의원이 있고 3명의 상원의원이 있다. 1957년 이후 아시아계에서 총 32명이 선거를 통하여 하원의원으로 진출하였고, 9명이 상원으로 진출한 것과 비교해보면 현재 가장 많은 수가 의회에 선출되어 있는 상황이다. 2010년에는 미국에서도 큰 도시에 속하는 샌프란시스코와 오크랜드에서 아시아계가 시장으로 당선되었으며, 2012년 선거에서 하와이에서 불교도 일본계 여성이 상원의원에 당선되었고, 하와이에서 힌두교도 여성이 하원의원으로 당선되었고, 뉴욕에서 중국계 여성이 하원의원으로 당선되었고, 루이지애나와 노스캐롤라이나에서 주지사(둘 다 인도계)에 당선되었다. 2016년 캘리포니아에서 주검찰총장이었던 인도+자메이카계가 상원의원으로 당선되었고(2020년 대선에서 민주당 부통령으로 당선되었다) 일리노이에서는 하원의원이었던 중국+타일랜드계 여성이 상원의원으로 당선되었다. 아시아계 상원의원은 하와이, 캘리포니아, 일리노이주에 각 1명씩 있으며, 아시아계 하원의원은 캘리포니아주(일본계 2, 중국계 2, 대만계 1, 인도계1), 하와이주(사모아계 1, 일본계1), 뉴욕주(대만계 1), 일리노이주(인도계 1), 버지니아주(필리핀계 1), 워싱턴주(인도계 1), 플로리다주(베트남계 1)에 분포되어 있으며, 상대적으로 인구비율이 높은 하와이, 캘리포니아주에 집중되어 있다.2)

이들이 연방 상원의원으로 당선되기 위해서 연방하원의원이나 주의 유력 정치인으로 활동하면서 이미 주 전체에 지명도를 확보했던 사람들이며 해당 주의 민주당과 유력 정치인들로부터 지지를 받아 예비경선에서 다른 후보를 이길 수 있었다. 하원의원들은 지역의 유력 정치인과 정당모임에서 지지를 획득하여야 했고, 당의 유력 정치인들의 공개 지지를 획득하고, 당의 지역 모임에서 다양한 지지를 획득하고 또한 아시아계나 자신의 민족구성원이나 단체들이 열성적으로 유권자 등록과 선거참여를 끌어내는 과정을 거친다. 또한 정책과 언론보도를 통하여 많은 대중의 지지를 획득하는 과정을 거친다.

아직 아시아계가 미국에서 아시아인으로 구성된 시간이 짧고 아시

---

2) 2015년 자료에 따르면 대만계를 포함한 중국계는 495만 명, 인도계 398만 명, 필리핀계 390만 명, 한국계 182만 명, 일본계 141만 명이다. 일본계는 이주 역사가 길어 선거에의 진출이 일찍부터 이루어졌고, 최근 중국계와 인도계의 진출이 활발하다. 이에 비해 필리핀계와 한국계의 진출은 약한 편이다.(Population estimates from U.S. Census Bureau, 2015 American Community Survey 1-year estimates(American Fact Finder))

아계로서의 공동체 의식이 약한 편이기 때문에 정치에서의 민족적 후원과 동원에 비하여 아시아계라는 인종적 후원과 동원은 상당히 약한 편이다. 같은 민족인 경우 민족적 후원은 매우 강도 높게 이루어지고 있지만 같은 아시아계라고 하더라도 인종적 후원은 그렇게 강하지 않다. 하지만 갈수록 같은 아시아계라는 이유로 표를 찍어주고 후원을 하고 자원봉사를 하는 경우가 늘어나고 있다. 특히 아시아계 후보가 비아시아계 후보와 맞붙게 되면 아시아계가 적극적으로 아시아계에게 투표하는 경향이 나타나고 있다. 같은 아시아계라는 사실을 인지하면 그것 자체만으로도 그 후보에 대한 지지도가 올라간다. 특히 민족 언론들은 자민족의 후보뿐만 아니라 자민족 후보가 없는 경우 아시아계 후보에 대해 대체로 매우 우호적으로 보도하는 경향을 보여주고 있다.

2) LA 정치인의 한인보좌관

1980년대 대체로 영어로 충분히 소통을 할 수 있고 한국말도 할 줄 알아 한인커뮤니티와 정치인을 연결해줄 수 있는 정치인의 보좌관으로서 정치에 입문하는 경우가 있었다. 한인커뮤니티의 민원도 정치인에 전달하고 한인커뮤니티가 해당 정치인을 선거 등에서 지지하도록 만들고 또한 정치기부금을 정치인에 전달하는 모임을 주선하는 역할을 한다. 아직 한인이 많지 않고 또한 한곳에 집중되어 있지 못하기 때문에 이 시기에 정치인의 보좌관을 하는 경우는 극소수였다. 점차 한인들이 많아지고 유권자 운동을 통해 한인들이 투표에 참여하는 경우가 늘어나면서 주류 정치인들도 한인보좌관의 필요성을 가지게 되었다.
한인의 인구가 급격하게 늘어나면서 한인들이 정치인들의 보좌관으로 입문하는 경우가 계속 증가하고 있다. 대체로 1.5세들이고 이제 2세들이 진출하고 있다. 2018년 선거에 LA인근에서 하원의원에 출마하는 영 김은 1980년대부터 당시 주 상원의원 에드 로이스의 보좌관으로 활동하였고 에드 로이스는 2018년 연방 하원의원을 은퇴하면서 자신의 보좌관이었던 주 하원의원 영 김에게 지역구를 물려주고 하원의원 선거를 지원해주고 있다. 영 김은 2018년 선거에서는 아슬아슬하게 낙선하였지만 2020년 선거에서 하원으로 선출되었고 2022년 재선에 성공했다. 2000년대에 들어와서 한인보좌관이 크게 늘어났다. 재니 김 남가주에디슨 커뮤니티 담당 매니저(케빈 머레이 전 가주상원의장 보좌관), 석명수 SAGE 대표(마틴 러들로우 전 10지구 시의원 보좌관), 존 최 에어비앤비 입법 담당 매니저(안토니오 비야라이고사 전 LA시장 보좌관) 등이 정치인의 보좌관으로 일했다(LA중앙일보, 2016.6.28.). 이들 보좌관 30여명은 한인보좌관모임(Korean American Legislative Staff· KALS)을 만들어 보다 체계적인 정보교류와 활동을 도모하고자 하고 있다. LA 한인회에서는 이들 보좌관을 모아 'Connecting You to Your Servant'라는 프로젝트를 시작하였다. 정치인 보좌관을 자문위원으로 하여 도시계획, 보건, 복지, 비니지스, 세금, 도로보수 등 한인들의 민원을 담당 시나 카운티나 주정부 등의 담당자에게 연락을 하여 보다 쉽게 문제를 해결하도록 가교역할을 하는 것이다. 보좌관의 정치인과의 관계 그리고 보좌과정에서 획득한 정보와 인맥이 있기 때문에 가능한 일이다(LA 선데이저널 2016.9.29.).

보통 보좌관들은 주로 영어와 미국문화에 익숙한 1.5세들이다. 이들은 정치와 관련된 선거운동이나 봉사활동을 하다가 보좌관으로 진출하는 경우가 많다. 초기에 보좌관을 한 예를 들어 보면, 제니 김은 초등학교 입학 전인 1984년 부모를 따라 이민을 온 재인 김은 대학에 다닐 때 봉사활동을 하면서 코리아타운을 포함하는 선거구를 가지고 있던 주 상원의원 케빈 머레이의 선거운동을 도와주었고 그 후에 그의 보좌관이 되었다. 주 상원의원이 선거구에 포함된 한인 보좌관을 필요로 하여 자원봉사를 하던 제니 김에게 보좌관으로서의 역할을 부탁한 것이다. 2001년 보좌관으로서 일을 하면서 코리아타운에 공원을 만들고 도산 안창호를 기리는 도로이름을 붙이는 일도 했다. 보좌관을 4년 동안 한 다음 남캘리포니아 에디슨전력에 취업하여 소수민족과 관련된 관계개선, 홍보, 후원의 일을 하고 있다(한경구 2014: 272-274).

3) LA 한인과 정치참여

LA 부근에 2016년 아시아계가 188만 명 거주하여 전체 인구의 14.7%를 차지하고 있으며, 한인은 약 32만 명이 사는 것으로 보고되었다. 불법체류자까지 합하여 약 50만 명의 한인이 살고 있는 것으로 추산된다. 한국의 중간도시 정도의 인구가 살고 있는 셈이다. LA 권역의 소규모 도시에서 한인 3명이 시의원으로 진출하고 있지만 LA에서는 한명만 시의원에 진출하였다. 아시아인들은 흑인정치인이나 라티노정치인들과 달리 자신의 인종을 기반으로 당선된 경우보다 다른 인종들이 지지하여 여러 인종의 지지를 통해 당선되는 경우가 많다. LA 지역에서는 대체로 아시아인이 거의 없거나 또는 과반수에 미달한 상황에서 출마하여 당선되었기 때문이다. 아시아인들이 흩어져 있기 때문에 또한 다양한 나라 출신들이어서 결집되기 힘들고 정치적인 발언권을 강화하기가 매우 어려운 상황에 놓여 있다. 또한 다른 인종들을 기반으로 당선되어야 하기 때문에 선출직에 진출하기 매우 어려우며 또한 진출한다고 하여도 아시아인의 이익을 주로 대변하기 어려운 상황이다. 즉, 주로 백인이나 전체 선거구의 이익을 주로 대변하면서 아시아인의 이익을 조금씩 대변하는 방식의 정치활동을 하는 경우가 많다.

LA에서 한인이 가장 밀집해서 사는 곳이 코리아타운이다. 이곳과 주변을 포함하여 주민의회(한국의 주민자치위원회와 비슷하나 더 영향력이 크다. 지역과 관련된 각종 사안을 결정하고 지역과 관련된 각종 정책 대안을 시청에 제기할 수 있다. 위원은 주민 직선으로 선출한다)를 구성하고 있는데 해당 구역 내의 총인구수는 17만5천명이다. 이중 한인이 12%에 불과하다. 라티노가 50% 이상, 백인 20%, 아시아계(한인포함)가 25% 정도로 라티노 인구가 많은 지역이다. 그렇지만 라티노 인구 중 갓 이민 온 사람들이나 유동인구나 불법체류자가 많고 한인들 중에도 갓 이민 온 사람들이나 유동인구나 불법체류자가 많은 편이다. 한인의 25% 정도는 불법체류자일 것으로 추산되고 있다. 이렇게 다양한 인구가 살고 있지만 주민의회에 한인들이 적극 출마하여 지역의회를 장악하였다. 지역주민의회가 생긴 이래로 한인이 주도권을 잡고 있다. 주민투표로 주민대표도 뽑지만 상인대표도 따로 뽑기 때문에 상가를 장악하고 있는 한인들이 유리한 위치에 있다.

지방정부에서도 주지사나 주의원, 시장이나 시의원뿐만 아니라 교육위원, 조세형평위원, 대학 교육위원회 이사 등 다양한 직책을 선거로 뽑는다. LA 부근에서는 1992년 다이어몬드지역구에서 김창준이 하원으로 당선된 적이 있었다. 2014년 선거에서 영김이 주하원의원으로 당선되었으나 2016년 낙선하였으며 2016년에는 어바인에서 최석호가 주하원의원으로 당선되었다. 어바인에서 시장과 시의원에 도전했던 데이비드 최와 지니 안도 낙선하였으며, 샌타애나 시의원으로 나온 제시카 차도 2위에 그쳤으며 산타클라라 시의원에 도전했던 케빈 박도 실패했다. 수전 정 타운센드는 판사직에 도전하여 당선되었으며, 오렌지카운티 수도국 위원으로 출마한 메건 유 슈나이더 후보도 당선되었다. 하지만 라팔마 시의원이던 피터 김은 오렌지카운티 수도국 이사에 출마했지만 낙선하였다. 샌프란시스코 주상원의원으로 출마했던 제인 김도 떨어졌다.

LA 부근에서는 한인이 지방선거에 출마하면 한인 후원회를 통해 대부분의 선거기금을 모금하고 (물론 다른 민족이나 인종에서도 모금하지만 아직 주로 한인에게서 나온다) 한인들의 적극적인 자원봉사와 조직적인 참여에 많이 의존한다. 이러한 모습은 미국의 지방 선거들이 인종적인 측면을 많이 띠고 있기 때문에 나타나는 현상이다. 두 명의 교육위원 출마자가 모두 낙선하자 현직에 있는 한인 시의원이 LA중앙일보 (2007.11.10.)에 게재한 글은 미국의 선거가 인종정치화 되어 있으며 따라서 한인의 적극적인 투표 참여가 한인정치인의 배출과 한인정치력의 강화에 밀접하게 관련되어 있음을 잘 보여주고 있다.

> … 등록된 한인 유권자는 4,000명이 넘는다고 한다. 투표 결과는 단지 43%만 투표했다는 계산이다. 가령 70%만 투표권을 행사했다면 두 후보가 다 2800표로 당선되었을 것이고 60%만 투표를 했더라도 2400표가 되니 3위(2,365표)와 4위(2,301표)로 당선된 다른 후보를 앞질렀을 것이다…. (두 명 모두 낙선한 이유는) 단결심의 부재라고 본다. 한인이라는 동질성을 바탕으로 '우리 한데 뭉쳐보자'는 결집력이 보이지 않았다는 것이다…. 4명까지 기표할 수 있는 교육위원 선거에서 한인 후보 2명에게만 기표해야 한인후보들이 상대적으로 더 유리할 수 있음을 적극 홍보했어야 했다. 한인 유권자 등록수가 많고 투표율도 높으면 주류사회에서나 정치인들의 관심은 자연히 한인 커뮤니티에 쏠릴 것이며 우리의 목소리는 그만큼 더 커질 것이다. 바로 이것이 '정치력 신장'이다. 이번 세리토스 ABC 교육구의 선거에서 한인사회가 다시 한 번 깨달아야 할 교훈이기도 하다.

4) 교외거주 확대의 정치적 의미

한인을 비롯하여 아시아계의 정치력 확대에 걸림돌이 되는 것이 아시아계들이 조금 돈을 벌게 되면 바로 교외로 이주하는 경향이 높아 아시아계가 밀집되어 있는 선거구를 형성하기 어렵다는 것이다. 미국의 국회의원들은 대체로 지역에서 교육위원, 시의원, 주의원 등으로부터 시작해서 연방의원으로 진출하는 경우가 대부분인데, 아시아계나 한인들이 교외로 이주 나가면서 시의원, 교육위원, 주의원에 백인들의 표를 얻어 힘들게 진출하더라도 연방의원으로 진출하는 데는 또 다시 인종적 한계에 부딪치게 된다. 보다 높은 지위에 올라갈수록 더 넓은 지역을 커버하게 되고 다른 인종의 지지를 결집하기 어려워지기 때문이다. 이에 따라 LA지역에서 시의원, 시장, 주의원, 또는 연방의원에 당선되더라도 임기 한 두 번을 하면 다른 인물로 대체되는 경향이 많이 나타나고 있다. 또한 아시아계가 집단 거주하는 것이 아니라 백인 등 다른 인종의 표로 당선되었기 때문에 인물이 대체되는 경우 대체로 다른 인종의 인물로 대체되는 경우가 많다.

따라서 대부분의 아시아계나 한인들은 아시아계와 백인들의 지지를 합하여 시의원이나 교육위원으로 진출하고 있는데, 주의원이나 연방의원으로는 지속적인 진출이 제대로 이루어지지 못하고 있다. 특히 LA 주변의 조그만 시들에 아시아계가 많이 진출하여 거주하게 됨으로써 LA보다 이들 주변 도시들에서 아시아계나 한인들이 정치에 적극적으로 진출하고 있다.

아시아계가 정치에 진출하면서 얻는 효과는 아주 크다. 미국은 교육 및 경찰도 단체장이 장악하고 있으며 시민생활에 직접적인 영향을 미치는 대부분의 정책이 지역차원에서 결정된다. 따라서 시로부터 보다 나은 서비스를 받기 위해서는 자신을 대변하는 정치인이 시차원에서 활동하는 것이 아주 유리하다. 따라서 투표를 많이 할수록 발언권을 확보할 수 있고 시로부터 더 많은 서비스를 받을 수 있다.

한인단체와 정치활동

미국선거에서는 일반적으로 인종이라는 변수가 투표에 중요한 영향을 미친다. 소수민족으로 갈수록 자기 인종을 찍는 경향이 높다. 흑인은 특히 흑인 후보에 대한 투표 집중률이 높다. 400년간의 노예나 차별에 대한 공동체적 기억 때문이다. 흑인후보가 나오면 – 대체로 민주당으로 나오는데 – 보통 흑인들의 80% 이상이 그 후보를 찍는 경향이 있다. 백인들도 과거에는 자기와 같은 나라 출신 후보를 찍는 경향을 보여주었지만, 이제 백인들 사이에 민족의 구분은 상당히 약해졌다. 백인은 인구수도 많고 미국에서 처한 환경이나 기억도 달라서 표가 갈리는 경향이 나타난다.

LA시에서는 아시안처럼 최근 이민자들은 선거권자가 적어 아직 정치적인 영향력을 직접 행사하지 못하고 있다. 라티노의 인구가 급격하게 늘어나 과반에 육박하고 있어 아직 선거에 참여하는 사람이 많지 않아도 라티노의 정치블록이 이미 커다란 힘을 발휘하고 있고 갈수록 더욱 강화될 것으로 보인다. 그 동안 LA시의 주요 정치블록은 크게 백인이 주도하고 흑인이 중심이 된 소수민족 블록이 도전하는 형태로 나뉘어 있었다. 1970년대 이후 흑인인 톰 브래들리가 20년간 시장에 연속 당선되었다. 이때는 흑인 – 유태인 연합블록이 시정을 장악하였다. 흑인과 유태인 블록에 긴장이 생기면서 흑인과 다른 소수민족들이 소위 무지개연합을 형성하였지만 아시아인과의 블록은 1992년 인종폭등으로 인해 크게 손상되었다.

라티노의 인구수가 크게 늘면서 흑인이 줄어들어 백인블록과 라티노블록이 가장 중요한 선거블록으로 작동하고 있고 흑인과 아시아인은 소수 블록으로 작동하고 있다. 이제까지 흑인들이 차지하였던 소수민족의 대변자 역할을 라티노가 점차 장악하고 있으며, 경제력을 어느 정도 갖춘 아시아 블록이 그 힘을 조금씩 강화하는 양상을 띠고 있다. 하지만 정치영역에서 대부분의 현역이 재당선되는 경향을 보여주고 있어 이전의 시의원들인 백인과 흑인들이 아직 주도적으로 당선되고 있다.

아시아인들은 수가 적고 또한 분산되어 거주하여 같은 인종이 밀집되어 있는 곳이 적기 때문에 상대적으로 정치에 진출하기가 어렵다. 따라서 직접 정치에 진출하기 보다는 다른 방식으로 정치적 영향력을 확보하려는 경향이 많이 나타나고 있다. 필요한 대상인 정치인을 상대로 로비를 하거나, 유력 정치인들을 후원하는 모임들을 형성하고 정치자금을 모아 전달하거나, 시청 등에서 직접 항의시위를 함으로써 영향력을 행사할 수 있다.

꼭 정치인이 아니더라도 각종 단체나 인종들과 좋은 관계를 유지하기 위해 타인종의 교회나 자선단체나 모임 등에 지속적으로 참석하고 기부하는 한인들이 늘어나고 있다.

1) 한인정당조직

정당의 하부조직에 가입하는 한인들도 늘어나고 있다. 민주당이나 공화당 한인조직이 있어서 한인들을 주나 국가의 정당조직과 연계시켜 준다. 주나 국가의 정당활동에 적극적으로 참여하는 사람이 조금씩 늘어나면서 점차 임명직이나 선거직에 진출할 수 있는 기회도 늘어나고 있다. 그렇지만 이러한 모임은 대체로 영어가 불편하지 않은 1.5세나 2세에 의해 주도되고 있다. 이러한 곳을 조직을 통해 당 전국대회의 대의원으로 참여하면서 정당관계자와의 커넥션을 확대하기도 한다. LA에서는 몇몇 한인들이 대의원으로 당 전국대회에 참여하고 있다.

한인이 조직한 한미공화당협회Korean American Republican Association

가 존재하고 있다. 찰스 한이 회장으로 공화당 남가주 지부의 운영위원을 맡고 있다. 남캘리포니아 운영위원회는 남가주 공화당 정치활동과 정책집행을 총괄, 감독하는 기관으로 정당운영에 커다란 영향을 미친다. 신임위원 7명중 아시아계는 찰스 한이 유일하다. 그는 LA 카운티 중앙위원이었고 캘리포니아 공화당 중앙위원이기도 하다.

이들의 활동은 대체로 대통령 선거기간에는 활발하지만 나머지 기간에는 활발하지 않은 편이다. 공화당 후보들을 한인사회에 소개하고 후원회를 열어 모금을 하거나 후원회의 조직화를 지원하는 역할을 하는 정도이다. 평상시에는 소수 회원이 모여 친목을 도모하는 정도이다. 한인사회에서는 대체로 민주당이 더 강세를 보이기 때문이다.

또한 한인이 조직한 민주당 조직Korean American Democratic Committee 도 존재한다. 1992년 코리아타운에 폭동이 번지면서 한인이 힘이 없어 사태가 악화되었다고 생각하여 정당에 참여할 필요가 있었고 이에 따라 조직되었다. LA한인의 시민단체들이 민주당 경향이 더 세기 때문에 당조직도 민주당 조직이 더 활발한 편이다. 약 200명이 가입되어 있고 50명 정도가 회비를 내고 활동하고 있다. 2004년도에 기금모금 파티를 하여 2만5천불을 모았고 Boxer 연방 상원의원 등이 참여하였다. 민주당 후보를 위한 기금모집을 하고 한인들을 교육시키고 유권자 등록운동을 벌여 투표에 참여시키는 것을 목표로 하고 있다. 후보들도 이런 모임에 자신의 선거운동을 위해 나온다.

민주당 조직이나 공화당 조직의 정당조직에 참여하는 사람들은 주로 한인 1.5세나 2세이며 영어에 아무런 문제가 없고 적어도 미국에서 대학을 나와 미국상황을 잘 아는 사람들이다. 따라서 미국정치가 작동하는 방식을 이해하고 이에 따라 각 후보를 돕기 위한 기부금모집, 선거운동 등에 참여한다. 선거가 이루어지는 동안 특정한 후보를 위한 조직이 만들어지며(예를 들어 2016년 대통령선거에서 Friends for Hillary) 선거가 끝나면 해체된다. 선거 후에는 당정치인들과의 매개역할을 한다. 정당 한인조직은 대체로 한인에 필요한 일반적인 요구사항을 모아 정치인들에게 또는 정당모임에 전달하는 역할을 한다.

미국에서는 풀뿌리 정치가 발달되어 있어 모든 공천이 상향식으로 이루어지고 있어 당의 상부조직에서 하달하는 식의 일사불란한 당의 움직임은 없다. 따라서 각각의 후보들이 정당을 매개로 하여 모두 접촉할 수 있는 것이 아니다. 같은 당의 의원이라 할지라도 정책이 다르고 생각이 다른 경우가 많다. 따라서 한인정당조직이 공화당이나 민주당을 매개하여 한인을 당에 연결시켜주는 것은 맞지만 이를 통해 해결되는 문제는 적은 편이다. 아주 일반적이고 보편적인 문제는 당노선에 따라 이루어지지만 생활정치의 대부분은 각 지역의 특성에 따라 이루어진다. 따라서 실제 생활에서 일어나는 실제적인 문제를 해결하기 위해서는 정당조직보다는 해당 이슈와 연결되는 정치인을 찾아서 직접 관계를 맺고 설득해야 하며 또한 이를 위해 평상시에 투표나 후원회를 통해 지원해야 한다.

예를 들어 코리아타운이 포함되어 있는 시의회제10지구에 출마한 민주당 흑인후보는 한인민주당조직에 가서 자신에 대한 지지선언을 부탁하였다. 한인민주당 단체뿐만 아니라 여러 단체나 후원 모임이 각 후보들에 지지선언을 하고 있다. 한인회나 한인 민주당조직 등은 후보를 초청하여 한인들과 간담회를 가지게 하고 기금모금파티를 주선하고 있다. 따라서 한인정당조직도 이러한 과정에서 열심히 활동하지 않으면 형식적인 조직으로 끝나고 마는 경우도 나타난다. 표를 모으지 못하고 기금을 모금하지 못하면 영향력이 거의 사라지기 때문이다.

2) 정치인과의 관계형성

인구수가 부족하여 직접적으로 선거에 출마하여 당선되기 어렵기 때문에 유력 정치인들과 밀접한 관계를 형성하기 위한 많은 노력이 이루어지고 있다. 정치인들도 한인사회에 관심을 나타내기 위해서 대체로 한인이 주최하는 각종 행사에 참석한다. 한인들이 많이 참여하고 한인들의 TV 등에 크게 보도되는 설날잔치와 추석잔치는 그러한 좋은 기회이다. 또는 한인회의 퍼레이드의 경우 가장 앞에서 행진하는 마샬Marshall(인도자)의 역할을 하면서 같이 행진하는 경우가 많다. 주지사나 LA시장이 참가하기도 하나, 이들은 대체로 메시지만 보내는 경우가 대부분이다. 대신 이들은 명절 등을 한인의 날로 선포하여 한인들에게 관심을 표현한다. 단체장 대신에 시나 주에 있는 고위관료나 또는 선출직에 있는 주의원들이나 검찰총장 등이 마샬로 참가하는 경우가 나타나고 있다.

이들은 한인지도층과 자리를 마련하여 관심사항을 논의하기도 한다. 이들이 선거에 출마할 때는 한인들이 선거운동에 참여하여 한인커뮤니티와의 매개 역할을 수행하는 경우가 많다. 선거가 끝나면 보좌관으로 활동하는 한인들도 늘어나고 있다. 주지사, 상원의원, 하원의원, 시의원 등이 한인들을 보좌관으로 채용하여 이들을 매개로 한인커뮤니티와 밀접한 관계를 이어가는 경우가 많다. 정치인들도 이를 통해 한인사회로부터 득표도 하고 정치자금도 거두며 또한 한인커뮤니티의 후견인 역할도 수행한다.

2005년 당시 LA시의 비야라이고사 시장은 선거 운동 시, 한 진보적인 한인 시민단체(한인타운 노동연대)가 한인사회에서 적극적으로 캠페인을 해주었다. 시장에 당선된 다음 이 시민단체를 방문하게 되자 시장과 연계를 맺고자 하는 많은 사람들이 이 시민단체를 찾았다. 실제이 시민단체에서도 일부 한인들을 시장에게 추천하였다. 비야라이고 사는 선거 운동 시, 코리아타운에 한인경찰을 크게 증대시키겠다고 약속했고 또한 한인들이 많이 종사하고 있는 소상업의 활성화에 적극 노력하겠다고 공약했다. 시장에 당선된 다음 코리아타운을 관할하는 경찰서를 만들었고, 시청 국장급에 한인들을 고용하였다. 이전 시장인 제임스 한 밑에서는 단 유라는 한인이 부시장으로 일했으나 한인사회와의 연결고리 역할을 못했다는 평가다. 그는 원래 허만 하원의원의 보좌관으로 일 하다가 정치적 연계로 LA시청으로 진출하였다.

시의원이나 주의원들은 한인들에 어떤 문제가 생겼을 때 정부와 관련된 부분이 있으면 이를 해결해주는 역할을 한다. 각종 조례를 개편하거나, 경찰이나 시와 문제가 있다거나, 또는 한인의 날을 제정하는 것 등 다양한 방면에서 후원회나 다른 다양한 방법으로 친교가 있는 의원들이 도와주는 경우가 많다. 이러한 문제를 해결하기 위해 평소에 정치인을 잘 알아두는 것이 좋기 때문에 정치자금 모금파티에 적극적으로 참석하는 사람이 많다. 해당 커뮤니티와의 연계를 위하여 코리아타운을 포함하는 정치가들은 한인을 보좌관으로 채용하는 경우가 많다.

미국 정치에서는 유권자의 수가 중요하기 때문에 한인과 관련된 특정 이슈와 관련하여 특정 정치인에 영향을 미쳐야할 필요가 있으며 직접 후보에 민원을 하거나 보좌관을 통해 하는 수도 있지만 한인들에게 다량으로 해당 정치인에게 편지를 쓰도록 하는 방법도 사용한다. 북한인권과 관련하여 한 하원의원에게 약 2,000매 정도의 편지를 보낸 적도 있다. 보다 많은 편지가 도달하면 이들도 다 투표수이기 때문에 정치인들은 이를 고려한다.

3) 후원회 활동

　직접 출마하는 경우도 드물고 또한 등록된 유권자 수도 적고 직접 투표에 참여하는 사람도 적은 편이어 표로 직접적인 영향력을 행사하기 어렵기 때문에 한인들은 대신 각종 후보자 후원회를 조직하여 정치자금을 지원하여 영향력을 얻는 방식을 많이 사용하고 있다. 각 지역에서 사업을 하는 사람들을 중심으로 그 지역정치가들의 후원회를 개최하는 경우가 많다. 특히 사업을 하는 곳이 라티노, 흑인, 백인지역에 광범위하게 퍼져 있어 상인들이 이들 다양한 인종의 정치인들을 후원하는 모임이 선거 기간에는 자주 열린다. 또는 후원회를 조직하기도 한다.

　자신지역의 지방정부 출마자들에게도 관심을 표명하지만 연방정부 출마자들에게 아주 적극적으로 관심을 표명하고 연방정부 출마자들을 위한 후원모금도 더 잘 이루어진다. 한인들은 사업을 해서 그런지 지원단위가 커서 선거자금 모금액이 상당히 큰 편에 속한다고 한다. 이들 정치인들이 한인들의 정치자금모금 파티에 참석하면 대개 한인들이 한인사회에 이러한 이슈들이 있다고 이야기하고 후보자들은 대체로 그러한 한인문제 해결에 앞장서겠다고 다짐하며 또한 한인들에 대한 여러 가지 덕담을 해서 서로 기분 좋은 모임을 갖는다.

　한인회가 직접 특정 후보를 후원하는 경우는 없다. 한인회처럼 총괄적인 일처리를 해야 하는 곳은 대체로 중립적인 자세를 유지한다. PAC(Political Action Committee)를 조직해야만 특정 후보를 지원할 수 있으나 아직 그런 경우는 없다. 한인회가 공화당이나 민주당 후보를 직접 지원했는데 만약 지지하지 않는 당이 당선되면 한인사회 전체가 차별을 받을 수 있기 때문이다. 따라서 중립을 유지하며 유권자등록이나 한인사회 민원과 관련하여 정치인들에게 압력을 행사하는 일에 집중한다. 정치 후원은 각각의 정치인들을 위한 별도의 후원회를 조직하여 관심 있는 사람들이 참여한다. 이들은 때로는 친한 사람들을 설득하여 모금파티에 참석하도록 한다. 선거 기간에는 후원회가 해당 후보를 만날 수 있는 좋은 통로가 되므로 한인 유지들은 몇 개씩의 후원회에 참석하기도 한다.

대개 한인이 많이 거주하거나 사업하는 곳에 출마하는 정치인에 대한 후원은 일상적으로 이루어지고 있다. 민주당, 공화당 양쪽 모두에서 후원회가 조직되고 있다. 유력시의원, 시장, 주지사, 하원의원, 상원의원, 대통령 등을 위한 전략적인 모금행사가 선거기간 동안 자주 이루어지며 또한 평상시에도 이루어진다. 민주당과 공화당에 각각 한인조직이 있는데 이들이 자신의 당후보를 중심으로 후원회를 위한 파티를 열 수도 있고, 아예 이러한 정당조직과 별도로 특정 후보를 위한 위원회를 조직하여 지속적으로 초청하여 선거자금을 모아 제공하는 경우도 있다. 지속적인 관계를 맺는 집단은 한인사회의 안건이 있으면 이들에게 찾아가 부탁하는 경향이 있다.

코리아타운에 있는 한미연합회는 매년 시나 주의 선출직 정치인들이나 그 보좌관들을 초청하여 한인들의 지도자들이나 단체들과 만나도록 점심 연회 모임을 주선하고 있다. 여기에 초청되는 사람들은 주지사, 상원의원, 하원의원, LA시장, 주의원 등을 포함하고 있다. 이 자리에서 남캘리포니아 한인들에 영향을 미치는 각종 이슈들이 제기되고 논의된다.

정치인들도 한인에 접근하기 위해 한인들을 보좌관으로 채용하는 경우가 많다. 미국은 주의원과 시의원까지도 많은 수의 보좌관을 채용할 수 있어 한인들이 상원의원, 하원의원, 주의원, 시의원 등의 보좌관으로 LA부근에서 30명 정도 일하고 있다. 이들끼리 한인보좌관회 Council of Korean Legislative Staffs가 조직되어 있어 서로 협조하고 한인

이슈에 대해 공동보조를 취하기도 한다. 이들은 한인사회에 와서 한인들의 의견을 수렴하여 의원들에게 전달하며 또한 한인사회에 정치인을 대신하여 인사를 하거나 선거운동을 하게 된다.

4) 시민권 및 유권자 등록운동

한인들은 갈수록 투표를 하지 않으면 정치에서 영향력을 확보하기 어렵다고 생각하고 있다. 따라서 한인시민단체들이 적극적으로 시민권 획득과 유권자등록과 선거참여를 독려하고 있다. 80년대에는 시민권에 대해 그렇게 관심이 없었지만 1992년 인종폭동 이후 점차 시민권을 따서 투표권을 행사해야 정치적 영향력을 확보할 수 있다는 의식이 확산되고 있다. 이왕 미국에서 살고 있다면 미국에서 영향력을 행사할 수 있어야 한다는 것이다.

1984년 UCLA 연구에 따르면 한인의 유권자 등록율은 13%에 불과하였지만(Brackman and Erie 2003: 232), 96년 선거에서는 한인들의 47%가 시민권자였고 그 중 53%가 유권자로 등록하고 시민권자의 36%가 실제 투표에 참여하여(Pei-te Lien 2001: 185) 투표참여율이 계속 높아지고 있다. 아직 LA에 한인의 유권자 등록자가 3만 여명에 불과하다. 이들이 블록으로 한 후보를 찍으면 시의원 선거 등에 상당한 영향력을 행사할 수 있다. 그래서 정치후보자들이 한인사회에 대해 어느 정도 관심을 표명한다. 하지만 표가 대개 나뉘어 한 후보자를 일방적으로 찍어주는 경우가 드물어, 선거에서 한인들의 발언권은 아직 약한 편이다.

아직 한인을 주요 기반으로 해서 정치에 성공하기는 힘들다. 단체들이 유권자등록과 정치인들에 대한 영향력에 관심이 많은 반면, 일반 한인들은 아직 정치에 관심을 가지기보다 돈을 잘 벌고 빨리 정착하는 것으로 만족하는 경향이 크다.

그렇지만 정치적 파워를 어떻게든 확보해야 발언권도 가질 수 있고 차별도 당하지 않을 것이라는 인식이 크게 확산되었다. 이에 따라 미국시민권자에게 유권자등록을 권장하는 노력이 크게 늘어나고 있다. 많은 단체들이 시민권자 등록을 대행해주고 또한 유권자 등록도 대행하여 보다 쉽게 시민권자가 되어 투표에 참여하도록 하고 있다. 한인회 등 대부분의 중요한 시민단체들이 유권자 등록운동에 참여하고 있고, 또한 별도로 한인정치력향상위원회가 형성되어 보다 적극적인 유권자 등록운동, 후보에게 민원사항 전달, 후보토론회, 후보와의 만남 등을 하고 있다. 또한 각각의 대형교회들에 유권자등록카드를 비치하고 신도들에게 유권자등록을 하여 투표를 하라고 독려하고 있다. 다양한 단체들이 코리아타운에서 집회를 통해 유권자등록을 널리 알리고 투표도 독려하고 있다. 각종 한인 모임들을 찾아다니며 유권자등록과 투표를 독려하고 있다. 한인사회 전체적으로도 다양한 1.5세나 2세 조직들이 유권자등록을 받는 활동을 하고 있다. 2005년도 LA 시장선거에서는 코리아타운 정치력 신장위원회에서 유력 후보 두 명을 초청하여 토론회를 성사시켰다. 주류 언론에서도 이를 크게 보도하여 LA에서 한인사회의 비중을 높이는 데 기여하였다. 시장에 당선된 후에는 자신의 선거운동을 열심히 해준 남가주한인노동연대의 13주년 기념행사에 참여하였다.

선거철에는 투표를 독려하지만 직접 투표자 수가 적어 아직 투표자 수에 의한 영향력이 적다. 또한 지역에서 아시아인들이나 한인들은 대체로 밀집하여 거주하기 보다는 교외지역에 분산하여 거주하는 경향이 높아 교외의 소수 지역을 제외하고는 지역 정치인에 대한 실질적인 영향력이 아직 미약한 편이다. 이렇게 분산되어 있기 때문에 각 지역에서 한인과 타인종과의 갈등이 나타나는 경우 갈등과정에서 정치적으로 약자인 한인이 불리한 경우가 자주 있다. 따라서 갈등이 생기면 정치력으로 해결하지 못하고, 차별을 당하고 견디든지 또는 법적투쟁(경찰, 검찰, 재판)을 벌이는 경향도 나타나고 있다.

5) 직접 출마하기

한인들은 한인들이 선거에 출마하도록 촉구하기도 하고 또는 정치인들이 한인을 보좌관으로 고용하도록 압력을 가하기도 한다. 한인들도 미국의 여러 도시에서 시의원이나 시장으로 선출된 적이 있다. 주의원, 주대법원장, 하원의원, 차관보까지 나왔다. 이들 의원이나 단체장은 대체로 아시아인들의 숫자가 턱없이 부족하므로 백인들의 지지에 의해 당선되는 경우가 많다. 따라서 선출직에 진출하는 한인들은 백인들의 성향을 대변하는 경우도 상당히 많다.

LA에서 중국계가 시의원에 당선된 적이 있고 시장선거에도 출마하였지만 떨어졌다. 한인도 LA 시의원에 출마하였지만 떨어졌다. 2005년 코리아타운을 포함하는 10지구에 게리 송이 출마하였고 한인을 아내로 두고 있는 세라노가 출마하였지만 흑인인 웨슨 후보에게 패했다. 10지구는 코리아타운뿐만 아니라 흑인지역인 Central LA를 포함하고 유권자에 흑인들이 더 많아 흑인이 계속 당선돼 오던 곳이다.

한인들이 LA 주변의 소도시에서 시의원이나 시장으로 당선되기도 했다. LA 남쪽에 있는 어바인에서는 2004년 선거에 5명의 시의원 중두 명의 한인이 당선되었다. 한 명은 공화당으로 당선되었으며 한인들과 밀접한 관계를 맺지 않은 후보로 주로 백인사회에서 활동하는 인사였다. 민주당의 후보는 백인회사를 다녔지만 한인사회에서도 적극적으로 활동하는 인사였다. 어바인의 인구는 17만5천명이며 이 중 아시아계는 1만9천 명이며 한인은 6천 명에 불과하다. 따라서 아시안인들을 주기반으로 해서 시의원에 당선되기 힘들다. 시의원이 5명에 불과하기 때문에 지역구도 크고 경쟁도 치열한 셈이다. 민주당 후보로 출마한 강석희 씨는 모든 집을 방문하기로 마음먹고 집집마다 방문하며 정책을 설명하는 선거운동을 벌였다. 결국 3분의1 정도를 방문하였다. 처음에는 인지도가 높지 않아 지지율이 낮았지만 집집을 찾아다니며 선거운동을 한 결과 지지율이 상당히 올라가서 결국 당선되었다. 이곳은 시가 내각제 형태로 운영되는 데, 민주당이 3명, 공화당이 2명 당선되어 시의원의 호선을 통해 민주당에서 시장과 부시장이 나왔고 한인 시의원이 부시장을 거쳐 시장이 되었다. 또한 공화당의 한인 또한 공화당의 한인 최석호 시의원도 시장을 역임하고 2018년도에는 주하원의원으로 출마하여 당선되었다. 하지만 2022년 선거에서 떨어졌다. 데이브 민은 2020년 캘리포니아 주상원의원으로 당선되었고 2024년에 연방하원의원에 도전할 예정이다. 2020년 플러튼 최초로 프레드 정이 시의원으로 당선되었고 시장을 겸임하고 있다. 부에나팍에서는 2018년 써니 박에 이어 2022년 조이스 안이 시의원에 당선되었다. 어바인에서 시장을 지낸 강석희 시의원은 1992년의 LA 인종폭동이 정치에 입문하는 계기가 되었다고 말했다. 강석희 씨는 이 때 한인가게가 집중적으로 약탈당하는 모습을 TV로 보고 큰 충격을 받았다. 한인이 힘이 부족하여 당하는 것이라고 생각하여 한인의 정치력을 기르는데 바로 참여하였다. 바로 민주당에 뛰어 들어 한인민주당 협회를 이끌고 캘리포니아 민주당 정책위원 등으로 일했다. 각종 민주당 모임을 주선하면서 주류 정치인과 가까워졌다. 2004년도 선거에 민주당원인 어바인 시장이 선거에 나오라고 했다. 많은 고민 끝에 시의원 선거에 출마하게 되었다. 2월부터 선거운동에 뛰어들어 하루 종일 가가호호 방문하였다. 처음 7명 중에서 꼴찌였지만 선거 2개월 전에는 인지도가 2~3위로 올랐다. 시장을 제외하고, 시의원 4명을 한꺼번에 뽑기 때문에 당선권이었다. 백인들이 표도 많이 얻었지만 아시아계들이 적극적으로 지원해주었다. 선거 운동하는 과정에서 아시아계 특히 한인들이 적극적으로 지원해주었다. LA 한인들이 선거자금을 모아 지원해주기도 했다. 그렇지만 대부분의 표는 백인들에게서 나온 것이다. 한인들이나 소수민족에 많은 신경을 쓰지만 재선을 위해 주류인 백인들에 대해 신경을 써야 한다. 따라서 소수민족 채용에 적극적이지만 어느 정도 백인들에게 납득할 수 있는 범위 내에서 한다. 어바인 역사상 소수민족이 시의원에 당선된 것은 처음이다. 그런데 2004년에 한인이 무려 두 명이나 당선되어 지금까지 어바인에서 중요한 정치인으로서의 활동을 이어오고 있다. 공약을 지키기 위해 시민과 긴밀하게 접촉하고 있다. 이 중 한명은 2012년 연방하원의원에 도전하였으나 실패하였고 2016년 주 상원의원에 도전하였으나 낙선하였다.

특히 LA시의원은 연봉 18만 달러에 연간 200만 달러의 의원실 운영비를 받아 많은 보좌진을 활용할 수 있고, 또한 조례나 정책에 막대한 영향을 미칠 수 있고 자기지역구의 행정에 절대적인 영향력을 가지고 있어 연방하원의원 못지않은 영향력을 가지고 있다. LA시의원은 15명인데 아시아계는 보통 1명 정도에 불과하다. 코리아타운에서 자란 데이비드 류가 2015년 한인으로서는 처음으로 시의원에 당선되었다. 지역구가 백인지역이기 때문에 백인 후보가 당선되고 한인인 데이비드 류의 당선은 힘들 것으로 봐서 대체로 낙선할 것이라고 생각했다. 그러나 상당수의 백인표를 얻고 한인표가 결집하면서 당선되었다. 한인들이 한명이라도 당선시키고자 적극적으로 후원도 하고 표도 찍었다. 데이비드 류의 시의원 당선은 시의원에 불과하지만 100년이 넘는 한인 이민사에 커다란 획을 긋는 사건이다. 그만큼의 정치력을 확보하는 것도 이제까지 매우 어려웠기 때문이다. 하지만 2020년 선거에서 인도계 후보에게 패배하였다.

2019년 8월 13일 LA 12지구 시의원 보궐선거에 나온 한인 2세 공화당 후보 존 이는 52%(1만6,724표)를 얻어 48%를 얻은 민주당 백인후보를 누르고 당선되었다. 12지구는 채츠워스, 그라나다힐스, 노스리지, 포터랜치, 웨스트힐스 등 LA시 북서부 지역으로 부유한 교외지역이며 부유한 한인들도 코리아타운을 형성하며 많이 거주하고 있다. LA시에서 가장 보수적이며 유일하게 공화당 시의원을 계속 지지하고 있는 곳이다. 존 리는 2024년 3선에 도전한다. 그는 "지역 내 경찰국에 추가 예산을 배치해 순찰력을 늘렸다"며 "그 결과 12지구는 LA에서 가장 범죄율이 낮은, 안전한 지역구를 유지하는데 큰 성과를 거뒀다"고 말했다(전예지 2023).

6) 주민의회

한인들이 주민들의 자치기구로 지역의 일에 많은 영향력을 행사할 수 있는 주민의회 선거에 나가는 경우가 많아졌다. 주민의회는 공공정책의 의사결정 과정에 참여하여 해당 안건에 대해 의견을 수렴하고 결정하여 시의 공공정책 의사결정에 자문을 제공한다. 이러한 의견수렴과 결정과정을 통하여 해당 지역과 관련된 대중의 참여를 촉진하고 로스앤젤레스 시가 지역적 필요에 더욱 민감히 고려하고 대응하도록 하는 역할을 한다. 따라서 해당 지역에 시정부가 어떠한 서비스나 정책을 어떻게 공급할 것인가에 많은 영향을 미친다.

특히 월셔센터-코리아타운 주민의회WCKNC에 많이 진출하여 주도권을 장악하였다. 로스앤젤레스에 존재하는 주민자치기구에서 유일하게 한인이 과반수를 장악한 곳이다. 주민의회 의원은 비영리 봉사직으로 선거를 통해 선출한다. 주민들만을 위한 조직이 아니라 상가 및 단체들도 동시에 참여할 수 있도록 되어 있다. 이에 따라 주민대표 6

명, 시민단체대표 9명, 상가대표 13명이 뽑혔다. 처음에는 한인들이 별다른 관심을 가지지 않았지만 한인언론에서 이를 문제화하자 한인회 등에서 적극 나서게 되었고 그래서 한인들이 대거 각 영역 대표로 출마하게 되었고 또한 한인들이 대거 투표에 참가하게 되었다.

월셔센터는 코리아타운 북쪽의 동네로 백인들이 많은 곳이고 코리아타운은 라티노와 한인이 주거주자이다. 라티노의 경우 불법체류자가 많고 유권자 등록을 별로 하지 않고 후보 지원도 별로 하지 않아 처음부터 출마하지 않았다. 한인들이 이지역의 사업체를 장악하고 있고 또한 가장 적극적인 시민단체들이 활성화되어 있어 이들 대표로도 적극 나서게 되었다. 주민대표로도 적극 나서게 되어 결국 2005년 총 33명의 이곳 의원 중 28명이 한인이고 5명이 백인이다. 이곳 주민의회를 한인이 장악하기 위한 한인회와 언론들의 적극적인 노력의 결과이다. 또한 사업체 한인주인들이 종업원인 라티노들을 동원하여 투표에 참여토록 하였다. 그 결과 이곳 주민의회 의원의 대다수를 한인으로 선출할 수 있었다. 코리아타운 서쪽에 있는 그레이터 월셔 주민의회에서는 31명 중 한인 1명을 제외하고 모두 백인들이 당선되었다. 이곳에서는 백인들이 지역의 보존과 개발을 놓고 의견이 갈라져 있는 상태이다. 이곳에서는 특히 오래된 거주자인 유태인은 보존을 원하고 있지만 오래 되지 않은 거주민들은 개발을 원하여 유태인 대 비유태백인의 대립구도를 보여주고 있다.

이러한 상황이 지금까지 이어져 2019년 4월 코리아타운 – 월셔센터 주민회의 선거에서는 총 26명 중 16명이 한인이 당선되었다. 주민대표 7명, 상인대표 7명, 기타 2명이 당선되었다. 한인회와 언론들이 적극적으로 주민의회 선거에의 참여를 독려하고 노력한 결과이다. 사업체 한인주인들이 종업원인 라티노들을 동원하여 투표에 참여토록 하였다. 주민의회 의장에는 LA한인회 이사인 스티브 배씨가 당선되었다. 수석

부의장에는 매튜 아그넬로 대의원이, 부의장에는 모하메도 이슬람드, 총무에는 제임스 안 대의원과 패트리샤 김 대의원, 재무에는 앤디 글랜 대의원이 각각 당선되었다(LA한국일보. 2019.4.5., 2019.5.15.). 한인이 과반을 넘어 주도하고 있지만 다양한 인종이 집행부를 구성하고 있다. 지금도 다른 지역 주민의회에 한인 드물게 당선되기는 하지만 소수에 불과하다. 예를 들어, 2019년 선거에서 코리아타운 인근 피코 유니온 주민의회에서는 한인이 의장 1명을 포함하여 2명만 당선되었다.

뉴욕시에서의 정치진출

뉴욕시의 인구는 2015년 기준으로 855만 명이며, 백인 274만 명으로 32%, 히스패닉 249만 명으로 29%, 흑인 189만 명으로 22%, 아시아계 124만 명으로 15%를 차지하고 있다. 뉴욕시에 거주하는 한인은 9만6천명으로 뉴욕시인구의 1.1%를 차지한다. 인구수가 워낙 적고 시민권자도 적고 투표에의 참여도 중국계 등보다 낮은 편이어서 한인들이 정치에 출마해도 매우 어려운 환경에 처해 있다. 뉴욕시에서 한인의 정치진출 노력은 뉴욕에서 한흑갈등이 심했던 1990년의 브루클린과 할렘의 한인상인 보이콧이 심하게 진행되면서 자극을 받아 나타났다. 이러한 갈등을 해소하기 위해 정치적 힘을 확보해야할 필요성을 절감했기 때문이다. 1991년 플러싱한인회장과 뉴욕한인 인권위원장 등으로 활동하던 변천수씨가 한흑갈등 해소를 위한 시민운동을 조직하여 9.18평화대회를 성공적으로 개최한 것을 계기로 직접 선거에 뛰어들게 되었다. 한인들이 많이 거주하는 플러싱, 뉴욕시 시의원 제20구 선거구에 출마하였지만 떨어졌다. 1990년대까지만 하더라도 아직 시민권을 받은 사람이 많지 않아 한인 유권자 수도 70여명에 불과하였고 또한 민주당 지역에서 공화당 후보로 출마하였기 때문에 표를 얻기가 매우 힘들었다. 당시 공화당 시장 후보 등의 지지를 받아 한인 후보의 존재감을 알렸다. 같은 지역에서 테렌스 박이 현역 시의원이 임기제한으로 출마할 수 없게 되자 민주당 예비선거에 출마하였지만 결국 중국계 후보에 패했다. 이후 민주당의 대의원과 지구당 대표를 역임하다가 2006년 뉴욕주 하원의원 선거에 출마하였으나 다시 중국계에 근소한 차이로 패했다. 표차이가 생각보다 많지 않아, 뉴욕의 한인들도 주류 정당에 진출하여 주류 정치 후보로 출마하여 승리할 수 있겠다는 자각을 확산시켰다.

2009년 공석이 된 플러싱 시의원 자리에 주지사 보좌관인 론 김, 존 리우의 보좌관인 존 최, 민권센터 회장 정승진이 민주당 예비선거에 출마하였고, 애커맨 연방하원의원 보좌관이며 맨해튼 커뮤니티 보드 위원인 케빈 김이 제19지구 시의원 민주당 예비선거에, 그리고 뉴욕니즈유 사무총장 김진해가 제1지구 민주당 예비선거에 출마하였다. 제19지구의 케빈 김이 아시안표를 결집하고 유태인 표를 얻어 백인 후보들을 물리쳐 민주당 후보가 되었다. 민주당 지역이라 당선이 무난하리라고 생각했지만 공화당의 백인 후보가 계속 무차별적인 인종 관련 네거티브 선거전을 감행하여 인종대결 양상으로 흘러가 아시아계의 수가 적고 이전까지 민주당을 찍던 이탈리아계와 아이리시계가 공화당 후보를 찍어 결국 낙선하였다. 제20선거구 예비선거에서는 결국 중국계 엔 초우에게 패했다. 차이나타운을 포함하는 제1선거구에서도 김해진이 뉴욕타임스와 데일리 뉴스 등 주류 일간지의 공식 지지를 받으며 주목받았으나 결국 중국계 후보에게 패했다. 2010년에는 민주당 지구당 대표로 한인들이 출마하여 당선되었다. 지구당이 해당 지역구의 당 예비선거 등을 관리하기 때문에 지구당 대표가 상당한 영향력을 가지고 있다. 이 당시 주하원의원으로 출마하려는 사람들이 여럿 있었지만 결국 포기했다(뉴욕 한국일보, 2011.6.9.).

론 김은 2012년 플러싱을 포함한 지역에서 주 하원의원으로 출마하여 인구가 한인보다 2배나 많은 중국계 공화당 후보를 물리치고 당선되었다. 플러싱이 민주당 아성이기 때문에 민주당 후보로 선출된 것이 승리의 가장 커다란 요인이었다. 론 김은 민주당 조직에서 일하면서 인맥을 넓혀 왔고 주지사의 퀸즈담당관으로 일하면서 정치를 배웠다. 예비선거에서 중국계가 여럿 나와 이길 수 있었고, 민주당(조셉 크라울라 연방하원의원 등)과 중국계 유력정치인(존 리우 뉴욕시 감사원장, 그레이스 맹 연방하원의원, 피터 구 시의원³))의 지지를 획득하여 중국계가 공화당 중국계 후보로 몰려가는 것을 막았고, 한인의 절대적인 지지까지 얻어 승리할 수 있었다. 플러싱의 주상원 16선거구에서는 한인 변호사 제이디 김 공화당 후보가 7선의 토비 앤 스타비스키 민주당 의원과 맞붙었으나 패했다. 플러싱 지역의 연방하원에 도전한 그레이스 맹(민주당)은 승리하여 연방의회에 입성하였다.⁴) 뉴욕주에서 연방의원에 당선된 최초의 아시안 아메리칸이다. 이제 플러싱 지역은 민주당이 강한 곳이고 인구도 아시아계가 많아 민주당 후보로서 이들의 지지를 결집하면 아시아계도 쉽게 당선될 수 있는 곳이다.

론 김은 2012년 민주당 후보로 주 하원의원에 도전하여 당선되었고 같은 해 한국계의 아내인 대만계 그레이스 맹이 플러싱 지역에서 연방 하원의원으로 당선되었다. 정승진은 2016년 뉴욕 주상원의원에 도전하였으나 실패하였다. 2016년 퀸즈에서 뉴욕주 하원의원에 재선으로 출마한 론 김은 70%의 득표율로 다시 당선되었고, 그레이스 맹도

---

3) 2012년 피터 구 시의원은 론 김의 선거대책본부장을 맡았다. 그러나 관계가 나빠져 2017년 선거에서 론 김의 아내가 피터 구 시의원과 맞붙었다.
4) 그레이스 맹의 남편이 한인 치과의사여서 뉴욕교포들이 그레이스 맹을 '한인들의 며느리'라고 부르기도 한다.

쉽게 다시 연방 하원의원으로 당선되었다. 맨해튼 민사법원 판사로 주디 김 변호사가 출마하였고, 뉴저지에서 시의원 및 교육위원으로 6명이 출마하였고 1명이 주 상원의원으로 출마하였다. 1.5세인 수전 신앙굴로(신소영·44) 뉴저지주 체리힐 시의원, 론 김(김태석·34) 뉴욕 주하원의원은 초중고 대학을 모두 미국에서 나왔다. 론 김은 "작은 채소가게를 하던 부모님은 외아들인 나에게 더 나은 기회를 제공하기 위해 휴가 한 번 없이 1년 365일 쉬지 않고 일했다"고 말했다. 그는 "(나중에야) 열심히 일하는 문화가 한국인 특유의 인내와 끈기, 투지의 역사적 산물이란 걸 깨닫게 됐다"고 말했다(동아일보 2015.1.3.).

2017년 11월 선거에서 뉴욕시의원 선거가 이루어졌다. 대체로 인구가 많은 히스패닉계와 흑인후보도 시의원으로 많이 당선되었다. 한인이 밀집하여 거주하는 플러싱 지역에서 한인 주하원의원의 아내가 시의회 예비 경선에 출마하였으나 중국계의 인구비율이 훨씬 높아 현역 중국계 시의원에게 패배했다. 이 중국계 시의원은 원래 공화당원이었는데 민주당으로 이적한 사람으로 보수적인 입장을 가지고 있다. 이둘의 경선은 주하원의원의 아내가 현역 중국계 시의원에 대한 비판을 적극적으로 하면서 여론의 관심도 높았고 경선도 매우 치열하게 이루어졌다. 한인 주하원의원은 뉴욕시의 민주당 아시아계 후보 여러 명(특히 차이나타운 지역 후보를 포함하여)을 연결하여 아시아계 연합전선을 펼치도록 하였다. 한인 주하원의원은 뉴욕시의 네일숍 규제를 강화하는 정책에 적극 반대하여 왔고 플러싱 지역의 중국계 시의원은 규제를 찬성하여 이들 사이의 갈등이 심한 상태였다.[5] 이러한 치열한 선거

---

5) 뉴욕시의 네일숍의 70% 이상을 한인들이 운영하고 있기 때문에 네일숍에 대한 규제는 한인에 직접 연결된 이슈로 간주된다. 한인 주하원의원(론 김)은 네일숍 주인인 한인들의 이해관계를 고려하여 규제강화를 강력하게 반대하고 있다.

과정의 결과로 퀸즈 민주당의 인사들이 화가 나서 한인 주하원의원을 대체할 인물을 찾으려고 노력하였지만 한인 주하원의원은 계속 당선되었다(뉴욕 중앙일보 2017.9.19.).

한인이 많이 거주하는 뉴욕시 제19선거구에서는 그동안 한인과 지속적인 관계를 맺어왔고 한인을 보좌진으로 채용하고 한인단체들과 긴밀한 관계를 유지하던 현역 중국계 시의원이 겨우 재당선되었다. 이 중국계 후보를 위하여 한인들은 적극적으로 후원금을 모았으며 또한 한인 단체장들과 함께 기자회견을 하여 한인의 표를 얻기 위하여 노력하였다. 이 중국계 후보는 지난 4년간 한인단체들이 뉴욕시의 예산을 받을 수 있도록 적극적으로 노력하였다. 한인사회를 주류사회에 연결해주는 역할을 해왔다. 중국계 시의원도 한인사회를 시에 적극적으로 연결시켜줬지만, 한인후보가 출마하자 한인들은 중국계후보보다 한인후보를 더 지지하게 되었다. 다른 한인은 뉴욕시 제2선거구(맨해튼 남동부로 서민주거지이고 백인이 과반수가 넘고 아시아계는 10여 %이다.)에서 시의원 민주당 경선에 출마하였지만 8.5%를 얻는데 그쳐 민주당 유력 정치인들과 진보진영의 지지를 얻은 히스패닉계 후보에게 패했다(뉴욕 중앙일보 2017.8.21., 2017.9.13.).

2021년 뉴욕시에서 처음으로 한인시의원이 탄생하였다. 한인들이 많이 사는 베이사이드를 포함한 퀸즈 동부에서 출마한 민주당 소속의 12년간 뉴욕한인봉사센터KCS을 이끌어 온 한인 2세 린다 이 회장은 해당 선거구에서 63%(1만 2,353표)의 득표율로 당선되었다. 그녀는 뉴욕시 시민참여위원회 위원, 커뮤니티 보드(주민대표 조직) 위원으로 활동해왔다. 그녀는 또한 "그동안 시의회에 한인 정치인이 없었기에 한인 사회는 예산 배정부터 어려운 문제에 직면했었다"며 "이제는 한인 시의원이 봉사하고 있어 예산을 타내는데 조금은 수월해질 것"이라고 말했다(왕길환 2022). 뉴욕시의 롱아일랜드시티·서니사이드·아스토리아 등 아시안·소수계가 다수이고 한인도 많이 사는 선거구에서 한인 1.5세인 민주당의 줄리 원 후보가 77%(1만 4,123표)를 득표해 당선되었다. 커뮤니티보드 위원, 한미 뉴욕 한인협회(KAAGNY)의 이사로 일해왔다.

미국 하원의원 진출

2018년 20년 만에 한인으로는 두 번째로 앤디 김이 하원의원에 진출하였다. 첫 번째로 진출했던 캘리포니아 다이아몬드바 시장을 역임했던 김창준은 1992년 한인으로서는 처음으로 연방 하원의원이 되어 임기를 세 번 하였고 1998년 네 번째 선거에서 패했다. 공화당에서 유일한 아시아계였지만 민주당 후보의 인종적 공격을 극복하기는 쉽지 않았다. 2018년 한인으로서 두 번째 연방 하원의원이 탄생하였다. 앤디 김은 뉴저지 3지구에서 민주당 후보로 1.1%의 차이로 당선되었다. 백인지역이기 때문에 공화당 백인후보가 인종적 함의를 지닌 공격을 강하게 하였다. 앤디 김은 민주당 오마바와 클린턴 전 대통령의 지지를 받았고, 또한 오마바와 클린턴 전 대통령이 직접 선거 현장에 나타나서 도와줬다. 앤디 김은 오바마 대통령 밑에서 백악관 국가안보회의에서 일을 해서 미 주류사회의 일원이다. 미국 전역에서 한인들의 후원을 받아 선거운동을 적극적으로 할 수 있었다. 캘리포니아에서 행해진 하원의원 선거에서도 영 김이 백인이었다면 아마 하원의원에 당선되었을 것이다. 공화당 우세지역임에도 불구하고 공화당 후보가 소수민족이고 민주당 후보가 백인이면 백인 공화당원들도 민주당 백인후보를 찍는 경우가 나타난다. 따라서 정책대결보다는 인종대결로 선거구도를 만들고 소수민족 후보를 이방인이거나 문제가 많은 사람인 것처럼 인신공격을 하는 경우가 많이 나타난다. 쉽게 떠날 수 있는 낯선 이방인이라는 이미지로 공격하는 경우가 많다. 그럼에도 불구하고 계속 도전을 하고 있다. 2018년 선거에서 앤디 김(뉴저지, 민주당), 아슬아슬하게 떨어진 영 김(캘리포니아, 공화당), 경선에서 2위로 떨어진 데이비드 김(조지아, 민주당), 검사출신인 펄 오(펜실베니아, 공화당), 하와이 주 상원의원인 도나 김(하와이, 민주당), 보스턴 시장 비서실장 출신인 댄 고(매세추세츠, 민주당) 등이 연방 하원의원에 도전하였으나 앤디 김을 제외하고는 모두 낙선되었다.

2018년 댄 고는 메사추세츠 3지구 민주당 예비선거에서 막판까지 여론조사 1위, 선거자금 모금 1위를 달리며 승리를 예상하였지만 145표차로 탈락했고 이를 통과했던 민주당 후보는 본선에서 하원의원에 당선되었다. 그러나 당선된 하원의원이 막판 2주 동안 막대한 불법선거자금을 써서 집중적으로 TV광고를 하면서 역전승을 한 것으로 보인다. 댄 고는 한국까지 널리 알려진 고광림/전혜성 부부의 아들과 레바논계 여의사가 결혼하여 낳은 아들이다. 필립스 아카데미, 하버드대와 동대학 경영대학원을 졸업한 후 허핑턴 포스트의 제너럴 매니저를 역임했고 마티 월시 보스턴 시장의 비서실장을 지내 미국에서도 최고의 엘리트 코스를 밟았고 2019년 현재 34살에 불과하여 전도가 유망하다. 현재 앤도버의 행정관을 맡고 있고, 보궐선거나 내년 선거에 재도전할 것으로 보인다.

2020년 하원의원 선거에서는 캘리포니아에서 2명, 워싱턴에서 1명, 뉴저지에서 1명이 당선되었다. 한인이 하원의원 출마하려는 지역에서는 대부분 한인의 인구수가 적기 때문에 한인이 아닌 표를 대거 흡수하지 않으면 당선되기 쉽지 않다. 미국식 선거가 인종적 함의도 강하게 가지고 있어 이를 넘어서기 위한 전략과 실천을 필요로 한다. 한인들은 이들을 위해 전국적으로 모금을 하고 투표등록과 투표를 적극 지원하고 있다. 보다 강력한 정치인을 배출해야 한인에 대한 차별에 대항하고 넘어서는 데 도움이 되기 때문이다. 이들은 2022년 하원의원 선거에서도 다시 당선되었다. 하지만 LA코리아타운을 포함한 캘리포니아 34선거구에서 출마한 데이비드 김은 약 3,020표 차이로 라티노 후보에 떨어졌다. 라티노가 65%를 차지하는 선거구라 4선의 라티노 후보에게 2020년 이어 두 번 연속 떨어졌다(김경애 2022).

영 김은 2014년에 한인 여성으로 처음으로 캘리포니아주 의회에 입성하였고, 2016년까지 주 의원을 지냈다. 에드 로이스가 1993년부터 연방하원의원을 해온 지역구에서 2018년 하원의원직을 은퇴하였고 로이스 하원의원을 보좌해왔던 영 김은 2018년 에드 로이스의 지역구에서 연방하원의원으로 출마하였으며 에드 로이스는 영 김을 지지하였다. 김 후보가 출마한 연방 하원 39지구는 오렌지카운티 북부, LA 카운티 동부, 샌버나디노 카운티 남서부 지역이다. 영 김은 한인의 권익을 신장하기 위해 자신을 적극 밀어줄 것을 호소하였고 한인신문에 출마를 널리 알리고 있고 한인들을 주대상으로 후원회를 개최하였다. 2018년 2월 3일에 코리아타운에서 개최된 후원회에는 한인회장, 상공회의소 회장 등 유력인사들이 대거 참가하였다. 영 김은 2018년 11월 6일 치뤄진 미국 하원의원 선거에 캘리포니아주 제39지구 하원 의원 공화당 후보로 출마하여 상대 후보인 민주당 길 시스네로스Gil Cisneros에게 4,000표 차이로 역전을 당해 낙선하였다. 영 김이 백인이었다면 2018년에 하원의원에 당선되었을 것이다. 2020년과 2022년 선거에서 영 김이 하원의원에 계속 당선되었다.

미셸 박 스틸은 2014년도에는 카운티의 수퍼바이저(집행관)에 당선되었다. 2020년 캘리포니아 오렌지카운티 48선거구에서 하원의원에 첫 출마하여 표차는 적었지만 현역을 물리치고 당선되었다. 워싱턴주 10선거구에서 한인 혼혈인 메릴린 스트리클런드가 출마하여 하원의원에 당선되었다. 2020년 뉴저지주의 앤디 김이 하원의원에 민주당으로 재선하였고, 캘리포니아 34선거구에 출마했던 민주당 데이비드 김 후보는 떨어져, 처음으로 한인 하원의원이 4명이 선출되었다. 조지아에서 민주당 경선에 출마했던 데이비드 김은 경선에서 져 본선에 가지 못했다. 2022년 하원의원 선거에서 4명이 모두 다시 당선되었다.

제12장 한인이 주류가 된 도시 – 뉴저지 팰리세이드파크

팰리세이드파크는 한인 최초로 한인이 시장과 의회를 장악한 소도시이다. 한인이 시장을 하는 경우는 뉴저지에서도 이미 있었고, 로스앤젤레스 부근의 어바인시 등 여러 곳에서 시장을 역임하였지만, 한인이 의회까지 주도한 경우는 없다. 캘리포니아에서는 시장을 직접 선출하지 않고 의회에서 뽑는 경우가 있다. 그래서 1992년 시의원인 김창준이 다이아몬드바시의 시장으로 취임했다. 한인으로서는 처음으로 시장에 취임한 사례이다. 직선으로 처음으로 시장에 당선된 예로는 2000년 하와이 박아일랜드에서 시장으로 당선된 한인 2세 해리 김이며, 본토에서는 2005년 뉴저지의 에디슨시에서 최준희가 처음으로 당선되었다. 하지만 재임 기간 지지를 제대로 확보하지 못해 다음 선거에서 탈락하였다. 선거에 출마하면 아시아계는 이민을 온 지 얼마 안 되는 이방인이라거나 해당 지역구에 계속 봉사하지 않고 떠날 것이라는 식의 인종차별적인 공격을 많이 받는다. 이러한 공격이 이루어지면 백인들이 당과 달리 투표하는 경우가 생겨서 아시아계가 지속적으로 선거에서 승리하는 것이 쉽지 않다.

한인들이 뉴욕으로 이민을 오면서 자녀가 자라자 자녀들의 학업을 위하여 점차 교외로 이사를 나가게 되었다. 뉴욕에서는 롱아일랜드와 뉴저지가 그러한 장소이다. 특히 뉴저지의 경우 작은 읍 단위로 나뉘어 자치를 하기 때문에 한인들이 밀집하게 되면 해당 지역구에서 정치적 힘을 발휘할 수 있게 된다. 그래서 뉴욕과 맞붙어 있고 한인들이 많이 사는 소도시에서 시의원, 교육위원 등에 한인들이 많이 출마하고 있다. 뉴욕권의 뉴저지에서는 작은 시들이 많고 한인들이 20% 넘게 차지하는 소도시들이 많이 있어 보다 쉽게 시의원 등에 진출할 수 있었다.

뉴저지의 의원들과 시장들

뉴욕에서 허드슨강을 건너면 바로 있는 뉴저지 버겐카운티의 팰리세이드파크에는 한인 인구가 만여 명으로 시인구의 50%를 넘으며, 유권자 중 한인 비율이 60%를 넘고, 상권도 95%가 한인 소유업체들이다. 북부 뉴저지의 한인들이 모이는 한인상권이어 인구에 비해서 상권이 매우 크다. 중심가의 상가들이 대부분 한인상점들로 채워져 있다. 인근지역인 레오니아에는 한인인구가 2,300여명으로 시인구의 26%, 리지필드에는 한인인구가 2,800여 명으로 26%, 포트리에서는 한인인구가 8천여 명으로 23%를 차지하고, 클로스터에는 한인인구가 1,700여명으로 21%, 잉글우드클립스에는 한인인구가 1,000여 명으로 20%를 차지하여 한인의 비중이 높은 지역이다, 현재 이들 지역에서는 한인 시의원들이 계속 배출되고 있다.[1]

2014년 뉴저지 5선거구에서 로이 조(당시 32살, 변호사, 한국명 조동휘)가 민주당 후보로 뉴저지 북부의 연방하원의원에 도전하였다. 민주당 예비선거에서는 90%의 득표로 경선을 통과하였다. 여론조사에서 현역

---

1) https://en.wikipedia.org/wiki/List_of_U.S._cities_with_significant_Korean-American_populations 2015년 기준.

인 공화당 스캇 가렛 후보 보다 앞서는 결과(조 46%, 가렛 36%)도 나온 적이 있어 당선 가능성이 있다는 평가가 나왔다. 조 후보에 정치자금을 지원하기 위한 한인후원회가 뉴욕/뉴저지에서 계속 열렸다. 2014년 6월 28일 한인 아름다운재단 이사장의 집에서 열린 후원회에는 뉴저지의 연방상원의원인 밥 메넨데즈도 참석하였고 선거기금으로 5천 달러를 기부했다. 뉴욕 퀸즈 한인지역인 플러싱의 연방 하원의원인 그레이스 맹(대만계, 남편은 한국계)도 참석하였다. 하루 전인 27일에는 맨해튼 로펌에서 후원회를 열었는데 뉴저지 연방하원의원인 프랭트 팰론이 참석하여 지지연설을 하였다. 6월 28일까지 가렛은 현역이라 이미 300만 달러를 모았고 조 후보는 60만 달러만 모았다. 결과적으로 로이 조는 6선의 공화당 하원의원의 벽을 넘지 못해 57% 대 41%의 큰 표 차로 떨어졌다. 하지만 선거에서 젊은 나이에 강렬한 인상을 남겨 앞으로 좋은 기회들이 있을 것으로 보인다(미주한국일보, 2016.11.5.).

뉴저지 포트 리 인근 도시에서 데니스 심 릿지필드 시의원, 피터 서 포트리 시의원, 대니얼 박 테너플라이 시의원이 활동하고 있다. 잉글우드 클립스에서도 민주당 글로리아 오, 엘렌 박, 그리고 공화당 박명근 시의원이 활동하고 있다. 위 도시들과 달리 한인이 거의 없는 저지 시티에서 윤여태가 시의원에 당선되었다. 2014년 로이 조가 연방하원의원에서 낙선하였으며, 2015년 주하원의원 선거에 임원규가 참여하였지만 역시 낙선하였다. 2017년 한인 후보 재니 정 클로스터 시의원이 뉴저지주 하원의원으로 출마하였지만 패배했다. 뉴저지의 작은 도시에서 여러 명이 시의원으로 계속 당선되어 일하고 있다. 2018년도 선거에서 잉글우드클립스에서 1명, 릿지필드에서 1명, 클로스터에서 1명, 레오니아 1명, 뉴몬트 1명, 오라델 1명 등이 시의원으로 당선되었다. 뉴저지의 2018 교육위원 선거에서 9명이 당선되었다(뉴욕한국일보, 2018.11.8.; 2019.1.17.).

2020년에도 뉴욕권의 뉴저지 지역에서 한인 시의원 5명이 당선되었다. 해링턴팍의 준 정(무소속) 시의원은 연임에 성공해 4선이 되었다. 잉글우드클립스 시의원 선거에서는 박명근(공화)이 당선되어 재선이 되었다. 팰리세이드파크 시의원에서는 박재관(민주)이 당선되었다. 포트리에서는 폴 윤(민주)이 재선했다. 노우드선거에서 김봉준(공화)이 시의원에 당선되었다. 노우드에 거주하는 한인유권자들이 대거 투표에 참석하였다. 그결과 김 당선자는 "노우드 역사상 가장 많은 표를 받고 당선된 시의원이 됐다. 노우드의 한인 유권자들이 똘똘 뭉친 결과"라며 "한인들이 지역사회에 더 많이 진출할 수 있도록 역할을 할 것"이라고 했다(서한서 2020). 2021년 선거에서도 뉴저지에서 5명의 시의원이 당선되었다. 팰리세이드파크 시의원 선거에서는 2명을 뽑는데 2명 다 한인이 당선되었다. 팰리세이드파크 교육위원 선거에서도 한인이 1, 2, 3위를 휩쓸어 당선되었다. 2022년 선서에서도 포트리, 테너플라이, 팰리세이드파크, 잉글우드클립스에서 시의원에 당선되어 4명이 당선되었으며, 교육위원에 11명이 당선되었다. 특히 팰리세이드파크 시의원 선거에서 한인이 1위로 당선되었다. 공화당 후보로 나왔던 한인 2명이 모두 3, 4위로 떨어졌다.

2020년 백인을 남편으로 둔 한인 1.5세 수잔 신 앵굴로가 한인여성으로서 처음으로 뉴저지 체리힐에서 시장에 당선되었다. 뉴저지주 남부에 있는 캠든카운티 체리힐시는 인구 7만1000명의 도시로서 아시아계가 7천여 명 그중 한인이 4천여 명이어 백인이 대다수를 차지하고 있다. 앵굴로는 2009년 체리힐 시의원에 당선되었고 2015년부터는 카운티의원으로 선출되어 활동하고 있다가 현직 시장이 물러나자 카운티 민주당위원회의 추천으로 시장에 출마하여 당선되었다. 그러나 2023년 민주당위원회가 시의장을 시장으로 공천하자 재선을 포기하였다. 최준희 에디슨 시장도 임기 1번 만에 예비선거에 패해 재선에 도전하지 못했고, 크리스 정 팰리세이드 시장도 예비선거에 패해 재선에 도전하지 못했다(뉴욕 한국일보, 2023.3.13.). 이러한 상황은 아직 한인들의 정치적 뿌리가 매우 취약한 상황임을 보여주고 있다.

팰리세이드파크의 한인 차별

2018년 뉴저지의 팰리세이드파크의 인구는 총 2만 8백 명인데 한인이 만여 명 거주하여 시인구의 51%를 차지하며 한인이 최대 민족이 되었다. 타 인종의 경우 백인이 21.1%, 라티노가 18.5%, 흑인이 2%를 차지하고, 외국 태생이 63.6%나 차지하였다. 소수인종이나 이민자가 압도적으로 많은 도시임에도 불구하고(미국 인구센서스 자료), 그동안 계속 백인이 시장을 차지하여왔다. 시의원은 소수민족에서도 계속 배출하여 왔지만 정치권력에서는 비주류였다. 이러한 상황이 2018년 바뀌어 이제까지 백인이 해왔던 시장직을 한인이 차지하게 되었고, 시의회에서도 반절을 차지하게 되었다. 이러한 변화가 무엇을 의미하는지를 이해하기 위하여 먼저 한인의 이주 과정에서의 차별을 살펴보자.

한인이 1990년대부터 팰리세이드파크에 정착을 시작하면서 기존의 주민이었던 백인들로부터 여러 가지 차별을 받았다. 2010년에도 이미 한인이 인구의 절반에 가까운 상태였지만 그동안 한인은 시의회에서도 소수파이고 시장도 항시 백인이 차지하였다. 1990년대 백인들이 주요 거주자들이었고 한인들은 동화되기보다 자신의 상권으로 독자적인 공간을 구축했다. 1996년 한인자영업소가 200개에 이르러 상가를 장악하기 시작하였다. 이에 대응하여 시정부는 조닝(도시계획)을 변경하고, 이발소 등의 영업을 일요일에는 못하게 하는 조례를 만들었다. 한인상공회의소는 조례 폐지를 요구하고 소송을 걸어 시에 조례를 고쳐

달라고 하였다. 백인 시장이 주도해온 영업시간 제한 조치에 대해 조너선 해리스 판사는 "팰리세이드파크 상권의 95%를 차지하는 한인 상가의 영업시간을 제한한 것은 한인의 성공적인 삶을 질투하고 시기한 때문"이라고 지적했다(미주동아일보 2002.12.30.).

1999년에는 한인 상점, 술집, 노래방, 식당 등이 번창하자 시끄럽다며 이들의 영업시간을 새벽 3시까지로 제한하였다. 유흥업소 고객들이 새벽녘까지 술을 마시고 고성방가 등의 소란을 일으켜 주민들의 불편을 야기하고 각종 치안 문제를 야기한다는 것이었다. "돈은 우리 마을에서 벌고 마을의 발전을 위해서는 아무것도 하지 않는 얄미운 한국인"이라는 인식이 백인들 사이에 있었다. 이 문제로 한인상공회의소측과 시청 관계자들이 모임을 갖는 자리에서 시장이 한인들을 향해 "가운데 손가락"을 보여줬다. 한인상공회의소 회장 가게 유리창에 "한국으로 돌아가라Go Home"는 낙서가 발견되었다. 이런 모욕은 계속 되었었지만 참고 지냈는데 더 이상은 안 되겠다고 생각하여 1999년 11월 23일 팰리세이드파크 시정부가 팰리세이드파크 점포들의 영업시간을 규제할 때 한인상인들을 차별하고 있다며 한인 약 1천5백 명이 시위를 벌였다. 주차미터시간, 주차과잉단속, 간판 규제, 한인경찰 채용 요구 묵살, 공청회에서 공개적으로 한인매도가 지속되어 한인 언론에 보도되면서 힘을 보여주어야 한다는 여론이 높아져 플러싱, 맨해튼 등지에서 단체로 버스를 타고 왔고 뉴저지의 대학생들이 대거 참석하여 2시간 동안 시위를 하였다. 인종차별이라는 폭발적인 이슈로 대규모 시위가 이루어지자 주류언론들이 적극 보도하였다.

이러한 상황에서 적극적으로 유권자 등록을 통해 한인투표자 수를 대폭 늘려 정치인을 배출하려는 노력이 지속되었다. 팰리세이드파크에서 교육위원이었던 제이슨 김이 2004년 시의원으로 출마하여 동부지역 최초로 한인 시의원으로 당선되었다. 이곳에 한인 인구수가 계속 증가하면서 제이슨 김은 2011년부터 부시장직을 수행하여 지역의 한인들에게 도움이 되는 행정을 많이 하였다. 시장 출마문제로 로툰도 시장과 갈등을 빚어 2015년 부시장에서 해임되었다. 2009년 펠리세이드파크에서 이종철이 시의원으로 추가로 당선되어 부시장을 역임하였고, 1.5세인 크리스 정은 시의원에 당선되어 시의장직을 수행하였다. 이러한 노력을 통하여 2010년에는 시의원 두 명, 교육위원, 조정위원, 헬스 보드, 도서관, 경찰관 등 15명 정도가 시정부에 진출했다.

2011년 6월 8일 뉴저지 팰리세이드파크 고교에 재학 중인 한인 학생이 교내에서 사소하게 서로 주먹이 오갔는데 학교는 두 명 모두에게 잘못했다며 정학 처분을 했는데 백인 학생 부모가 형사고소를 해서 검찰이 결국 기소하게 되었다. 인종차별적인 처벌에 의심되어 한인 변호사들이 적극적으로 무료 변론에 나섰다. 가해자로 몰려 경찰로부터 일방적인 조사를 받고 검사가 기소하였는데 휴즈 변호사는 "만약 검사가 다른 케이스였다면 이렇게까지 진행했을까"라며 의문을 제기했다. 소수민족이어서 기소되었을 것이라는 의미다. 재판과정을 지켜본 한인들은 인종차별 때문에 형사재판까지 오게 되었다고 생각했다. 재판에 참여한 학생은 "만약 안 군이 유태인이거나 다른 민족이었다면 이런 일을 당했겠느냐"며 "이번 사건은 안 군만의 문제가 아니라 앞으로 미국사회에서 살아가야 할 전체 한인 학생들의 문제"라고 했다(오마이뉴스 2011.8.14.).

정덕성 레오니아 시의원은 2015년 11월 1일 팰리세이드파크에서 도로로 차를 달리던 중 백인 여성이 자신의 집에서 차를 빼면서 도로를 주행하는 정의원의 차를 보지 못하고 계속 후진을 하려 해 경적을 울렸더니 백인 여성이 내려 거칠게 항의해 상황을 설명하려 차에서 내려서 그쪽으로 가니 맞은편 주택에서 있던 백인 남성이 폭언을 했다.

"1일 오후 3시쯤 팰리세이드파크 이스트 홈스테드애비뉴 주택가에서 30대 후반~40대 초반으로 보이는 백인 남성 주민으로부터 욕설과 함께 '한인들은 너희 나라로 돌아가라Koreans, go back to Korea', '너희 한인들은 운전할 줄 모른다You, Korean can not drive' 등의 인종차별적 폭언을 10여 분간 들었다(NY중앙일보, 2015.11.3.)." 폭언을 멈추지 않아 녹음해서 경찰조사를 요청했다.

2018년 6월 12일 팰리세이드파크(팰팍) 타운홀에서 한인 비하 차별에 항의하는 대규모 시위가 펼쳐졌다. 10일 오후 3시 팰팍 타운홀에서 시작된 시위에는 한인 등 500여 명이 모여 '인종차별 반대 및 재발 방지책 마련'을 강하게 요구했다. 이날 시위는 6일 제임스 로툰도 팰팍 시장의 어머니가 페이스북에 "팰팍은 지옥이나 가라," "빌어먹을 한인들이 이 타운을 가져간다"는 등 한인을 비하하는 내용의 글을 올리면서 촉발됐다. 시장 모친의 한인 비하 글에 로툰도 시장의 친척과 팰리세이드파크 타운정부에서 일하는 공무원 등도 동조한 것으로 드러나 인종차별의식이 개인의 실수가 아니라 상당히 광범위하게 퍼져 있다는 것을 보여준다. 7일 로툰도 시장이 사과 성명을 발표했으나 그 이상의 해결 노력을 보이지 않았다. 공무원도 인종차별적인 글에 동조했음에도 행정부를 이끄는 로툰도 시장은 침묵하고 있다. 한인 시위대는 "인종차별이 없어야 한다"는 등의 내용이 적힌 피켓을 들고 중심가인 브로드애비뉴 일대를 행진했다(NY중앙일보 2018.6.12.).

이러한 차별을 없애기 위해서는 한인을 시정부로 많이 보내야 한다고 생각하여 시민단체에서는 2000년대 이후 지속적으로 유권자 등록 운동을 해왔다. 한미연합회(KAC) 4·29센터 존 유 소장(41)도 "불이익을 당하지 않으려면 권리를 행사하는 수밖에 없다"며 "한인이 뒤늦게나마 미국에서 사는 법을 체득하기 시작했다"고 분석했다(미주동아일보, 2009.9.19.). 이러한 차별을 극복하고 한인을 당선시키기 위하여 팰팍한인유권자협회는 한인 가정 2,000세대를 일일이 방문하며 유권자 등록과 투표참여 독려운동을 펼쳤다(뉴욕일보, 2018.6.2.). 시민참여센터와 민권센터도 적극 투표를 독려해오고 있다. 시민참여센터의 김동찬 대표는 "미국사회에서 '소수계'라는 평가는 전체 인구수가 적어서 그렇게 불린다기 보다 투표자가 적기 때문에 그렇게 불리는 것이다. 우리의 투표참여가 곧 우리의 힘을 키울 수 있는 길이다. 오늘 모두 투표에 나서자"고 말했다(뉴욕일보 2018.11.7.).

한인차별철폐운동과 시정부 장악

펠리세이드파크에서 교육위원이었던 제이슨 김이 2004년 출마하여 동부 지역의 최초로 한인 시의원으로 당선되었다. 이곳에 한인 인구수가 계속 증가하면서 제이슨 김은 2011년부터 부시장직을 수행하여 지역의 한인들에게 도움이 되는 행정을 많이 하였다. 시장에 도전하였으나 민주당 백인주류에 밀려 낙선하였다. 2009년 펠리세이드파크에서 이종철이 시의원으로 당선되어 부시장으로 일하였고, 크리스 정은 시의장직을 수행하고 있었다.

한인의 인구가 총인구의 반절이 넘는 펠리세이드파크(팰팍)에서는 2018년에서야 선거에서 한인이 시장으로 당선되었다. 이 당시 민주당 등록 유권자가 총 3,104명으로 이 중 1,423명이 한인이었다. 한인 무당적 유권자도 1937명이나 되어 이들이 적극 참여하면 한인후보가 이길 수 있는 것으로 예측되었다(뉴욕일보 2018.6.2.). 2018년 6월 실시된 펠리세이드파크 시장 민주당 예비선거에서 1,113표를 받아, 1,105표를 받은 제임스 로툰도 현시장을 8표 차이로 누르고 이겼다(뉴욕일보 2018.6.12.). 펠리세이드파크에서 한인이 총인구의 절반을 넘긴지 10년

이 되도록 백인기득권이 정치를 장악하고 있었는데 이를 겨우 넘어섰다고 볼 수 있다. 본선투표에서는 쉽게 공화당 후보를 이겨 시장에 당선되었다. 시의원도 6명 중 3명을 차지하게 되었고 교육위원은 9명 중 7명을 차지하여 시정부를 한인이 장악하게 되었다. 2018년 11월 선거에서 팰팍 시장에 당선된 정 시장이 타운홀 미팅 형식의 주민들과의 간담회를 여는 등 시정 현안문제에 대해 주도적으로 이끌었다. 팰팍 타운은 ▶ 세금 인상 ▶ 공립학교 노후화와 과밀학급 해결 등 교육 수준 제고 ▶ 5,600만 달러 학교 개보수 예산 관련 주민투표 ▶ 시급한 상권 활성화 대책 ▶ 주차문제 해결 ▶ 법규를 지키지 않는 듀플렉스 건설 인허가 등을 놓고 시정부와 업소 경영자들, 노년층과 학부모, 학군과 주민단체, 건축 인허가 부서와 주택소유자들 사이의 갈등구조가 심화되고 있어 한인 시장이 이를 어떻게 해결해나갈지 시민들이 주목하고 있다. 팰팍의 스테파니 장 교육위원은 "지난 2007년에 학생수가 1,000명 정도였을 때 예산이 1700만 달러 정도였는데 현재는 학생수가 1,850명 정도인데 전체 예산이 2,400만 달러라는 것은 정말 심각한 이야기"라며 "학교 예산 부족으로 교사들과 학생들에게 좋은 교육환경을 제공하지 못해 교육위원으로서 정말 미안한 마음이 들 정도"라고 말했다(뉴욕 중앙일보, 2019.5.8.).

한번 백인기득권이 무너지고 한인주도권이 성립되니 한인이 인구수를 바탕으로 시정을 계속 주도할 수 있게 되었다. 2022년 예비선거에서는 크리스 정 시장이 폴 김 시의원에게 패배하였다. 결선에서는 시의원 출신의 폴 김 민주당 후보와 교육위원과 시의원을 역임한 스테파니 장 공화당 후보가 붙었다. 민주당과 공화당 후보 모두 한인이 되어서 시장대결을 벌이는 것은 미국에서 처음 있는 일이다. 결국 폴 김이 당선되었고, 그는 "이번 승리는 주민들이 젊고 새로운 리더십을 원한 결과로, 모든 힘을 다해 팰팍을 더욱 안전하고 살기 좋은 타운으로 만드는데 헌신할 것을 약속드린다"고 했다(뉴욕일보, 2022.11.10.).

뉴저지 팰리세이드파크의 한인유권자위원회는 조그만 도시에서 밀도 있게 활동하여 한인유권자 수와 한인의 투표수를 대폭 늘려 팰리세이드파크의 시의회와 시정부를 결국 한인들이 주도할 수 있게 만들었다. 2012년 실시된 대선과 본선거 당시 팰팍 내 전체 유권자 3,228명 중 한인 투표자는 1,065명, 팰팍 전체 유권자 대비 투표율은 32.99%에 불과했다. 그러나 팰팍에 한인유권자위원회(회장 권혁만)가 구성되고 활동한 이후인 2016년 대선과 본선거에서 전체 유권자 4,673명 중 한인유권자 1,988명이 투표에 참여하여 투표율 42.54%를 나타냈다. 한인의 투표자가 대폭 늘어나면서 한인 시의원이 시의회의 과반수를 차지할 수 있게 되었다. 박명근 시의원은 "이민자사회인 미국에서 정치력, 참여 없는 주민은 차별받기 마련이다. 팰팍 유권자협의회를 중심으로 한인들의 자발적인 행정참여가 타운을 변화시키고 있어 기쁘다. 이 운동이 이웃 타운으로 번지기를 바란다"고 말했다. 한인단체들은 이러한 흐름을 다른 타운으로 확산시키기 위하여 노력하고 있다(뉴욕일보, 2017.3.9.).

뉴욕시 인근 뉴저지 지역에서 이렇게 한인유권자의 비율이 높아지자 한인의 후보 출마가 계속되고 있고 타인종의 후보들도 한인커뮤니티의 지지를 얻기 위해 적극적으로 노력하고 있다. 인근지역에서도 한인들의 비율이 높아지며 영향력이 커지고 있다. 인근지역인 잉글우드클립스에서는 한인이 인구의 20% 정도를 차지한다. 아시아계 전체는 총인구의 40%를 차지한다. 이러한 인구를 바탕으로 시의회에 글로리아 오, 엘렌 박, 지미 송 시의원 등 3명의 한인민주당 정치인이 진출하였다.

2017년 12월 15일. 시민참여센터와 뉴저지 한인회를 비롯 총 21개의 뉴저지 한인단체는 성명서를 통해 버겐 아카데미 교사가 "I hate

Koreans"라고 발언한 사건에 대한 입장을 발표했다. 해당 학군은, 한인사회가 지난 11월 29일 성명서를 통해 발표한 요구 사항의 대부분을 받아들였으며, 해당 교사의 파직 요구는 수용하지 않았다. 그는 학군내 다른 보직으로 전보되었다. 시민참여센터 김동찬 대표는 "인사조치를 떠나서, 학군이 아직까지도 이 사건을 인종차별로 인정하지 않는다는 것이 가장 근본적인 문제"라고 밝혔다. 시민참여센터는 버겐카운티장 제임스 테데스코 등 카운티 정부 관계자와 해당 사건에 대한 면담을 하여 카운티 정부와 다음의 합의에 도달했다. (1) 한인사회가 요구한 '문화적 편견과 민감성 훈련'의 준비 단계부터 한인사회의 참여를 통해 해당 훈련을 진행 (2) 한인사회와 카운티 정부가 해당 사건 관련 정책을 공동 수정하여 유사 사건이 재발할 경우, 보다 나은 대처방안 수립 (3) 한인사회의 요구에 따라, 카운티정부가 해당학군의 사건 처리 여부를 재조사 고려 (4) 한인사회의 요구에 따라, 카운티정부가 해당 교사를 버겐카운티 내의 교단에서 파면할 수 있는지 여부를 검토할 것(KACE 시민참여센터, 홈페이지 2017.12.15. 성명서).

위와 같은 인종차별에 항의하는 시민운동은 팰리세이드파크에 사는 한인들을 적극적으로 선거에 참여하도록 하는 자극제가 되었다. 시민참여센터 등의 적극적인 유권자 등록 운동을 펼쳤고, 한인에 대한 혐오 발언 사건으로 한인들이 적극적으로 투표에 참석하게 되었다. 이러한 과정에서 이곳의 가장 주도적으로 인종차별 항의를 하고 유권자 등록 운동을 해온 한인시민단체 시민참여센터는 투표의 방향까지 자세히 안내해 한인들의 정치의식을 크게 높이고 있다. "한인 입장에서 누가 진정한 정치인인가?, 누구를 찍을 것인가?"라는 질문에 ▶ 누가 얼마나 자주 한인사회에 찾아와서 자신의 공약을 설명했는가? ▶ 평소 한인들을 위한 활동을 했는가? ▶ 한인들은 이민자이고, 소수계인데 이와 관련된 공약을 제대로 내놓고 있는지를 잘 보고 투표하면 된다고 조언했다(송의용, 2021). 이 이후에 이어지는 선거에서 한인후보들이 압도적인 비율로 당선되기 시작하였다. 2020년에는 팰리세이드파크 시의원에서는 박재관(민주)이 당선되어 팰팍 시의회의 총 6석 가운데 한인이 4석을 차지하게 됐다. 2021년 선거에서 시의원 선거에서도 2명을 뽑는데 2명 다 한인이 당선되었다. 팰리세이드파크에서는 시의원 임기가 3년이고 매년 2명씩을 뽑아 총 6명이 정원이다. 팰리세이드파크 교육위원 선거에서도 한인이 1, 2, 3위를 휩쓸어 3명을 모두 차지하며 당선되었다. 팰리세이드파크는 미국에서 시장과 시의회를 모두 한인이 장악한 유일한 도시가 되었다.

뉴저지의 뉴욕인근에서 시의회에 계속 진출하고 있으나 주의원에 진출하는 것은 아직도 매우 어렵다. 뉴저지의 주상원 40명, 주하원 80명 중 아시아계는 단 2명에 불과하다. 뉴저지 인구 중 아시아계의 비율이 9.8%이지만 주의회의 아시아계 비율은 1.6%에 그치고 있다. 그 결과 한인사회의 요구사항은 주의회에서 거의 고려되지 못하고 있다. 따라서 아직 정치적으로 약자이어서 한인들과 관련된 이슈를 한인에게 유리하게 만들기 어려운 상황이다.

한인들은 대체로 선거에서 민주당 후보로 나오는 경우가 많다. 트럼프 대통령 취임 후 한인들의 민주당 지지율은 계속 높아졌다. 아시아계의 민주당 지지도가 2014년에는 49%였지만 2018년에는 77%까지 증가했다. 한인 유권자의 경우 60%가 민주당을 지지, 공화당(26%)을 압도하고 있다. 아시아계 유권자들의 높은 민주당 지지율은 도널드 트럼프에 대한 반감과 관련되어 있다. 설문참여자 중 '트럼프 정부에 만족하는가'에 대한 질문에 58%가 '반대한다'고 답했고, 36%가 '찬성한다', 4%가 '모른다'고 답했다. 한인의 경우 66%가 반대, 32%가 찬성, 2%가 모른다고 답해 트럼프에 대한 반대한다는 응답비율이 일본계(72%), 중국계(70%), 인도계(66%)에 이어 가장 강하게 나타나 트럼프에 대한 반대가 계속 높아지고 있다(AAPI, 2018). 결국 2020년 대통령 선거에서 트럼프가 바이든에 패배하였다. 한인의 이러한 민주당지지나 민주당으로의 출마경향은 뉴욕 근교지역인 뉴저지에서 잘 나타나고 있다.

제4부

결론

제13장 한국인에서 아시아계 미국인으로

    미국은 이민자와 그 후손으로 구성된 국가이다. 원주민인 인디언들은 학살당하고 배제당하면서 인구수도 크게 감소하였고 미국사회에 대한 영향력도 완전히 상실하였기 때문이다. 영국이 미주대륙에 식민사회를 건설하고 영국이민자를 중심으로 하는 세력이 1776년 독립을 하면서 백인이 주도하는 사회가 형성되었다. 1965년 미국으로의 이민이 개방되면서 한국인의 미국으로의 이민이 크게 증가하여 이들이 미국 한인사회의 중심이 되었고, 이제 한인사회의 중심이 2세로 넘어가고 있는 중이다. 이러한 2세로의 변화과정은 동시에 한국인이 한국계 미국인으로 동시에 아시아계 미국인으로 바뀌는 과정이기도 하다. 한국에서 태어난 1세들이 한국인이라는 정체성을 강하게 가지고 있었다면, 미국에서 태어난 2세들은 한국계 미국인으로 동시에 아시아계 미국인의 정체성을 가지고 있다. 언어도 1세들은 한국어를 훨씬 편하게 생각하지만 2세들은 영어를 훨씬 편하게 생각한다.

    이러한 변화들은 그동안 수많은 미국으로의 이민들이 겪어왔던 과정과 유사하다. 물론 노예로 끌려와서 살다가 해방되었지만 지속적으로 차별을 받아왔던 흑인들의 과정과는 크게 다르지만, 1965년 이전 미국으로의 이민을 주도했던 유럽인들의 미국에서의 정착 과정 그리고 1965년 이후 비백인들의 이민이 급증하면서 나타난 정착 과정에서도 이민 2세들은 본국보다 미국사회의 일원으로서의 의식을 강하게 가지고 있다. 이 책에서는 한인들에게서는 이러한 과정이 구체적으로 어떻게 나타나는지 살펴보고자 했다.

한인들의 이민 정착 과정에서 두드러지게 나타나는 특징은 다음과 같다. 첫째, 미국으로 이민을 오게 된 한인 1세들이 압도적으로 상업에 종사하게 되었다는 점이다. 그래서 한때 미국에서 한인은 자영업을 하는 민족으로 인식되었고 한인 스스로의 인식이나 미국 대중의 인식이나 대중문화에까지 이를 반영하고 있다. 한인들은 다른 민족보다 더 열심히 일하는 민족이라거나 모범소수민족이라거나 공적 기여보다 이익을 쫓는 민족이라는 인식들이 이를 반영하고 있다. 둘째, 그러나 2세로의 전환으로 한인의 상업에의 종사를 크게 낮추고 있다. 이는 1세 한인의 상업종사가 자본이 없는 소수민족 이민자로서 미국사회에 적응하면서 일시적으로 나타난 특징임을 보여준다. 2세는 1세와 전혀 다른 맥락에서 미국에서 살게 되면서 상업보다는 주류사회의 직장에 취직하는 길을 선택하였다. 셋째, 이러한 과정은 동시에 한인이 비백인 소수민족으로 인종차별을 당하면서 나타난 과정이다. 이러한 인종차별을 극복하고 미국사회에서의 발언권을 확보하기 위해 시민단체들의 민권과 한인 이익을 보호하기 위한 치열한 노력들이 강화되고 있고 동시에 정치적 발언권을 확보하기 위한 정치인들과의 유대강화, 선거에의 직접 출마, 그리고 유권자 등록운동이 강화되고 있다.

한인1세에서 2세로의 변화와 한인의 성격변화

1900년대 초기의 하와이로의 이민은 그 숫자가 미미하였고, 1965년에 미국이 이민 문호를 개방하자 1970년대부터 1980년대 말까지 매년

3만 명 정도씩 미국으로 이민을 가서 이들은 재미한인 1세대로 미국에 한인사회를 구축하였다. 의료계 등 전문직으로 이민을 온 사람들이 아닌 이상 영어도 제대로 못 하는 상태에서, 하지만 폭동과 범죄 불안으로 주류 백인들이 잘 진출하지 않는, 동시에 적은 자본으로 돈을 벌 수 있는 빈민촌 상업으로 진출하게 되었다. 민족적 네트워크를 통하여 1980년대 초 한인들의 흑인 빈민촌 상업에로의 진출은 아주 빠른 속도로 진행되었다. 이들은 끈끈한 가족 유대와 민족 유대를 바탕으로 초기자본이 적게 드는 빈민촌 상업에 진출하여 장시간 가족노동을 통해 인건비를 크게 절감하고 민족적 네트워크를 통한 상업자본 마련 및 물품구매의 확대를 통하여 빠르게 값싼 물품을 확보할 수 있어서 빈민촌 상업에서 타민족을 압도하며 한인에 대표적인 이미지가 흑인 동네에서 가게를 하는 모습이 되었다. 미국의 뉴스나 영화 등은 한인을 가장 대표적인 자영업민족으로 묘사하였다.

하지만 미국사회를 제대로 이해하지 못하고, 영어를 제대로 할 줄도 모르는 상황에서 빠르게 이윤을 창출하려는 노력은 빈민촌 주민인 흑인의 반발을 불러일으켰다. 1980년대 말부터 미국 대도시 빈민촌에서 한흑갈등이 폭발적으로 확산되었다. 흑인 빈민촌에서 외부인들이 상업을 장악하고 이들 상가가 폭동의 대상이 되고 불태워지는 일은 미국사회에서 한인이 진출하기 전부터 자주 반복되었던 일이다. 외부 상인들은 흑인들을 차별하고 동시에 흑인들의 절도와 범죄에 노출되어 있다. 흑인들은 자신들을 차별하면서 자신들로부터 돈을 벌어가는 사람들을 자신들을 착취하는 사람들로 생각한다. 1980년대 90년대 흑인들의 한인상인에 대한 시위나 반발이 지속적으로 나타났다. 가장 상징적인 사건은 1992년에 나타난 LA의 4.29폭동이다. 한인 상점 2,280여 개가 불타거나 피해 입어 피해액이 4억 달러에 이른 것으로 추산된다.

이러한 한흑갈등은 미국사회 전반에서 나타나는 흑인에 대한 심한

인종차별과 연결되어 있다. 한흑갈등은 단순히 한인과 흑인의 갈등이 아니라, 미국의 인종차별이 누적된 맥락에서 드러난 것이다. 2020년에도 반복된, 경찰의 흑인에 대한 폭력과 연결되어 있다. 미국에서 공권력은 지속적으로 인종차별을 해왔고 특히 흑인에 대한 차별은 지금까지 매우 빈번하게 나타나고 있다. 그동안 경찰이 흑인을 구타하거나 죽이는 사건이 노출되면 흑인들은 이에 저항하기 위해 폭동을 일으키고 상점을 불태우는 일이 반복되어 왔다. 2020년에도 많은 도시에서 흑인에 대한 경찰폭력에 반발하여 폭동을 일으키면 상점을 불태우거나 약탈했다. 이는 미국에 만연해 있는 인종차별, 특히 흑인에 대한 인종차별의 결과이다. 역사적으로 보면 한인에 앞서 주류사회로의 진출이 어려웠던 유태인들이나 백인이민들이 흑인빈민촌의 상업을 장악한 적이 있으며 이들 역시 흑인과 많은 갈등이 있었다. 1960년대 폭동으로 유태인들이 흑인동네에서 많이 철수한 자리를 한인이 진출하였다. 현재에도 다른 이민자들이 흑인빈민촌의 상업에 진출하고 있고 한인들은 철수하고 있다. 흑인빈민촌에서의 상업에서 철수하면 흑인과의 갈등도 대폭 줄어든다. 한흑갈등은 한인과 흑인의 문제라기보다, 차별받는 빈민촌 주민들과 주류 진출기회가 적어 빈민촌 상업을 장악한 상업민족의 갈등이다. 즉, 미국의 구조적인 인종차별과 흑인/이민자의 경제기회의 차이가 만들어낸 결과이다.

1992년 4.29폭동은 한인들에게 백인들에게 치이고 흑인들에게 치이는 한인의 처지를 명확하게 느끼도록 해준 사건이다. 힘이 없어 양쪽으로부터 치이고, '희생양'이 되는 처지를 절감한 많은 한인이 공직에 진출해 한인의 힘을 키워야겠다는 결심을 하게 만들었다. 정치에 진출한 많은 한인들이 4.29폭동을 TV 뉴스에서 보면서 충격을 받아 한인의 힘을 키우기 위해 무언가를 해야겠다고 결심하는 결정적인 계기가 되었다고 설명하고 있다.

1990년대까지 지속되었던 한인의 흑인 빈민촌 자영업에의 진출 열기는 크게 줄어들었다. 한국의 경제가 빠르게 성장하면서 미국으로의 이민자 수가 크게 줄어들었다. 영어를 못해도 적은 자본으로 돈을 벌 수 있는, 그러나 위험한 빈민촌으로 진출하고자 하는 한인 수가 줄어들었다. 미국문화와 영어에 익숙한 2세들은 위험한 빈민촌에서의 상업보다 주류직장으로의 진출을 선호하여 이민 2세의 상업 진출 비중은 미국평균으로 수렴하였다. 즉, 한인2세부터는 한인이 더 이상 압도적으로 상업에 종사하는 상업민족이 아니다. 그 결과 2000년대에 들어와서 한인1세가 점차 은퇴하게 되었는데 한인2세가 이를 대체하지 않게 되어 빈민촌에 종사하는 한인상인수가 계속 감소하고 있다. 이에 따라 한인2세는 상업민족으로서의 성격을 가지지 않게 되었고, 아시아계로서의 미국인의 성격을 가지게 되었다.

2세들은 1세보다 영어를 잘 사용하며 교육수준이 높아, 1세에 비해 사무직, 관리직, 전문직에서 일하는 경향이 높다. 2세는 이민자보다 미국 일반인들과 직업구조가 비슷하다. 자영업 진출 정도도 미국 평균보다 낮다. 한인 2세들도 아시아계 2세들처럼 다른 인종 2세들보다 더 교육을 받으며 더 전문직으로 진출한다. 그리고 한인이 아닌 사람과 결혼하는 비중이 높아지고 있다. 1세들과 비교하여 2세들은 언어, 문화, 직업, 사회관계, 사고방식 등에서 훨씬 미국화되었다. 그렇지만 백인과는 다른 아시아계 미국인으로서 미국화되고 있다. 그 이유는 대부분의 사회생활에서 백인이 아니라 아시아계 미국이라고 느끼게 만들고 있다. 또한, 이러한 과정에서 백인들로부터 인종차별을 당하고 있다고 느끼게 하는 일들이 자주 벌어지게 된다.

이러한 과정에서 미국에서의 문화적 시민권을 확보하기 위한 노력도 1세에서 2세까지 계속되고 있다. 민족적 정체성을 드러내고 민족성을 정치화하고 시민권을 주장하는 것이 미국문화의 커다란 흐름의 하나가 되었다. 2차 세계대전부터 추세가 되어 1970년대 이후 미국에서 자신의 민족적 뿌리를 드러내는 것을 점차 당연한 것으로 받아들이게 되었다. 따라서 각 민족들이 이민 온지 백년이 넘었어도 자신들의 민족문화와 정체성을 드러내기 위해 대도시의 대로에서 퍼레이드를 한다. 한인들도 LA의 올림픽대로나 공원에서 뉴욕의 브로드웨이대로나 퀸즈의 공원에서 한국문화를 보여주는 퍼레이드를 하거나 축제를 개최한다. 민족문화를 드러내는 것은 또 다른 장점을 하나 더 가진 것으로 평가받기도 한다. 미국인들 다수가 자신의 민족적 배경을 가지고 있고 그것을 드러내는 것이 본인과 미국을 더 풍요롭게 만든다는 생각도 널리 퍼져 있다. 이렇게 문화적 시민권을 주장하는 것은 미국사회가 인종/민족으로 분열되어 있고 또한 인종/민족 차별이 지속되어 이에 대한 반작용으로서 자신의 정체성을 더 적극 드러내고 이를 인정해달라고 하는 것으로도 볼 수 있다.

결과적으로 1세에서는 한인과 흑인의 갈등이 가장 중요한 사회적 문제로 제기되었는데 2세에 이르러서는 백인에 의한 인종차별 그리고 이에 대한 대응이 가장 중요한 사회적 문제로 부각되고 있다. 한인 1세에 있어서는 한흑갈등이라는 일상적인 경험에서의 불신을 매개로 총기를 사용한 살인이나 대규모 폭동으로 인한 한인상점의 약탈과 방화가 주된 이슈였다면, 한인 2세에 있어서는 주류경제로 진출하여 상대적으로 나은 직장에서 근무하면서 경험하는 백인에 의한 인종차별이 주된 관심사로 부상했다. 1세에서는 빈민촌에서 상업을 하는 상업민족으로서 경험하는 갈등이고 2세에서는 보다 나은 학력으로 보다 나은 직장으로 취업하여 주류경제에 편입되면서 벌어지는 직장 내 인종차별이 주된 관심사가 되었다.

시민단체와 한인의 정치진출

영어를 잘 못하고 미국문화도 모르는 1세들에 대한 차별은 2세들에 대한 차별보다 훨씬 심하였지만, 2세에 들어서도 그 강도는 약해졌어도 여러 가지 차별은 지속되고 있다. 이러한 차별에 대응하고 한인의 권리를 강화하기 위해 한인들이 시민단체를 조직하여 보다 조직적으로 차별적인 상황에 대응하고 있다. 그러한 민권과 관련하여 적극적으로 한인을 위해 싸우는 시민단체들이 LA와 뉴욕에서는 다수가 존재한다. 이에 비해 상대적으로 다른 도시에서는 그러한 시민단체들이 약한 편이다.

전체적으로 차별을 받지 않고 민권을 보호받으려면 정치적인 힘을 가져야 하기 때문에 한인들의 정치권으로의 진출 노력도 더욱 강화되고 있다. 인구수가 적기 때문에 선출되기까지 부단한 노력을 하여야 한다. 그 결과 한인들의 인구수가 어느 정도 집적되어 있는 LA와 NY 지역에서 갈수록 더 많은 한인이 시의원에나 기타 선출직에 참여하고 당선되고 있다. 하지만 인구수의 한계로 LA에서나 NY에서 시의원에 당선되는 것도 매우 어려운 상황이다. 그럼에도 불구하고 주의원이나 하원의원에도 당선되는 경우가 조금씩 늘어나고 있다.

2020년과 2022년 선거에서 한인 하원의원이 4명이 당선되는 결과가 나타났다. 1명은 물론 혼혈이고, 1명은 남편이 백인이더라도 상당한 한인정체성을 가지고 있어, 이전과 비교하여 한인들의 정치적 파워가 커지고 있음을 보여준다. 2020년 뉴욕에서 1명의 주 하원의원이 있지만, 캘리포니아에서 주 하원의원이었던 영 김이 2020년 연방 하원의원에 당선되었다. 이들이 2022년 모두 다시 당선되었다. 하지만 현재 캘리포니아 한인 주 하원의원은 없다. 2022년 선거에서 주상원의원 1명이 당선되었다.

뉴저지 인근에서는 시의원에 진출하는 경우는 많이 나타나고 있다. 미국에서 처음으로 뉴저지 팰리세이드파크에서 한인이 시장선거에서도 당선되었고 시의회도 과반을 점유하는 현상이 나타났다. 한인 인구수가 해당 도시 인구의 과반이 넘는 상황이어 나타난 결과이지만 한인 인구수가 과반이 넘는 상황에서도 계속 백인이 시장을 해왔다는 점을 고려하면 인구수가 많다고 정치에 잘 진출할 수 있는 것도 아니다. 팰리세이드파크의 인구수의 과반을 점하는 상황에서도 시민단체가 얼마나 적극적으로 기존 시정부의 차별에 항의하여 왔고, 시민단체나 한인회나 교회가 한인들이 투표에 참여하도록 유권자등록과 투표 독려를 적극적으로 해왔기 때문에 나타난 결과이다. 앞으로 한인 2세들이 한국계 미국인으로서 권익을 확보하려면 어떻게 시민운동과 정치운동을 해야 하는지를 보여주는 좋은 사례이다.

한국인에서 아시아계 미국인으로

사람들은 구체적인 경험이나 사건을 매개로 자신의 위치, 역할, 정체성을 반추하고 추론하고 해석하고 재구성하게 된다. 재미 한인 2세들도 자신의 맥락에서 자신의 경험을 반추하고 해석하며 세상을 헤쳐나간다. 미국에서 일반적인 사회담론에서 사람들을 인종으로 구분하는 경향이 있다. 한인들도 한국계보다는 아시아계로 인식되는 경향이 더 크다. 일반적인 담론이나 각종 통계에서 아시아계는 하나의 인종적 범주로 사용되고 있다. 이렇게 미국에서 아시안 아메리칸이 하나의 인종처럼 구성되었지만 원래 아시아에서 하나의 인종이 존재하는 것은 아니다. 이들은 아시아라는 명칭이 부여된 지역에서 왔다는 점과 일부는 외모가 좀 더 비슷하다는 점 외에 인종적으로 유사점이 없다. 아시아에서 거주할 때는 아시아인들이 같은 인종이라고 느끼지는 않는다. 하지만 미국에서는 아시안 아메리칸이라는 범주가 인종범주처럼 일상적으로 사용되고 그렇게 분류되고 간주되기 때문에 결국 아시아계라는 정체성을 자신의 정체성의 하나로 인식하게 된다. 일상생활에서 아시안 아메리칸이라는 같은 인종이라고 분류되고 그렇게 호명되다 보니 실제 그러한 인종의식이 형성되고 있다. 알튀세에 따르면 사회적으로 그렇게 호명되어 그러한 정체성을 가지게 되는 것이다. 이러한 상황에서 인종차별에 대응하고 집단의 힘을 키우기 위해서라도 아시아인들도 아시안 아메리칸이라는 용어가 일상적으로 대부분이 영역에서 사용되고 있고 그렇게 분류당하고 있기 때문에 결국 이를 받아들여 이러한 범주 안에 있는 집단들끼리 공동의 정체성을 느끼고 결집하여 함께 일하고 대응하려는 노력이 크게 증가하고 있다.

미국에서 한인들은 어디에서 어떻게 활동하든 어떠한 문화를 가지고 있든 외모 때문에 다른 인종들과 만나게 될 때 아시아 인종으로 분류된다. 그런 다음 이야기가 더 진전되면 보다 상세한 자신의 민족 ethnicity을 이야기하게 된다. 물론 아시아계들 사이에서는 만났을 때 인종이 아니라 자신의 민족을 먼저 이야기하게 된다. 한인이라는 측면은 아시아인종의 하위범주로 간주되기 때문에 아시아계와 만났을 때는 아시아의 하위범주로서 민족이 바로 부각이 되지만, 타인종과의 관계에서는 인종이 먼저 부각이 되고 그 다음으로 이야기가 진전되면 민족에 대한 이야기를 하는 경우가 많다. 특히 이민의 역사가 짧은 아시아계들은 어떠한 행동을 해도 조금 전 이민을 온 이방인으로 간주되고 따라서 끊임없이 미국인이라는 점을 증명해야할 상황에 빠진다.

2세 한인 학생들은 학교에 다니면서 아시아계로 인식되는 과정을 경험한다. 성장하여 고등학교나 대학교를 다니거나, 졸업 후 취직하는 과정에서 다른 인종으로부터 아시아계로 인식되면서 또한 다양한 차별을 경험하면서 백인이나 흑인과 다르다는 인식을 강화하게 된다. 한인과 아시아계로 스스로 인식하게 되지만, 백인들과 사귀고 주류의 일원이 되고 싶어 한인이나 아시아계와 거리를 두는 경우도 생긴다. 또는 한인의 의식을 더욱 강화하면서 한인들의 커뮤니티와의 유대감을 강화하거나 한국과의 연계를 강화하는 모습도 나타난다. 한국어를 잘 못하여 1세가 주도하는 한인 커뮤니티와 유리되어 있다는 느낌을 가지기도 하지만 점차 한인2세들이 많아지면서 타민족이나 다른 인종과 다르다는 의식이 쌓이면서 한인 커뮤니티와의 동질감이 커진다.

푸코가 보여준 것처럼 우리는 담론의 질서(범주) 속에 쉽게 빠지고 그 밖을 상상하기는 어렵다. 미국식 인종범주에 빠진다는 것은 미국식으로 생각하고 미국식으로 살고 있음을 보여주는 것이다. 미국식으로 민족ethnic이 되어 미국식으로 일상정치를 행하는 것이 된다. 미국문화를 배우고 익히고자 하지만 미국인들과 무언가 다르다는 것을 느낀다. 그러면서 미국정부가 다양한 민족들을 하나로 묶어 관리하기 쉽게 만든 범주인 아시아계라는 단어에 빠져들게 만든다. 한인을 넘어 기존의 인지체계에 없었던 인종범주가 자신의 정체성으로 자리 잡게 된다. 이러한 범주가 일상생활에서 관철되어 작동하기 때문에 이를 벗어나기 어려우며 또한 같은 범주로 호명되는 사람들 사이에 문화적 유대감이 만들어진다. 아시아계가 하나의 집합적 목소리를 지닌 집단인 것으로 정치화된다. 아시아계 스스로도 같은 인종범주로 정치적 동원을 하게 되어, 스스로 아시아계라는 범주의 집단을 인종으로 인식하며 이를 정부자원에의 접근통로로 적극 사용한다. 국가가 아시아계를 제도화시키고 그렇게 구성된 아시아계도 능동적으로 이러한 범주를 활용하며 더욱 아시아계라는 정체성이 강화되어 간다.

아시안 아메리칸이라는 정체성을 현실에서 가장 강화시키는 것이 인종차별이다. 백인이 주도하는 미국사회에서 비백인인 아시아계는 흑인이나 라티노와 다른 인종차별에 직면하게 된다. 아시아계는 갓 이민 온 외부인이라는 이미지가 널리 퍼져 있으며, 자신의 모국과의 관계가 강하고 따라서 아직 진정한 미국인이 아니라는 생각이 많이 퍼져있다. 따라서 내부자인 주류로 진입할 때 진정한 주류로 인정받기가 어렵다. 외부자라고 배척하기 때문이다. 아시아계는 상대적으로 학업열기도 높아 공부도 잘하고, 좋은 직장에 잘 진출하거나, 일을 열심히하여 돈을 버는, 모범소수민족이라고 인식되는 경향이 크다. 흑인과는 다른 방식으로 배척되고 차별당하는 경향이 나타난다. 아시아계나 또는 아시아계의 각 민족들은 숫자도 적고 정치적 영향력도 적기 때문에 심각한 인종적 갈등이 나타나는 경우 아시아계가 희생양이 되는 경우가 많다. 하지만 모범소수민족으로 질서를 잘 따르고 일도 잘 할 것으로 간주되어 취업이나 승진에 도움이 될 수도 있다.

이러한 과정에서 시민단체들은 국가나 지방정부나 정치인들뿐만 아니라 다양한 단체들이나 다양한 민족과 여러 차원에서 관계를 발전시켜온다. 한인들에게서 가장 많은 연대가 나타나는 집단이 다른 아시아인들이다. 미국에서 한인들은 중국인이나 인도인이나 베트남인들과 함께 아시아계로 분류되어 있다. 이러한 분류체계는 정체성과 연대활동에도 심각한 영향을 미치며 이들은 같은 범주로 분류되면서 어느정도 같은 운명공동체로 작동하고 있다고 느끼게 된다.

한인이 라티노와 혹은 흑인과도 연대하지만 아시아인들과의 연대가 특히 강화되고 있다. 한인 단체들의 중국계, 일본계뿐만 아니라 동남아출신이나 인도계와 함께 하는 아시안 아메리칸의 연대활동이 크게 늘어나고 있다. 흑인이나 라티노와의 연대에 비하여 아시아계와의 연대가 훨씬 다양하고 더 오래 더 많은 사람들이 참여하는 경향이 있다. 특히 2세들에 있어서는 학교에서도 아시아계의 연대가 상당히 뚜렷하게 나타난다. 미국사회가 수많은 아시아 민족들을 아시안 아메리칸이라는 인종으로 범주화하고 있어 각각의 아시아 민족들도 스스로를 아시아인이라는 범주로 생각하는 경향이 늘어나고 있다. 이에 따라 스스로를 아시아인으로 생각하는 경향이 늘어나고 있다. 한국에서는 전혀 상상하지 못했지만 미국에 와서 인도계나 동남아계와 함께 묶이는 인종집단으로 간주되어 스스로도 그렇게 생각하게 되는 것이다.

이러한 사회적 조건에 영향을 받아 한인들, 특히 2세들은 갈수록 스스로를 아시아계로 생각하는 경향도 점차 강해지고 있다. 따라서 점차 아시안 조직들에 참여하는 한인들이 늘어나고 있다. 타 아시아 집단들도 한인을 아시아계로 연대해야할 집단으로 생각하여 흑인이나 라티노보다 더 가까운 집단으로 생각한다.

2세가 미국에서 태어나고 미국에서 영어를 배우고 교육을 받아 영어를 액센트도 없이 자유자재로 구사하고 완전히 미국식으로 사고하며 실제 미국인으로 느끼고 미국을 사랑하고 자부심을 느끼더라도 무언가 부족하다고 느낀다. 백인이 즉, 주류가 아니고, 자주 이방인 취급을 당하기 때문이다. 지난 2017년 뉴욕에서 태어나 자유자재로 영어를 구사하는 한 한인분석가가 트럼프 대통령에게 파키스탄 미국인질에 대해 브리핑을 하자 "Where are you from?"이라고 질문을 하였다. 분석가가 "Manhattan"이라고 대답을 하자 다시 'your people'이 어디에서 왔냐고 물어보자 분석가는 부모에 대한 질문인 줄 알고 부모님은 한인이라고 대답했다. 한인들에게 이러한 상황에 너무 익숙하다. 빈번하게 이러한 상황에 처하기 때문이다. 이러한 상황은 아시아계가 완전한 미국인이 아니라는 의미를 내포하고 있다. 2020년 2월 미국에 코로나가 퍼지자 이 코로나가 중국에서 왔다며 아시아계에게 "Go back home"이라고 말을 하거나 또는 말도 없이 밀치거나 패거나 칼로 찌르는 경우가 뉴욕을 비롯하여 미국 많은 곳에서 나타났다. 아시아계가 많은 미국인들에게 낯선 동일집단으로 취급되는 상황을 잘 보여준다.

제14장 동화同化에서 분절적 편입으로

　미국에서는 이민자와 관련하여 보통 이민자의 2세로부터 미국사회에의 진정한 통합이 시작된다고 간주된다. 부모는 아직 자신의 모국의 문화를 많이 가지고 있는 이민자이지만, 2세들은 미국에서 태어나 태어났을 때부터 미국의 환경 속에서 생활하게 된다. 현재의 2세는 TV, 스마트폰, 인터넷, 동영상, 게임, 잡지, 책 등을 통하여, 영어로 지속되는 대중문화 속에서 성장하며, 또한 영어로 소통하고 미국식으로 생각하게 하는 친구와 놀며, 영아원, 유치원, 학교를 거치면서 미국식 교육을 받게 된다. 이러한 과정을 거쳐 이들의 정신은 미국식 영어로 구조화되며, 미국식 상상으로 채워지게 된다. 이러한 과정을 거치면서 미국사회와 미국문화에 동화되거나 통합되는 것으로 간주되고 있다. 이들은 부모의 모국에 대한 역사나 문화나 상상보다 미국의 역사나 문화나 상상에 더 익숙한 상황이 된다.

　하지만 이들 2세들을 과연 미국사회에 동화되거나 통합되었다고 볼 수 있을까? 어느 정도나 통합되었다고 볼 수 있을까? 또는 동화되거나 통합이 2세들의 상황을 설명하기에 적합하지 못한 용어는 아닐까? 이글에서는 2세를 중심으로 이들이 과연 미국사회에 통합되었다고 볼 수 있는지, 통합되었다고 보기 어렵다면 어떻게 보아야 하는지를 미국의 역사적 맥락을 매개로 이론적으로 검토하고, 이를 미국에서 초등학교 교육을 받은 재미한인 1.5세와 2세의 자료에 적용하여 어떠한 방식으로 보는 것이 타당한지를 제안하고자 한다. 보통 미국에서 초등학교 교육을 받으면 미국식 영어와 사고에 익숙해지는 것으로 보고 있다. 따라서 미국에서 초등교육을 받은 1.5세는 2세와 비슷한 성향을 많이 보이고 있다. 특히 한인의 이민 역사가 짧은 편이어 아직 2세가 사회 지도층에 많이 진출하고 있지 않다. 이글에서는 40대 이후의 미국사회에의 진출까지 다루기 위해 미국에서 초등학교 교육을 받은 한인 1.5세까지 통칭하여 한인 2세의 범주에 포함하여 설명하고자 한다. 또한 이글은 구체적인 자료들을 집중적으로 분석하기 전에 이러한 분석에 필요한 이론적 틀을 검토하고 도출하는 것을 목적으로 하기 때문에, 이론적이고 개념적인 논의에 집중할 것이다.

이러한 이론적 검토를 위하여 먼저 미국 역사에서 이민의 흐름이 어떻게 나타났는지, 그리고 이러한 이민자의 흐름이 2세의 미국사회로의 통합논의에 지니는 함의가 무엇인지를 다루고자 한다. 그 다음 기존의 이민자 2세의 미국사회로의 통합에 대한 이론들을 정리하여 재미한인 2세들의 편입과정을 이해하는 데 필요한 이론틀을 점검하고자 한다. 이러한 이론틀을 매개로 재미한인 2세를 매개로 검토하면서 동화나 통합보다는 인종적으로 분절된 편입이라는 개념틀을 검토하고자 한다.

특히 기존의 주류 이론틀인 동화론을 비판적으로 검토하기 위하여 미국의 이민역사가 보여주는 동화론과 반대되는 측면을 적극적으로 제시할 것이다. 또한 미국에서 인종차별과 인종 갈등이 지니는 함의를 적극 드러내서 동화론을 비판하고 가능한 대안을 모색하고자 한다. 동화론은 근본적으로 백인이 미국을 정복하고 원주민을 제거해온 역사나 미국에서 지속되는 인종차별을 제대로 고려하지 않는 이론이기 때문이다. 다시 말하면 동화론은 미국사회의 이민자의 정착 과정이나 편입과정에서 불평등한 힘이 어떻게 작동하여 왔는지, 어떻게 작동하고 있는지를 제대로 고려하지 못한 이론이기 때문이다. 필자는 불평등한 힘의 관계와 인종차별이 지금도 미국사회에서 아주 중요한 영향을 미치고 있다고 생각하기 때문에 불평등한 힘의 관계와 인종차별을 고려하여 이민 2세의 문제를 다루고자 한다.

이러한 관점을 반영하여 이 글에서는 먼저 (1) 미국의 역사 속에서 힘의 관계가 이민과 2세에 어떠한 영향을 미쳤는지를 살펴보면서 이민자 – 기존 거주민의 힘의 관계가 중요하다는 점을 보여주고 (2) 이민 2세의 동화문제를 다루는 이론들을 정리하고 (3) 이러한 기존의 동화이론들에 어떠한 문제가 있는지 그리고 그 대안으로서 편입의 관점으로 다루는 것의 이점은 무엇인지를 설명하고 (4) 한인 2세의 상황은 어떤지를 제시하면서 (5) 이를 바탕으로 한인 2세들의 자료를 통해 기존의 이론틀이 과연 타당한지 다른 대안이 있는지를 논의하는 방식으로 진행할 것이다.

미국의 이민 흐름과 이민 2세

미국에서는 보통 19세기 중반 이후 유럽에서의 대규모 이민과 1965년 이후의 비유럽에서의 대규모 이민의 두 흐름이 있는 것으로 설명되고 있다. 하지만 이렇게 제한하여 보면 이민자 – 기존거주자의 관계를 기존거주자가 주도하는 사회에 이민자들이 비주류로서 들어와서 점차 주류에 동화되는 것으로 한정시켜 보게 만들 가능성이 크다. 이미 17, 18세기 유럽에서 이민을 온 사람들이 미국에서 주류를 형성하고 있는 상황에서, 19세기 이후의 미국으로의 이민자들은 개척보다는 적응의 관점에서 논의된다. 이들은 미국사회에 적응하며 일자리를 구하여 살아가면서 2세로 내려갈수록 점차 미국사회에 동화되는 흐름을 보여주었다. 따라서 이들만 살펴보면 이민자가 주류사회에 동화되어야 또는 통합되는 것이 당연한 흐름이며 이제 어떻게 얼마나 동화되는가만 문제로 다루어진다.

이민문제나 2세의 문제를 보다 근본적인 수준에서 이해하기 위해서는 초기 이민부터 다뤄야 한다. 17, 18세기에 이민을 온, 개척자라는 말로 불리는 초기 이민자들은 원주민들과의 힘의 불평등의 관계가 어떻게 작동하며 이민자들이 또는 그 2세나 후손들이 이러한 불평등한 힘의 관계를 어떻게 활용하는지를 더욱 잘 보여준다. 또한 원주민 – 이민자의 관계가 힘의 불평등한 관계를 고려하지 않으면 제대로 이해할 수 없다는 점도 보여준다.

1) 초기이민: 정복이민

미국의 초기 이민자들을 고려하면 이민자 – 기존거주자의 관계가 초기에는 아주 다르게 작동하고 있음을 보여준다. 17, 18세기의 유럽 이민자들도 국경을 넘어온 이민자들이지만, 이들은 이민자보다 개척자로 묘사된다.[1] 개척자라는 표현은 거의 사람이 없는 황무지로 와서 자신들이 처음으로 개척하였다는 의미를 주장하는 것이다. 미국의 역사는 개척자들을 침략자나 이민자로 다루지 않고 황무지를 개척한 개척자라고 다룬다. 하지만 이들 개척자라고 불리는 이민자들이 오기 전에 이미 미국 지역에도 많은 원주민이 거주하고 있었다.[2]

---

1) 이들도 당연히 이민자로 봐야 하고 또한 이민자로 표현하는 경우도 있다. 하지만 미국에서는 이들을 이민자보다는 개척자로 표현하여 이민자와 다른 의미를 부여하는 경우가 많기 때문에 여기에서도 개척자라는 용어도 사용하고자 한다.
2) 여러 추계치가 있지만 정확한 원주민의 숫자는 알기 어렵다. 많게 추산하는 경우

17, 18세기의 유럽 이민자들의 성격은 19세기나 20세기의 이민자들과 전혀 다르다. 17, 18세기 당시 이민자의 수는 1년에 수천 명에 불과하지만 당시 해당 지역에 거주하는 기존 거주민(인디언이라 불리게 된 원주민) 수가 적었다는 점을 고려하면 상대적으로 아주 대규모의 이민이라고 할 수 있다.[3) 초기 개척자들은 기존 거주민보다 강력한 무력과 조직력으로 기존 거주민을 폭력적으로 학살하고 쫓아내며 자신들의 사회를 만들었다. 또는 기존 거주민들은 초기 개척자들로부터 퍼진 전염병으로 이미 인구가 크게 감소하였다. 1600년대부터 1800년대 중반까지 지속되는 이민자와 기존 거주민의 갈등과 이민자에 의한 기존 거주민의 학살과 제거는 이민자가 기존 사회에 적응하는 것이 당연한 것이 아니라는 사실을 보여준다. 즉, 이민자가 강력하면 기존 거주민을 제거하거나 지배하고 기존 거주민이 강력하면 이민자는 적응하고 편입하는 현상이 나타났다. 이러한 역사는 이민자–기존 거주민의 관계에서 적응 또는 동화가 자연스러운 관계가 아니라 불평등한 권력관계에 의해 나타나는 관계임을 보여준다. 즉, 기존 거주민이 약한 경우 이민자들이 지배하고 이민자를 중심으로 사회를 구축하게 되지만, 이와 반대로 기존 거주민이 강력한 경우 이민자들은 기존 거주민의 사회에 동화 또는 편입되거나(예를 들어 19세기 백인 이민자), 또는 낙인찍히는 집단으로 편입될 수 있음(예를 들어 초기 흑인노예)을 보여준다. 따라서 이민자–기존 거주민의 관계가 정복, 지배, 통합, 동화, 적응, 저

미국 전역에 2천만 명 정도의 원주민이 있었다고 제시되기도 한다.

3) 토마스 제퍼슨은 버지니아에 대한 글에서 버지니아에서 1607년 30개 인디언 부족이 살았으며 인디언 전사가 2,400명 정도 되었는데 1669년에는 3분1로 줄어들었다고 썼다. 원인으로 술, 천연두, 전쟁, 영토의 축소를 들고 있다. 버지니아에서 이민자인 백인과 흑인의 인구는 1620년 2,180명에서 1700년 6만 명으로 증가했다(Tanke 2015: 18-19).

항 등의 어떠한 방식으로 나타날지는 이들의 권력관계가 어떻게 형성되고 어떻게 작동하는지와 연계시켜서 살펴봐야 한다.

개척자라고 불리는 초기 이민자들도 이민자로 간주하면, 미국의 커다란 이민 흐름은 앞에서 언급한 19세기 중반에서 20세기 초, 그리고 20세기 중반 이후 현재에 이르는 두 가지의 커다란 이민 흐름에 더하여 1607년 초기 영국 이주자들이 버지니아 제임스타운에 도착한 또는 1620년 보스톤의 플리머스에 도착한 때로부터 1790년 독립정부의 구성까지의 개척자 이주민을 첫 번째 커다란 이민 흐름으로 제시할 수 있다.[4] 이 첫 번째 이민 흐름은 두 번째 세 번째의 이민 흐름과 그 성격이 근본적으로 다르고 따라서 두 번째 세 번째의 이민 흐름에 대한 이론들을 보다 근본적으로 재검토할 수 있는 기회를 제공한다.[5]

개척자라고도 불리는 첫 번째 이민자들은 주로 영국에서 온 이민자

---

4) 현재의 미국영토에 가장 먼저 백인 거주지를 구축한 집단은 스페인계로 1565년 플로리다 북동부 Saint Augustine에 정착촌을 건설하였다. 하지만 대체로 이들은 미국사에서 의미있는 집단으로 다루어지지 않는다. 영국계를 중심으로 미국이 형성되었기 때문이다. 미국은 1819년 나폴레옹에 패한 스페인으로부터 불법정착, 군사압력, 외교를 통해 플로리다를 할양받고 대신 텍사스는 스페인의 영유권을 인정해주었다(정의길 2018). 미국은 1847년 멕시코시티까지 점령하며 멕시코로부터 텍사스에서 캘리포니아에 이르는 지역을 빼앗았다.

5) 미국의 이민사를 크게 5개의 시기로 구분하기도 한다. 앞의 시기에서 빠져 있는 1830s-1880s 사이를 2번째 이민 시기로 구분하기도 한다. 1830년까지는 1년에 6천 명 정도가 이민을 왔지만 1832년부터는 갑자기 증가하여 5만 명 정도가 이민을 왔고 1854년에는 42만8천만 명이나 이민을 왔다. 이민은 남북전쟁 시기에 줄었다가 1880년부터 다시 급증하기 시작했다. 이민 2세와 관련된 이론적 논의에서 이 시기가 특별히 의미를 지니지 못해, 이곳에서도 이 시기에 대해 논의하지 않았다. 또한 1930-1965 기간도 이민의 규모가 제한적이어 이곳의 논의에서 포함시키지 않았다.
https://sites.google.com/site/paulcunneen/home/us-history-1/immigrationunitoutline/4-waves-of-immigration

들로 이들은 17세기 전반기에는 해안가의 소수지역에 요새나 항구를 만들고 점차 농장을 확장하며 무역을 확대했다. 1790년까지 뉴잉글랜드에 90만 명 정도의 영국계 이민자와 후손이 거주하게 되었는데 그 과정에서 이들은 인근지역의 원주민들이 대부분 제거하고[6] 마을단위로 농사를 지으며 종교와 자치를 행하는 식민지촌을 건설하였다. 네덜란드계, 독일계, 북유럽계도 식민지를 개척했지만 영국이 1660년대(예를 들어 네덜란드계가 개척한 뉴욕시의 경우 1664년) 이들 지역도 흡수하였다. 남부 지역에서도 주로 영국에서 이민을 와서 초기 식민관료 등이 대농장주가 되고 일반 이민자들(주로 영국계)은 보통 농장에서 몇 년 일하고 독립하여[7] 자신의 농장을 소규모로 시작하였다. 값싼 농장노동력으로 점차 흑인을 노예로 수입하였으나 노예 수입은 1808년부터 금지되었다. 백인의 토지강탈에 원주민들이 반발하면서 남부에서는 원주민과의 전쟁이 1800년대 중반까지 이어졌다. 초기 이민자들이 정착하기 전부터 원주민에 대규모 전염병이 돌아 이들 인구는 1600년대 크게 줄었다. 초기 이민자들은 대체로 영국 등의 청교도나 빈곤층으로 1600년대의 종교탄압이나 내란이나 기근을 피하여 값싸게 농지를 확보할 수 있는 미국으로 이민을 오는 경우가 많았다. 남부지역으로 영국정부가 6만 명 정도의 범죄자를 보내기도 했다. 이 당시에는 이민절

---

6) 이민자들이 도착하기 전부터 이곳을 방문했던 백인들로부터 전염병이 퍼져 원주민들이 1500년대 후반부터 많이 죽었다. 하지만 이민자가 도착한 이후에 백인 민병대들은 지속적으로 원주민을 제거하는 전쟁을 하고 원주민에게 의도적으로 전염병을 퍼트려 원주민을 학살하거나 몰아냈다.

7) 빈민이나 죄수가 돈 없이 미국으로 대서양을 횡단하여 넘어올 때 배의 운임과 초기 정착비를 지원받는 대신 지원해준 농장에서 보통 4년 내지 7년간 일을 해야 자유인이 되었다. 남부에서는 이러한 년한(年限) 계약노동자가 많았다. 1600년대 버지니아의 백인이민자의 75%가 이러한 계약노동자이거나 죄수로 평가된다(Cravern 1971).

차나 서류가 필요 없었기 때문에 이들은 배타고 미국으로 건너와서 살면 되었다. 초기 이민자의 후예들은 1776년 독립을 선언하고 미국을 만들었다. 당시 이민자와 그 후손 중에 영국계가 가장 많았고, 영국이 네덜란드, 북유럽, 스페인 등의 식민지나 개척지를 장악하면서 영국계를 주류로 하는 식민지 사회가 형성되었고, 독립 이후에도 영국계가 주류인 미국사회를 형성하였다.[8]

이들 영국 이민자들이 미국을 점령하고 영국으로부터 독립하면서 이들의 후손이 원주민을 제거하고 미국이라는 국가를 만들고 미국을 장악하게 된다. 영국에 대항하여 독립군을 이끈 1대 대통령 조지 워싱턴의 경우, 증조할아버지가 1657년 영국에서 버지니아로 이민을 왔다.[9] 2대 대통령 존 애덤스의 경우, 4대조 할아버지가 1638년경 영국에서 매

---

8) 1790년까지 약 95만 명이 이민을 왔는데 영국인이 42만5천 명이고 흑인이 36만 명 독일계가 10만3천 명 정도였다. 이들의 후손까지 포함하면 1790년 390만 명의 인구가 있었는데(원주민 제외) 영국계(아일랜드 포함)가 256만 명, 흑인이 75만7천명, 독일계가 27만 명, 네덜란드계가 10만 명을 차지하였다. 1790년 인구센서스는 미국의 최초 인구센서스로 미국 인구를 392만9214명으로 발표했지만 아마 조사되지 못한 사람들도 많았을 것이다. 1790년 당시 뉴욕 33,000명, 필라델피아 28,000명, 보스톤 18,000명 등의 도시가 있었다.https://en.wikipedia.org/wiki /1790_United_States_Census. 당시에는 원주민은 아예 센서스에 포함시키지 않았다. 원주민들을 거주민으로 간주하지 않은 것은 쫓아내거나 제거해야할 대상으로 생각한 결과로 볼 수 있다. 기간을 확장하여 초기 개척자로부터 1830년까지 포함하면 120만 명 정도가 미국으로 이민을 왔다. 1819년 처음으로 이민자들에게 서류를 제출하라는 법이 통과되었다. 1755년 한 펜실베니아 주의원은 독일계 이민자를 "독일 지역의 인간쓰레기들"이 온 것이라고 표현하였다. 벤자민 프랭클린도 "보통 그 민족에서 가장 멍청한 사람들"이 이민을 왔다고 말했다. 당시 독일계, 천주교도, 유태인, 흑인들은 영국계에 의해 심한 인종차별에 시달렸다. https://sites.google.com/site/paulcunneen/home/us-history-1/immigrationunitout line/4-waves-of-immigration

9) https://en.wikipedia.org/wiki/Ancestry_of_George_Washington

세추세츠로 이민을 온 청교도의 일원이다(McCullough 2001: 29-30). 3대 대통령 토마스 제퍼슨의 경우, 증조할아버지가 영국 출신으로 1669년 서인도제도에 살았고 1677년 버지니아에 살고 있어서 그 사이에 버지니아로 이민온 것으로 보인다.[10] 4대 대통령 제임스 메디슨은 4대조 할아버지가 1608년대 영국에서 버지니아로 이민을 왔다.[11] 5대 대통령 제임스 먼로의 4대조 할아버지는 영국에서 1637년경 매릴랜드로 이민온 것으로 보인다.[12] 6대 대통령 존 퀸시 아담스는 2대 대통령의 아들이다. 이들은 모두 원주민들을 제거한 지역에서 농장을 가지고 있었다. 7대 대통령 앤드류 잭슨의 부모는 아일랜드로부터 1766-7년 사이에 미국으로 이민을 왔다. 1767년 태어나 이민 2세인 앤드류 잭슨은 군인으로서 영국과의 독립전쟁에 참여하였고 플로리다에서 스페인을 몰아내고 미국으로 편입시키는 데 기여하였다. 대통령이었을 때는 인디언 제거법Indian Removal Act(1830)을 만들어 노골적으로 남부 지역 원주민들을 적극적으로 제거하고 미국 서부지역으로 쫓아냈다.[13] 동북부 지역의 원주민들은 이미 대부분 제거되었었다. 8대 대통령 마틴 반 뷰렌은 뉴욕시의 네덜란드계로서 집에서 네덜란드어를 사용하고 영어는 학교에서 배웠다. 잭슨의 인디언 제거정책을 계속 실행하여, 잭슨과 마찬가지로 군대를 동원하여 원주민들을 제거하였다.[14] 결과적으로 초기 이민자들은 기존 거주민에 동화를 한 것이 아니고 정복

---

10) https://www.geni.com/people/Thomas-Jefferson-I/6000000003615503118(2018.9.3. 검색)

11) L. G. Tyler, 1915, Encyclopedia of Virginia Biography, Lewis historical publishing Company, pp.92-93, (온라인자료) http://vagenweb.org/tylers_bios/vol1-09.htm

12) https://www.wikitree.com/wiki/Monroe-377

13) https://www.archives.com/genealogy/president-jackson.html

14) https://en.wikipedia.org/wiki/Martin_Van_Buren

하고 제거하였다.

2) 1881~1930년: 2차 대규모 이민

두 번째 대규모 이민의 흐름은 1881년에서 1930년 사이에 나타난 2,760만 명의 이민이다. 주로 유럽의 동부, 중부, 남부 지역에서 왔다. 증기선이 개선되며 대서양을 횡단하는 데 3달 걸리던 것이 2주로 줄었다. 이들은 주로 뉴욕에서 이민 수속을 했다. 이 기간 동안 대체로 비백인들은 이민이 허락되지 않거나 또는 시민권이 허락되지 않았다. 식민지 개척 초기, 영국계가 미국을 건설하고 원주민을 제거하고 흑인 노예를 수입하는 체제를 완성한 다음, 미국의 산업화가 이루어지면서 부족한 노동자를 채우기 위해 온 이민자들이다. 이들은 대체로 미국 동부지역의 공업지대나 관련 도시로 이민을 왔다. 첫 번째 흐름의 이민자들은 기존 원주민들을 제거하고 자신들 중심의 미국사회를 만들었으나, 이들 두 번째 흐름의 이민자들은 주로 노동자나 자영업자로 대도시의 하층계급 거주지로 편입되었다. 도시에서 리틀 이탤리, 리틀 폴란드 등의 민족별로 집단거주지들이 확산되었다. 이들은 취업, 거주지, 단체가입, 대학입학 등에서 차별을 받았다. 이민이 늘어나면서 이들은 열등한 민족이며 백인원주민native American(주로 영국계나 백인 개신교도)의 일자리를 빼앗아가며 자기들끼리 모여 살며 자신의 문화를 유지한다고 비판받았다. 이들의 2세들은 미국식 교육을 받고 미국화되면서 점차 계층 상승을 이룩하게 되었다. 특히 2차 세계대전에서 같이 참여하여 전쟁을 한 이후에 백인들 사이의 민족적 구분과 차별이 크게 줄어들었다. "이들은 가톨릭교도(아일랜드계, 이탈리아계 등), 유태인 등으로 차별을 받았으나, 이들 후손들은 점차 계층이 상승하면서 기존 백인 주류와의 차이가 점차 약화되었고 결국 백인 주류의 일부로 편입되었다"(Gerstle and Mollenkopf 2001: 5). 현재 미국 인구의 과반 이상이 이 당시 이민자들의 후손이다. 인종적 편견과 경제악화로 1921년 이민쿼터법이 시행되어 점차 이민규제가 강화되면서 이민이 크게 줄었고 특히 아시아계의 이민은 전면 금지되었다.

3) 1965~현재: 3차 대규모 이민

세 번째 대규모 이민의 흐름은 1920년대 시작한 이민 제한이 1965년 새롭게 제정된 이민과 국적법으로 풀리면서 나타났다. 민권운동의 영향으로 인종차별에 비판적인 인식을 반영하여 다양한 유색인종의 이민을 허용한 법률이었다. 곧, 남미와 아시아를 중심으로 이민자가 빠르게 증가하는 현상이 나타났다. 4천3백만 명이 넘는 사람들이 이민을 왔으며 80% 정도가 중남미와 아시아 출신이다. 오늘날 미국에서 이민자인 외국태생 인구가 4,100만 명으로 인구의 13.1%를 차지하며 이들의 2세가 3,710만 명으로 인구의 12%를 차지하여 이 둘을 합하면 인구의 25%를 차지하고 있다(Waters and Pineau, eds. 2015: Sum-1). 2010년 이후부터는 아시아계 이민자가 중남미 이민자보다 많다. 미국의 인종은 20세기 후반까지 주로 백인/흑인의 문제로 다루었으나, 1965년 이후 중남미와 아시아 이민자가 급속하게 증가하면서 21세기에 들어서서는 미국의 인종을 백인/히스패닉/흑인/아시아의 다인종체제로 인식하게 만들었다. 이미 히스패닉계가 흑인보다 인구수가 많으며, 이들은 미국사회가 탈산업화 되는 과정에서 이민을 오면서 대다수가 대도시에 거주하며 전문직, 서비스업, 저임금 공장, 건설현장 등으로 편입되었다(Lopez, Bialik and Radford 2018).

대부분의 연구들이 이들 이민자들도 시간이 지날수록 미국사회에 통합되는 것으로 평가하고 있다. 즉, 시간이 지날수록 미국에서 태어난 미국인과 더욱 비슷하게 된다고 평가하고 있다. 미국학술원의 보고서에 따르면 시간이 지날수록 교육, 직업분포, 소득, 거주지통합정도, 언어, 빈곤수준 이상의 비율이 미국인과 비슷하게 개선되며, 건강, 범죄, 양부모 양육비율이 미국인과 비슷하게 악화된다. 최근 2세의 교육수준은 3세 이상의 교육수준과 비슷하거나 오히려 더 높다. 하지만 이러한 상황은 처음 미국사회로 이민을 왔을 때 미국사회의 어떤 집단(인종, 민족, 법적 지위, 사회계층, 거주지)으로 편입되느냐에 따라 크게 다르게 나타난다. 아시아계 남성 2세가 성공적으로 백인과 가장 잘 통합되지만, 히스패닉 남성 2세는 덜 그렇고, 흑인 남성 2세는 기존 흑인으로 통합되며 교육수준이 높아도 취업하기 힘들다. 여성 2세는 인종과 관련 없이 기존 미국여성의 취업률에 근접해가고 있다. 직종에 있어서도 여성 2세들이 남성 2세들보다 더 빠르게 개선되고 있다. 빈곤율도 1세 이민자는 18%, 2세는 13.6%, 3세는 11.5%로 개선되고 있지만, 흑인 2세에 있어서는 오히려 빈곤율이 1세보다 크게 높아진다(Waters and Pineau, eds. 2015). 미국사회에서 시민권을 획득하여 투표를 하고 학부모회나 지역공동체에 참여하고 자원봉사를 하면 미국사회에 잘 통합된 것으로 간주된다. 그러나 교육수준이 낮고 소득이 적은 집단은 시민사회 참여나 정치참여에 많은 어려움이 나타난다. 2세들이 1세보다 더 정치적 후보를 만나고 또는 후보가 되고 공청회에 참석하고 후원금을 내고 정치적 의견을 표현하고 청원을 하고 시위에 참여한다. 1세들의 정치인 당선비율은 이민 1세의 인구수의 비율과 비교해 매우 낮다.15)

---

15) 2009년 자료에 따르면 뉴욕시의 해외출신자 비율이 37%지만 시의원 비율은 8%이며, LA의 해외출신자 비율이 40%이지만 시의원 비율은 7%이며, 샌프란시스코에서는 해외출신자 비율이 36%이지만 시의원 비율은 9%에 불과하다(De Graauw et al. 2013, p.1882).

결과적으로 초기 개척자들을 위주로 한 첫 번째 이민자와 후손들은 기존의 원주민을 제거하고 백인들의 사회를 만들어 자신들(주로 영국계 출신들)이 주류가 되는 식민지 사회를 건설하였고 이어서 영국으로부터 독립하여 미국사회를 건설하였다. 이 당시 노예로 온 흑인들의 후손들은 지금까지 미국사회에서 가장 열악한 환경에서 살고 있다. 두 번째 대규모 이민자들은 당시 유럽의 후발지역에서 왔으며 미국이 산업화되면서 제조업에 필요한 대규모 노동자를 공급하였다. 이들의 후손들은 처음에 영국계로부터 차별을 받았으나 2차 세계대전을 거치면서 점차 백인계의 주류로 편입되면서 미국사회의 주류가 되었다. 두 번째 대규모 이민자들의 후손은 이미 이민을 온지 100년이 넘어 대체로 백인으로 완전히 동화되어 백인의 일원으로 간주된다. 레이건 대통령이나 트럼프 대통령이 대표적인 예이다. 세 번째 대규모 이민자들과 그 후손들은 미국이 탈산업사회로 넘어가는 과정에서 이주해온 사람들로, 주로 세계의 후발지역에서 온 비유럽계(비백인)들이며, 주로 도시의 서비스업이나 자영업에 종사하지만 자녀들은 점차 기존 미국인과 비슷한 직장을 가지게 된다. 세 번째 대규모 이민자들은 대부분 비백인이어서 일부에서는 이전의 백인이민자와 달리 완전히 동화되는 것이 불가능하다고 보는 학자들과 시간의 문제일 뿐 시간이 지나면 이전의 백인 이민자들이 그랬던 것처럼 완전히 동화될 것으로 보는 학자들로 나뉘고 있다.

이민자들은 모국의 언어, 문화, 관습을 그대로 지니고 있어 동화에 어려움이 있지만, 미국에서 태어난 2세들은 대체로 영어를 사용하고 친구와 대중매체가 미국식 영어와 사고와 가치를 전달하며 학교를 다니면서 미국식 상상을 하게 되어 이민자의 진정한 미국사회로의 동화가 시작되는 것을 간주된다.[16] 미국 언어에 익숙하다는 것은 이미 미국식 뉘앙스와 상상에 익숙해졌고, 사고의 많은 부분이 미국화되었다는 뜻이다.

한국에서 미국으로 이민을 온 이민자들은 대부분 1965년 이후에 왔다. 현재까지 이들 이민 1세가 많은 한인 단체의 지도자로서 활동하고 있으나 점차 1.5세와 2세가 이러한 지도자의 역할을 차지하고 있다. 특히 한인을 미국 주류사회와 연계하는 정치인들은 대체로 한인 1.5세나 2세들이다. 2018년에 미국 하원의원에 당선된 앤디 김은 한인 2세이며 뉴욕의 시의원, LA의 시의원 또는 주 하원의원이나 상원의원으로 진출한 사람들도 주로 1.5세나 2세들이다. 1세들은 한국어를 유창하게 하나 영어에는 불편함을 갖고 있어 한국적 문화와 상상력에 더 익숙하다. 이에 비하여 2세들은 대체로 한국어보다 영어가 훨씬 편하며 미국에서 유치원에서부터 대학까지 졸업하여 미국식 문화와 상상력에 훨씬 더 익숙하다. 자신이 자라온 배경과 언어로 인하여 2세는 영어와 미국을 중심으로 의식과 무의식이 형성되어 있고 영어와 미국을 중심으로 사람들과 관계를 맺고 취업을 하며 활동을 한다. 이들은 미국사회에 편입되어 있고 상당히 동화되어 있다고 볼 수 있다. 1세는 한국인이라는 정체성이 강하지만 2세부터는 진정한 (한국계) 미국인이라고 볼 수 있다. 이들 2세에게는 한국의 언어와 상상력이 불편한 편이며, 한국에 가더라도 한국문화가 상당히 낯설게 느껴진다.

미국에서 인종차별은 이전보다 개선되고 있지만 지속되고 있다. 초기에는 원주민들은 미국의 인구로도 계산되지 않았고 대체로 제거 대상으로 간주되었다. 흑인은 미국의 인구로 계산되었지만 소유의 대상인 노예였거나 또는 자유인이어도 심한 인종차별을 당했다. 노예해방 이후에도 흑인들은 미국에서 지금까지 가장 심하게 인종차별을 당하

---

16) 라캉에 따르면 우리의 의식과 무의식이 언어에 의해 구조화된다. 정체성 또한 언어를 매개로 형성된다.

고 있다. 백인들 사이에도 건국 초기부터 영국계의 비영국계 백인들에 대한 인종차별이 심하였다. 하지만 2차세계대전 이후 백인들 사이의 차별은 크게 약화되거나 사라졌다. 하지만 흑인을 비롯한 유색인종에 대한 인종차별은 지금까지도 지속되고 있다.

이러한 차별의식은 사람들을 인종범주로 구분하여 인종으로 차별하는 과정과도 밀접하게 연결되어 있다. 이러한 인종범주는 일상언어와 일상생활에 깊숙하게 침투되어 이미 무의식화되어 있다. 사람들 사이의 일상적 상호작용, 또는 TV, 인터넷, 영화 등을 매개로 한 소통작용, 그리고 일상대화에서도 인종을 가장 근본적인 사람에 대한 범주로 인식하게 만들고 경험하게 만든다. 이러한 작용을 매개로 인종적 구분이 상대를 만날 때 즉각적으로 작동하며, 인종적 차별이 다양한 방식으로 일상적으로 표현되고 경험하게 만든다. 일상경험과 인식뿐만 아니라 정체성과 조직에도 이러한 인종적 구분이 철저히 침투되어 있다. 차별 당한다고 생각하는 사람들은 차별로부터 자신들의 네트워크와 자원을 동원하여 자신들이나 동료들을 보호하기 위해 또는 차별에 대항하기 위해 자신의 인종/민족 정체성을 반영한 조직을 만들고 이에 참여한다. 미국에서는 생활의 전 영역에 인종의 단층선들이 형성되어 작동하고 있다고 말할 수 있다.

이민 2세 동화이론의 흐름

미국에서 대부분의 학자들이 이민자 2세들은 동화되는 것으로 본다. 물론 동화뿐만 아니라 통합, 적응, 포용 등의 개념들도 사용되고 있다. 동화와 통합이 가장 많이 사용되는 개념이다. 그렇지만 동화와 통합은 매우 애매모호한 개념이며, 다른 현실을 지칭하는 것으로 사용될 수 있다(Martiniello and Rath 2014: 11 참조).

1) 동화모델

동화모델은 앞에서 언급한 두 번째 대규모 이민의 후손을 대상으로 한 연구에 기반하고 있다. 따라서 대상이 주로 1880년대 이후에 이민을 온 비영국계 이민자들의 후손이다. 이들은 다수가 가톨릭계, 이탈리아계, 아일랜드계, 유대계로서 신교도인 영국계나 독일계 후손으로부터 많은 인종차별을 당하였다. 동화이론은 이민자의 후손이 그 이전의 이민자 후손이 겪었던 과정을 그대로 겪는다고 주장한다. 따라서 이민자의 자녀는 시간이 흐르면서 그 이전 이민자의 후손과 비슷한 경로를 겪을 것으로 주장한다. 후손으로 내려올수록 현재의 미국인과 규범, 가치, 행동에서 비슷하게 될 것이라고 생각한다. 즉, 현 이민자의 자녀들은 점차 이민자 모국의 문화를 상실하고 미국 문화를 습득하게 되면서 기존의 미국인과 같은 미국인이 될 것이다. 세대를 내려갈수록 현 이민자의 후손들은 현재의 이민자나 이들의 자녀보다 더 주류사회에 동화될 것으로 간주된다.

이민 2세는 미국에서 태어나 태어날 때부터 미국 언어와 문화를 접하게 되며 점차 미국의 유치원과 학교를 다니며 미국식 교육과 훈련을 받고 미국 친구들과 함께 놀게 된다. 미국 본토박이 아이들과 비슷한 교육과 훈련을 받게 되어 사고방식도 비슷해지고 사회생활이나 직업으로의 진출과정도 비슷해진다. 부모로부터 부모 모국의 언어와 문화에 대한 교육을 받는 경우에도 이를 많이 상실하거나 체화하지 못하는 상황이 된다. 세대를 내려갈수록 모국의 언어와 문화를 더 상실하게 되고 점차 상징적인 몇 개를 제외하고는 모국의 문화를 알지 못하는 상황에 이르게 된다. 따라서 동화론에 따르면 세대를 내려갈수록 모국의 문화를 상실하고 미국의 문화를 체화하게 되며, 3세나 4세에 이르면 완전히 미국인이 된다. 이렇게 완전한 미국인이 되면 다른 백인과 유사한 사람으로 간주되고 차별도 없어질 것으로 생각한다.

고든은 이러한 동화가 7단계를 거쳐서 이루어진다고 주장했다(Gordon 1964). (1) 문화적 동화: 이민자들은 주류사회의 언어, 옷, 일상 관습을 배우며 점차 가치와 규범을 체화한다. (2) 구조적 동화: 이민자들이 대규모로 주류사회의 단체, 클럽, 제도권에 진입을 하게 된다. (3) 결혼동화: 다른 민족과의 결혼이 확산된다. (4) 정체성 동화: 이민자와 자녀들이 주류문화에 애착을 느낀다. (5) 태도동화: 편견이 점차 사라진다. (6) 행동동화: 차별행동이 점차 사라진다. (7) 시민동화: 가치갈등이나 권력갈등이 사라진다. 이러한 과정이 진행되기 때문에, 고든(1964)은 동화나 다른 민족과의 결혼을 통하여 민족적 차별성이 점차 사라지기 때문에 대부분의 민족집단도 사라질 것으로 보았다.

시간이 지나고 세대가 내려갈수록 동화될 것이라는 이러한 주장은 1960년대부터 비판을 받기 시작하였다(Zhou 2007: 978). 유럽 백인 이민자와 그 후손들만을 대상으로 하여 이들이 점차 백인주류 중산층에 동화되는 것으로 가정하고 있어 유색인종에서도 정말 그렇게 나타날지를 알 수 없다. 동화모델은 또한 계급의 문제를 제대로 다루지 못했다. 교육의 경우, 동화모델의 예측과 달리, 시간이 지나거나 세대를 내려가는 것은 별다른 영향이 없었으며, 이보다 이민자의 교육수준이 계속 심각한 영향을 미쳤다(Hirschman and Falcon 1985). 즉, 이민 온지 얼마나 오래 되었는가가 아니라 개별 이민자의 사회경제적 배경이 후손들에게도 계속 영향을 미쳤다. 갠즈(Gans 1992)는 중산층 이민자의 자녀와 다르게 빈곤층 이민자의 자녀는, 특히 피부가 더 검을수록, 학업성취가 낮고 이민자인 부모처럼 열심히 일하려는 생각도 없어, 실직상태에 빠져 영원히 빈곤에 빠질 가능성이 높다고 주장하였다. 이들은 높은 실업률, 범죄율, 술중독, 마약중독에 빠져, 이들의 장래는 암울할 것으로 생각했다. 또한 이민자들 사이에서도 계급적 격차가 매우 커져 계급에 따라 그 영향이 매우 달랐다. 하지만 갠즈는 이러한 문제가 동화모델 자체를 거부하는 것이라고 보지 않았다. 동화가 진행되고 있지만 다양한 방향으로 나타나고 또한 일시적으로 터덕거릴 수도 있는 것으로 보았다. 특히 피부가 더 검고, 가난하고, 기술이 없을수록, 동화가 더 지체되는 것으로 생각하였다(Zhou 2007: 980).

2) 인종차별모델

글레이저와 모이니핸(Glazer and Moynihan 1970)은 모든 사람들을 용광로로 녹여 동화시킨다는 가설과는 달리 유럽인들에게서도 각 민족들이 계속 민족적 상징을 사용하여 민족으로 남아 있다고 지적하였다. 한 집단으로 융합되기보다는 다양한 집단으로 공존한다는 것이다. 이들에 따르면, 1800년대 후반 이민자인 이탈리아계나 유태계처럼, 차별당하면서 동화되기보다, 자기 민족의 상징과 정체성을 유지하며 공존하는 경향을 보여줬다. 미국은 이러한 다양한 개별적 민족과 인종의 복합체로서 법과 시장으로 연결되어 있다. 인종차별이 법적으로 금지되어 있음에도 불구하고 인종과 민족은 미국의 일상생활에서 상대를 파악하고 대우하는 데 핵심적인 역할을 해오고 있다. 많은 학자들은 미국이 인종과 민족에 의해 구분되고 차별되는 사회라고 생각한다. 일상적으로 인종에 따라 차별받는 사회이다(Barth and Noel 1972). 이러한 인종차별로 인종 사이에 건널 수 없는 장애가 있어, 미국은 백인과 흑인의 두 개의 국가로 분열되어 있다고도 묘사되었다(Hacker 2003).

백인을 중심으로 상상하는 동화이론과 달리, 중심을 상정하지 않고 다양한 민족이나 문화로 동등하게 구성된 다문화를 상상하는 이론 틀도 제시되었다. 다문화주의는 중심이 없기 때문에 특별히 동화되어야 할 필요가 없고 따라서 다양한 문화 또는 인종이나 민족이 공존하는 경우를 상상한다. 그리고 인종이나 민족이나 문화의 차이를 인정하고 받아들인다. 미국은 서로 다른 인종, 민족, 문화가 공종하는 유동적인 복합체로 간주된다. 이민자들이 주류 문화에 적응해야 또는 동화되어야 하는 것이 아니라 자신에 알맞게 여러 요소를 재조합하는 것으로 생각할 수 있게 만든다. 오히려 이렇게 공존하고 재조합하는 것이 미국적인 것으로 이해된다(Zhou 2007: 981-982). 하지만 이러한 관점은 인종 질서에 우열이 존재하고 지속적인 차별이 작동하고 있다는 점을 제대로 고려하지 못하고 있다.

이러한 문제점을 극복하기 위하여 실제에서 소수인종에게 차별이 이루어지는가 그리고 차별의 영향이 무엇인가를 먼저 검토할 필요가 있다. 따라서 많은 학자들은 미국에 만연되어 있는 인종차별에 주목하고 있다. 이들은 사회에 만연되어 있는 구조적 차별이 동화를 방해한다고 본다. U.S. Human Rights Network(2010: 8)에 따르면, "미국에서 차별은 생활의 모든 측면에 스며들어 있으며, 모든 유색인종이 차별당하고 있다." 특히 흑인차별이 가장 심하게 나타나고 있다. 흑인이민자들은 인종차별로 백인 중산층 거주지에서 살기 어렵고, 흑인들이 주로 사는 지역에 거주하게 된다. 인종차별은 흑인과 백인의 거주지를 분리시키는 결과를 낳으며, 흑인 이민자가 중산층이더라도 교육열이 낮은 흑인빈민지역에 거주하면서 자녀들의 교육열망도 낮춰지는 상황이 나타날 수도 있다. 이러한 경우 대체로 2세에서 낮은 학업성적 또는 학교교육에 대한 흥미상실로 나타나 대학교육을 매개로 다시 중산층에 진입하거나 또는 계급상승을 이룩하는 것이 어려워지게 된다.

따라서 이러한 관점에 따르면 백인 이민자들은 인종차별로 좀 더 나은 거주지로 진입이 가능하고 좀 더 나은 직장을 얻을 수 있으며 좀 더 나은 학교를 다닐 수 있어 이익을 얻지만, 흑인 이민자들은 그 반대 현상이 나타나는 경우가 많아 손해를 본다. 이렇게 이익과 손해가 다르기 때문에 동화과정에서 각 인종에 따라 또는 차별정도에 따라 지체되거나 손해를 보거나 하는 정도도 다르게 나타난다. 특히 유색인종들에게는 지체나 손해를 끼치는 것으로 동화에서도 지체나 방해가 나타난다고 생각한다. 이 모델은 적응과정에서 인종차별의 문제를 부각시키는 데 성공하였다. 이 모델은 특정 인종에 따라 동화에 지체나 방해가 나타난다는 점을 고려하고 이를 밝혀내기 때문에, 단순 동화모델보다는 좀 더 현실적이지만, 동화를 성취해야할 이상적인 목표로 간주하고 있어, 아직 동화모델의 영향을 벗어나지 못하고 있다.

이 모델의 또 하나의 문제는 이 모델이 흑인차별을 중심으로 모델을 재구성하였기 때문에 최근 이민으로 히스패닉과 아시아계의 인구가 급증하면서 다양한 형태의 인종차별이 나타나고 있으며 인종차별의 문제도 더욱 복잡해졌지만 이 모델은 이러한 문제를 제대로 대처하지 못하고 있다. 인종차별이 흑백의 문제가 아니라 흑인/아시아계/히스패닉/백인의 문제로 되었다면, 이러한 인종구성의 변화가 지니는 의미는 무엇일까? 인종 간 결혼이 증가하여 다인종 개인들이 증가하는 현상이 미치는 영향은 무엇일까? 다른 인종과 결혼하는 비율이 1967년에는 3%에 불과하였지만 2015년에는 17%에 이르고 있다. 2015년 흑인 신혼자에서는 이 비율이 18%이고, 백인신혼자에서는 11%, 아시아계 신혼자에서는 29%, 히스패닉 신혼자에서는 27%에 이른다. 가까운 친족이 흑인과 결혼한다면 반대하겠다는 비율이 1990년에는 63%였지만 2016년에는 14%로 줄었다(Livingstone and Brown 2017). 인종이라는 범주의 변화와 증가하는 인종 간 결혼은 인종의 의미와 내용에 심각한 영향을 미치고 있다.

3) 분절적 동화모델

분절적 동화모델은 동화모델과 인종차별모델을 결합하여 재구성한 것이다(Portes and Zhou 1993; Zhou 2007). 동화모델에서 세대를 내려가면서 동화가 심화되어 미국사회에 통합된다는 점을 차용하였고, 인종차별 모델에서는 인종차별을 매개로 흑인이나 히스패닉 이주민의 상당수가 빈곤층으로 동화된다는 측면을 차용하였다. 또한 민족별로 이민 공동체가 형성되어 민족의 가치를 보존하고 유대를 강화하여 빠른 경제적 성취를 이룩하는 민족이나 인종이 있다는 점을 결합시켰다(Portes and Zhou 1993: 82).

저우(Zhou 2007: 984)는 분절적 동화모델과 연관된 주제들에 대한 문헌들을 재검토하면서 여러 변수 때문에 집단에 따라 다르게 영향을 미친다고 간주하였다. 예를 들어 이민자의 적응에 가장 커다란 영향을 미치는 개인적 차원의 요소들로 교육, 열망, 영어능력, 출생 장소, 이민 나이, 미국 거주기간과 같은 요소들을 제시하였고, 구조적 요소로 인종적 지위, 사회경제적 가족배경, 거주지를 중요한 변수로 제시하였다.

이에 따르면 교육수준이 높고 숙련도가 높은 이민자의 자녀는 중상층으로 이동할 수 있지만, 도시빈민촌에 거주하는 이민자의 교육수준이 낮고 가난한 자녀들은 빈민으로 추락하는 경험한다. 교육수준이 높고 숙련도가 높은 이민자의 자녀는 부모로부터 재정적으로 계속 도움을 받을 수 있고, 학구열이 높아 좋은 학교에 갈 수 있으며, 중산층 동네에서 살며, 여러 지지 집단이나 조직의 도움을 받을 수 있다. 따라서 훨씬 나은 삶을 살 가능성이 높다. 하지만 교육도 못 받은 미숙련 이민자를 부모로 둔 자녀들은, 위와 반대로, 빈민촌이나 가난한 거주지에 살면서 해당 지역의 파괴적인 사회환경, 즉 나쁜 학교, 폭력, 마약에 심각한 영향을 받게 되어 학업성취도 떨어지고 중상층으로 진입할 가능성도 크게 제약된다. 도시의 빈민촌에 거주하는 이민자녀들은 학업과 취업에 있어서 빈곤의 함정에 빠지게 된다. 이들은 빈민촌에서 빈곤의 하위문화에 영향을 받아 사회적 지위가 추락하여 하층으로의 동화가 나타난다. 이민자 부모의 계급적 지위가 이민가족이 어디에 사는가를 결정하기 때문에 이는 다시 어떤 수준의 학교를 다니게 될 것인지, 어떤 수준의 친구와 사귀게 될 것인지, 어떤 학교로 진학하게 될 것인지를 결정하여 미래에 어떠한 계층으로 동화될 것인지를 보여준다(Zhou 2007: 986~8).

이민 2세들에게는, 미국에서 교육을 받고 자란다는 것이 중상층으로 순조롭게 편입되는 수순이 될 수도 있고, 또는 기존 질서에의 충격적인 대결이나 일탈이 될 수도 있다. 이렇게 여러 방식으로 분절되어 미국사회에 흡수되는 것일 수 있다. 흡수되는 과정이 벌어지는 곳이 중산층 교외거주지일 수도 있고 또는 가난한 도시 게토일 수도 있다. 미국인이 된다는 것이 한편에서는 신분상승이나 경제개선을 의미할 수 있지만, 다른 편에서는 빈곤층으로 추락하는 것일 수도 있다. 이민자가 중산층 거주지로 바로 진입하거나 또는 단기간의 타거주지를 거쳐 중산층 거주지로 진입이 이루어지든, 이들에게는 동화되고 미국화되는 것이 유리할 것이다. 미국의 중산층의 분절에 동화되고 중산층의 분절에 편입될 수 있다. 하지만 밑바닥에 있는 집단의 거주지로 진입하여 성장하는 경우 사회의 하층분절에 동화되어 하층의 분절로 편입되게 된다. 주류 사회는 보통 이러한 하층으로의 편입을 부적응으로 간주한다. 이러한 분절적 동화를 고려하면 중요한 문제는 어떤 것이 일부 이민자들을 빈곤집단이나 하층집단으로 빠지게 하는가이다. 또는 다른 이민자들은 어떻게 이를 피하여 중산층으로 동화되게 만드는가이다. 여기에 영향을 미치는 요소들은 이민 집단의 내부에도 있고 외부에도 있다. 이민자의 내부적 요소로는 도착할 때 이민자가 지닌 재산, 교육, 가족구조, 공동체 조직들, 문화적 사회관계 패턴 등을 들수 있고, 외부적 요소로는 해당 이민자 집단이 처한 인종차별, 경제적기회, 거주지 분화 등을 들 수 있다. 이러한 요소들이 이민 2세들의탄생, 양육, 교육, 진학, 친구관계에 영향을 미치며 진로에 영향을 미친다. 외부적 내부적 요소들은 서로 상호작용한다. 민족공동체나 가족에서 나타나는 특정한 가치, 태도, 사회관계, 조직적 지원은 나쁜 상황을극복할 수 있게 도와줄 수 있다. 또는 더 나은 지위로 상승하는 데 도움을 주지 못할 수도 있다(Zhou 2007: 999).

분절적 동화이론은 어떠한 구조적 문화적 요소들이 이민 2세들의계층의 상향 또는 하향 이동에 어떻게 영향을 미치는가를 파악하고자한다. 백인과 다른 피부 때문에 겪는 인종차별과 부모의 계급적 지위가 가장 중요한 요소로 간주된다. 특히, 도시 빈민촌에서의 삶은 계층상승에 가장 심각한 장애물의 하나로 간주된다. 이민 2세들의 상향적동화가 주로 빈곤과 인종차별에 의해 불가능하게 된다. 이들 요소는2세들의 정체성, 열망, 학교성적, 어떠한 방향으로 인생이 갈 것인지에심각한 영향을 미친다. 중상층으로 가든 빈곤층으로 가든, 새로운 이민자들의 2세는 이들의 부모와 비교하면 아주 미국화되었다. 그러나이러한 과정은 선택적 문화화로 봐야 한다. 한쪽에서 미국화가 진행되지만 동시에 이민공동체의 문화와 가치가 혼합되어 나타난다. 그렇지만 경제적으로는 충분히 미국경제에 통합되었다(Portes & Rumbaut 2001). 미국사회에 상당히 통합되고 동화되지만 다양한 방식으로 이루어지며 자체적인 문화와 가치도 일부 유지한다.

물론 분절적 동화이론에도 여러 가지 비판이 존재한다. 특히 Waters, Tran, Kasinitz and Mollenkopf(2010, conclusion)은 다음과 같은 문제점을 지적하고 있다. 첫째, 이민 2세에서의 하층으로의 부정적 동화가과장되어 있다. 집단에 따라 다양하게 나타나지만, 이들의 연구에 따르면, 부정적 동화는 실제로 10% 정도에 불과하고, 20%는 긍정적 동화를 보여주며, 70%는 선택적 동화를 보여준다. 부정적 동화가 10% 정도라면 예외적 현상으로 간주할 수 있는 정도이다. 둘째, 이러한 동화의 유형은 2세에서 나타나는 사회경제적 결과와 별다른 관련이 없는 것으로 보인다. 셋째, 분절적 동화론은 민족적 맥락이나 민족적 공동체가 중요한 역할을 한다고 주장하지만 이러한 요소들은 대부분 중요하게 나타나지 않고 있다. 오히려 집단 사이의 또는 집단 내에서의 초기의 차이가 결과에 더 중요한 영향을 미쳤다. 넷째, 이들이 연구한 뉴욕시의 이민 2세들에서 고등학교 자퇴생이나 의사들은 소수였으며, 다수가 대학을 졸업하고 화이트칼라 직장이나 서비스 직장에서 일하고 있었다. 이민 2세들은 부모보다는 비슷한 나이의 다른 뉴욕시민과 더 닮아 있었다. 민족에 뿌리를 내리거나 민족적 사회 자본은 중요한 자원을 지닌 사람과 연계되었을 때에야 도움이 되었다. 대부분 가난한 집단에 있어서는 민족적 뿌리나 사회 자본은 잘 사용되지 않는다. 다시 말하면 이들은 공동체보다 개별 이민자의 자본이나 교육정도가 더 중요하며, 결국 이민 2세들은 부모 이민자의 자본과 교육정도에 영향을 받으며 대체로 중간층으로 편입되는 경우가 다수라며, 인종적 분절론은 지나친 과장이라고 보고 있다. 하지만 이들의 자료를 따른다고 하여도 선택적 동화가 70%에 이른다는 것은 동화라고 하기에는 문제가 있음을 보여준다.

기존의 이민 2세 동화이론의 문제점과 대안

이민자의 적응을 설명할 때, 유럽에서는 동화라는 말을 사용하는 경우가 줄어들고 통합이라는 단어를 사용하는 경우가 더 많아졌지만, 미국에서는 아직 동화라는 말을 더 많이 사용하고 있다. 동화는 기존사회의 문화를 배우고 닮아가는 것을 의미하여(물론 자신들의 문화를 첨가하는 것도 가능하겠지만, 이주민이 기존 거주민의 문화를 닮아가는 측면을 더 강조한다), 대체로 이민자가 기존 거주민 문화에 동화되는 것을 의미한다. 통합이라는 말은 이민자가 기존 사회의 일부가 되어 기존 사회에 기여하는 사회기능적 측면을 더 강조한다. 따라서 둘 사이에 개념적 차이가 있다. 동화는 문화적 일치화를 의미한다면, 통합에서는 주류 문화를 그대로 따르지 않으면서도 평화롭게 공존하며 해당 사회의 일부가 되는 것이 가능하다.

미국에서 모르몬교도나 에이미쉬 집단은 미국 주류 문화와 다르기 때문에 동화되었다고 보기는 어렵지만 미국사회의 일부로서 평화롭게 작동하고 있기 때문에 통합되어 있다고 볼 수 있다.[17] 동화와 통합의 이러한 어감의 차이에도 불구하고 미국에서는 주로 동화라는 개념을 사용하여 이민자들을 설명하는 경우가 많다. 동화라는 개념이 통합개념보다 이민자들이 미국화되는 것을 잘 보여준다고 생각하기 때문이다. 이들 학자들이 이민자나 2세들이 미국문화를 흡수하는 것이 미국 사회의 일원이 되는 데 중요하다고 생각하기 때문에 동화개념을 많이 사용한다. 즉, 미국의 주류 문화를 흡수하고 따르는 관점에서 이민2세의 적응문제를 보고 있는 것이다.

1) 동화의 개념적 문제

동화의 개념은 주류 문화가 존재하며 이민자는 이에 당연히 적응하여야 한다고 가정한다. 이민자들이 이러한 주류 문화 또는 기존 거주

---

17) https://openborders.info/blog/a-critique-of-the-assimilation-concept/

민 문화를 배우고 동화하는 것이 자연스러운 과정이라고 생각하게 만든다. 동화를 이런 식으로 상상함으로써 동화나 편입이 근본적으로 이민자와 기존 거주민 사이의 불평등한 권력관계에서 나타난다는 사실을 놓친다. 이민자가 기존 거주민보다 훨씬 강력한 힘을 가지고 있을 때, 미국의 초기 개척자에게서 나타난 바와 같이, 이민자는 기존 거주민에 동화할 필요가 없다. 오히려 이민자가 기존 거주민을 정복하고 기존 거주민이 이민자의 문화를 배우도록 강제하고 그러한 사회적 분위기를 조성하는 경우는 세계적으로도 많이 나타났다. 또는 기존 거주민을 제거할 수도 있다. 식민 또는 개척이라는 말은 이러한 불평등한 관계를 보여준다. 다시 말하면 이민자의 동화는 기존 거주민이 압도적인 권력을 장악하고 있을 때 주로 나타난다. 이민자와 기존 거주민의 권력관계가 어떻게 나타나고 작동하느냐에 따라 동화나 강요나 정복이나 제거나 공존의 다양한 형태가 나타날 수 있다. 동화라는 개념은 기존 거주민의 문화를 신비화시켜 이민자들이 여기에 적응하거나 또는 기존 문화를 배우고 차용하는 것을 당연하게 생각하게 만든다. 이민자와 기존 거주민 사이의 권력관계가 어떻게 작동하여 이주민이나 기존 거주민의 문화가 어떠한 조합으로 어떻게 재구성되는지를 상상하기보다, 이민자들이 기존 거주민의 어떠한 문화요소들을 얼마나 채택하였는지 또는 어떻게 적응하였는지의 관점에서 상상하도록 만든다. 이러한 방식으로 상상하게 되면 이들의 상호작용의 배후에서 작동하는 권력관계를 보지 못하게 되고, 권력관계를 매개로 나타나는 복합적인 문화적 재구성을 자연스러운 이민자의 적응/동화라고 보게 만든다.

이러한 관점에서 보면 권력관계는 놓치고 적응/동화의 정도를 측정하는 측정치들이 중요하게 부각되며 이 측정치들을 중심으로 적응/동화의 정도를 논의하는 방식으로 이민 2세의 문화에 접근하게 만든다.

그러한 적응/동화의 정도를 판단하는 중요한 측정치로 다음과 같은 것들이 제시되고 있다. (1) 사회경제적 지위 - 교육, 직업, 소득 (2) 거주지 집중 - 지리적 분포 또는 거주지 패턴 (3) 언어동화 - 영어능력 (4) 민족외혼 - 타민족 또는 타인종과의 결혼. 동화란 이러한 요소를 점진적으로 획득하는 과정으로 본다. 이러한 요소를 얼마나 획득하였는가를 조사하여 얼마나 동화되었는지를 판단한다. 이러한 방식으로 보면 미국에서 과거에 "유럽 이민자 집단이 동화하는 것과 같은 과정으로 현재의 이민자들도 동화되고 있다"(Waters and Jinenez 2005: 106). 이러한 방식으로 동화를 측정하게 되면, 현실에서 이민자와 기존 거주민의 불평등한 권력관계를 매개로 문화가 협상되고 재구성되는 과정은 사라지고, 이민자가 점진적으로 기존 거주민을 닮아가는 과정만 보게된다.

앞에서 말한 바와 같이 초기 이민에서는 이는 전혀 사실이 아니었다. 압도적인 권력을 지닌 이민자들이 기존 거주민을 정복하거 제거하면서 기존 거주민의 문화에 적응한 것이 아니라 기존 거주민의 문화를 없애고 자신의 문화를 정착시켰다. 이민자가 자신의 문화를 포기하고 기존 거주민을 닮아가는 방식으로 동화된다면 이는 기존 거주민이 이민자와 비교하여 압도적인 권력을 가지고 있기 때문이다. 대체로 이민자들이 취약하고 개별적으로 분산되어 기존 거주민(국가를 포함하여)에 포섭되는 방식으로 적응이 이루어지기 때문이다. 동화, 통합, 적응은 중립적인 개념이 아니라 이미 강력한 기존 거주민(또한 이들의 국가권력)을 전제하고 있는 것이다. 따라서 약자인 이민자들이 강자인 기존 거주민에 적응하고, 맞추고, 동화되고, 통합되어야 한다는 뜻을 내포하고 있다, 그런데 동화이론은 약자와 강자의 관계는 무시하고 당연히 이민자가 기존 거주민에 적응하고, 맞추고, 동화되고, 통합된다고 생각하면서, 권력관계를 매개로 문화가 재구성되는 문제를 놓치고 있다.

캠브리지 사전에 따르면 동화는 "기존 집단, 국가, 사회 등의 일부가 되는 과정 또는 사람이 그러한 일부가 되도록 만드는 과정으로, 기존 집단의 관습과 문화를 습득하고 사용하여 기존 집단과 유사해지는 과정"이다.[18] 위키피디아는 문화적 동화를 다음과 같이 정의하고 있다. "소수집단이나 문화가 주류 집단의 것을 닮아가는 과정"이다. "동화는 빠르거나 느리게 이루어질 수 있으며, 완전동화는 주류 집단의 문화와 구분하기 어려운 상태가 되는 것이다."[19] 이러한 정의에 따르면 동화는 주류 집단의 관습과 문화를 습득하고 사용하여 주류 집단의 문화와 구분하기 어려운 상태가 되는 것이다. 즉, 미국에서 동화이론은 주류 백인의 관습과 문화를 습득하고 사용하여 백인과 구분하기 어려운 상태가 되어야 한다는 생각을 전제로 하고 있다.

이러한 동화이론은 주류 백인의 무의식적 이중잣대를 반영하는 것이다. 주류 백인은 미국으로 이민을 오면서 자신들의 문화를 유지하고 확산시켰지만, 다른 이민자들은 미국으로 오면 자신의 문화를 포기하고 주류 백인의 것을 받아들이라는 의미이다. 또한 원 거주민이었던 인디언들도 자신의 문화를 포기하고 주류 백인의 문화를 습득하라는 의미이다. 분절적 동화론도 계급격차나 인종/민족격차를 인정하지만, 주류 백인의 문화를 습득하는 것을 바람직하고 당연한 것으로 간주한다. 동화론이나 분절적 동화론에서 주류 백인문화를 습득하는 것은 이민에 성공한 것으로 간주되고 그렇지 못한 것은 실패한 것으로 간주된다.

이전보다 많이 약화되었지만, 이민자들이 주류 백인의 문화에 동화하라는 압력은 계속되고 있다. 각자 자신의 문화를 자유롭게 드러내고

---

18) https://dictionary.cambridge.org/dictionary/english/assimilation
19) https://en.wikipedia.org/wiki/Cultural_assimilation

사용하는 것을 촉진하는 다문화주의는 이러한 동화압력을 약화시킨다. 다문화주의는, 개인을 자신의 인종/민족으로 환원하여, 다양한 민족의 문화로 상상하는 경향을 보인다. 다문화주의에서는 영어, 역사, 규범, 문화 등에 의해서 공동정체성을 형성하지만, 갈수록 다양하고 파편화된 미시 - 정체성을 보다 쉽게 드러낼 수 있게 된다.[20] 이러한 환경에서 동화론은 영어, 역사, 규범, 문화 등에서 미국인의 공동정체성을 측면을 강조하고 있지만, 인종이나 계급이나 성적 정체성에 의해 다양하게 파편화된 정체성은 제대로 다루지 않는 경향을 보이고 있다.

2) 통합의 개념적 문제

인종/민족 차별모델이나 분절적 동화모델은 불평등한 통합에 특히 관심을 가지고 있다. 이들은 민족/인종의 불평등을, 그것이 계급적일 수도 있지만, 전면에 부각시켰다. 불평등한 통합. 불평등하지만 통합되었다는 것을 어떻게 이해하여야 할까? 불평등하게 차별받고 분절되어 있는데 통합되었다고 할 수 있을까?

파크와 버제스(Park and Burgess 1921)는 초기에 통합을 정의한 학자이다. 이들에 따르면 통합은 "상호침투하고 융합되는 과정으로 이를 통해 개인들이나 집단이 다른 집단이나 개인의 기억, 감성, 태도를 획득하고, 이들의 경험과 역사를 공유함으로써, 이들에게 편입되어 공동의 문화적 삶을 형성하게 된다." 파슨스(Parsons 1991)에 따르면, "어떤 사회체계의 사회적 통합은 구성원들이 공동가치지향에 의해 통치될 때, 공동의 가치가 자발적으로 집단적 행동으로 통합되어 나타날 때, 사람들이 자신의 기대역할에 대해 책임을 맡게 될 때, 분배적 과정을

---

20) https://www.hoover.org/research/melting-pots-and-salad-bowls(2018.9.4. 검색)

관리하는 규범의 정의와 실천에 대한 책임을 맡을 때, 공동체의 일에 대한 책임을 맡을 때 나타난다."[21] 이들은 공동체에서의 기대역할을 잘 수행하고 경험과 역사를 공유하여 공동의 문화로 나아갈 때 통합된다고 주장하였다.

유엔사회발전연구원UNRISD, UN Research Institute for Social Development 은 사회통합을 다음과 같이 정의했다. "사회통합 개념을 이해하는 데 최소 3가지의 다른 길이 있다. 어떤 사람들에게는 포용적 목표로서 모든 사람에 동등한 권리와 기회를 의미한다. 이 경우 더 통합되었다는 것은 삶의 기회를 개선했다는 것을 의미한다. 다른 사람들에게는 통합되었다는 것은 부정적 함의를 가진다. 즉, 원치는 않지만 통일성을 강요된다는 부정적 함의가 있다. 또 다른 사람들에게는 통합이 특별히 부정적이거나 긍정적 상황을 의미하는 것은 아니다. 여기에서는 통합은 단순히 어떤 사회에서 나타나는 인간관계의 패턴을 설명하는 하나의 방식일 뿐이다(UNRISD 1994)."

캠브리지 사전에서는 통합이 다음과 같다. (1) 어떤 사회나 집단에 참여하고 혼합되는 것으로, 이들의 생활양식, 관습, 습관에 맞도록 나를 바꾸는 것이다. (2) 두 개 또는 그 이상의 것을 효율적으로 결합시키는 것이다.[22] 사회통합이란 사회집단들의 분리를 해소하여 직장이나, 주거지나, 사회생활에서 서로 뒤섞이는 것을 의미한다. 이민자에 적용하면 해당 사회의 언어를 능숙하게 말하게 되고 해당 사회의 보편적인 법, 가치, 질서를 수용하는 것을 의미한다. 법, 가치, 질서를 지킨다면 자신의 문화, 색다른 문화를 지닐 수 있다. 통합은 문화적 동화

---

21) https://en.wikipedia.org/wiki/Social_integration(2018.9.4. 검색)

22) https://dictionary.cambridge.org/ko/%EC%82%AC%EC%A0%84/%EC%98%81
EC%96%B4/integrate

보다 평화로운 사회적 결합을 의미하기 때문이다. 이를 통해 모두 사회의 같은 구성원이 되어 기존 사회의 기회, 권리, 서비스에 충분히 접근하게 된다.[23]

이민정책연구소Migration Policy Institute는 좀 더 쉬운 표현으로 이민자 통합을 정의하였다. "이민자 통합은 새로운 이민자와 자녀들에게 경제적 개선과 사회적 포용의 과정이다… 성공적인 통합은 경제적으로 더욱 강하고 사회적으로나 문화적으로 더욱 포용적인 공동체를 구축한다."[24] 브라운과 빈(Brown and Bean 2006)에 따르면, 통합은 "이민자와 기존 거주민이 서로를 닮아가는 과정이다. 경제적 차원과 사회문화적 차원을 지닌, 이 과정은 이민세대로부터 시작하여 2세 3세로 나아간다. 통합이 잘 될수록 이민자와 미국주류에게서 중요한 삶의 기회가 균등해진다."

이러한 개념들을 살펴보면 이민자와 관련하여 통합은 주로 이민자가 기존사회에의 평화로운 사회적 결합을, 또는 긍정적인 사회적 기여를 하게 될 때 주로 사용하여 문화보다는 사회적 측면을 더 강조하는 개념으로 사용하고 있다. 하지만, 미국의 많은 학자들에게 통합은 동화와 마찬가지로 이민자의 기존 거주민에의 동화를 의미하기도 하여 동화와 같은 개념으로 사용하기도 한다. 이들에게는 이민자 자녀가 주류의 자녀와 서로 비슷해지는 것을 의미한다. 그러나 통합은 동화보다 훨씬 사회적인 개념이다. 통합을 평화로운 사회적 결합의 개념으로 사용하면 통합은 이민자의 영어능력, 교육, 소득, 직업, 결혼, 거주지가 주류 백인과 비슷한가 아닌가로 측정할 수 있는 것이 아니다. 비슷하다는 것은 동화에 해당하는 것이지 통합을 보여주는 것은 아니다.

---

23) https://www.definitions.net/definition/social+integration

24) https://www.migrationpolicy.org/topics/immigrant-integration

통합은 부분들이 서로 잘 연결되어 또는 서로 기능적으로 긍정적으로 기여하여 전체의 통합성을 높이는 것을 의미한다. 따라서 통합의 정도는 부분들이 비슷한가보다는 부분들이 서로 잘 공존하고 전체에 잘 기여하는지 전체가 더 잘 작동하고 활성화되는데 얼마나 기여하는가의 정도로 평가하여야한다. 따라서 잘 통합된 사회는 부분들이 더 비슷한 것으로 나타나는 것이 아니라 부분들이 전체에 더 긍정적으로 기여하는 것으로 나타나는 것이다. 미국에서 각 민족/인종들에서 교육, 소득, 거주지의 정도가 비슷하더라도, 서로 차별하거나 무관심하거나 분리되어 있다면 또는 서로 갈등을 일으킨다면 통합된 사회라고 할 수 없다. 이러한 시각에서 보면 이민 2세들에서 각 요소들이 기존 거주민과 얼마나 비슷한가를 측정하여 더 비슷하면 더 통합되었다고 주장하는 것은 동화와 통합을 혼동하는 것이다.

3) 국가와 권력의 역할에 대한 무관심

기존의 동화이론은 자신의 모델에서 인종차별이나 불평등한 권력의 작용에 별다른 관심을 두지 않는다. 이에 비하여 인종/민족 차별모델이나 분절된 동화이론은 민족/인종이나 사회계층이 심각한 영향을 미친다는 점을 강조하고 있다. 미국에서 인종이나 사회계층이 일상생활과 사회관계에서 지속적으로 중요한 영향을 미치고 있다는 점을 고려하면, 이들은 기존의 동화이론보다 적절한 설명을 제공하고 있는 것으로 볼 수 있다. 하지만 이들 모델들도 동화이론과 마찬가지로 국가권력이나 불평등한 권력이 2세들에게 어떻게 개입하여 영향을 미치는지에 대해 거의 관심을 두지 않는다. 즉, 국가나 지배층이 이민자나 이민 2세를 어떻게 생각하고 배척하거나 편입하는지, 그리고 이민자나 이민 2세들은 이에 어떻게 생각하고 대응하는지를 제대로 다루고 있지 못하다. 인종과 계층이 이미 존재하는 것으로 보고 이를 매개로 불평등하게 동화된다는 점을 주로 강조한다. 따라서 권력의 불평등이나 차별이 이민 2세에게 어떠한 맥락에서 어떻게 작동되어 어떻게 영향을 미치는지를 보여주는 데까지 나가지는 않는다.

이민자나 이민 2세의 모든 부분들이 국가기구의 그리고 이를 지배하는 지배층의 영향을 받고 있다. 이민자나 이민 2세의 힘이 약하기 때문에 이들이 미국으로 들어올 수 있도록 하거나 거부하는 것은 국가이다. 17세기 18세기에는 미국 원거주민(즉 인디언)의 힘이 약하였기 때문에 이민자(백인)들이 마음대로 들어왔고 기존 거주민을 제거하였다. 이제 미국이라는 국가의 힘이 강력하기 때문에 이민자들을 받아들이는 것, 미국으로 입국하는 것, 또는 추방하는 것, 미국에서 영주권이나 시민권을 받는 것, 학교를 다니는 것, 학교에서 어떤 내용을 배우는 것, 세금을 내는 것, 안전하게 거래를 하는 것, 인종차별을 당하고 방어하는 것, 복지를 받는 것 등이 모두 국가권력에 의해 실천된다.[25] 이민자가 이민을 신청하는 순간부터 미국에 입국하여 자녀를 낳고 교육시키고 사회에 편입시키는 과정까지 국가의 법, 정책, 권력이 항시 영향을 미치고 있다. 그러나 동화모델이나 분절적 동화모델은 국가의 역할에 대하여 제대로 논의하지 않고 있다.

국가는, 그것이 중앙정부이든 지방정부이든 또는 경찰이든 세무서이든 법원이든 복지행정이든, 미국의 국민에게 가장 강력한 영향을 미치는 기구이며, 이는 이민자와 이민 2세들에게도 마찬가지이다. 국가는 국경의 진출입을 통제하며 입국, 영주권, 시민권 등을 통제하여 이

---

25) 국가가 얼마나 광범위한 역할을 하는지, 어떻게 주체를 구성하고 호명하고 규율하는지, 어떻게 이데올로기를 주입하고 사회질서를 구축하는지, 국가의 영향이 일상생활에 얼마나 깊숙하게 침투되어 있는지는 알튀세, 특히 이데올로기와 이데올로기적 국가장치에 대한 논의를 참조할 것(알튀세르, 2007).

민과정에서 법적 신분에서 국가는 절대적인 권력을 가지고 영향을 미친다. 투표권, 선거과정을 규율하여 이민자나 2세의 시민으로서의 정치참여에 영향을 미친다. 이민자로서 살아가는 과정에서 나타나는 이민자 - 기존 거주민 관계, 인종관계, 인종 갈등을 규율하여 이민자 - 기존 거주민 관계나 인종관계가 어떻게 구조화되고 일상생활에서 나타나는지에 심각한 영향을 미친다. 국가는 사회적 갈등을 규율하고 통제하고 해결하는 기제를 가지고 있다. 각종 국가기구를 통하여 법과 질서에 심각한 영향을 미치며 이민자와 이민 2세도 대체로 이러한 틀 안에서 생활을 하게 된다. 국가는 사회적 규범을 규율하여 인종발언, 정치발언, 가치표현, 행동 등에서 일정한 한계를 부여하고 위반하는 경우 체포하거나 감옥에 보낸다. 또한 사회적 활동을 지원하는 역할을 하여 다양한 시민활동과 복지활동 등을 자극하고 지원하고 규율한다. 이민자나 2세의 경우 기존 시민권자들보다 훨씬 취약한 지위에 있기 때문에 국가의 영향을 더욱 심각하게 받는다. 따라서 국가가 이민자 그리고 2세의 사회관계와 생활에 어떻게 영향을 미치고 있는가는 이민자와 2세의 미국에의 편입을 이해하는 데 아주 중요한 측면이다.

4) 대안으로서 편입의 관점

이곳에서 통합을 이민 2세가 타집단에 상호적인 기여를 하고 사회 전체의 상호관계와 기능을 활성화시켜 긍정적으로 미국사회의 구성원이 되는 것으로 정의를 한다면, 이민 2세가 어느 정도나 미국사회에 통합되어 있다고 볼 수 있을까? 이민자나 2세들도 미국사회의 일원이 되어 어느 정도 통합되어 있다고 볼 수 있지만, 다양한 집단들이 상당히 다른 문화를 가지고, 때로는 갈등과 인종차별을 경험하거나 또는 행사하며, 사회에 기여하는 역할이 제대로 주어지지 못하는 경우도 많아, 잘 통합되어 있다고 보기는 어렵다. 또한 통합이라는 용어를 사용하여 접근하게 되면 통합되지 않는 측면들, 예를 들어 차별을 당한다던지, 기존사회와 갈등이 있다든지 또는 겉돈다든지, 주류사회가 부여한 역할을 어쩔 수 없이 따라가거나 수용한다든지의 문제를 제대로 주목하지 않는 경향이 나타난다.

따라서 이곳에서는 통합이라는 개념보다 좀 더 중립적인 개념으로 편입Incorporation이라는 개념을 사용하고자 한다. 캠브리지 사전에 따르면 편입은 무엇을 다른 무엇에 포함시키는 행동이다.[26] 웹스터 사전에 따르면 편입시키는 행위나 사례이다.[27] 전체에 부분으로 넣는 것 또는 포함시키는 것을 의미한다. 편입은 부분이 꼭 서로 기여하고 평화롭게 공존한다는 것을 전제하지 않는다. 또는 서로 잘 연결되어 있다거나, 각자에게 전체에 기여하는 역할이 부여되어 있다거나, 전체에 대한 책무가 있다거나. 또는 공통의 가치를 가지고 있다고 가정하지 않는다. 따라서 갈등이나 차별이나 불만이 존재하는 상황이라면 통합보다 편입이라는 개념을 사용하여 편입과정에서의 갈등과 차별도 적극 드러내는 것이 현실에 더 적합하다. 또한 편입의 개념은 누가 어떻게 편입시키는가를 생각하도록 하여, 국가나 지배층이 어떻게 이민자들을 편입시키는가를 다룰 수 있어 동화나 통합의 개념보다 불평등한 권력관계나 국가의 역할을 더 적극 검토하도록 만든다.

Gerstle(2010: 110-112)은 정치편입을 이민자와 그 후손이 스스로를 정치적 권리를 지닌 그리고 정치에 참여할 수 있는 미국인으로 생각하게 되는 과정이라고 보았다. 미국은 그 동안 1965년 이후 이민자와 그들의 후손 수천만 명을 정치적으로 편입시켰지만 어떤 집단들은 미

---

26) https://dictionary.cambridge.org/dictionary/english/incorporation

27) https://www.merriam-webster.com/dictionary/incorporation

국에 들어오지 못하게 하였고 또는 미국 안에 거주하더라도 시민권을 주지 않았다. 정치적 편입은 법적, 문화적, 제도적 3차원에서 작동한다. 법적 차원에서 편입되면 시민권을 받아 투표를 할 수 있고, 배심원에 참여하고, 군대에 복무하고, 출마를 할 수 있게 된다. 미국 역사상 백인들은 쉽게 시민권을 받았지만 나머지는 여러 가지 방식으로 배제되거나 차별받았다. 문화적 차원에서 편입은 이민자나 후손이 스스로를 미국인이며 미국에 속한다고 생각하게 만드는 것이다. 영어를 배우고 미국문화와 관습에 익숙해지고 학교를 통하여 미국식 지식과 가치를 갖게 되는 것이다. 이 과정은 매우 복잡하고 다층적이며, 의식적, 무의식적으로 진행된다. 제도적 차원에서 편입은 정당에 가입하고 정당활동을 하거나 교회를 다니거나 행정조직이나 시민조직이나 직업조직이나 비즈니스조직이나 노조나 지역조직이나 민족조직과 같은 각종 기관이나 조직이나 단체에 참여하거나 이를 활용하는 것이다. 이들을 통하여 친목, 권리, 로비 등을 도모할 수 있다.

미국에서 인종은 사회정체성의 핵심이다. 일상생활에서 인종범주로 사람들을 구분하거나 상상하며, 사회적으로도 인종에 따른 여러 가지 차원의 분리와 차별이 존재한다. 1968년 미국의 많은 도시에서 폭동이 일어나자 왜 이러한 일이 일어나는지를 연구한 커너 위원회는 흑인들이 체계적으로 차별을 당하고 있으며, 노동시장에서 차별이 심하여 경제적 기회에 제대로 접근할 수 없고, 교육과 주택이 열악한 상황이며, 따라서 이들에게는 아메리칸 드림은 없다고 보고했다. 이의 근본적인 원인은 흑인에 대한 백인의 차별, 태도, 행동이라고 주장했다. 그래서 보고서에 따르면 "우리사회는 흑인과 백인의 두 개의 사회로 나아가고 있다. 분리되어 있고 불평등하다는 말이 아직도 적용된다"(The National Advisory Commission on Civil Disorders 2016: 서론). 최근까지도 폭동에 대한 연구들은 비슷한 결론을 내리고 있다. 2016년에 재출간된

이 책의 서론에서 젤리저Zelizer는 1968년의 결론이 지금도 무서울 정도로 유의미하다고 적었다. 흑인과 백인의 재산격차는 오히려 늘어났고 학교는 분리되어 있고, 흑인은 감옥에 넘쳐나며, 해결하기 위한 정책들은 많지만 제대로 실천되지 못하고 있다(The National Advisory Commission on Civil Disorders 2016). 물론 노골적인 인종차별은 크게 감소되었고, 많은 흑인이 더 나은 주거지와 더 나은 학교를 다니고 있고, 더 나은 소득을 올리는 경우가 많아졌다. 그렇지만 소수인종이 누적된 빈곤층, 열악한 주거환경, 열악한 학교, 높은 범죄율, 백인과 분리된 거주지인 게토는 지금도 미국대도시의 특징이다. 1880년부터 2000년까지 흑인과 백인의 세대 간 계층 이동을 연구한 보고서에 따르면 지난 100여 년간 세대 간 계층상승은 항시 흑인이 훨씬 낮았으며, 노예해방 이후 흑백 사이의 소득격차에 부모가 가난한 것보다 부모가 흑인인 것이 더 크게 영향을 미쳤다(Collins and Wanamaker 2017: 3). 100여 년 전에도 그렇지만 지금도 미국은 인종적으로 통합되어 있지 못하다.

"도미니칸 이민자의 경우, 자녀들이 '노골적이 차별'과 더 나은 직업으로 연결시켜줄 수 있는 '우수한 사회적 네트워크에 접근하기가 불가능한' 상황에 있으면서 최하층 직업에 갇혀있는 스스로를 발견하과 좌절감과 실망을 느꼈을 것이다 … . 마이애미의 하이티 젊은 층이나 뉴욕시의 서인도제도 젊은 층이 빠르게 게토 하위문화에 동화되면서, 민족유대에 근거한 부모의 문화적 자부심이나 계층상승의 열망도 포기하게 된다… 멕시코 이민자의 자녀들 대다수에도 하향 동화가능성이 영향을 미치고 있다(Zhou 2007:992)." 여기에서 하향동화라는 말을 사용하였지만 문화적 동화가 이루어지지 않는 부분이 있기 때문에 하층으로 편입된다고 표현하는 것이 더 정확한 설명이다. "백인과 피부색이나 모습이 다른 것이나 이 때문에 나타나는 차별의 강력한 영향은 … 직업상승의 이동이나 사회적 승인에 심각한 장애물이 된다. 이민자 자녀들의 정체성, 열망, 학업성취가 모두 이에 영향을 받는다 (Portes and Rambaut 2001)."

이러한 상황은 이민자 자녀가 미국사회에 통합되었다고 보기보다는 불평등하게 편입되었다고 보는 것이 더 적절함을 보여준다. 인종적 범주는 일상생활에서뿐만 아니라 국가기구에서도 사람을 분류하고 분리하는 데 아주 강력한 영향을 미치고 있으며, 수백 년간 미국인들의 사고구조에 강력하게 뿌리를 내리고 있으며, 현재에도 사회관계에 심각한 영향을 미치고 있다. 트럼프가 2016년 대통령 선거에서나 2020년 대통령 선거에서 백인의 결집을 위하여 흑백갈등을 부추기거나 백인 우월주의를 부추기는 선거운동을 하는 것도 미국사회에 인종차별적 의식이 뿌리 깊게 자리 잡고 있다는 점을 잘 보여준다.

인종적 편입

1) 인종적 편입

한인의 사례를 보면 2세들이 영어를 모국어처럼 사용하고, 더 많은 교육을 받고, 미국식 사고방식과 문화에 익숙해지며, 소득이 올라가고, 정치력도 올라가고 있어 상당히 동화되고 있다고 볼 수 있다. 반절 정도는 한국어를 사용하고 한국방송을 보며, 대체로 한국음식을 먹고 있으며, 어른공경이라는 한국적 의식도 상당히 남아 있다. 일부분은 민족적 정체성과 더불어 문화적으로도 동화되지 않는 부분이 있다. 또한 2세들을 미국사회에 사회적으로 통합되었다고 보기도 어렵다. 한인들이 다른 부분들과 더 잘 공존하고 서로 기여하여 전체의 기능을 활성화시킨다고 보기는 어렵다. 많은 한인 2세들이 백인과 다른 비주류집단이라고 생각하며, 인종차별을 당한다고 생각하고, 타인종에 대한 경계심을 가지고 있으며, 차별을 해소하기 위한 적극적인 노력을 해오고 있다. 이러한 상황은 한인이 미국사회의 부분으로서 긍정적인 기여를 하는 통합으로 보는 것에 한계가 있음을 보여준다. 한인들이 인종차별을 한인에 대한 가장 강력한 장애물이라고 인식하고 이를 극복하기 위해 여러 단체들이 노력하고 있다. 불평등과 차별은 이민자들과 이들 2세를 미국사회에 편입시키지만, 인종적 분열이 계속 강하게 작동하고 있다는 것을 의미한다.

미국사회에서는 누구나 선거에서 후보로 출마할 수 있다. 당이 공천하는 것이 아니라 예비경선에서 더 많은 표를 얻으면 된다. 즉, 더 많은 표를 동원하여 찍게 만들면 선거에서 이길 수 있다. 이러한 이유로 이민자들이나 2세들도 쉽게 출마를 할 수 있다. 가장 많은 표를 얻기 위해 민족적 인종적 동원이 일상적으로 이루어진다. 따라서 자신과 같은 민족/인종 구성원이 많이 사는 경우 선거에서 유리하다. 미국인들이 인종적 투표성향을 많이 보여주고 있기 때문이다. 특히 소수민족/인종들은 자신들의 권리를 확보하는 데 도움을 받기 위해 같은 민족이나 인종에 투표하는 경우가 많다. 이러한 민족적, 인종적 동원은 선거에서 빈번하게 때로는 아주 강력하게 나타난다. 특히 민족/인종이 특정 지역에 집중되어 있으면 해당 선거구에서 다수표를 얻는데 커다란 도움이 될 수 있다. 따라서 이민자들도 집중거주지를 가지며 해당 지역에서 정치인을 배출하기가 쉽다(Mollenkopf and Hoschschild 2010:19). 그럼에도 불구하고 실제 이민자나 2세가 당선된 비율은 인구비율보다 아주 낮다. 뉴욕시의 경우 이민자가 인구의 37%를 차지하지만 51명인 시의원에서 이민자 시의원은 보통 1~2명에 불과하다. 이러한 과정은 한 편에서는 이민자들이 더 적극적으로 선거에 참여하게 하여 미국에의 통합을 높이는 것이기도 하지만, 다른 편에서는 후보나 투표자들이 인종적 범주를 매개로 분리하여 자신의 인종을 지지하는 경우가 많이 나타나 오히려 선거를 매개로 통합보다 분리를 강화하는 측면도 있다.

2) 인종차별로 균열된 사회

앞에서 계속 반복하였지만 미국사회에서 인종차별은 광범위하게 나타나고 있다. 한인 2세들이 시민단체에 참여하면서 대체로 불평등과 차별을 없애는 것을 목표로 삼는다. 한인들이 흑인들처럼 차별을 받지 않지만 다른 방식으로 차별을 받는다. 한인을 포함하여 아시아계는 이민 역사가 아무리 길어도 외국인 또는 이민 온지 얼마 되지 않은 이방인으로 간주된다. 또한 정치적 힘이 가장 약한 인종이다. 그리고 아시아계/한인 이민 2세들은 백인과 흑인 사이에 위치된다. 아시아계는 대체로 흑인이나 라티노보다 더 성공적인 것으로 간주된다. 미국사회에서 흑인이민자들은 흑인으로 간주되며 흑인처럼 여러 가지 차별을 받는다. 이러한 이유로 흑인 2세나 라티노 2세들은 1세에 비하여 소득, 교육, 주거지 등에서 별로 개선되지 못한다. 백인이민자들이나 아시아계의 2세들은 소득, 교육, 주거지 등에서 부모보다 개선되는 경향을 보여주고 흑인이나 라티노 2세는 정체되거나 또는 개악되는 경향이 나타나는 것은 이들에게 각각 다른 정도의 인종차별이 행해진다는 것을 보여준다. 인종차별의 정도가 이민 2세의 부모 대비 개선의 정도에 관련되어 있음을 보여준다. 즉, 이민자들이라 할지라도 어느 정도 인종에 따라 다른 정도의 인종차별이 주어지고 이것이 부모 대비 자녀의 상황을 악화시키거나 개선시키는 데 영향을 미친다.

이민자가 인종에 따라 차별적인 영향을 받는 것은 인종차별의 정도나 형태가 인종에 따라 차별적으로 타나난다는 것을 의미한다. 인종/민족 사이에 다른 정도의 균열선들이 존재한다. 따라서 사회는 균열선을 따라서 어느 정도 분리, 파편화가 이루어지고 있다. 같은 한인들 사이에도 계층, 거주지, 젠더에 따라 여러 분열선이 존재한다.

3) 국가에 의한 편입

이민자들이 차별을 받고 있거나 또는 균열되어 있다고 해도 이들은 국적, 정치, 직장, 복지, 세금, 법을 통하여 국가와 연결되어 있다. 국가는 제도의 거의 모든 측면에 스며들어 있으며 우리의 일상생활에도 깊숙이 스며들어 있다. 모든 한국계 미국인은 미국 국가와 연결되어 있고, 국가의 다양한 기능과 관계가 우리 생활에 심각한 영향을 미친다. 국가 자체(공무원)가 인종차별을 할 수도 있고 인종차별로부터 보호를 제공해줄 수도 있다. 국가는 사회관계를 조율하고 통제하여 질서를 유지하며, 학교를 운영하고 이민 2세들을 교육시켜 미국사람으로 만들며, 경제와 세금과 지원을 조율하여 한명 한명이 국가와의 관계 속에 경제생활을 할 수 있도록 한다. 국가는 국적, 시민권, 교육, 정치, 세금, 복지 등을 통하여 모든 사람들을 미국의 일원으로 편입시킨다. 물론 이는 사회적으로 이들 모두에게 동등한 대우를 한다는 것을 의미하지 않는다.

국가에는 모든 사람들이 연계되어 있지만 정치나 시민사회 영역에서는 관계가 있을 수도 있고 없을 수도 있다. 국가와의 영역에서는 국가가 더 주도적인 역할을 수행하지만, 정치나 시민사회 영역에서는 개인들이 집단의 성원으로서 능동적으로 다양한 참여를 할 수 있다. 이민자들도 정치과정이나 시민활동에의 참여를 통하여 국가를 또는 중앙정부나 지방정부에 영향을 미치고, 이들의 정책과 예산을 정하는 정치인들에 영향을 미치고, 이를 통해 국가와 관련된 문제들을 더 유리한 방향으로 이끌어 갈 수 있다. 국가의 구성원으로서 국가와의 관계

를 유리하게 하는데 가장 좋은 방식은 민족/인종성원을 의회나 지방/
중앙 정부로 진출시켜 이들이 적극적으로 민족/인종성원들을 대변할
수 있도록 하는 것이다. 이러한 관계들이 쌓이면 해당 이민자나 집단
은 미국사회에 더 강하게 편입되고 있는 것이며, 그렇지 못한 집단과
비교해서 국가를 더 유리하게 사용할 수 있고, 시민사회에서도 더 큰
영향력을 행사할 수 있다.

인종적으로 균열된, 분절화된 편입

미국에서 학자들은 이민자들은 이민 2세로부터 미국사회에의 진정
한 동화 또는 통합이 이루어진다고 본다. 영어를 미국인처럼 말하고
미국식으로 생각하고 미국식 직장에서 미국적 관계 속에서 살게 된다
는 것을 의미한다. 하지만 동화를 문화적으로 같아지는 것으로 사용한
다면, Waters, Tran, Kasinitz and Mollenkopf(2010: nclusion)가 제시한
것처럼 70%는 선택적 동화를 보여준다. 선택적으로 동화했다는 말은
동화론으로 설명되지 않는 부분이 있다는 말이다. 통합을 사회적으로
통합된다는 개념으로 생각하면 한인처럼, 정도는 다르지만, 계속 차별
을 받고 이방인으로 인식되는 상황에서 통합되었다고 말하기 어렵다.
비백인 이민자들이나 그 2세가 미국사회에서 차별받는 집단으로 편입
되고 불평등한 인종관계 속에서 살아가기 때문에 통합된다는 말보다
차별받는 집단으로 편입되었다는 말이 더 정확한 표현이다. 특히 인종
적으로 구분되어 편입되고 있기 때문에 인종적으로 균열된, 분절화된
편입이라고 표현하는 것이 더 정확하다.

이민자가 미국에 도착했을 때부터 국가는 이민, 복지, 세금, 정치,
행정, 법 등을 매개로 이민자를 편입시킨다. 이민자들은 미국이라는

국가체제로 편입된다. 이민 2세들은 미국에서 태어나기 때문에, 태어났을 때부터 미국의 문화와 미국의 교육 속에서 자란다. 상당 부분 미국식 영어와 미국식 문화를 내재화하지만 동시에 민족에 따른 또는 인종에 따른, 물론 부모의 교육환경에 따라 다르겠지만, 비백인 이민 2세들은 백인주류와 구분되는 정체성과 문화도 동시에 가지게 된다. 이러한 과정을 미국학자들은 이민 2세들이 미국사회와 미국 문화에 동화되거나 통합되는 것으로 설명하고 있다. 다른 부분은 사소하고 전체적으로 미국 문화에 동화한다고 보기 때문이다.

그렇지만 동화나 통합의 관점에서 사소하다고 간주하는 차이가 구조적이고 지속적이며 광범위하게 존재하는 것이라면 사소한 것으로 간주하여 무시하는 것은 문제가 있다. 미국은 식민초기에서부터 인종을 매개로 원주민을 정복하고 제거하여 왔으며 흑인을 노예로 수입하였으며, 이후에도 지속적으로 인종분리와 차별을 시행해왔다. 이민과 적응과정에 이러한 힘의 불평등이 계속 작동하여 왔다. 이러한 불평등과 차별을 겪으면서 이민 2세들도 미국사회에 편입되고 있다. 한인2세들도 정체성에 있어서 백인이나 흑인들과 구분되며 차별이나 이방인이라는 이미지의 영향을 크게 받는다. 따라서 이민과 이민 2세의 미국사회로의 편입문제는 이러한 인종차별문제를 심각하게 고려하여야 한다. 이민 2세를 동화의 관점으로 다루는 것은 그동안 미국사회가 작동해온 인종간 불평등과 힘의 행사 그리고 이의 표현인 국가와 국가의 정책이라는 문제를 제대로 고려하지 못한 채, 이민 2세가 시민사회 속에서 주류사회를 배우며 적응한다는 측면을 지나치게 부각시켜 그러한 측면만 보도록 만든다.

인종간 불평등과 힘의 행사 그리고 이의 표현인 국가의 문제를 고려하기 위하여, 국가와 사회가 여러 차원에서 이민 2세를 어떻게 차별적으로 편입시키는가의 과정을 보아야 한다는 점에서 편입의 개념이 아주 유용하다. 편입이라는 개념은 동화의 개념보다 차별과 분열을 보다 쉽게 인정할 수 있는 개념이기 때문이다. 또한 편입이라는 개념을 통해 미국이라는 국가와 사회와 이민자 사이에 불평등한 힘의 관계가 있다는 점을 드러낼 수 있다. 동화의 개념은 불평등에는 신경을 쓰지 않고 주류를 이민자들이 자발적으로 배워간다는 프레임으로 생각하게 만든다. 편입개념은 미국이라는 국가와 사회가 이민 2세에 대해 어떠한 정책을 어떠한 환경을 어떠한 관계를 통해 편입시키고자 하는가를 살펴볼 수 있게 해준다. 이는 이민 2세가 미국사회에 스스로 동화한다는 함의를 갖고 있는 동화이론과 근본적으로 다른 점이다. 동화와 비교하여 편입은 지배세력의 편입정책을 훨씬 중요하게 다루게 만든다.

분절적이라는 말을 사용한 것은 미국이 근본적으로 개척시기부터 인종적 제거와 차별을 바탕으로 발전하여왔고 지금도 인종차별이 미국사회의 근본적인 요소여서, 이민자들이나 2세들이 편입될 때, 인종적으로 분절화되어 편입된다는 점을 드러내고자 한 것이다. 특히 흑백의 균열에서 이제 아시아계와 히스패닉계 집단이 커지면서 인종적 분열과 연합이 더욱 복잡하게 이루어지고 있다. 분절화가 어떠한 방식으로 이루어지고 분절들이 어떻게 분열되고 연합되는지를 점검할 수 있게 해준다.

분절적 편입이라는 개념은 한인 2세를 인종관계의 맥락에서 국가나 시민사회나 인종이나 이민 2세가 상호작용하면서 국가의 강력한 힘을 매개로 미국사회로 편입되는 더욱 현실적으로 접근할 수 있도록 해준다. 이러한 점을 고려하면 분절적 편입이라는 개념이 한인 2세들의 미국사회로의 편입과정에 대해 동화론이나 통합론보다 더 현실적인 설명을 제공할 수 있다.

강용석, 1999, "잇단 충격 사건 … 피에 젖은 LA 한인 타운," 시사저널, 1999.10.14.

김경애, 2022, "한인사회와 청년층 지지 믿고 '2전3기' 새로 도전할 겁니다," 한겨레, 2022.12.16.

김명수, 2020, ""밤새 헬기·사이렌 소리" … 미국 흑인사망 폭동에 긴장감 감도는 LA 한인타운," *Topstarnews*, 2020.6.1.

김백영, 2018, "소수민족 혼성 거주지에서 초국적 개발주의의 거점지로 - 로스앤젤레스 한인타운 변천사에 대한 공간사회학적 연구," 『사회와 역사』, 120: 235-276.

김원덕, 1986, "교포상인과 흑인," 뉴욕한인협회 편, 『미국속의 한인사회』, 뉴욕: 뉴욕한인협회, pp.226-230.

노진호, 2017, "한인 배우들의 미드 하차, 끈질긴 미디어 속 인종차별," 중앙일보, 2017.7.9.

노창현, 2017, "시민참여센터: 미주한인 풀뿌리단체를 찾아서(4)," Newsroh, 2017. 9.22. http://www.newsroh.com/bbs/board.php?bo_table=m0604&wr_id=6607

박낙희, 2023, "가주 한인 1인 소득 미국 평균보다 50% 더 많다," LA 중앙일보, 2023.1.2.

박세나, 2018, "한인들, 인종차별에 지혜롭게 대응해야," 뉴욕일보, 2018.7.12.

박재우, 2021, "LA한인회장 '아시아계 범죄, 대부분 백인 … 인종갈등 아닌 차별'," 머니투데이, 2021.4.9.

송의용, 2021, "뉴욕·뉴저지 본선거 10월 31일까지 조기선거 실시 중," 뉴욕일보, 2021.10.27.

서한서, 2020, "뉴저지 한인 시의원 5명 최종 당선," 뉴욕한국일보, 2020.11.18.

신기성, 2018, "팰팍 일부 백인들, "한인들 이주 후 타운 시끄러워져"," NEWSM, 2018.6.28.

알튀세르·루이스 저, 김웅권 역, 2007, 『재생산에 대하여』, 동문선.

왕길환, 2022, "한인 첫 뉴욕 시의원 린다 이 '한인 위상 높이는 역할 하겠다'" 연합뉴스, 2022.8.18.

유의영, 1993, "1992. 4.29 LA 폭동 자료," LA 한국일보.

_____, 2016, "한인 이민 역사로 본 미국 속의 한인 사회" http://snuaa.org/main/?p=2401

이경원·김지현, 2005, "팽창하는 라틴系와의 마찰로 제2의 LA폭동이 우려된다," 『월간조선』, 2005년10월호.

이공순, 1992, "85년까진 1인당 GNP 남한 앞질러," 한겨레 1992.5.14.

이석호, 2013, "미주한인 1.5세 자영업 비율 낮은 이유는?" *World Korean*, 2013.3.2.

이정덕, 1994, "사회갈등과 사회재생산: 뉴욕시의 한.흑 갈등을 중심으로" 『한국문화인류학』, 26:239-258.

_____, 2020, "재미한인 2세의 미국 사회로의 편입과 그 성격," 정은주 외, 『태평양을 넘어서』, 학고방, pp.289-347.

_____, 2021, "동화에서 파편적 편입으로," 정은주 외, 『글로벌 시대 재미한인 연구』, 학고방, pp.111-162.

이창원, 2016, 『재미한인의 세대별 사회경제적 특성과 정책적 함의』, 이민정책연구원 정책보고서.

장수아, 2021, "한인 절반 이상 '인종차별 경험'," LA 중앙일보, 2021.5.3.

장연화, 2021, "한인 인구 중 2세 비율 40% 넘었다," LA 중앙일보, 2021.5.3.

장태한, 1993, 『흑인: 그들은 누구인가』, 서울: 한국경제신문사.

전예지, 2023, "LA시 유일한 한인 시의원 '존 리' 3선 도전," LA 라디오코리아, 2023.1.24.

정의길, 2018, 『지정학의 포로들』, 한겨레출판사, 전자책.

_____, 2021, "미국은 트럼프를 떠나보내지 아니하였다," 한겨레, 2021.1.3.

주동완, 2017, "뉴욕 한인 시민단체들의 현황과 활동: 위키백과의 활용," 재외한인국제학술대회, 2017.9.21. 서울 롯데호텔.

한경구, 2014, "재미한인 시민단체의 다문화주의적 변신에 대한 인류학적 연구," 『재외한인연구』, 34(2): 165-296.

AAPI(Asian American & Pacific Islanders) Data, 2016, Inclusion, not Exclusion: Spring 2016 Asian American Voter Survey. AAPI Data 보고서.(홈페이지 보고서)

_____, 2018, *2018 Asian American Voter Survey*, AAPI Data 보고서.(홈페이지 보고서)

Abelmann, Nancy and John Lie, 1997, *Blue Dreams: Korean Americans and the Los*

Angeles Riots. Cambridge: Harvard University Press.

Abu-Lughod, J. L., 2007, *Race, Space, and Riots in Chicago, New York, and Los Angeles,* Oxford: Oxford University Press.

Ahn, H., Choi, M. and Chung, Y., 2009, "The Development of Korean American Banks in California," E.Y. Yu et al. (ed.) *Korean American Economy and Community in the 21st Century,* Korean American Economic Development Center: Los Angeles, CA, pp.229-252.

Ahn, Sang Ja, 2001, "Putting the 'American' into 'Korean-American': the Social Identity of a Second Generation," Sheffield Online Papers in Social Research, https://www.sheffield.ac.uk/polopoly_fs/1.71445!/file/2sangja.pdf

Anderson · Elijah, 1990, *Streetwise: Race, Class, and Change in an Urban Community,* Chicago: Chicago Univ. Press.

Artsy · Avishay, 2016, "Jews and the Development of Los Angeles," KCRW, 2016.10.19.

Assembly Special Committee on the Los Angeles Crisis, 1992, *To Rebuild Is Not Enough: Final Report and Recommendations of the Assembly Committee on the Los Angeles Crisis.* Sacramento, CA: Assembly Publications Office.

Bailey · Benjamin, 1996, "Communication of Respect in Service Encounters Between Immigrant Korean Retailers and African American Customers," MA Thesis, Anthropology, UCLA.

Baldwin · James, 1967, "Negroes are Anti-Semitic because They're Anti-White," *New York Times,* 1967.4.9. In J. Baldwin et. al. *Black Anti-Semitism and Jewish Racism.* New York: R.W.Baron, pp.3-24.

Barringer, Herbert, and Sungnam Cho, 1989, *Koreans in the United States: A Fact Book.* Honolulu: East-West Center.

Barth, E. A., & Noel, D. L., 1972. Conceptual frameworks for the analysis of race relations: An evaluation. *Social Forces,* 50(3):333-348.

Benjamin · Playthell, 1990, "Showdown in Flatbush: Self-Respect and Economic Empowerment: That's the Issue," *Village Voice,* 1990.5.29., pp.39-40.

Bonacich Edna, Ivan Light, and Charles C. Wong, 1976, "Small Business among Koreans in Los Angeles." In *Counterpoint: Perspectives on Asian America,* ed. Emma Gee (eds), Los Angeles: Asian American Studies Center, University of California, pp.436-49.

Bonilla-Silva, E., 2006. Racism without Racists: Color-Blind Racism and the Persistence of Racial Inequality in the United States. Lanham, MD: Rowman & Littlefield Publishers.

Bouvier, Leon F., and Robert Gardener, 1986, *Immigration to the U.S.: The Unfinished Story*. Washington, D.C.: Population Reference Bureau.

Brackman, Harold and Steven P. Erie, 2003, "Beyond 'Politics by Other Means'?" in Nakanishi, Don T. & Lai, James S. (eds). *Asian American Politics*. Lanham: Rowman & Littlefield Publishers, Inc., pp.231-245.

Brown, S. K., & Bean, F. D., 2006, "Assimilation Models, Old and New: Explaining a Long-Term Process." *Migration Information Source*, pp.3-41.

Budimans · Abby, 2021, "Koreans in the U.S. Fact Sheet," Pew Research Center, https://www.pewresearch.org/social-trends/fact-sheet/asian-americans-koreans -in-the-u-s

Capeci, Dominic J., 1977, *The Harlem Riot of 1943*, Philadelphia, PA: Temple University Press.

Chang, Edward T., 1993, "Jewish and Korean Merchants in African American Neighborhoods," in E. Chang, and R. Leong, (eds). *Los Angeles-Struggles Toward Multiethnic Community*. Seattle: Univ. of Washington Press, pp.5-22.

Chin, M. M., 2020. Stuck: *Why Asian Americans Don't Reach the Top of the Corporate Ladder*. New York City: NYU Press.

Chung, Angie., 2001, *The Politics of Ethnic Solidarity: A Study on the Hierarchical Bases of 1.5 and 2nd Generation Ethnic Organizations in Koreatown*, Dissertation in Sociology, UCLA.

_____, 2007, *Legacies of Struggle: Conflict and Cooperation in Korean American Politics*. Stanford, CA: Stanford University Press.

Chung, B., 2014, "Growing Up Korean American: Navigating a Complex Search for Belonging," in Min, P. G. and Chung, T. (eds.), *Younger-Generation Korean Experiences in the United States, Lanham*, MD.: Lexington Books, pp.77-88.

Churchil, W. & Wall, J. M. 1988, *Agents of Repression: The FBI's Secret Wars against the Black Panther Party and the American Indian Movement*. Boston: South End Press.

Clark, Kenneth, 1946, "Candor About Negro-Jewish Relations," *Commentary*, Feb. 1946.

Cohen, Nathan ed., 1970, *The Los Angeles Riots: A Socio-Psychological Study*, Westport, CT: Praeger Publishers.

Collins, W. J. and Wanamaker, M. H., 2017, *Up from Slavery? African American Intergenerational Economic Mobility Since 1880*. Working Paper 23395, National Bureau of Economic Research.

Constante, Agnes, 2017, "25 Years After LA Riots, Koreatown Finds Strength in 'Saigu' Legacy," NBC News, 2017.4.24.

COQUAL, 2023, *Strangers at Home: The Asian and Asian American Professional Experience*, COQUAL Report.

Cravern, Wesley F., 1971, *White, Red, and Black: The Seventeenth-Century Virginian*, Charlottesville, Va.: University Press of Virginia.

de Graauw, E., 2013, "Immigrants and Political Incorporation in the United States," Barkan, E. ed. *Immigrants in American History*, Santa Barbara, CA: ABC-CLIO, pp.1875-1892.

Esterline, Cecilia and Batalova, Jeanne, 2022, "Korean Immigrants in the United States," (Migration Policy Institute 논문) https://www.migrationpolicy.org/article/korean-immigrants-united-states#pathways-naturalization.

Farber, M. A., 1990, "Black-Korean-Who-Pushed-Whom Festers," New York Times, 1990.5.7.

Gans, Herbert, 1992, "Second-Generation Decline: Scenarios for the Economic and Ethnic Futures of the Post-1965 American Immigrants," *Ethnic and Racial Studies*, 15(2): 173-192.

Gelatt, Julia, 2007, "Annual Immigration to the United States: The Real Numbers," Migration Policy Institute, 2007년 5월 자료.

Gerstle, Gary, 2010, "Historical and Contemporary Perspectives on Immigrant Political Incorporation: The American Experience." *International Labor and Working-Class History*, 78(3): 110-117.

Gerstle, Gary and Mollenkopf, John eds., 2001, E Pluribus Unum? Contemporary and Historical Perspectives on Immigrant Incorporation, New York: Russell

Sage Foundation.

Glazer, Nathan and Moynihan, Daniel, 1970, *Beyond the Melting Pot: The Negroes, Puerto Ricans, Jews, Italians, and Irish of New York city.* Cambridge: MIT Press.

Gonzalez-Pons, K., 2022, "Access to the Ivy League for Asian American Students," Best Colleges 기사, 2022.5.23.
https://www.bestcolleges.com/blog/aapi-students-ivy-league

Gordon, Milton M., 1964, *Assimilation in American Life: The Role of Race*, Religion and National Origins. New York: Oxford Univ. Press.

Greenberg, Cheryl L., 2006, Troubling the waters: Black-Jewish relations in the American century. Princeton, NJ: Princeton University Press.

Gurock, J. S., 1979, *When Harlem Was Jewish, 1870-1930.* New York: Columbia Univ. Press.

Hacker, Andrew, 2003, *Two Nations: Black and White, Separate, Hostile*, New York: Scribner.

Harris, Marlys, 1983, "Making It: How the Korean Won the Green-Grocer Wars," *Money.* 1983년3월호, pp.192-198.

Hayes, Christopher, 2021, *The Harlem Uprising: Segregation and Inequality in Postwar New York City.* New York: Columbia Univ. Press,

Her, Pafoua P., 2017, The Lived Experiences of Asian American Women Managers and Microaggression in the Workplace, Dissertation, Capella University.

Hilger, Nathaniel, 2017, Upward Mobility and Discrimination: The Case of Asian Americans. National Bureau of Economic Research, Working Paper 22748

Hinton, Elizabeth, 2016, *From the War on Poverty to the War on Crime: The Making of Mass Incarceration in America.* Cambridge, Mass.: Harvard University Press.

Hirschman, C. and L. Falcon, 1985, "The Educational Attainment of Religio-Ethnic Groups in the United States," *Research in Sociology of Education and Socialization*, 5:83-120.

Hornung, Rick, 1990a, "Fear and Loathing in City Hall: How Dinkins Misplayed the Flatbush Boycott," *Village Voice*, 1990.5.29., pp.31-34.

_____, 1990b, "The Making of a Revolutionary: Coltrane Chimurenga and the Struggle for Black Leadership in New York," *Village Voice*, 1990.10.9., pp.26-35.

Hurh Won Moo and Kwang Chung Kim, 1980, *Korean Immigrants in America: A Structural Analysis of Ethnic Confinement and Adhesive Adaptation.* Department of Sociology and Anthropology, Western Illinois University.

Jones, N., Marks, R., Ramirez, R., & Rios-Vargas, M., 2021, "2020 Census Illuminates Racial and Ethnic Composition of the Country," https://www.census.gov/library/stories/2021/08/improved-race-ethnicity-measures-reveal-united-states-population-much-more-multiracial.html

KAGC(Korean American Grassroots Conference), 2022, *2022 Annual Report,* https://kagc.us/kagc-annual-report-2022-english-2

Kim, C. H., 2014, "The Generational Differences in the Socioeconomic Attainments of Korean Americans" in Min, P. G. & Noh, S. (eds.) *Second-Generation Korean Experiences in the United States and Canada,* Lanham, MD: Lexington Books, pp.9-34.

Kim, Claire Jean, 2000, *Bitter Fruits: The Politics of Black-Korean Conflict in New York City.* New Havens, CT: Yale University Press.

Kim, Dae Young, 2014, "Coping with Racialization: Second-Generation Korean American Responses to Racial Odering," in Min, P. G. & Noh, S. (eds.) *Second-Generation Korean Experiences in the United States and Canada,* Lexington Books, pp.145-166.

Kim, Illsoo, 1981, *New Urban Immigrants: The Korean Community in New York.* Princeton: Princeton University Press.

Kim, Lana H., 2012, Second Generation Korean-American Parents: Social Context Influence on Parenting, Dissertation in Marital and Family Therapy, Loma Linda University.

Kim, Rose, 2012, "Violence and Trauma as Constitutive Elements in Korean American Racial Identity Formation: The 1992 L.A. Riots/Insurrection/Saigu," *Ethnic & Racial Studies,* 35(11): 1999-2018.

Kim, S. S., 1986, "The Patterns of Korean Enterprises." In The Korean Community in America, ed. *Miguksogui Haninsahoe,* 66-79. Seoul: Korean Association of New York.

Kwong, Peter, 1991, "Boycott Lessons: Racism's Not Just a Black-White Thing

Anymore," *Village Voice,* 1991.4.2., pp.11-12.

Lai, Lei., 2013. "The model minority thesis and workplace discrimination of Asian Americans." Industrial and Organizational Psychology, 6(1): 93-96.

Lee, C., 2018, "Migration to the 'First Large Suburban Ghetto' im America: Korean Immigrants Merchants in South Central Los Angeles in the 1980s," *Historical Reflections; Waterloo,* 44(2): 87-106.

Lee, Erika, 2015, *The Making of Asian America.* New York: Simon and Schuster.

Lee, Jennifer, 2002, *Civility in the City : Blacks, Jews, and Koreans in Urban America.* Cambridge and London : Harvard University Press.

Lee, Yoseop, 2007, "A Study of the Workplace Values: The Behavior and Managerial Practices of Second Generation Korean Americans," *Korea Observer,* 38(4): 555-580.

Levine, Naomi, 1968, "Who owns the stores in Harlem?" *Congress Bi-Weekly,* 1968.9.16.

Lien, Pei-te, 2001, *The Making of Asian America through Political Participation.* Philadelphia: Temple University Press.

Light, Ivan and Edna Bonacich, 1988, *Immigrant Entrepreneurs: Koreans in Los Angeles, 1965-1982.* Berkeley: University of California.

Lim, Hyun-chin, 1982, *Dependent Development in Korea 1963-1979.* Seoul: Seoul National University Press.

Livingstone, Gretchen and Brown, Anna, 2017, "Intermarriage in the U.S. 50 Years After Loving v. Virginia," Pew Research Center Report, http://www.pewsocialtrends.org/2017/05/18/intermarriage-in-the-u-s-50-years -after-loving-v-virginia/

Lombardi, John, 1985, "Produce and Prejudice: The Distributing Saga of the Koreans in Harlem," *Daily News Magazine,* 1985.3.17., pp.12-16.

Lopez, G., Bialik, K., and Radford, J, 2018, "Key findings about U.S. immigrants," Pew Research Center.

Lopez, Gustavo and Radford J., 2017 "Facts on US Immigrants, 2015," Pew Research Center 보고서. http://www.pewhispanic.org/2017/05/03/facts-on-u-s-immigrants/

McCullough, David, 2001, *John Adams.* New York, NY: Simon & Schuster.

McQuiston, John T., 1991, "Fatal Crash Starts Melee With Police In Brooklyn,"

The New York Times. 1991.8.20.

Malcolm, X, 1989(1964) *The autobiography of Malcolm X*, New York: Ballantine Books.

Martin, Tony (ed.), 1986, *Marcus Garvey: Message to the People*. Dover, MA: The Majority Press.

Martiniello, Marco and Rath, Jan, 2014, *An Introduction to Immigrant Incorporation Studies: European Perspectives*. Amsterdam: Amsterdam University Press.

Martinez, Diana, 1991, "A Changing Population in South-Central LA, Watts," *Los Angeles Times*, 1991.1.7.

Migration Policy Institute, 2016, MPI Report. MPI.(온라인 보고서)

_____, 2017, "Korean Immigrants in the United States," by Jie Zong and Jeanne Batalova,

https://www.migrationpolicy.org/article/korean-immigrants-united-states

_____, 2019, "Korean Immigrants in the United States," by A. O'Connor and J. Batalova,

https://www.migrationpolicy.org/article/korean-immigrants-united-states

Min, Pyong Gap, 1988, *Ethnic Business Enterprise: Korean Small Business in Atlanta*. New York: Center for Migration Studies.

_____, 1996, *Caught in the Middle: Korean Merchants in America's Multiethnic Cities*. Berkeley, Cali.: Univ. of California Press.

_____, 2011, "The Immigration of Koreans to the United States: A Review of 45 Year (1965-2009) Trends." *Development and Society*, 40(2): 195-223.

_____, 2013, "Changes in Korean Immigrants' Business Patterns." In Pyong Gap Min (ed.), *Koreans in North America*. Lanham, MD: Lexington Books, pp.57-74.

Min, P. G. (ed.), 1995, *Asian Americans: Contemporary Trends and Issues*. Thousand Oaks, London: Sage.

_____, 2002, *Second Generation: Ethnic Identity Among Asian Americans*. Walnut Creek, CA: Alta Mira Press.

_____, 2013, *Koreans in North America*, Lanham, MD: Lexington Books.

Min, P. G. & Chung, Thomas, (eds.), 2014, *Younger-Generation Korean Experiences in the US: Personal Narratives on Ethnic and Racial Identities*, Lanham, MD: Lexington Books.

Min, Pyong Gap and Kim-Lu, D., 2014, "Korean Americans' Intergenerational Transition in Their Occupational Adaptation," in Min, P. G. and Noh, S. eds., *Second-Generation Korean Experiences in the United States and Canada,* Lanham, MD: Lexington Books, pp.35-51.

Mollenkopf, J. and Hochschild, J., 2010, "Immigrant Political Incorporation: Comparing Success in the United States and Western Europe," *Ethnic and Racial Studies,* 33(1):19-38.

Moon, Ji Yoon, 2016, *The Cultural Looking Glass: A Narrative Analysis of Korean Female Professors in the US Academy,* Dissertation in Adult, Professional and Community Education, Texas State University.

Mosenkis, Jeffrey, 2010, Finding the Bamboo Ceiling: Understanding East Asian Barriers to Promotion in US Workplaces, Dissertation in Psychology, The University of Chicago.

Nakanishi, Don T. & Lai, James S. (eds.), 2003, *Asian American Politics,* Lanham, MD: Rowman & Littlefield Publishers, Inc.

National Advisory Commission on Civil Disorder, 1968, *Report of the National Advisory Commission on Civil Disorder.* New York: New York Times.

National Urban League, 1968, "The Many Faces of Poverty", In J. Grant (ed.) *Black Protest.* New York: Fawcett Premier, pp.475-479.

Noland, M., 2003, "The Impact of Korean Immigration of the US Economy," in Bergsten, C. F. and Choi, I. (eds.) The Korean Diaspora in the World Economy, Peterson Institute for International Economics, pp.61-72.

NYC Department of City Planning, 2021, *2020 Census Results for New York City,* NYC Department of City Planning.

Oh, Hyunsu, 2022, *Have Asian Really Achieved Labor Market Equity with Whites?* Dissertation in Sociology, University of California, Merced.

Ong, A. D., Burrow, A. I., Fuller-Rowell, T. E., Ja, N. M. & Sue, D. W., 2013, "Racial Microaggression and Daily Well-being among Asian Americans," *Journal of Counseling Psychology,* 60: 188-199.

Osofsky, Gilbert, 1966, *Harlem: The Making of a Ghetto.* New York: Harper and Row.

_____, 1971, "Harlem: The Making of a Ghetto," J.H. Clarke (ed.) *Harlem,*

U.S.A. Berlin: Seven Seas Publishers, pp.26-38.

Park, E. 1998, "Competing Visions: Political Formation of Korean Americans in Los Angeles, 1992-1997", *Amerasia Journal*, 24(1): 41-57.

Park, Kyeyoung, 1995, "The Re-Invention of Affirmative Action: Korean Immigrants' Changing Conceptions of African Americans and Latin Americans," *Urban Anthropology*, 24(1-2): 59-92.

_____, 1996, "Use and Abuse of Race and Culture: Black-Korean Tension in America," *American Anthropologist.* 98(3) : 492-499.

_____, 1997, *The Korean American Dream : Immigrants and Small Business in New York City.* Ithaca and London : Cornell University Press.

_____, 2004, "Confronting the Liquor Industry in Los Angeles," *International Journal of Sociology and Social Policy,* 24(7/8): 103-36.

_____, 2019, *LA Rising: Korean Relations with Blacks and Latinos after Civil Unrest,* Lanham, MD: Lexinton Books.

Park, Kyeyoung, and Jessica Kim, 2008. "The Contested Nexus of Los Angeles Koreatown: Capital Restructuring, Gentrification, and Displacement," *Amerasia Journal.* 34 (3): 127-150.

Park, Robert Ezra & Burgess, Ernest Watson, 1921, *Introduction to the Science of Sociology,* Chicago, IL: University of Chicago Press.

Park, S. S., 2014, "Family Matters," in Min, P. G. and Chung, T. (eds.), *Younger-Generation Korean Experiences in the United States, Lanham,* MD.: Lexington Books, pp.157-169.

Parsons, Talcott, 2005, *The Social System,* Taylor & Francis e-Library. e-Book.

Patterson, Wayne, 1988, *The Korean Frontier in America: Immigration to Hawaii, 1896-1910.* Honolulu: University of Hawaii Press.

Pew Research Center, 2013, "Second Generation Americans," http://www.pewsocialtrends.org/2013/02/07/second-generation-americans/

_____, 2017, "Demographic characteristics of U.S. Korean population, 2015". https://www.pewsocialtrends.org/chart/demographic-characteristics-of-u-s-korean-population/

Portes, Alejandro and Rumbaut, Ruben, 2001, *Legacies: The Story of the Second Generation.* Berkeley, CA: University of California Press.

Portes, Alejandro and Zhou, Min, 1993, "The New Second Generation: Segmented Assimilation and Its Variants," *The Annals of the American Academy of Political and Social Science*, 530(1): 74-96.

Puldo, Laura, 2006, *Black, Brown, Yellow & Left: Radical Activism in Los Angeles*. Los Angeles: Univ. of California Press.

Rmakrishnan, K., Janelle Wong, Taeku Lee, Jennifer Lee, eds., 2016, *Asian American Voices in the 2016 Election-Report on Registered Voters in the Fall 2016 National Asian American Survey*. (보고서)

Robertson, S., White, S., Garton, S., 2013, "Harlem in Black and White: Mapping Race and Place in the 1920s," Journal of Urban History, 39(5): 864-880.

Ruiz, N. G., Noe-Bustmante, L., Shah, S., 2023, "Diverse Cultures and Shared Experiences Shape Asian American Identities," Pew Research Center 기사, 2023.5.8. https://www.pewresearch.org/race-ethnicity/2023/05/08/diverse-cultures-and -shared-experiences-shape-asian-american-identities/

Russell, Ben-Ali, Jorge, et. al., 1995, "Rev. Al's caught on protest tape called mart owner a 'white interloper'" *New York Daily News*, 1995.12.13.

Shih, J., 2006, "Circumventing Discrimination: Gender and Ethnic Strategies in Silicon Valley," Gender & Society, 20: 177-206.

Smelser, N., Wilson, W. & Mitchell, F., 2001, "America Becoming: The Growing Complexity of America's Racial Mosaic," RAND Corporation Research Brief.

Song, Kyung, 1989, "Korean Merchants," MA Thesis in Journalism, Columbia University.

Sonksen, Mike, 2017, "South Central Los Angeles and Its Struggle with Gentrification," KCET, 2017.9.3.

Stewart, Ella, 1989, "Ethnic Cultural Diversity : An Interpretive Study of Cultural Differences and Communication Styles between Korean Merchants/Employees and Black Patrons in South Los Angeles." MA Thesis, Department of Communication Studies, California State University, Los Angeles.

_____, 1993, "Communication between African Americans and Korean Americans: Before and After the Los Angeles Riots," *Amerasia Journal.* 19(2) : 23-53.

Sue, D. W., Bucceri, J., Lin, A. I., Nadal, K. L., & Torino, G. C., 2007, "Racial

Microaggressions and the Asian American Experience," *Cultural Diversity and Ethnic Minority Psychology*, 13: 72-81.

Takaki, Ronald, 1998, *Strangers from a Different Shore: A History of Asian Americans*, Boston: Back Bay Books.

Tanke, Sara, 2015, *Immigrant Stories*, ebook.

The Associated Press, 1992, "Group to Improve Black-Korean Relations Disbands in Los Angeles," *New York Times*, 1992.12.26.

The National Advisory Commission on Civil Disorders, 2016, *The Kerner Report*, Princeton, NJ: Princeton University Press.

Tran, V. C., Lee, Jennifer, Huang, Tiffany, 2019, "Revisiting the Asian second-generation advantage," *Ethnic and Racial Studies*, 42(3): 2248-2269

UN Research Institute for Social Development(UNRISD), 1994, *Social Integration: Approaches and Issues*, UNRISD Briefing Paper No. 1, UNRISD

U.S. Census Bureau., 2016. *2015 American Community Survey*. American FactFinder. Available online.

U.S. Human Rights Network, 2010, "The United States of America: Summary Submission to the UN Universal Periodic Review," *Universal Periodic Review Joint Reports: United States of America(UN Report)*. (August 2010).

Veneroso, Joseph, 1987, "Kimchi Comes to Harlem: Blacklash to Korean Immigration," MA Thesis in Journalism, Columbia University.

Venkatraman, S., 2023, "Harvard admits record number of Asian American students while Black and Latino admissions drop," NBC News, 2023.4.6.

Waters, Mary and Jimenez, Thomas R., 2005, "Assessing Immigrant Assimilation: New Empirical and Theoretical Challenges," *Annual Review of Sociology*, 31: 105-125.

Waters, Mary C. and Pineau, Marisa G. eds., 2015, *The Integration of Immigrants into American Society*, Washington DC: National Academies Press.

Waters, Mary, Tran, Van C., Kasinitz, Philip, Mollenkopf, John, 2010, "Segmented Assimilation Revisited: Types of Acculturation and Socioeconomic Mobility in Young Adulthood," *Ethnic and Racial Studies*, 33(7): 1168-1193.

Weitzer, Ronald, 1997, "Racial Prejudice among Korean Merchants in African American Neighborhoods," *Sociological Quarterly*. 38(4) : 587-606.

Wingfield, A. H. and Chavez, K., 2020. "Getting in, Getting Hired, Getting Sideways Looks: Organizational Hierarchy and Perceptions of Racial Discrimination." American Sociological Review, 85(1): 31-57.

Woo, Deborah, 2000, *Glass Ceiling and Asian Americans*. Walnut Creek, Cali.: Alta Mira Press.

Yi, Jeongduk, 1993, *Social Order and Contest in Meanings and Power: Black Boycotts against Korean Shopkeepers in Poor New York City Neighborhoods.* Ph.D. Diss., City University of New York.

Young, Philip K. Y., 1983, "Family Labor, Sacrifice and Competition: Korean Green Grocers in New York City," *Amerasia Journal.* 10: 53-71.

Yuan Xiaoxia, 1986, "A Profile of Business in Elmhurst Corona, Queens" MA Thesis, Queens College, City University of New York.

Zhou, Min., 1997, "Segmented Assimilation: Issues, Controversies, and Recent Research on the New Second Generation," *International Migration Review.* 3(4): 975-1008

자료

경제기획원 조사통계군, 1989, 통계연보.

뉴욕한인회, 1985, 한인회 역사.

한국은행, 2016, 한국은행 통계자료 국민계정.

외교부, 2017, 2022, 〈재외동포현황〉 재외공관별 한인 인구현황, 거주자격별 현황.

미국 연방 센서스 자료들

동아일보

미주한국일보

미주중앙일보

선데이저널(LA)

뉴욕세계일보

뉴욕일보

자유일보

재외동포신문

KACE 시민참여센터, 홈페이지

Amen Net(재미한인 기독교계 온라인신문)

Amsterdam News(뉴욕시 흑인신문)

The American Community Survey

The Census Bureau's Survey of Business Owners: Asian-Owned Firms: 2012 (released in Dec. 2015)

CNN 2016.11.23. https://edition.cnn.com/election/2016/results/exit-polls

CNN 2012.12.10. http://edition.cnn.com/election/2012/results/race/president/

n.d. "Second and Third Generation Korean American Assimilation and Hybrid Identities." www.orgs.miamioh.edu/kasa/KoreanAmericans.docx

Korean American Small Business Service Center Newsletter, 1987.

LA Sunday Journal

L. G. Tyler, 1915, Encyclopedia of Virginia Biography, Lewis historical publishing Company, pp.92-93, (온라인자료) http://vagenweb.org/tylers_bios/vol1-09.htm

Migration Policy Institute

Money

New York Times

U.S. Census Bureau Data https://www.census.gov/en.html (미연방 센서스 자료)

U.S. Immigration and Naturalization Service, 1952-1995, Annual Reports. Washington D.C.: U.S. Government Printing Office.

Village Voice

World Korean

Wall Street Journal

Washington Post

Wikipedia, "Georgian's 7th congressional district,"

Yearbook of Immigration Statistics, 미국 Homeland Security 년도별 이민통계 참조

https://www.archives.com/genealogy/president-jackson.html

http://www.asian-nation.org/small-business.shtml#sthash.CQpC0a2L.dpbs

http://www.asiamattersforamerica.org/southkorea/data/koreanamericanpopulation

https://www.census.gov/quickfacts/fact/table/US/PST045221

https://data.census.gov/table?q=korean+education&t=023:Employment&g=010XX00US

https://www.definitions.net/definition/social+integration

https://dictionary.cambridge.org/dictionary/english/assimilation

https://www.hoover.org/research/melting-pots-and-salad-bowls

https://dictionary.cambridge.org/dictionary/english/incorporation

https://dictionary.cambridge.org/ko/%EC%82%AC%EC%A0%84/%EC%98%81%EC%96%B4/integrate

https://www.geni.com/people/Thomas-Jefferson-I/6000000003615503118

https://genius.com/Ice-cube-black-korea-lyrics

https://www.hoover.org/research/melting-pots-and-salad-bowls

https://www.migrationpolicy.org/topics/immigrant-integration

https://www.merriam-webster.com/dictionary/incorporation

https://en.wikipedia.org/wiki/1992_Los_Angeles_riots

https://en.wikipedia.org/wiki/Ancestry_of_George_Washington

https://en.wikipedia.org/wiki/Cultural_assimilation

https://en.wikipedia.org/wiki/David_Oh

https://en.wikipedia.org/wiki/Demographic_history_of_New_York_City

https://en.wikipedia.org/wiki/District_2_(New_York_City_Council)

https://en.wikipedia.org/wiki/Georgia%27s_7th_congressional_district

https://en.wikipedia.org/wiki/List_of_U.S._cities_with_significant_Korean-American_populations

https://en.wikipedia.org/wiki/Martin_Van_Buren

https://www.wikitree.com/wiki/Monroe-377

https://en.wikipedia.org/wiki/Social_integration

https://genius.com/Ice-cube-black-korea-lyrics

https://fred.stlouisfed.org/series/PCAGDPUSA646NWDB

https://kagc.us/korean/

https://www.macrotrends.net/countries/KOR/south-korea/gdp-per-capita

https://www.macrotrends.net/countries/USA/united-states/gdp-gross-domestic-product

https://www.merriam-webster.com/dictionary/incorporation

https://www.migrationpolicy.org/topics/immigrant-integration

http://www. mooreisbetter.com 월터 무어 LA 시장 후보 자료

https://openborders.info/blog/a-critique-of-the-assimilation-concept/

http://www.orgs.miamioh.edu/kasa/KoreanAmericans.docx

https://www.pewresearch.org/short-reads/2021/04/29/key-facts-about-asian-americans/

https://sites.google.com/site/paulcunneen/home/us-history-1/immigrationunitoutline/
    4-waves-of-immigration

https://sites.google.com/site/paulcunneen/home/us-history-1/immigrationunitoutline/
    4-waves-of-immigration

http://statisticalatlas.com/neighborhood/New-York/New-York/Harlem/Race-and-Et
    hnicity

usfacts.org population

| 지은이 소개 |

이정덕

서울대 인류학과 학부와 대학원을 졸업하고 미국 뉴욕시립대학교에서 인류학 박사 학위를 받았다. 전북대학교에서 글로벌융합대학장을 역임하였으며 현재 문화인류학을 가르치며 전북대 쌀삶문명연구원의 원장을 맡고 있다. 서구와 동아시아의 상호작용과 차이가 어떻게 상상되고 재구성되는지에 관심을 가지고 있다. 재미한인에 대해서는 백인의 지배전략과 인종차별에 관심을 가지고 있다. 주요 저서로는 『21세기 한국의 문화혁명』, 『근대라는 괴물』, 『서구근대개념과 서구우월주의』, 『동아시아 심성체제』, 『다민족관계 속의 LA한인』(공저), 『글로벌시대의 재미한인 연구』(공저) 등이 있다.

박계영

서울대학교 생물교육학과(인류학 부전공)와 동 대학원 인류학과를 졸업하고 미국 뉴욕시립대학교에서 인류학 박사학위를 받았다. 현재 미국 UCLA대학교의 인류학과와 아시안아메리칸학과의 교수이며 코리아타임즈-한국일보 한국계미국인연구 석좌교수로서 재미한인을 주로 연구하고 있다. 주요 저서로 아시안아메리칸학회 저술상을 받은 The Korean American Dream: Immigrants and Small Business in New York City가 있고, 최근 출간된 LA Rising: Korean Relations with Blacks and Latinos after Civil Unrest가 있다. 한국어 저서로는 『LA한인의 다민족관계 속의 LA한인』(공저), 『글로벌시대의 재미한인 연구』(공저) 등이 있다.

재미한인 1세와 2세의 삶과 인종갈등
상업소수민족에서 주류소수민족으로의 변화

초판 인쇄   2023년 5월 20일
초판 발행   2023년 5월 31일

지 은 이 | 이정덕·박계영
펴 낸 이 | 하운근
펴 낸 곳 | 學古房

주   소 | 경기도 고양시 덕양구 통일로 140 삼송테크노밸리 A동 B224
전   화 | (02)353-9908 편집부(02)356-9903
팩   스 | (02)6959-8234
홈페이지 | www.hakgobang.co.kr
전자우편 | hakgobang@naver.com, hakgobang@chol.com
등록번호 | 제311-1994-000001호

ISBN 979-11-6995-360-3 93300

값 : 25,000원